曾智明『曾子学术基金』科研成果
山东大学儒学高等研究院科研成果
山东大学曾子研究所科研成果
曾子研究院科研成果

观念史研究丛书

曾振宇——主编

儒家「天下」观念研究

刘飞飞——著

齊魯書社
·济南·

图书在版编目（CIP）数据

儒家“天下”观念研究 / 刘飞飞著. -- 济南：齐鲁书社, 2024. 8. -- (观念史研究丛书 / 曾振宇主编).
ISBN 978-7-5333-4985-1

Ⅰ. B222.05

中国国家版本馆CIP数据核字第20246EN113号

策划编辑　傅光中　刘　强
责任编辑　刘　强　刘　晨
封面设计　刘羽珂

儒家“天下”观念研究

刘飞飞　著

主管单位	山东出版传媒股份有限公司
出版发行	齊魯書社
社　　址	济南市市中区舜耕路517号
邮　　编	250003
网　　址	www.qlss.com.cn
电子邮箱	qilupress@126.com
营销中心	（0531）82098521　82098519　82098517
印　　刷	山东华立印务有限公司
开　　本	880mm×1230mm　1/32
印　　张	13
插　　页	1
字　　数	268千
版　　次	2024年8月第1版
印　　次	2024年8月第1次印刷
标准书号	ISBN 978-7-5333-4985-1
定　　价	68.00元

《观念史研究丛书》

序　言

曾振宇

观念不同于概念。概念注重从逻辑学角度进行语词分析，观念侧重从思想史视域考察每一个观念的生成与流变。概念如山，贵在稳定；观念如水，贵在变化。西方观念史学派昆廷尝言：观念具有“迁徙性”。证诸史实，其言不虚！以中国哲学史“仁”观念为例，“仁”在《论语》中出现一百多次，面对弟子门人多次“问仁”，孔子的回答都不一样。甚至面对同一位弟子多次“问仁”，孔子的回答竟然也不一致。其实在大多数语境中，孔子立足伦理学与工夫论层面讨论“为仁之方”，而非哲学形上学意义上的“仁是什么”。因为在孔子的思想架构中，“仁”是上位概念，在属种概念关系中，已经找不到位级更高的概念来对“仁”加以界说。一切描述性语言已不是“仁”本身，而是被语言遮蔽了的“仁”。在《大希庇亚篇》中，苏格拉底与希庇亚讨论“美是什么”。希庇亚罗列了美丽的陶壶、美丽的竖琴和美丽的少女。苏格拉底打断他的陈述，指出：“那么它们之所以美的原因在于有一种共同具有的基本性质。”当我们夸耀一位女孩美丽，“那么我们就要回答她为什么有权被称作美”，在美丽的陶壶、美丽的竖琴、美丽的少女等具体的美之上，“你必须告诉我美本身是什么”，因为正是“美本身”的存在，才可能将“美的性质赋予一切事物”。苏格拉底与希庇亚反复辩论与探究“美是什么”，最后得出的结论却是“美的事物是难懂的”。朱光潜先生将此句译为“美是难的”。在这一场辩论中，虽然无法知道“美是什么”，但已从理性上明确知道“美不是什么”，思维的高度已有所提升。从古希腊苏格拉底、柏拉图以来，一直在探寻“美是什么”，也出现了一些定义，但这是一个永远也不可能有最终普遍性答案的问题。相映成趣的是，“仁”作为孔子思想体系中最核心的观念，是“多”中之“一”，我们姑且只能以“一”来界说，或者从工夫论层面来体悟，因为仁具有不可定义性。有人曾问程子：“何谓至善?”程子回答说：“理义精微，不可得而名言也，姑以至善目之，默识可也。”在人类用语言建构的意义世界中，“目之”与“默识”蕴含着直觉体悟和信仰的成分。知性认识无法达到对本体的观念性把握，直觉体悟和信仰或许是接近本体的有效路径。孔子之“仁”，在本体论上是一种可能的知识，而不是现实的知识。缘此，面对孔子之“仁”，“目之”与“默识”何尝不是接近的一种可能路径?但是，汉代董仲舒开始从宇宙论视域讨论“仁”存在的正当性，“阳气仁”，仁已经降格为伦理学层次的一个德目。朱熹哲学架构中的“第一概念”是天理，天理在人为仁，人通过“感应”，将外在客观性的天理内化为我心真实拥有。在朱熹的思想结构中，天理才是位格最高的本体概念。虽然朱熹指出“仁”可以统摄义礼智，但也必须在“性即理”的意义上才能厘清“仁”的哲学地位。近世西方哲学与文化传入中国之后，学界纷纷以儒家“仁爱”比附西方“博爱”观念，两个观念之间存在着历史与宗教的差异，儒家“仁爱”不存在宗教色彩。但是，两大观念之间又存在着价值观的趋同，都在表达对人的尊重与关爱。这种价值观的趋同性，恰恰又可以成为儒家“天下”社会理想可能实现的道德基础。

我们现在研究观念史，在更多的意义上是将观念史作为一种研究的思路与方法，梳理每一个观念如何生成与变化，如何影响每一个时代的价值观、制度建设和生活方式。这种对观念史或观念儒学的认识固然有其合理性，但如何上升到哲学形上学的高度进行分析与建构，有待于学人继续努力。

是为序！

2024 年 8 月 7 日于山东大学

目 录

导 论

“天下”一词在古代文献中频频出现，近些年来又被学者不断关注、讨论。从字面上看，“天下”的意思是“普天之下”，也就是世界。但古人在提到“天下”时，往往不是在陈述某种客观的地理知识，而是表达某种政治、文化观念。古代所谓的“天下”，在不同的语境中常常展露为不同的面相：它时而表现为自在的世界，是一切事物的载体；时而承载着人的价值关怀，是士大夫为学事功的终极所向；当然，它也是帝王心中的统辖范围，虽然其范围总是有限的，远非“普天之下”。“天下”的多重面相，决定了对“天下”的研讨要兼顾多个领域的问题。知识界对“天下”的投入，不同程度地涵盖了历史梳理、个案考察、思想诠释、体系建构等若干方面，虽不至于题无剩义，但也规模可观，留给后来者的，似乎只有辨析毫发的工作。另外，一旦讨论一个关乎“天下”的宏大题旨，学者之间常常遇到难以化约的对话障碍。要对“天下”进行更深入的研究，需要对以往的“天下”学说进行归类、分疏，辨明以往的学者是在何种意义上讨论“天下”，由此才会避免许多不必要的争论。笔者无意于将所有涉及“天下”这一主题的论述做面面俱到的排列，事实上也不可能完成。因为“天下”自身的巨大涵括性及人们对这个词汇的经常使用，使得“天下”必然地散见于关于中国古代政治、文化、地理、制度、哲学、宗教等多个领域的原典与论著中，尽管“天下”未必构成上述著作的重心或主线。或者说，对“天下”的讨论，经常服务于对其他主题的阐述或研究。

美国学者约瑟夫·列文森（Joseph R. Levenson）曾说：“近代中国思想史的大部分时期，是一个使‘天下’成为‘国家’的过程。”① 列文森所指出的这一现象，其实只是就国际秩序体系而言的，“天下”已被抽离于人们的观念，成为某种客观的政治架构。列文森的这句话若被抽离出来，似乎也能反映近代以来国人观念的变化，但是在列氏的语脉中，“天下”仅仅是一个迫于外在压力、冲击而被逐渐替换的存在物。列文森这一说法的基本框架，是其师费正清（John King Fairbank）提出的“冲击—回应”模式。费正清的“冲击—回应”模式和列文森的“天下—国家”论述，曾是观察、解释中国近代化进程的重要框架。② 如果不止于这种

① 约瑟夫·列文森著，郑大华、任菁译：《儒教中国及其现代命运》，中国社会科学出版社2000年版，第87页。

② 在与“国家”对立的意义上看待“天下”，是许多汉学家的思维习惯，比如罗茂锐（Morris Rossabi）、包弼德（Peter Bol）均在此视角下对“天下”展开论述。中国的《辞海》《汉语大词典》在解释“天下”时同样如此。（据 Mark Edward Lewis and Mei-yu Hsieb，“Tianxia and Invention of Empire in East Asia”，in *Chinese visions of World Order*：*Tianxia*，*Culture*，*and World Politics*，edited by Ban Wang，Duke University Press，2017，P. 25.）这些论述的背后是“中—西”“古—今”的二元论预设。

外在的观察，而是深入到国人的心态、观念层面，我们会发现："天下"的根据有待进一步追寻；"天下"对古人来说意味着什么，很少被系统地考察、阐述；"天下"自身的调整、嬗变理路也很少被回归到国人自己身上。

理解天下，应首先把握"天"的内涵和属性。"天"是什么，决定了人们对天下人与事的认识，尤其是对于天下的应然性阐述。在此基础上，天下具有两个维度的意义：第一，儒学把国和天下作为存在连续性的范畴，但天下并不只是国土面积的扩大和国家人口的增长，更是一种价值层面的转化。这种转化能否成功，最直观地体现为民心的好恶。这其中的调节机制，在于君民关系，由此涉及权力、利益、人格问题。一旦君民关系无法维持，天下就会大乱。第二，根据儒家心目中的文明程度，天下被划分出中心与边缘，代表中心与边缘的"近"和"远"，内含着道德水平的差异。从边缘到中心的由远而近，只能受一种要素的驱动，那就是礼乐文明的感化，所以古人相信道德可使远人臣服。否则，就容易"夷狄"乱华。从以上两个维度来看，明清之际是天下观念的"临界点"。这是因为，明清之际出现了：(1) 批判君主专制、限制君主权力、倡导民众私利的公私之辨。这促使人思考："国—天下"这个连续体还有无意义？能否继续存在？人们在何种意义上、多大程度上属于一个共同体？(2) 边疆民族入主中原的"乱华"事件。士大夫所面临的，不只是忠于前朝的问题，更有保存风俗、赓续文明的重任。明清易代的完成，就被人认为斯文不在，"天下"灭亡。(3) 传教士带来的西洋科学，以其对"天"的异样理解，触动了部分国人的敏感神经——这触及了

“天下”这个概念本身的适用性和合法性。可以说，在明清之际，“天下”的两个维度及其存在，受到了全面冲击和严峻考验。应对这些冲击和考验的传统天下观，就要暴露出它的前提、界限，也就是它的“本性”。如果我们探讨天下观念，就需要把“天下”置于明清之际这样一个“极端”的处境中。

在这里，要澄清两个问题：

一是“明清之际”这个概念。我们使用“明清之际”，是为了突出明清易代这个交替、变化的进程，但这个进程并不是明与清两股势力之间的较量、战争所能涵盖的。朝代更迭是一个蕴蓄已久的历史事件。战争的开始、胜负是由多方面因素促成的，并且在战后相当长的一段时间内，人们是在处理战前、战时遗留的问题，所以我们必须关注战争前后。战争只是这段时间内的一个相对重大、突出的事件，在这段时间内，还有其他诸多事件在潜移默化地改变、构成着人们的观念、心态，而新的、旧的观念和心态也并不随着明清战争的结束戛然而止。所以，我们用的是“明清之际”这个能够体现变化及其连续性的表述，其内涵却是“明末清初”这个时间段内的各类事件。并且，由于“明末”和“清初”有一定的重合性，“明末清初”就更能够促使我们去探讨这种二元化的政治时间如何从并列、重叠汇归为一，以及哪些因素曾参与这项整合，结果如何，等等。“明末”需要被“清初”来界定，没有“清初”，也就没有“明末”。关于“清初”，上限不是问题，关键在下限。笔者将使用石桥秀雄对于“清初”下限的界定，即“将清朝形成最大疆域之前视为清初”①。这个划分对于我们后面的讨论来说较为合适。其中的原因，笔者会在下文（第四章）予以展示。

二是关于“谁之天下观”的问题。从阐述的主体来说，传统的天下观大致可分为两类：一是儒学天下观，二是帝王天下观。前者有一套系统且日臻成熟的理念、框架，并且在其成型之时就带有消弭战争、抵制暴力的色彩；后者则是帝王出于个人虚荣心、野心而滥用儒学“天下一家”之理想的产物，所以这类天下观充满了威逼利诱、软硬兼施。区分以上两种天下观，十分必要。许多赞颂古代天下观的今人，常常是只闻前者，不见后者。不过在接下来的写作中，笔者并不打算对以上二者分而述之，更不愿舍弃其一，只求一端，而是在阐述“天下”的现实遭遇时，考虑到儒学力求依靠政治和政治经常利用儒学的历史情形，揭示文化和权力意义上的“天下”之间的错综复杂关系。这样，我们的定位就不是讨论谁的天下观，而是观察“天下”在思想与政治之间的腾转挪移，展示“天下”在不同群体、处境中的观念形态。这样，一个观念才能更加立体化，而不是语义化。

---

① 引自石桥崇雄：《“满洲”（manju）王朝论——清朝国家论序说》，森正夫等编，宋军译：《明清时代史的基本问题》，商务印书馆2013年版，第268页。石桥崇雄在该文中介绍了石桥秀雄对“清初”的界定，并认为石桥秀雄的划分是恰当的。

第一节 “天下”的研究史回顾——兼论明清之际为天下观研究提供的学术、思想条件

“天下”一词虽然经常被使用，但并不意味着人们总是把它作为一个思想对象来讨论。顾炎武曾区分了“亡国”与“亡天下”①。此后，随着清朝大一统政权的建立，“天下”变成一个敏感词，因为它涉及统治者的身份及王朝合法性问题。到了清末民初，被压抑已久的“天下”话题重获生机，只是这种生机的重获是以中国的备受屈辱为代价的。

梁启超曾批评国人“知有天下不知有国家”②。这一批评把天下与国家的张力突出化了。荀子早就辨析过天下与国的区别，并推崇天下③，而梁启超心之所向的是现代国家。“国”之意涵

① 顾炎武：“易姓改号，谓之亡国。仁义充塞，而至于率兽食人，人将相食，谓之亡天下。”顾炎武著，黄汝成集释，栾保群、吕宗力校点：《日知录集释·正始》，花山文艺出版社1990年版，第590页。后来，梁漱溟这样概括顾炎武的论述：“他所积极表示每个人要负责卫护的，既不是国家，亦不是种族，却是一种文化。他未曾给人以国家观念，他倒发扬了超国家主义。”梁漱溟：《中国文化要义》，上海人民出版社2005年版，第144页。

② 梁启超：《新民说》，商务印书馆2016年版，第60页。

③ 《荀子·正论》：“可以有夺人国，不可以有夺人天下；可以有窃国，不可以有窃天下也。可以夺之者可以有国，而不可以有天下，窃可以得国，而不可以得天下。是何也？曰：国，小具也，可以小人有也，可以小道得也，可以小力持也；天下者，大具也，不可以小人有也，不可以小道得也，不可以小力持也。国者，小人可以有之，然而未必不亡也，天下者，至大也，非圣人莫之能有也。”

在荀、梁二人处并不相同。在梁氏看来，“天下”恰恰是阻滞中国前进的沉重负担。近代学者对“天下”的注意与西方“国家”观念的来华密切相关。钱穆和梁漱溟是继梁启超之后再度对中国古代之“天下”颇为注意并有所阐述的学者①，钱穆、梁漱溟二人皆于中西文化比较的框架内由“天下”观照中西之别，他们对“天下”的论述尚显简略，甚至对于中西共用之概念比如“国家”缺少必要的辨析，但是其论断往往明晰切要，其观点常被今日学者所称引。

在20世纪以来相当长的一段时间内，学者都在致力于确定“天下”的实际空间范围。20世纪末，学者开始注重“天下”所包含的价值理念维度，阐发其中的精神旨趣，并试图为当下提供某些历史经验、思想资源。可以说，这类论述取资于传统，着眼于当下，进而试图影响将来。21世纪以来，则又出现了若干种建构型的“天下”论述，这类论述本身又常常成为被讨论的对象，“天下”逐渐成为一个思想课题。

一、作为历史实存的“天下”

1926年，日本学者田崎仁义的《王道天下之研究：支那古代政治思想及制度》一书出版，作者据“天下”的字面含义“普天之下”而将“天下”视为一个无限的领域。这与后来西嶋定生所认为的“天下”即世界相似②。以上二人都试图由字

① 参钱穆：《中国文化史导论》（商务印书馆1994年版，第21～63页。据钱穆所述，该书写于抗战时期）和梁漱溟《中国文化要义》（1949年6月写成）。

② 西嶋定生：《中国古代国家と东ァジァ世界》，东京大学出版会1983年版。

面而入历史，以“无限”释“天下”。这是一种抽象的“正确”，似乎无懈可击。但“天下”毕竟存在于语境之中。探究“天下”之内涵的棘手之处正在于，“天下”容易被落实为某种具体的指涉物，而指涉物的多元则为“天下”统一含义的形成制造了麻烦。安部健夫在1972年出版的《元代史の研究》[①]中收录了氏著《中国人の天下观念——政治思想史的试论》一文[②]，该文认为“天下”是战国时期的一个概念，它的出现与周朝政治权威的衰落有关，提出“天下”是为了实现统一。安部健夫指出，秦汉以后，中国人理解的天下即中国。[③]此文对“天下”的考察梳理，常为日后研究“天下”者所参考。山田统在《天下という观念と国家の形成》[④]中把“天下”界定为中国，其界限即四海。不过，以为“天下”即“中国”不仅有后见之明之虞，而且不无片面。举例而言，《礼记·礼运》中的“以天下为一家，以中国为一人”显然不是把“天下”与“中国”等同，“天下”与“中国”反而构成某种程度上的对立；再如，“兼制天下，以惠中国”（《韩诗外传》）同样不是在等同

① 安部健夫：《元代史の研究》，创文社1972年版。

② 中译文《中国人的天下观念——政治思想史试论》（宋文杰译）载于周伟洲主编：《西北民族论丛》第十五辑，社会科学文献出版社2017年版，第168~221页。

③ “秦汉之后两千多年里，一般中国人理解的天下，与其说是作为世界的天下，不如说是作为中国的天下，历代地理书里的很多史料都证实了这一点。”安部健夫：《中国人的天下观念——政治思想史试论》，《西北民族论丛》第十五辑，第218~219页。

④ 该文收入《山田统著作集》（第一卷），明治书院1981年版。

的意义上使用“天下”与“中国”。

总体来看，日本学者内部并未就“天下”的含义达成共识（这完全可以理解），而是出现了截然对立的两派。对此，渡边信一郎已在《中国古代的王权与天下秩序：从日中比较史的角度出发》[①] 的“序说”部分作了综述与归类（其中也提到了韩国学者金翰奎和我国台湾地区学者高明士的研究）。渡边氏的综述使我们看到，日本历史学者倾向于核定“天下”的空间范围，但最终出现“有限领域”与“无限领域”两种解读：一部分学者认为“天下”指中国，另一部分学者认为“天下”指无边无际的“为天所覆盖的整个下界，即地上”[②]。这两种结论背后皆预设了“天下”是一个指称，学者意欲把“天下”置换为一个所指之物。但是他们没有看到，“天下”本身就是不可被继续还原的所指。这一所指的本质特性在于，它不可以被孤立地指认、考察，而是需要探究其存在机制，比如为什么出现了“天下”这个词及其相应的叙事，这比通过核定“天下”概念进而对“天下”进行勘界的考察更为深刻，也更为必要。

政治观念史学者埃里克·沃格林（Eric Voegelin）曾说：“‘天下’既不是宇宙，也不是在天之下的、作为一片领土区域的大地，而是作为人类社会承载者的大地。”[③] 这个说法要比上

① 渡边信一郎著，徐冲译：《中国古代的王权与天下秩序：从日中比较史的角度出发》，中华书局 2008 年版。前述西嶋定生、安部健夫、山田统的论述，均参见渡边信一郎书。

② 参看上引渡边信一郎书。

③ 埃里克·沃格林著，叶颖译：《秩序与历史》卷四《天下时代》，译林出版社 2018 年版，第 384 页。

述几位日本学者的结论更为周全、准确，视野更为宏阔。因为沃格林的话意味着，“天下”是一种涉及生存、关系、历史的动态机制，研究者需要深入其中，而非只在外缘勾画地界，争论大小。渡边信一郎或许也意识到以往日本学界存在的这一倾向及问题，所以他着意以“天下大同”，尤其是“天下”“上天”“天命”“四海”“生民”等范畴为参照，“来究明中国古代王权的特质”①。在研究方法上，渡边氏比前人更进一步。但是也正如他本人所言，他的研究之最终着眼点在王权，而不在“天下”，“天下”不过是一个观察古代国家政治的透视镜。并且，由于渡边氏默认“唐宋变革论”，把宋以后作为中国的近世，而“天下观念乃是前近代中国的国家统合观念”（第 77 页），所以天下观念在宋朝以后构不成主要话题。这也就不难理解作者为何只着重考察战国、秦汉、隋唐三个时期了。渡边氏没有关注宋代以后的“天下”。但是，即使“天下”在宋代以后不再成为“国家统合观念”，这一观念也仍在士林和民间存续、演变，并与“唐宋变革论”意义上的平民化的近世具有千丝万缕的联系。

近三十年来，中国学者的“天下”研究成果呈快速增长趋势。从考察的范围来看，学者对先秦与秦汉时期的“天下”最为侧重。② 在这些研究中，笔者注意到了这样一种说法：“天

---

① 渡边信一郎著，徐冲译：《中国古代的王权与天下秩序：从日中比较史的角度出发》，中华书局 2008 年版，第 3 页。

② 代表作有罗志田《先秦的五服制与古代的天下中国观》（载《学人》第 10 辑，江苏文艺出版社 1996 年版）、葛兆光《“天下”“中国”与“四夷”——作为思想史文献的古代中国的世界地图》（载王元化主编：《学术集林》第 16 卷，上海远东出版社 1999 年版）、邢义田《天下一家：皇帝、官僚与社会》（中华书局 2011 年版）等。

下”是对世界统治的观念，是意识形态上的表达；而在具体的实践上，“中国古代是以边界的清晰化为旨归的”，所以要区分表达与实践。① 这一论述使我们看到，观念不等于现实。笔者也不认为观念是一种抽象存在物，比如规范化的意识形态，而是认为观念是一种介于既定理念、规范与现实之间的微妙形态。同时，该论述也隐微地构成了对诸多从“天下”观念入手，却致力于界定空间范围的研究（如上述日本学者的论著）之批评。

此外，对“天下”进行概念史考察，也取得了丰硕的成果。② 但仍有必要指出，概念史研究的理路在于，把生活、历史浓缩进诸多具有代表性的词汇之中，通过考察生活、历史中事物或理念的概念化过程，展现过往事实的逻辑开展。历史不是概念，概念无法囊括历史的全部，因为概念的高度抽象化把历史中人的生存处境排除在外了。此外，概念的独立性使得概念史研究对概念与概念之间的关系探讨不够。即便注意到了概念之间的复杂关系者，也常常是以检索关键词的方式来进行考察。③ 然而，词汇

---

① 吕文利：《中国古代的“天下”表达与边界实践》，《西南民族大学学报》2020 年第 7 期。

② 参甘怀真主编《东亚历史上的天下与中国概念》（台湾大学出版中心 2009 年版）及氏著《天下概念成立的再探索》（载《北京大学中国古文献研究中心集刊》第 9 辑，北京大学出版社 2010 年版）一文。

③ 比如金观涛、刘青峰对“天下”的研究是连同对“万国”“世界”等概念的研究一并开展的，作者明确指出，这项研究是“依据‘数据库’，考察‘天下’‘万国’‘国家’‘民族’‘世界’等一系列表达国家认同和民族主义相关的关键词的使用、传播及其意义变化的过程”。金观涛、刘青峰：《观念史研究：中国现代重要政治术语的形成》，法律出版社 2010 年版，第 228 页。

毕竟只是对观念的反思、表达，词汇中只有静止、片段的语义，没有流动的生活世界。概念史搭建的世界是靠语义演变来推动形成的。在这个世界中，人并不在场。事实上，古人并不生活在概念中，而是带着某种观念在思考、行动。所以，当学者业已开展了“天下”的概念史研究时，笔者更关心的却是“天下”的观念史研究。笔者注意到，对“天下”的概念史研究常常是在“天下”观念史研究的名下进行的。① 是否可以说，学者对于概念史和观念史之间的区别尚没有清晰而充分的认识？

除了上述着眼于空间、概念的研究，把“天下”视为一种长期存在于某一区域的秩序体系，进而对这一体系的形成、运作及其影响进行探讨的著作，同样颇具规模。② 这类研究涉及列国战争、文化交流、政治认同、贸易往来等多个领域。在这些领域中，“天下”实际上是一只看不见的操纵国际关系之手。在这个意义上，中国历史就是一部“天下史”。历史附着于无形的“天下”身上，时而前进，时而停滞，也时而倒退。但这也表明，在学者已经开展的诸多实证化研究之外，还需要从历史哲学的高度对“天下”进行充分的理论思考，除了注意“天下”

① 李扬帆：《“天下”观念考》，《国际政治研究》2002 年第 1 期。

② 高明士将天下秩序原理概括为四，分别是结合原理、统治原理、亲疏原理、德化原理，又提出孔子思想中的德、礼、政、刑是观察传统天下秩序的四要素。（高明士：《天下秩序与文化圈的探索——以东亚古代的政治与教育为中心》，上海古籍出版社 2008 年版，第 3~17 页。）另可参看尚会鹏：《“伦人”与“天下”——解读以朝贡体系为核心的古代东亚国际秩序》，《国际政治研究》2009 年第 2 期；王庆新：《春秋华夏天下秩序的启示》，《国际政治科学》2011 年第 1 期。

在秩序体系的构建中保持何种形态，担当何种角色，还需观察历史上的人如何在“天下”中继往开来。在先前所进行的“天下”观念（更多的是“天下”概念）研究的基础上，李扬帆近年来深入至“天下”内部，讨论了“天下”所涉及的诸多复杂历史问题，撰文着重辨析了“天下”与“帝国”的不同机理，并区分了“天下”的两种形态，谓之“天下秩序”的主观性与客观性。主观性即“士大夫们的想象”，而朝贡体制则成为“从主观想象变成了各取所需的关系模式”，其形成过程是“一种主观想法最终变成客观互动形态的过程”①。这一区分有相当的必要，甚至可以避免许多因概念、指称未经统一而产生的争论。对此，笔者将在下文进一步讨论。

2020 年 3 月，旅日学者王柯在其 2001 年出版的《民族与国家：中国多民族统一国家思想的系谱》的基础上修订而成的《从“天下”国家到民族国家：历史中国的认知与实践》一书出版。该书得到了马戎、王明珂、许纪霖、施展等学者的联袂推荐。推荐者们不约而同地认为，王柯此书对于认识今日之中国具有重要意义。该书所考察的时间范围涵盖了五帝时代至今日的共和国，勾画了从“天下”到民族国家的演变历程，旨在说明“中国为什么一定坚持多民族国家的构造形式”②，而作者所要强调的，正是周边民族集团在中国走向多民族统一国家的

① 参阅李扬帆：《“中华帝国”的概念及其世界秩序：被误读的天下秩序》，《国际政治研究》2015 年第 5 期。

② 王柯：《从“天下”国家到民族国家：历史中国的认知与实践》，上海人民出版社 2020 年版，第 1 页。

过程中发挥的积极作用。① 王柯指出，“天下”观念中“本来就具备要求实现多民族国家的因素”（第 65 页）。但他似乎有意地避免“观念决定论”，因而接下来又声明“不是以多民族共存为前提的‘天下思想’带来了‘中国’的多民族性质和‘华夏’的多民族来源，而是‘中国’的多民族性质和‘华夏’的多民族来源带来了以多民族共存为前提的‘天下思想’”（第 66 页）。前后的表述并不一致。历史上国家的“多民族”现实与“天下”观念，孰为因，孰为果，仍不明晰。这种较为模糊的表述，在“结语”部分被重申。此外，作者认为：“传统的‘天下思想’主张不分夷狄华夏，近代的民族主义则号召以民族划分你我，‘天下’与‘民族国家’，一个开放，一个收敛，二者的性质截然相反。”（第 288 页）这虽是不少学者的心声，但也颇可商榷。因为常常以“华夷之辨”的面目出现的天下观念，并非长久以来胸怀“四夷”，而是常随着中央王朝力量的强弱和处境的安危而调整自身。即便在儒学“天下一家”、“百蛮”朝贡的美好设计中，“华夷”身份之别仍然存在。可以理解，作者是为了摆脱“民族国家”理论为现实中国带来的困境，因而不断强调现实中国的历史维度及其合理性，但是为了划清与“民族国家”理论的界限，而将“天下”的某些特点绝对化，甚至变得于史无征，当然也不合适。另外，“天下”在这部著作中并没有一个统一、明确的内涵，它时而代表一种政体，时而是观念，或者说，在作者心目中，“天下”代表着一种与今日西方意

① 即“周边的民族集团也是让中国走向多民族统一国家的主体”。王柯：《从“天下”国家到民族国家：历史中国的认知与实践》，第 2 页。

义上的民族国家相区别的中国式属性，“天下”之意义就在于它与民族国家的不同，至于它到底是什么，则属次要。

以上所举对“天下”的历史化考察使我们看到，中国历史上曾长期存在一种既不同于西方历史，也迥异于现代社会的价值观念、政治形态、交往模式、运作机制，虽然这四者不完全重合，但它们都被统摄于“天下”这个概念之中。所以“天下”在以往的研究中具有地域范围、意识形态、人文关怀、秩序体系等多种面相。而无论面相如何，对“天下”的考察多以概念史研究的方式展开，这使得“天下”成为一个历史化的实体。但如果我们注意到“天下”首先是呈现于人们观念世界中的意义单位，那么考察作为观念的“天下”显然就不能满足于界定其涵义、描述其外缘，而是应该把视线投向人的思维方式乃至生活经验中（但观念不一定等于经验之物），追问“天下”对古代中国人来说意味着什么，它如何可能。质言之，需对“天下”予以生存化的阐释。因而笔者以为，与其将“天下”概念化，考察它的涵义变迁和历史范围，不如更进一步，展示它对于古代中国人的意义何在。2020 年出版的梁治平《为政：古代中国的致治理念》第一章为《“天下”的观念》，该文对“天下”观念的演变轨辙做了系统勾画，尤其是将“天下”作为一种“大观念”① 置入诸多观念彼此交织的意义之网中，有意识地区别于对“天下”进行词汇检索、语义梳理的概念史研究，使我们看到了“天下”所涉及的诸多面向，是展现“天

① 《七个问题——梁治平：中国法政思想中的“大观念”》，https：//mp. weixin. qq. com/s/UV98-btC01GLwmDVUe_ SRw 。

下”观念形态的示范。笔者觉得，在这一基础上进一步发掘，仍有必要。

二、作为“资源包”的古代“天下”

“天下”并不仅仅是古人对“客观世界”的描述，它更多的是一套主观性表达，所以张骞通西域、佛教来华、传教士的世界地图均难以撼动国人的天下观。这套主观性表达更在意的是价值，而非知识。在近代西方的强力姿态面前，“天下”曾被视为中国与世界潮流格格不入的沉重历史负担。一个世纪过去，当人们面对的是现代社会的诸多病症时，“天下”转而被视为一剂医治现代社会弊病的良药。

1996年，经济学家盛洪发表了《从民族主义到天下主义》①一文，该文意在以中国古代的“天下主义”解决今日民族主义所带来的利益冲突。在盛洪看来，“由于天下主义是对全人类的认同，在它看来人与人是同等的、没有区别的，也没有民族之分，所以在天下主义文化中，或许有个人与个人的利益冲突，但不存在以民族文化划分的一群人与另一群人的冲突”。姑且不论作者对于历史事实的失察（天下主义绝非把人类无差别地予以看待，“华夷之辨”就是一个经典化的论述），仅就其整体的论述来看，它也更多的是一种口号或理念的宣扬。作者对“天下主义”的具体内涵及“天下主义”如何成为一种为世人所接受的共同理念，尚未作出更充分的论述，其对西方主导下的国际关系准则之不满却清晰可见。

---

① 文载《战略与管理》1996年第1期。

在盛洪的文章发表后的近20年里，西方的价值观念及其相应的国际关系准则，在世界范围内非但没有衰弱，反而在国际秩序中得到强化，在盛洪看来已“占据主流地位”。相形之下，中国则进退两难。因此，盛洪希望能够发掘儒家在国际政治问题上的思想资源，“或许不仅为中国，也能为世界提供一个具有道德价值的国际关系准则”。于是盛洪于2013年又发表了《天下文明——论儒家的国际政治原则》[①]一文，在重申“天下主义”的基础上，阐扬儒家思想中的某些价值，希望能够结束当前国际关系中的分裂、对立状态。其中，孟子所谓的“定于一”（《孟子·梁惠王上》），就被盛洪视为一套可行的政治理念。盛洪认为，“统一的方法不是战争，而只有在世界上推行以仁义道德为基础的制度结构，才能使全世界的人都获得福利、公正和尊严，他们才会心悦诚服地拥护这一政治统一”，即应通过“以德服人”而非“以力服人”以实现“定于一”。不过，上述原则毕竟只是儒家学者在观念上的一种表达或诉求，要把它应用于现实世界，仍无法回避其可操作性的问题。所以盛洪又把视线投向历史，意在说明儒家的道德理想如何在古代的国际关系中成为现实。盛洪说：“中国实现的后帝国体制，如汉、唐、宋、明、清，虽然领土广阔、国家强大，但所依赖的军事力量却是不成比例地小，被后人称之为‘无兵的国家’。”在笔者看来，这一论述存在以下两个问题：第一，混淆了“如何实现”与“实现之后的为政方针”这两个差别甚大的问题。有没有一个完全凭借道德力量而确立广阔疆土的王朝，这需要给出直接

① 文载《文史哲》2013年第5期。

的证据，而非转引后人的评价。① 第二，忽略了王朝建立之后国力因素对王朝“华夷”观念、施政方略的影响。仅就“华夷”观念而言，不少学人已指出，王朝强盛时，奉行开放的“华夷”观，畅想四方来朝，怀柔远人；但王朝力量衰微之时，则只能采取封闭的“华夷”观，强调“夷夏”大防。② 就此而言，盛洪的论述把具体、复杂的历史问题理想化、本质化、简单化了。这类论述俯拾可见。比如在讨论“儒家如何对待宗教冲突”这一问题时，盛洪以宋代儒者思想中的佛道色彩为据，说明儒家并不排斥其他宗教。儒家是否排斥其他宗教是另需讨论的问题，宋代儒者思想中的佛道因素却在很大程度上不是宋儒有意汲取

① 在这方面，同样宣扬“天下主义”的郭沂，在论述历史上天下一体化的过程时，就并未回避战争的问题，所以他把兼并战争作为途径之一（另三种途径是和平政治、文化传播、民族同化）。在郭沂看来，儒家的天下主义能够克服天下一体化过程中的暴力倾向。（参看郭沂：《天下主义：世界秩序重建的儒家方案》，《人民论坛·学术前沿》2013 年第 6 期。）同样，任剑涛也认为“历史上那种恩威并重、道德感化和政治安排”在当下重新结合起来是很难的，他指出朝贡制度的建立需做两手准备：“一方面是化外民族对华族文化的自愿接受，另一方面则是军事征服提供的强大动力。仅仅着重前一方面的伸张，并将之视为重建天下体系的精神依托，恐怕与历史事实不相符合。而在当下，后一方面的力量伸张，恐怕难以为之。”（参看任剑涛：《“天下”：三重蕴含、语言载体与重建路径》，《文史哲》2018 年第 1 期。）

② 参罗志田：《夷夏之辨的开放与封闭》，《中国文化》1996 年第 2 期（总第 14 期）；金观涛、刘青峰：《观念史研究：中国现代重要政治术语的形成》，第 227 页；梁治平：《为政：古代中国的致治理念》，生活·读书·新知三联书店 2020 年版，第 52 页。详细的个案研究则有：傅乐成：《唐代夷夏观念之演变》，收入氏著《汉唐史论集》，联经出版事业股份有限公司 1976 年版，第 209～226 页；刘浦江：《南北朝的历史遗产与隋唐时代的正统论》，《文史》2013 年第 2 辑。

的，而是为了以儒家正统对抗其时作为“异端”的佛道，必须进入对方的话题、语境中。所以，佛道因素是宋儒被动接受、消化的思想资源。这些问题也使我们发现，一旦把观念层面的问题与具体的历史事实混为一谈，不仅观念自身难以得到圆融的解说，而且历史事实的语境也被剥离，历史被改写得温馨浪漫。

盛洪是较早对中国古代“天下”所包含的价值资源予以关注与推崇的当代学者，但这并非知识界之孤声。黄丽生在21世纪初发表的《儒家“天下”思想的内涵及其当代意义》① 一文，同样试图以“天下”之价值内涵解决现代化浪潮所带来的“人口爆炸、个人价值及生命意义的失落、道德意识的式微、环境污染、生态失衡、物种大量灭绝、气候暖化、贫富差异加剧等等问题”。黄丽生对先秦儒家的天下观做了详细梳理，最后提出“古典与当代的对话”。这一对话包括两方面内容，一是“重现人文与自然的交融”，二是“回归人所以为人的位置”。笔者基本赞同黄丽生的论述，但是在古今对话这一问题上，笔者则希望看到这些在作者看来有益的思想资源如何为今人所接受，尤其是如何在人们与日俱增的现实需要与价值之善之间达成一致。此外，即便这些价值理念尚可为同一文化传统中的人所接受，这一文化传统之外的人是否认可呢？

虽然各文明、民族、宗教的经典或传说中或多或少地具有与中国天下观相暗合之处，但“天下”观念在中国借助道、势

---

① 载于黄俊杰编：《传统中华文化与现代价值的激荡》，社会科学文献出版社2002年版，第230~259页。

二统的交相推动以及周密阐释、苦心经营，业已成为一个非常典型的“中国式”产品。① 若超出（中国）文化的边界，“天下”观念的命运就不易遽言。所以试图开掘“天下”之资源以济今日社会之发展的学者，无法回避“天下”资源的适应性和接受度问题。如果说百年以来对“天下”的考察多在历史地理、政治制度、区域秩序等学术范围内开展，其视野在古，那么自20世纪末出现的这类以古视今的论述，则更多地需要处理古今交汇的问题。笔者觉得，这类论述更像是为今人提供一个“资源包”，资源之价值全在于今人面对何种问题。“天下”曾是一台巨大的机器，而今则被拆解成诸多零部件，根据今人的需要被选择、利用。老部件是否可以在新的机器上有效运转、重获生机，是读者非常关心、期待，也不无担忧的事情。

三、基于现实境况对“天下”的创构及其反响

虽然试图通过取资于古代“天下”思想以救现代弊病的诸多

① 汪晖不同意用“天下”来强调中国的独特性，因为“我们也会在其他的文明和宗教世界观中找到相似的表述”。在汪晖看来，以“天下”述说中国历史，无非是一套从民族—国家基本知识出发，却又想强调中国之独特性的特殊主义叙述，这一叙述不够“深思熟虑”。（参看汪晖：《如何诠释“中国”及其“现代”?》，氏著《现代中国思想的兴起》“重印本前言”，生活·读书·新知三联书店2015年版，第14~15页。）笔者并不否认其他文明、宗教中具有与中国“天下”观念中的某些内容相似乃至相同的成分，因为笔者也发现，中国天下观念中的自我中心主义倾向广泛地存在于世界各大文明之中，人必须从自我出发理解世界。但是拥有相同的成分并不意味着我们可以忽略这些成分的地方性存在，因为那些相同的成分在不同文明、宗教中所占的分量、位置未必相同，由此会发展出不同的思想世界，开启不同的政治、社会进程。

论述把“天下”拆解了，但是“重组天下”的尝试很快就出现了。新出现的一系列论述，不再止于申说古代“天下”中的某些现成的价值理念，而是着眼于今人生长于斯的“当今世界”，试图把这个在价值和利益上分裂的“世界”重新整合为一个“无外”的“天下”。质言之，以西方价值观念为导向的当今世界政治、经济秩序，日益暴露出纷争、对抗的一面，沉睡已久的中国古代“天下”资源有必要重整衣冠，再度登场。所以基于现实境况对“天下”进行诠释、创构的诸多论述（下文也称“创构型的天下学说”），往往牵涉面甚广，很能刺激人们的神经，碰撞出的问题最为尖锐，引起的反响包括争论也最为广泛。

参与创构的学者们从各个角度对“天下”作了具有思想性的阐释，尤其是时常与当代诸种政治哲学理论展开对话，在一定程度上引发我们对“天下”进行纵深的思考。接下来，笔者将把各种创构型的“天下”学说作为“天下”研究史上的一个“事件”，呈现相关学者的基本思路，介绍这些学说所产生的重要反响，也参与性地给出笔者本人的看法。对于一些关键性的问题、论点，则留待于下文具体的考察中展开讨论。

（一）当代中国的若干种“天下”学说

1. 天下体系

2005 年 4 月，赵汀阳的《天下体系：世界制度哲学导论》一书由江苏教育出版社出版。六年后，该书的修订本连同中外学界对该书的 15 篇评论被合订在一起，由中国人民大学出版社再版。① 在该

① 赵汀阳：《天下体系：世界制度哲学导论》，中国人民大学出版社 2011 年版。

著基础上，作者的进一步思考后来又汇成2016年出版的《天下的当代性：世界秩序的实践与想象》① 一书。此外，赵汀阳在国内外诸多场合与其他学者就其“天下体系”学说展开对话，对一些论点的进一步阐述也散见于他的其他著作（下文引用之处将出注）中。总之，其“天下体系”已经成为近20年来中国思想界不可忽视的一股声音。

“天下体系”所提出的背景，正是在于当今世界的纷争、对抗，国与国之间只有利益的纠葛，缺乏某种普遍的、共享的价值。赵汀阳对今日世界上某些霸权主义国家的观念、行径做了严厉批评，指出其根本上是一种界限、他者思维，总是设置一个外部的他者作为敌人。在赵汀阳看来，目前在国家政治之外所谓的“国际政治”，其实只是“国家政治理论的一个附庸”（《天下体系》，第12页），“国际政治不但无力解决国际冲突，而且还在继续研究如何击败对手的敌对策略”（《天下体系》，第16页），因而需要“第三种政治概念”，“可以称为‘全球政治’或‘世界政治’”（《天下体系》，第17页）。他确立了“政治重新出发”的三个起点，即天下概念、共在原则和关系理性。虽然赵汀阳批判西方建立在个体性原则之上的边界思维，强调在一个世界化系统内的关系至上思维，但是他又试图在此基础上“建立一种高于国家体系的世界普遍秩序”，以此来“制约帝国主义霸权以及全球系统化的新权力”（《天下体系》，第266~267页），这就又回到了一种实体思维。如果要为赵汀阳所

① 赵汀阳：《天下的当代性：世界秩序的实践与想象》，中信出版社2016年版。

阐说的“天下体系”找一个历史模板，这个模板就是西周的天下政治，因为在赵汀阳看来，周朝是第一次真正对“天下体系”的实现。虽然“周天下主要是一个政治天下，并没有形成经济天下和社会天下”①，但是，“在中国历史上，唯一的天下体系是周朝”②，而“秦汉革命否定并终结了天下体系”③，“秦始皇‘焚书坑儒’以及汉朝的‘独尊儒术’则属于意识形态方面的普遍化，可以说是天下模式的反例”（《天下体系》，第 59 页）。

即便赵汀阳声称他所构想的“天下体系”并非单一、平板化的世界，而是充满丰富性，甚至“给予”各国一种自愿的权利，承认“人各有志”（《天下体系》，第 277 页），这仍然引来不少学者的质疑。柯岚安（William A. Callahan）就曾多次指出，赵汀阳的这种构想是“试图把特殊的中国概念推广至世界”④。柯岚安认为，虽然赵汀阳反对西方的“他者”思维，但赵氏同样在“中—西”对立的框架中讨论天下，他仍然把西方作为“他者”（不止柯岚安，国内学者刘擎也指出，赵汀阳“似乎陷

---

① 赵汀阳：《坏世界研究：作为第一哲学的政治哲学》，中国人民大学出版社 2009 年版，第 128 页。

② 赵汀阳：《天下究竟是什么？——兼回应塞尔瓦托·巴博纳斯的“美式天下”》，《西南民族大学学报》2018 年第 1 期。

③ 雷吉斯·德布雷、赵汀阳著，张万申译：《两面之词——关于革命问题的通信》，中信出版社 2014 年版，第 42 页。

④ William A. Callahan, “Chinese Visions of World Order: Post-hegemonic or a New Hegemony?” *International Studies Review*, 2008（10）, PP. 749-761. 案，《天下体系》一书附录了柯岚安的批评，笔者参阅了该书的英文版。另，下文引述柯氏观点皆来自该文，不再一一注明。

入了某种他本来应该反对的民族国家框架的束缚而不自知……常常以一种‘华夏中心论’的视角来对比中西文明，谈论西方思想如何狭隘，而中国思想又如何高明，重新引入了一种‘内外有别’的思路，建构了中国与西方的对峙二元框架。”①）在柯岚安看来，历史中国“天下一统”的局面是通过武力征服而实现的，并不是每个人都希望被纳入“天下秩序”中，而赵汀阳恰恰缺乏站在“everyone”角度上的全方位考虑，所以赵氏推出的“天下体系”是帝制中国等级管理模式在新时期的更新版。须承认，尽管赵汀阳多次澄清“天下体系不是帝国，而是一个反帝国主义性质的世界政治体系”（《天下体系·再版序言》，第1页），“天下体系并不包含帝国的征服性、霸权性特别是敌对性”②，但其“体系”之名与实体之里，让人不能不首先把“天下”理解为一个全覆盖、笼罩性的人设框架。柯岚安的立场是西方的，他指责赵汀阳摆脱不了“中—西”二元框架，实乃苛责之论，因为赵汀阳的论述是基于现状而发，批评色彩浓厚，同时作为一种克服旧秩序弊病的新对策，不可避免地有所指向，这是任何一种替代性方案都会采用的论述方式。面对赵汀阳推出的新方案，柯岚安甚为不快，并声称西方人同样觉得他们自己的设计是最好的，这就把问题的讨论引向了相对主义。

柯岚安“公道”地指出，并非所有人都愿意加入“天下体

---

① 《天下体系与未来世界秩序》第一单元《自由讨论》，《探索与争鸣》2016年第5期。

② 赵汀阳：《天下究竟是什么？——兼回应塞尔瓦托·巴博纳斯的“美式天下”》，《西南民族大学学报》2018年第1期。

系”。但在赵汀阳看来，柯氏其实“文不对题”，因为柯氏把对“天下体系”的质疑加在作为主权国家的中国身上，“天下”这个概念虽然来自中国，“但它的意义属于世界”（《天下体系》，第 276 页）。其实，柯岚安的质疑不是针对未来可能笼罩全人类的天下体系，而是针对“构建天下体系”这一行为本身，亦即柯氏要质问：为何由中国来构建？赵汀阳的“人各有志”是一种很无奈的、退守的说法，它一定程度上是对柯岚安质疑的妥协，这表明赵汀阳似乎也考虑到了“everyone”意见的不相统一。所以，当人人都不自愿时，“天下体系”只能是一种空想，它甚至连“着手构建”的行动都无从开展，遑论那个成型的、理想的体系。当旨在扭转现实局面的“天下体系”在人人皆不自愿的情况下发挥不了任何实质性作用时，它的意义何在？所以，赵汀阳显然是作了一种自拆台脚的开放姿态。最关键的问题应当在于：天下体系的建立由谁来倡导、号召？采用谁的价值？为何你所提供的方案就是最好的？

当代西方哲学的“对话理论”，能够在一定程度上解决不同价值之间的纷争。然而，赵汀阳对“对话理论”并不以为然。因为在他看来，对话所能解决的问题是有限的，它终究无法使各方在生存利益和生存意义问题上让步。笔者以为，关键的问题在于：对话理论基于理解，基于理解的事实判断能否转化为价值判断，实现对话双方在价值理念上的相互接受？在赵汀阳这里，对民众利益的满足是天下体系的基本要求，它比如今各国纷纷倡言的自由、民主等价值理念更符合民众需要。这一观点的前半部分并无争议，但后半部分不免惊人，因为它把“天下体系”从一种经过哲学论证的思想系统中带到了立场之争的擂台上。后来对赵汀阳的学说展开批评的许多学者，其“学术批评”也基本上是立场先行。因为他们首先感受到，“天下体系”是一种与其立场、价值相左的危险学说，即便这一学说不无理据。

不可否认，赵汀阳对于国际局势、现代性的分析，深刻而中肯，并且沿着现今生活轨道进一步预言人类将来可能的遭遇，也非危言耸听，而是论证有据，发人深省。但是赵汀阳给出的方案，却难以说服众人，尤其是身处“天下”传统之外的西人。“天下体系”无法克服相对主义的困境，尤其是赵汀阳对对话的拒斥，使得他的“天下体系”颇有霸权意味，即便他明言“天下概念的世界观能够容纳一切精神世界，让每一个精神世界各有安身之处而各不相害”（《天下体系》，第236页）。这也使我们意识到，任何具有替代性考量的政治哲学理论，首先要考虑如何避免一种对立的声音出现，考虑一种超出二元对立的综合性方案，而不只是回应某些具体的质问。

终于，一部美国立场的“天下”著作问世，它毫不客气地声称如今有一个“美式天下”①。该著（以下称《美式天下》）作者巴博纳斯（Salvatore Babones）指出，今日的美式天下，不同

---

① Salvatore Babones, *American Tianxia: Chinese Money, American Power, and the End of History*, Policy Press, 2017. 除此之外，华人学者邝云峰 *Khong Yuen Foong* 的《美国的朝贡体系》（载于《国际政治科学》2013年第4期）一文也认为“美国创立了世界上有史以来最为成功的朝贡体系”。巴博纳斯就曾引述邝氏的观点，坚定地认为目前以美国为中心的世界体系并不意味着美国支配各个国家的行动，而是说“世界上的大多数国家无论在言辞还是行动上都同意美国的全球领导地位”（《美式天下》英文本，第16页）。

于中国古代的朝贡体系，美国在媒体、金融、艺术、时尚、出版、慈善、教育、信息技术、电影、医药等领域成为世界的中心和顶峰（《美式天下》英文本，第17页）。人们只要支付一点费用，就可以参与到这个“全球俱乐部”中（第18页）。巴博纳斯强调，美式天下的意识形态是个人主义（第27页）。他想表明的是，世界各国的人对美国的认同，不是一种国家性行为，而是建立在个人基础上的自愿行为。但是作者未曾意识到，既然个人主义如此重要，那么他自己又为何竭力地强调“天下”是“美国”这个“国家”所主导——美式的呢？此外，巴博纳斯非常自信地指出了一种近乎“残酷”的现象，即对于弱势国家的精英公民来说，增加自身机会和财富的最有效方法，不是使他们自己的国家变得更强大和更富有，而是离开自己的国家（第67页）。言外之意是，美国所提供的便捷和机会，比抽象的国家认同更具吸引力。不过，这种个人主义的价值取向，也瓦解了巴氏自己的观点：如果仅仅以满足个人生存、发展为目标而进行选择，那么一旦世界上出现另一个更加能够满足个人利益的中心，那些曾经投入美国怀抱的人将会奋不顾身地涌向下一个“乐园”。既然这些人并不具有超出个人主义的国家观念，那么这些人所认同的也同样不是“美国”，而是利益本身。在哲学层面上，巴氏试图把美式天下建立在经验论的基础上，但这种滋生相对主义的哲学土壤，将使得“美式天下”缺乏稳定的地基，潜伏着随时瓦解的危险。

严格地说，巴博纳斯的这部著作与中国传统的“天下”无多关涉，但它是一股对中国当代诸种“天下”学说——尤其是上述赵汀阳的学说构成挑战的声音①，它至少提醒中国学者不应忽略自身学说的相对主义处境。那么，如何避免相对主义，有无一种走出对立的阐述视角，就很有思考的必要了。

2. 王道政治

就古人对于“天下”的申述来看，“天下”的形塑应有别于帝国的武力扩张，即“天下”奉行王道，拒斥霸道。所以干春松立足于儒家王道政治重释“天下”，其代表作为《重回王道——儒家与世界秩序》②（以下简称《重回王道》），在该书基础上的相关讨论又收入《王道政治与天下主义：干春松学术论集》③（以下简称《王道政治》）。干春松的思考同样出于反思全球化的负面影响。他梳理了儒家的王道政治理念，以“为政以德”作为王道政治的基础，并讨论了王道与霸道、王道与天理之间的关系。如干春松在《王道政治》的“自序”中所言，儒家的王道政治包含“基于家族伦理所建立起来的家国情怀”和“基于同情而建构的天下秩序”。所以，干春松考察了“天下”

---

① 针对巴博纳斯的一系列论述，赵汀阳做出了回应，参见赵汀阳：《天下究竟是什么？——兼回应塞尔瓦托·巴博纳斯的“美式天下”》，《西南民族大学学报》2018 年第 1 期。赵汀阳的回应与笔者对巴博纳斯的批评有相合之处，但笔者还要指出，赵汀阳与巴氏的分歧，不只是两种“天下”在价值理念上的不同，还在于巴博纳斯所谓的“美式天下”是一种正在进行或业已完成的“事实”形态，而赵汀阳的“天下体系”则是有待实现的“理想”形态，也即对“美式天下”的挑战。在笔者看来，这是一种不容忽视的差异。

② 干春松：《重回王道——儒家与世界秩序》，华东师范大学出版社 2012 年版。

③ 干春松：《王道政治与天下主义：干春松学术论集》，孔学堂书局 2017 年版。

与“王道”之间的关系，并进入心性层面讨论“王者无外”与“万物一体”。这为其后来的阐发、建构提供了哲学上的（或人性论上的）基础。干春松对古代中国儒家天下观念的考察，至少有两点值得重视：第一，提出从天道、民心、君主的角色这三者的关系角度来讨论天下；第二，指出天下秩序系于道德。① 在此基础上，干春松提出了八条旨在化解全球化困境的王道政治设想（《王道政治》，第 123—124 页）。姑且搁置干春松对未来世界秩序的设想和建构，仅就其对古代天下观念的考察来说，笔者以为还存在以下问题：第一，干春松的最终着眼点是一个形而上的道，但带有浓厚价值色彩的道是否具有普遍性？它如何超出“儒家”“中国”以成为“世界性”的理念？“道”能否被天下人一致地接受？在一次关于干春松《重回王道》的讨论会上，赵汀阳就提出，他（赵汀阳）自己很少谈到王道，试图保持价值无涉，因为王道这种“近者悦，远者来”的理念虽似文化吸引力，实则需要某种“霸道”来保证其具备与其他文化相比更大的优势。质言之，其问题可归为“假如没有霸道，王道可能实现吗？”（参《王道政治》，第 125—126 页）总之，在肯定和推广自己的价值理念时，应考虑打破现成化的、替代性的、二元论的讨论模式，有一种超出对立的更高的视野。第二，把王道问题收归为心性问题固然必要，因为心性可以展现人之所以能够推行、接受王道的根据或可能性，但是王道的实现又

① “在儒家看来，天下秩序的标识并不在于统治疆域的大小，而是建立在道德基础上的王道政治。”干春松：《王道政治与天下主义：干春松学术论集》，第 47 页。

非仅仅以心性化的形态进行，而是需要落实为一套技术、策略乃至制度架构，而这些外在的要素在其实施、运转的过程中能否畅通，亦即王道的外在路向能否与作为内在路向的心性完好地接合起来，是一个不容回避的问题。可以发问：人们为什么会反抗某种制度？是人的心性变了，还是制度本身的制定就已经背离了人性？所以，任剑涛在干春松著作的讨论会上指出："从总体上讲，作者对王道政治的梳理，太受个体心性儒学的影响……王道政治向外的路向还没有给予必要的注意。"（《王道政治》，第 136 页）

3. 新天下主义

关于许纪霖提出的“新天下主义”学说，可参看氏著《家国天下：现代中国的个人、国家与世界认同》① 一书。这一学说同样有较强的现实关切，这个现实就是 21 世纪中国国内外局势常出现紧张状态，各国之间的猜忌、疑虑使得“危机的脚步临近家门”（第 437 页）。许纪霖认为，这一现象的本源是民族国家至上的意识，所以“真正的治本之方，在于一种与民族国家意识对冲的思维”（第 437 页），此即“新天下主义”。按许纪霖所述，“新天下主义”是对古代天下主义的扬弃和更新，“新天下主义”坚持“去中心、去等级化”，“加入了民族国家主权平等的原则”，它要创造的是一个“新的普遍性之天下”（第 441 页）。新天下的普遍性，不是特殊性的“升华”，而是在于“各种文明与文化的‘重叠共识’”（第 443 页）。不过，当许

① 许纪霖：《家国天下：现代中国的个人、国家与世界认同》，上海人民出版社 2016 年版。

纪霖主张新天下的内部秩序是“多元一体的国家治理”（参看第445—450页），外部秩序是“超越民族国家主权观念”（参看第450—453页）时，我们终于发现，许纪霖理想中的“天下”就是由许多天下化的民族国家组成的。这里的天下化，指的是一种比原来的民族国家更大的眼界，更宽的心胸，更具弹性的理念。笔者担心的是，“天下”非但没有成功地使原来的民族国家脱胎换骨，成为一个更新版的民族国家，反而有可能被旧版的民族国家吞噬、利用。

许纪霖先生的这部著作，还有其他一些值得讨论的话题。如其书名所显示的，许纪霖将“天下”置入“家—国—天下”的结构中进行讨论，“天下”不是一个孤零零、冷冰冰的实体，而是有其价值和关怀。许纪霖依照查尔斯·泰勒（Charles Taylor）的“大脱嵌”（great disembedding）说指出：“中国的‘大脱嵌’发生于清末民初，自我摆脱了家国天下的共同体框架，成为独立的个人。”（第1页）然而，摆脱这一框架的个人并没有活得更好，人们又处于一个伦理退却、“非个人的、非人格化的法权关系”（第9页）中。在许纪霖看来，传统的“家—国—天下”连续体断裂以后，产生了两方面的负面意义，一是国家权威膨胀，二是个人生存上的空虚。所以，许纪霖希望进行“再嵌化”，即重塑“家国天下新秩序中的自我认同”（第13页）。在这个“再嵌化”的新结构中，人的生命重新获得了意义。而家与国一方面“必须分离”，另一方面又在这个被重构的新结构中保持“类似”性，“每一个公民都有责任为自己理想中的民族国家共同体而努力，参与国族建构和制度建构，让我们的国家真正成为值得每一个公民去爱、引为自豪的身心家园”

（第 12 页）。在“国—天下”这个环节上，“新的天下价值”——启蒙理性将制约国家理性的自我膨胀，防止国家理性“催生出反人文、反人性的国家主义怪胎”（第 12 页）。笔者之所以将许纪霖的论述归为一种创构型学说，是因为他重构了一种新的意义发生结构，这个结构中不只有“天下”，还有“家”“国”。这个结构并非只是沿用了传统的家国天下连续体，而是获得了新的阐释。

4. 其他

陈赟在《天下或天地之间：政治思想的古典视域》[1] 中“从个人的生存形式的角度”（第 106 页）阐释天下。陈赟认为，天下即“天地之间”，它是一种生存境域，“这一境域不仅仅将自己保持在思想及其诸种形态中，而且以一种令人惊讶的方式进入到普通人的生命中去”（第 299 页）。天下不只是君王口中的统治范围，也不是可以测量的物化的空间，它是人间世或人世间，其中有比高高在上的天更为丰富、鲜活的东西。天下不寄存在权力之下，它本然地具有历史的、文化的开展维度。作者指出，列文森从“天下”到“国家”的替代性逻辑其实是把中国古代的“天下”作为一种国际关系模式，但“天下”远非如此。这与笔者在前文对列文森的批评基本一致。陈赟指出，作为“天地之间”的“天下”通过其“之间”开启事与物相互贯通的境域总体，而“人正是在天地之间的相互贯通中敞开自己的存在，其当下之视听言

---

① 陈赟：《天下或天地之间：政治思想的古典视域》，上海书店出版社 2007 年版。

动、行为举止等等，便是在某种‘气机’当中打开这一‘之间’的维度”（第104~105页）。所以，从“天下”到“国家”，不仅是国际秩序体系的转变，更是个人生存形式的转变。陈赟对“天下”的分析，受海德格尔生存论哲学的影响较多，其阐述兼采儒家性命之学与政治关怀，道家政治理念与人生态度，使作为人的“生存—世界”的“天下”成为一个具有丰富哲学意涵的话题。但笔者以为，“天下”在此只是为作者提供了一个讨论政治、伦理、语言、文化等问题的场域，亦即在“天下”所奠基的基本架构中展开对政治、伦理、语言、文化等问题的阐述。而作为一种观念的“天下”，尚需要在经验层面呈现其存在样貌，否则，我们很难解释“天下”为何常被“物化”为土地、臣民等。对“天下”的“物化”固然是一种对原生性“天—下”的扭曲，但这一“物化”现象本身同样暴露着古人的某种观念、取向。

孙向晨的《论家：个体与亲亲》[1] 并非专门讨论“天下”的著作，但是该书所附录的《民族国家、文明国家与天下意识》[2] 一文，对“天下”的讨论引人思考，且有一定的代表性。孙向晨指出，民族国家这种以强化民族意识为手段而采用的国家形态不适合中国，中国是被迫接受这样一个观念的，以致自己对自己的言说、界定不伦不类，并且仍然避免不了西方国家的指摘。与白鲁恂（Lucian W. Pye）和甘阳一样，孙向晨也指

---

① 孙向晨：《论家：个体与亲亲》，华东师范大学出版社2019年版。

② 亦可参阅刊载该文的《探索与争鸣》2014年第9期。

出，中国是一个文明国家。① 文明国家与民族国家的一大不同在于，前者具有“天下意识”，“‘中国’是一个与‘天下’相对应的概念。在‘天下’的范围里，‘中国’就是一个示范性区域，也就是我们所说的‘文明国家’”（第 337 页）。在孙向晨看来，“天下”这个古代中国“理解世界的模式”（第 337 页），在今天仍可成为全球秩序规则，“‘民族国家’的概念是一种放大版的霍布斯式‘个体’，其基本动力是自我保全，争夺利益；‘文明国家’倡导的是‘同天下之利’，为‘天下’立法”（第 337 页），“当一种文化只局限于自身民族的复兴时，它的眼光是局促的，目标是有限的，手段是排外的，动力是不足的”（第 338 页）。这涉及人对于边界的意识，包括这样几个问题：人与人之间的边界是不是绝对的？在政治、伦理、生存各方面，人与他者之间究竟是一种怎样的关系？人能否泯同人我之别，绝对一体？这是笔者在阅读孙著时想到的一些问题。孙向晨强调“天下”，“是要恢复与‘文明中国’相称的‘天下为怀’精神，

① Lucian W. Pye, “China Is A Civilization Pretending To Be A State”, Lucian W. Pye, *The Spirit of Chinese Politics: A Psycho-cultural Study of the Authority Crisis in Political Development*, Harvard University Press, 1992, P. 235；甘阳：《从“民族—国家”走向“文明—国家”》，《书城》2004 年第 2 期。其实白鲁恂并非这一说法的首创者，早在 1933 年，费孝通在一篇关于美国社会学家派克（Florian Znaniecki）的文章中就曾这样表述：“事实上，中国是不能用西洋人所谓帝国或政治的个体来称呼的，它是一种文明；和欧洲或印度一般，而不是一种政治的个体，他们还没有达到休戚相关的程度，和成就集合动作的能力。而这些又都是一个民族国家所不能缺少的特性。”费孝通：《社会学家派克论中国》，《费孝通文集》（第 1 卷），群言出版社 1999 年版，第 122 页。

侧重文明的价值理念，侧重精神层面的‘普世关怀’，而不是要膜拜传统的机制化结果”（第339页）。此外，他还提到，在西方传统中，尼采、海德格尔等呼喊“大地”，很能与中国的“天下”意识相呼应，但是“大地”概念具有非道德化以及某种地域性种族化。在笔者看来，这一提示是非常重要的。

（二）面对“喧嚣”的“天下”

2015年，葛兆光在《思想》杂志发表了《对“天下”的想像——一个乌托邦想像背后的政治、思想与学术》这一长文。①作者从历史学的角度质疑、反驳当下诸种对“天下”的阐释、建构。葛兆光认为，当代诸种“借过去的理想支持未来的想像”的“天下”学说，在引经据典时歪曲了历史，是一种“非历史的历史”（第134页）。虽然21世纪以来出现的若干种创构型“天下”学说差异很大，甚至立场、理路对立，但在葛兆光这篇文章面前，笔者将上述若干种学说归为一类，却并非本质主义的取巧之举。这是因为，细索葛兆光一文与创构型“天下”论述可以发现，二者的区别在于，讨论“天下”，究竟是要诉诸理念、思想甚至哲学，还是面向有形可见的史实？

对于理念、思想、哲学层面上的“天下”，葛兆光说：“这种理想的‘天下’充其量只是古代学者的‘思想著作’，却不是历史中的‘政治现实’。”（第142页）历史学者旨在探稽史实以求其“古”，而“天下”的推崇者、创构者们则倾向于讨论“天下”如何可能，如何实现，结果如何。由于关注焦点的

---

① 今收入氏著《历史中国的内与外——有关“中国”与“周边”概念的再澄清》，香港中文大学出版社2017年版，第131~203页。

不一致，当“非历史的”学者带着自己的前理解涉足历史的领域，寻求史料的支撑，进而重构历史语境时，就容易被历史学者指责为歪曲历史。而鼓吹古代“天下”精神、建构新型“天下”学说的学者，从未期待推出一项历史学成果，并不以还原历史事实为目的（这也正是一百年来“天下”讨论转入的新阶段）。如果说这些学者在涉及某些具体的历史问题时出现过理解上的偏差，或许可谓之“非历史的历史”，然而要说他们的主张本身是“非历史的历史”，他们恐怕并不以此为意，因为他们要做的是哲学的工作。①

葛兆光更为担心的是，一种“天下主义”开始越过学术的界限，“总是试图‘成为政府的、政治的和政策的依据’”（第196页）。显然，比“曲解历史”更大的危险在于，为将来注入一种不安定的思想因素。这是直接关乎现实的事情。这首先需要在价值、理念上进行充分评估，确保某种思想的实施不会或者尽量少地产生负面效果。那么至此可以说，讨论有关“天下”的思想、哲学，须首先回答：人类有无共同承认的价值？如果有，一种被重新整合出来的理念、思想、哲学，能够在多大程度上容纳这种价值，甚至催生出造福于人类的结果？古代中国的天下观是否包含某种今日可资借鉴抑或须自觉剔除的成分？

创构型“天下”的论述者们希望为今人提供一套理想的价

---

① 比如赵汀阳说：“周朝的历史究竟是怎样的，对于天下理论并不那么重要。哲学的意义在于传承和发展伟大的概念和原理，而非考证历史真相，那是历史学家的工作。”赵汀阳、H. 费格、S. 戈斯帕、L. 缪勒等著，王惠民译，赵汀阳校：《柏林论辩：天下制度的存在论论证及疑问》，《世界哲学》2020年第3期。

值、秩序，历史只是他们不时采撷、利用的资源，而对于一个历史学者来说，还原历史真相（暂且不论历史的真相是否可以完全再现）才是其职分。按照一位也曾参与“天下”讨论的学者的说法，哲学家做的是规范性工作，“很多历史学者，却经常拿历史现实挑战这些规范理论，这是对规范与描述的区分缺乏基本理解的表现”①。这位学者的区分固然不错，但他未免忽视了历史描述对于当代规范的借鉴意义乃至“再规范”意义。既然从事规范性工作的学者不时地到历史中汲取资源，那么他们当然也需对历史抱有基本的严肃态度。哲学不是随意解读历史和学术偷懒的借口，哲学家对规范性的创建首先应包含对自己创建活动的严格规范。刘擎在一次会议上说：“我们也不能完全忽视历史实践的事实，好像历史对哲学思考完全没有影响。一个美好的传统理念，如果在历史上从未兑现或者其实践总是失败的，那么现在重构这个美好的理念就能摆脱历史上的挫折和失败吗？”② 这一说法可以补创构型“天下”学说之偏。工作分类有利于明确目标，但不等于工作之间了无干系，也不等于他人的工作领域可以被自己随意地裁剪。另外，若仅仅把上述争论归为学科工作的不同，依然不够。我们还应看到，以观念形态而存在的“天下”，既代表了儒家的世界观，也折射着帝王的政治观。宣扬天下观念中“王道”精神的学者，其所面向的，

① 白彤东：《谁之天下？——对赵汀阳天下体系的评估》，《社会科学家》2018 年第 12 期。

② 《天下体系与未来世界秩序》第二单元《自由讨论》，《探索与争鸣》2016 年第 5 期。

乃是儒家这个群体及其思想，而指出天下秩序中暴力性一面的学者，针对的则是一种夹杂着帝王野心的政治观念——笔者已于前文对之略作陈述。既然天下观的上述两个侧面容易被单独地看待，那么要消除由之而生的争论，就需要我们探寻儒家与政治的纠缠互动，把一种互动现象作为“天下”的存在形态之一。这样，我们所关注的，就既不只是儒学经典中陈陈相因的思想表达，也不只是作为勃勃野心之结果的无尽厮杀。

与前述鼓吹中国古代“天下主义”的学者不同，近些年来一直致力于儒学现代诠释与建构的黄玉顺撰文对王权时代和皇权时代的“天下主义”进行批判。① 作者在讨论“天下”时，不仅将“天下”置于“家国天下”的结构中，而且指出“完整的表达应当是‘身—家—国—天下’”（第 218 页）。同时，作者强调“身”远不仅指身体，而是指“灵肉一体的个体自我”（第 218~219 页）。“身”获得了价值维度，在“身—家—国—天下”的结构中，人道与天道的互通、交融获得了某种可能性。不过，笔者以为，如果把“身”定义为“灵肉一体的个体自我”，那么这种意义上的“身—家—国—天下”与其说是描述性的，不如说是规范性的。正因为如此，黄玉顺才说：“‘身’这个概念的内涵转换，正意味着时代的转换：在前现代的话语中，‘身’只是‘家’的附庸；而在现代性的话语中，‘身’成为‘家’的基础。”（第 219 页）所以，当作者继而指出“当家庭与国家消亡后，‘身—

① 黄玉顺：《“以身为本”与“大同主义”——“家国天下”话语反思与“天下主义”观念批判》，收入氏著《生活儒学与现代性问题》，四川人民出版社 2019 年版。

家—国—天下’模式将转换为‘身—天下’或‘身—世界’模式”（第233页）时，笔者理解为这是对上述规范性陈述的真正实现。“身—天下”或“身—世界”这个在黄玉顺看来的理想结构，使人想到了上文许纪霖的论述。许纪霖所要克服的，正是那种个人与非伦理共同体之间的冰冷关系，结束个人生存的空虚状态。所以，许纪霖把“家”与“国家”两个范畴保留下来，并重新诠释、界定二者的关系。在黄玉顺的论述这里，笔者关心的是，一个灵肉合一的个体所要面对的“天下/世界”究竟是不是价值性的？如果不是，那么人这种独立的价值体如何获得生命的意义？如何摆脱纯任个体价值所带来的相对主义纷争？如果“天下/世界”同样是价值体，那么其价值来自何处？并且，同样是价值体的“家”何以被取消了？①

围绕“天下”进行思想创构，以及由此而生的对话争鸣，是21世纪以来的一股重要学术、思想潮流，这代表了人们对于历史、当下的某种新的认知，也体现了人们对参与构建一种新的文明、生活形态的自觉。这股趋向的出现是与中国国力的提升紧密相关的。一部分天下学说的背后，可能有一种学术之外的力量在支持。② 但关键在于，这一趋向是对内还是对外的。我

① 旨在破除偶像、解放自我的傅斯年，在五四运动之后曾说：“我只承认大的方面有人类，小的方面有‘我’是真实的。‘我’和人类中间的一切阶级，若家族、地方、国家等等，都是偶像。我们要为人类的缘故，培成一个‘真我’。”傅斯年：《〈新潮〉之回顾与前瞻》，欧阳哲生主编：《傅斯年全集》第1卷，湖南教育出版社2000年版，第297页。

② 参看 Ban Wang, *Chinese Visions of World Order: Tianxia, Culture, and World Politics*, Introduction, P. 5.

们看到，周邻国家的学者对于“大国—世界”的观念飞跃就表现出高度的警觉，并提出以“东亚”作为中国走向世界的缓冲带，主张“思想东亚”，希望中国在走向世界时充分考虑周边国家的利害。① 这种担忧是可以理解的。随着中国发展步调的继续推进，这股围绕“天下”而展开的阐发、讨论是否已趋于尾声，还要持续多久，都不易断言。要完整、详尽地介绍、评论这一潮流，需要宏阔的视野、敏锐的洞察力、冷静的判断力。对于这一热潮，梁治平先生在《想像“天下”：当代中国的意识形态建构》② 这一长文中做了详细的考察梳理。作者逐一厘定各种学说背后的考量、旨趣，既未顺风而从，也没有一味苛责。该文使我们看到，知识人要对某一论题展开真正的思想创构，必须基于严肃的学术考察，“守护其职分，专注于真知，致力于说理，不昧于良知，不蔽于私利”（第 177 页），如此才能使得自己的主张与阐述更有说服力。

若要了解当代中国各种“天下”学说的形成、演变之迹及内里，上述梁治平的文章是合适的参阅对象。笔者在此将不再一一列举诸说。就笔者列出的以上若干种学说而言，它们开启了诸多有待深入讨论的问题，打开了研讨“天下”的“缝罅”。学者们的论述使得“天下”不再是一个文献中的语词、概念，

① 一位韩国学者指出：“中国要直接面对世界的观念很强烈，可是对周围邻邦的关心却很少。”白永瑞：《思想东亚：朝鲜半岛视角的历史与实践》，生活·读书·新知三联书店 2011 年版，第 115~116 页。

② 文载《思想》第 36 期，联经出版事业股份有限公司 2018 年版，第 71~177 页。

而是涉及人性、心态、生存、政治、制度、文化、疆域、族群等多个方面的活生生的东西。“天下”的统合性、多面性使得学者们在讨论“天下”时很容易引来不“同频”的争论。近年来参与“天下”讨论的吴稼祥，澄清了“天下”的三种用法，分别是政治共同体、文明共同体和命运共同体，并指出很多关于“天下”问题的争论首先是因为在用法上出现了分歧。① 进一步说，学者们之所以在用法上出现分歧，是因为“天下”在中国古代文献中的原生形态尚未获得学者们的统一认识。“天下”固然是一种客观的空间，但是如果这个空间内空无一人，那么它无所谓价值。而当“天下”进入人们的表述中时，它就获得了一个与人的生存息息相关的意义维度。所以，今人应当首先考虑的是：被古人说出的“天下”，首先是以何种形态存在的？这个考虑不只是对基本概念的界定，而且是对古人表述行为本身的反思。在一定程度上，注目于古人对“天下”的表述行为本身，要比直接扎进“天下”这个概念的涵义、结构中更为切中肯綮。就此而言，“天下”要成为一个学术、思想课题，仍需要今人反思性、有距离地审视古人。这样的审视会使我们看到，古人言“天下”，其实是对自身某种观念的呈现。

四、明清之际为天下观念研究提供的学术、思想条件

在对“天下”本身的研究、学说史稍作概述后，笔者将把

① 参阅吴稼祥：《公天下：中国历代治理之得失》“增订序”，贵州人民出版社2020年版，第3~13页。

视野放在明清之际。明清之际是一个“天崩地解”① 的时代，一些士人一方面痛苦地反思、批判亡明的弊政，另一方面在精神世界对他族的入主百般拒斥，于现实世界却力不从心。此外，随着传教士的络绎来华，新的知识与旧的观念成为撕裂一些士人精神世界的两股力量。“天下”不只是士人施展理想抱负的最大空间，更是他们切身体会到的某种生存境遇。天下的存亡，意味着人生意义的丰富或匮乏或虚无。“天下”的理念化、抽象化面孔逐渐变得具体可见。讨论“天下”，无可回避地要讨论人。人作为“天下”事务担当者的形象被最大限度地阐述、彰显，“天下兴亡，匹夫有责”。从思想、观念变迁的角度看，20世纪以来的一些中外学者把明清之际视作某种程度的“启蒙时期”或“近代”是不无道理的。② 但是思想无止境，如果沿着明清之际的某些思想观念更进一步，其结论也常使人瞠目结舌。

从目前所见涉及明清之际天下观念的著作来看，其中仍有一些值得继续讨论的问题。由于满人入主中原是明清之际的重

---

① 亦常谓“天崩地坼”，冯梦龙《甲申纪闻》谓“天崩地塌”。

② 关于明清之际的特殊性，学者提供了多个阐述角度。梁启超着眼于学术流变，侯外庐立足于社会发展，萧萐父等致力于思想学说，他们一致地看到明清之际是一个转向近代化的关键时代，即便他们对这种近代化的程度与表述不尽一致。以上学者的著作均非专论“天下”这一观念，但与笔者关心的明清之际与天下观念之间的关系关联甚多。分别参看梁启超：《中国近三百年学术史》，北京联合出版公司2013年版；侯外庐：《中国早期启蒙思想史》，人民出版社1956年版；或者侯外庐主编：《中国思想通史》第五卷，人民出版社2011年版；萧萐父、许苏民：《明清启蒙学术流变》，人民出版社2013年版。

大事件，因而基于地域、血统、文化而讨论满汉之别的“华夷之辨”，常常被研究者视为明清之际天下观念的主要内涵，并以顾炎武的“亡国”与“亡天下”之论为拔高。① 这类论述把“华夷”问题与“天下”问题对等讨论，但其处理方式意味着，他们必须把对“天下”的讨论回收到“中国”问题上，比如中国观、中国性等。问题遂变为：什么是“中国”？谁有资格代表“中国”？“中国”和“天下”是什么关系？伴随着历代王朝更迭所产生的正统论，探讨的便是这一问题。

另外，传教士带来的世界地图对中国人天下观的影响也比较有限。葛兆光曾指出这样一种现象：即使中国已经意识到“国外有国”，即使地图绘制技术、航海技术已达到十分精湛的程度，中国人在绘制地图时，却“总是把中国这个‘天下’画得很大，而把很大的世界万国，画得很小”②。这使我们看到，观念和知识并不同步。当文明的优越感受到知识的冲击，当地理认知进一步拓宽，当国人的足迹不断向域外延伸时，观念和知识为何不能携手而行？是什么给予观念绵延存续的动力与抵触更改的“惰性”？这不仅需要到人的思想深处探幽索隐，呈现其精神世界，还要关注人的生存本身，于无字句处见真理。

---

① 除了上文提到的许纪霖《家国天下》一书有这样的论述，另可参看李晶：《夷夏观的转变与天下观的再造——从思想史看明清更替对“中国观”的影响》，《思想战线》2018 年第 1 期。

② 葛兆光：《宅兹中国：重建有关“中国”的历史论述》，中华书局 2011 年版，第 108 页。

我们还需要参考关于这一时期的思想史研究。在专注于明中叶以来思想世界的著作中，岛田虔次的《中国近代思维的挫折》① 是日本的中国思想史研究领域最早提出中国“近代”问题的论著。作者通过对王阳明、泰州学派和李卓吾等个案的研究表明，中国的近代精神在明代“已经尖锐化到极限”（第3页），最终走向了自我毁灭。② 原因在于，这些“近代市民意识的萌芽”出现过早，遭到了统治者的严厉镇压，难以成为主流。首先，该著强调社会对于思想发展的制约甚至决定作用。近代思维之所以遭遇挫折，正在于它没有一个有利的社会环境给以支持，那么进一步说，一个社会是否进入了近代，决定性因素就不在于它出现了何种新的思想，而是终归取决于社会的结构、力量。笔者并不认为这仅仅是一个社会与思想间的互动问题，而是认为，这暴露了对社会转型进行定义时的选择性问题：要判定一个社会是否发生转型，究竟是关注社会本身——比如社会结构的变化，以及这一结构中起主导作用的力量的更新，还是文献中展露出的新思想“萌芽”——比如对主体性的追求和对欲望的肯定？社会自身能否或者如何朝近代发展？它是否需要外力？“内在”的变化靠什么来推动？这些问题值得深思细索。另外，岛田氏选取王阳明、泰州学派、李卓吾为考察对象，

---

① 岛田虔次著，甘万萍译：《中国近代思维的挫折》，江苏人民出版社2005年版。

② 用岛田氏的话说，“‘启蒙’的热情，决不是与中国无缘的，而它的命运最终却极为悲惨”，“启蒙之树还没有结果就枯萎了”，“中国近世最终没有达到市民社会”。氏著《中国近代思维的挫折》，第4页。

阐述上述三者思想中体现的近代思维，但他仅仅在心学的视野中考察三者，如他所言，“心学的根本问题，无非是人性的问题”（第 2 页）。人性问题固然是政治哲学的根基，但是该书尚缺乏对思想向外延展的探索。这说明，岛田氏仍然没有在社会环境与人的思想之间找到一个处理的平衡点。笔者觉得，天下观念能够很好地统合这时的社会与思想。这是因为，“天下”不是一个空泛的概念，儒学有着在个人—家—国—天下的序列、结构中阐述伦理和政治思想的习惯。这个序列、结构中任何一个范畴的内涵、地位发生变动，必然同时带来其他范畴内涵、地位的变化。岛田氏发现的人的自我观念、主体意识的凸显，需要放在个人—家—国—天下的序列、结构中来看。在这其中，天下因其处于序列的最终端或结构的最顶端，其变化的幅度就需要从对个人的认识和“发现”中来衡量。简言之，如果个人总是家国天下的附庸，那么天下观念不过是人对社会的经验性认知；而一旦个人的地位上升，关乎人格、身份、权利、秩序的问题被重新思考，天下观念就需要调整，以便能够容纳新的个人。所以，岛田的著作不只是引导我们去思考“启蒙”之含义，“近代”之标准，“挫折”之原因，还要求我们去注意其时人们是否找到了一个可以容纳、解释这种变化的新的意义终端或顶端，也即新的天下观念。如果答案是肯定的，我们就可以说，这时人们的思想观念与社会形成了一个可以相互解释的新的意义构成系统，“近代思维”就不容易被外力随便干扰而遭遇“挫折”；如果答案是否定的，我们则认为，“近代思维”不是遭遇了“挫折”，而是人自己无法解释、安放自己的变化，人终究无法接受新的自我。

与岛田氏近似但又有所不同的是，金观涛、刘青峰在对“天下”观念进行简要梳理时指出，明末清初出于对其时道德秩序崩坏的反思，逐渐孕育出经世致用的思潮，但是这一思潮被随之而来的清代意识形态——程朱理学所压抑，直至19世纪中叶中国遭受西方文明冲击后才重新凸显。① 这一脉络把新思潮的被压抑归因于意识形态，一定程度上避免了岛田氏的循环困境，但是经世致用的思潮是否只是出于明清易代时重整道德秩序的需要？岛田氏指出的阳明学中包含某些“近代思维”这一现象，又可以构成对金观涛、刘青峰观点的“制衡”。笔者认为，在现实与思想之间，应该存在一种能够解释、说明社会现实与时代思潮流动、变化的机制，这一机制虽有待揭示，但一定不是现实与思想之间的任何一端。

另一位日本学者沟口雄三，在其《中国前近代思想的演变》② 一书中认为，“近代”指的是太平天国运动之后，因为在此之后出现了“平等”与“共和”的思想。沟口书名中所谓的“前近代”指明末清初，它属于“封建后期”，但这一时期是“进入近代的准备阶段”（第45页），所以被称为“前近代”。沟口和岛田虔次都把阳明学看作“近代的远的渊源”（第45页）。沟口也认为，“大概中国的近代思想是出自共同体式的（如万物一体的仁）大同思想，而‘天’、‘理’、‘自然’、

① 参看金观涛、刘青峰：《观念史研究：中国现代重要政治术语的形成》，第232页。

② 沟口雄三著，索介然、龚颖译：《中国前近代思想的演变》，中华书局1997年版。

‘公’诸概念则是这个共同体的表象”（第 50 页）。或许正由于此，沟口在书中不厌其烦地对“天理”“人欲”“公”“私”等概念进行考辨。并且，沟口的研究具有很强的对话意识，不仅在方法上自觉地批判欧洲中心主义，拒绝以欧洲历史分期裁剪中国历史，而且在考察过程中与同胞学者岛田虔次、中国学者侯外庐展开商榷，体现了其著作在该领域研究史上的推进之功。按沟口的研究，由明入清，近代性没有遭遇“挫折”（岛田虔次语）和“难产”（侯外庐语），而是说，明末清初那些被士大夫提出的理念及其背后的利益考量，被清统治者成功地通过社会上下管理机制而化解了。① 这表明，沟口心目中近代性的遭遇，其动因不是到思想自身的演变中去寻找，而是到外力中探求。虽然沟口以推测性的语气指出中国近代思想出自“共同体式的大同思想”，但是近代思想的发展演变乃至实现，都不能不依靠一种体制化的保障。沟口不应忽略，即便那种上下管理机制保障了“私”，也非但没有使人满怀信心、顺理成章地走向一个不自私、不惜力的大同世界，反而强化了人们的为己自利之心，离大同世界越来越远。对这一现象的解释，不能仅仅着眼于个人，而是应放眼于个人与世界的关系——天下观念。这个世界中有众多的他人在与己争利，那么一个什么样的世界才能持久

① “清朝靠确保地主的土地所有权，将地主权力作为末端权力纳入自己的权力结构中，使明末暴露的皇帝的‘大私’与民（地主富民阶层）的‘私’对抗这一结构上的矛盾得以回避，从而使得对于权力本身的否定一直拖到了清末。”沟口雄三著，郑静译，孙歌校：《中国的公与私·公私》，生活·读书·新知三联书店 2011 年版，第 63 页。

有效地协调人我利益关系呢？沟口对这个问题有令人信服的回答，但是他的回答需要有一个超出个人的视野来观照，也即无论公私观念如何变化，总已经有一个更大的观念和更根本的原则在确保公私之辨不走极端。沟口并非要作天下观念史研究，我们当然也就不能苛责他一定要用多少篇幅去讨论“天下”。但是笔者觉得，沟口对于公私问题之考察的价值或意义，需要放在由许多观念交织成的生存世界中才能看得足够清楚。这个生存世界的特点在于，它不是靠某一项后设的标准——比如资本主义萌芽、启蒙思潮，来“发现”这个世界及其所处时代的意义，而是通过对这些观念的变化及其人的理解结构、意义发生机制的揭示，来呈现时人对于自己在这个世界——也即天下中的定位，把握人在传统思想结构中的位置。就此而言，公私观念的变化代表了人对于自己的重新认识，这个认识只有放在“身—家—国—天下”结构中才是可能的，而在这些观念中，“天下”是最具综合性的观念。

第二节　对“天下”进行观念史研究

观念史研究兴起以后，学者逐渐注意到，许多曾作为客观对象被阐述的范畴，终究是在人们的观念世界中存续、发展的，也即带有消除不掉的主观性。如果今人试图对自我生存进行反思、追问，那么他（她）就不能忽视他（她）头脑中某些绵延甚久却未必自知的观念。质言之，观念史研究可以使我们共同认识到“我们为什么成了现在的样子、我们是谁，以及哪些规范性的要求与这一共有的自我理解齐头并进”①。

观念既非抽象的，也非客观的，它在人们（有意或无意）的言语、行动中呈现出来。文本不只是对外在世界的记述，也是对自身观念的表达。事情并不是各种机械运动的结合，而是人类观念的栖身之所。所以，我们的观念史研究不仅要面向语言，还要察其行事。这样一种研究意味着，我们在处理古代观念时，要防范进化论和科学主义的偏见，不要觉得在古代的观测、通讯条件下，人们对世界的有限认知就一定伴随着某种局促、偏狭的世界观。事实上，知识的有限性与人们对世界的无限性想象并不矛盾。当然，反过来说，也不要以为知识的增长就可以改变某些狭隘的观念。以赛亚·伯林（Isaiah Berlin）说过：“尽善尽美的生活是可以想象的。这种生活也许无法企及，但是原则上说，人们可以拥有这种观念。”② 笔者还赞同伯林另一种说法，即观念史处理的是人们的观点、态度、思维习惯和情感特征，上述要素有的结晶为宗教、法律、政治等方面的制度，而更重要的是，“人们似乎不可能通过准确的定义或大家都认可的标准，来检验这些制度及其组成部分的有效性或真实性，也不可能通过大家普遍认可的一些方法，来证明它们是可行的或不可行的”③。观念尽可

---

① 阿克塞尔·霍耐特著，刘心舟译：《承认：一部欧洲观念史》第一章《观念史 vs. 概念史：方法论的初步考虑》，上海人民出版社 2021 年版，第 3 页。

② 以赛亚·伯林著，胡自信、魏钊凌译：《我的学术之路》，亨利·哈代编：《观念的力量》，译林出版社 2019 年版，第 8~9 页。

③ 参见以赛亚·伯林著，胡自信、魏钊凌译：《俄国观念史》，亨利·哈代编：《观念的力量》，第 99 页。

以荒诞，反映的却是人们真实鲜活的生存处境。

作为一种政治、文化观念，“天下”需要在现实中制度化、体系化地呈现出来。学者所谓的“天下体系”“天下秩序”等，都是“天下”观念之力量的产物。但是，由观念而现实的进程，并非完全顺应着精神世界的理路自动开展，而是总已经被这个观念之外的其他因素所影响。厘清这一点，会使我们避免许多不必要的争论。在笔者看来，关于“天下”的诸多争论在根本上是一种形态分歧。“天下”在学者的著作中有天下主义、天下体系、天下观念等形态，而这些形态之间存在不小的差别。

“天下主义”是一种根据情势变化而采取的涉外理念，以“华夷”关系为内核，也可称为“夷夏”观念。“夷夏”观念以王朝是否奉行天下主义而分为“开放的夷夏观”和“封闭的夷夏观”，“历代凡盛朝则多发挥其开放性之正面。到夷夏势均力敌或夷势盛于夏时，士人则往往强调其封闭性的负面”①。学者曾指出，这种根据时势而变化的“夷夏”观念“是中原皇朝处理国家政治和族群关系的一种工具”②。不过，仅仅着眼于“华夷”关系来考察“天下”，会忽略对伦理、制度、心态等方面的纵深考察。在华夷问题上，儒家内部曾长期存在这样一股声音：接受礼乐文明的便是华夏，不具备礼乐文明的就是“夷狄”。在孔子和后来的韩愈那里，我们都可以找到相应的表述

---

① 罗志田：《夷夏之辨的开放与封闭》，《中国文化》1996 年第 2 期（总第 14 期）。

② 李鸿宾：《〈徙戎论〉的命运与“天下一家”的格局》，《河北学刊》2005 年第 3 期。

（参看下文）。儒家的这一“华夷”观念，被今日的学者概述为：“……没有绝对的‘他者’，只有相对的‘我人’。几千年来，所谓‘天下’，并不是中国自以为‘世界只有如此大’，而是以为，光天化日之下，只有同一人文的伦理秩序。”[1] 天下主义就是文化上的普遍主义，但如果因此而认为天下观念就是一套文化观念，就未免偏颇了。因为，儒家的礼乐文明之所以被华夏用于“审查”“夷狄”准入华夏的资格，是因为“审查”这种行为本身已经预设了某种“我—他”的分别，否则就根本没有必要去做。这种根源性的差异不是文明，而是血统。文明只能有限地“改良”“夷狄”在血统上的“先天不足”。“中国”对接受了礼乐文明的“夷狄”仍然心存戒备。血统这个隐微的预设，长期被礼乐文明覆盖着，以至于学者谈到天下主义时，会说：“夷夏之间，虽然有血缘和种族的区别，但最大的不同乃是是否有文明，是否接受了中原的礼教秩序。”[2] 但是当我们面对历史上诸多中原士人对南下且接受礼乐文明的政权给以激烈的指控时，就不得不反思：礼乐文明对于天下观念有多大的解释力？

---

① 许倬云：《我者与他者：中国历史上的内外分际》，生活·读书·新知三联书店2010年版，第20页。

② 许纪霖：《家国天下：现代中国的个人、国家与世界认同》，第56页。另可参看孙向晨的论述。孙向晨说：“中国古代确实讲夷夏之辨，但更强调‘夷狄而中国，则中国之；中国而夷狄，则夷狄之’，丝毫没有褊狭的种族意思，更没有强烈的排外情绪，看重的是道德教化和文明程度。这是一种非常珍贵的传统。”见孙向晨：《民族国家、文明国家与天下意识》，《探索与争鸣》2014年第9期。

“天下秩序”则是一个经常在对外关系史领域使用的概念。具体而言，它是一套以中央王朝为中心，以“册封—朝贡”体系为基本形态的前现代对外关系模式。该体系通过礼仪表达认同，但礼只是一种外交筹码①，礼仪的背后有着复杂的经济、军事考量。在“天下秩序”叙事中，“华夷之辨”仅仅是一条旨在别同异的对外关系原则，强调文化认同可以超越政治单位的畛域。“儒家文化圈”“汉字文化圈”便是其产物。但这是否就足以说明华夏就是天下的中心？

“天下”的诸多形态要求我们必须自觉区分观念与现实，发现观念背后的基本预设，梳理现实情形的复杂组合。早在20世纪中期，杨联陞在考察“中国的世界秩序”时就曾指出：“在研究中国的世界秩序的过程中，尽可能地区分神话与现实是非常重要的。二者可以相互影响。有的人或许更喜欢把神话称作文化或心理事实。但无论如何，它应该与政治事实区分开来。”②杨氏所谓的“中国的世界秩序”，即上文所述的“天下秩序”③。

---

① 参阅夫马进著，伍跃、凌鹏译：《朝鲜燕行使与朝鲜通信使》第二章《明清时期中国对朝鲜外交中的“礼”和“问罪”》，商务印书馆2020年版，第47~79页。

② Lien-sheng Yang, “Historical Notes on the Chinese World Order ”, in *The Chinese Order: Traditional China's Foreign Relations*, edited by John King Fairbank, Cambridge: Harvard University Press, 1968. P. 22.

③ “中国的世界秩序”这一概念系费正清等人提出，费氏对此有专门阐述，编写了一部讨论“中国的世界秩序”的著作，即上文提到的 *The Chinese Order: Traditional China's Foreign Relations* 一书，中文本由杜继东译出（《中国的世界秩序：传统中国的对外关系》，中国社会科学出版社2010年版）。

杨联陞的区分对于我们将要开展的“天下观念”研究同样重要。因为，研究者应自始至终地意识到自己是在什么层面、何种意义上讨论“天下”。

还需指出，中国古代的天下观代表了古人对于人类社会的整体性认知，天下是承载这一认知的最大观念单位。如梁治平所言，“作为一种观念，一种意识形态，其（案，天下观念）于文明兴衰影响之巨，恐怕无有出其右者”，天下观念“不但被用来解释历史，也被用来认识和规范现实，进而塑造未来。具有这种性质的‘天下’观，兼具知识体系与意识形态的双重性格”①。所以对天下观念的研究无法回避对历史世界的关注，甚至也离不开对当下问题的回应。

在笔者看来，要探讨观念如何历史化地存在，需要在历史的视界中开展精神性的分析，需要着眼于各种历史的载体，考察这些载体所隐喻的精神内涵。简单地说，这是一种“居于历史与哲学的交界线上”② 的工作。

---

① 《七个问题——梁治平：中国法政思想中的“大观念”》，https：//mp. weixin. qq. com/s/UV98-btC01GLwmDVUe_ SRw。

② 郑文惠：《观念史研究的文化视域》，《史学月刊》2012 年第 9 期。但是，郑文惠未对观念史研究和概念史研究作出区分。

第一章　14世纪以前天下观念的发轫与流变

天下观念是一个在结构上立体化，在内涵上政治化的历史文化产物。对它的探讨，需要从一种在今日看来比较简单的方位观念入手，考察方位对古人来说有何意味。找到这一突破口，后面的问题基本可以迎刃而解。另外，我们把考察的重心放在明清之际，并不意味着我们就应该对此前的历史仅做泛论。事实上，明清之际天下观念内部的各种要素之所以被全面调动起来，是因为这些要素通过一个长时段的积累，业已形成了自己独有的品格和倾向，带有了历史的惯性或惰性。因此，天下观念在明清之际的遭遇，不仅是一个时代化的课题，而且是对历史问题的回应。在本章，笔者将不避篇幅之冗长，对14世纪以前的天下观念做一种史论结合的梳理，希望在这个过程中把天下观念所涉及的基本范畴、问题交代清楚，以便后面直接展开讨论。

第一节　从四方到天下：天下观念前史

追溯一个观念的起源并非易事。如果以为检索到表达这个观念的概念之出处，就可以顺理成章地将其作为此观念的起源，那将遗漏掉这个观念的形成过程。仅仅对某个概念的涵义分别罗列，也并不是真正意义上的观念史研究。但我们并不否认观念在首次概念化时的重要性。观念的首次概念化，说明了人们开始对某一观念进行反思，该观念获得了形式化的存在。

一、四方：被政治化的空间

如果检索“天下”这个词，我们会发现，至少在《尚书》中就有多处表述①，这些表述是目前所检索到的最早的“天下”。它们透露出，早期的“天下”和君王的治理范围有关，既是空间性的表达，也是政治用语。

虽然甲骨文中也有“天”“下”二字，但这并不好判断“天下”观念是否已经出现。一个复合词所表达的观念，不等于每个词根语素所表达的观念的简单相加。但可以确定的是，前者（天下观念）比后两者（“天”“下”观念）晚出。甲骨文中有“东”“西”“南”“北”“中”等关于方位的文字，还有“四方”“四土”这样的统合性表述。② 由于此，甲骨卜辞所在的商朝就被认为是今人研究天下观念“最可靠的起点”③。

---

① “昔在帝尧，聪明文思，光宅天下”（《尚书·尧典》），“小民乃惟刑用于天下，越王显”（《尚书·召诰》），“方行天下，至于海表，罔有不服，以觐文王之耿光，以扬武王之大烈”（《尚书·立政》），“燮和天下，用答扬文武之光训”（《尚书·顾命》）。

② 《武丁卜辞》：“四土受年。”《武文卜辞》：“四方受禾。”《乙辛卜辞》：“四土受年。”引自陈梦家：《殷虚（墟）卜辞综述》，中华书局1988年版，第319页。

③ 邢义田：《天下一家——中国人的天下观》，《中国文化源与流》，黄山书社2011年版，第285页。但是邢氏并不否认“许多有关天下秩序的看法可能在殷商以前已有”。

“东”“西”“南”“北”代表了人们对地平面上不同方位的指称，也即方向。每一个指称都同时包含对一个与之相对（相反）的方位的界定（比如我们在说“东”时，就已经包含了它不是“西”），所以方向不是一个单向度的延伸。方向感表明了人对自身所处的“中间位置”有一种基础性的领会。所谓基础性领会，是指人已经利用了自己所处的“中间位置”来指称周围的世界，由此才有“四方”“四土”“中”这些代表了时人对世界整体性把握的表述。“四”已经更加直接地表明人是站在“中”的位置而出此表述的。亦即，人们称“四土”“四方”时，需要处于一个被“四”所环绕的中心位置。“四”是对周边的指涉，而自我则是四方的中心，这一表述是在同一个水平面上而言的，以“中心—边缘”为表述框架。据陈梦家所述，这个中心位置就是商朝的都邑。①

后来的“天下”不像“四方”有“四”这样的具体限定，“天下”凸显了从天的角度俯视世界的立体感。有学者敏锐地指出，“古人关于方位知识的形成与发展，是先获得了平面方位概念，继而又延扩而获得立体空间概念”，而空间观念则是“后世天下观形成的基础”。②《诗经·大雅·文王之什》：“天监在下，有命既集。”更明显的是《诗经》同篇：“皇矣上帝，临下有赫。监观四方，求民之莫。”在这里，“四方”被从天的角度而整体地观看。郑玄意识到，要想述说上帝对人间的俯瞰，与其用平面化的“四方”，不如用“天下”。所以郑玄将“监观四

① 陈梦家：《殷虚（墟）卜辞综述》，第 319 页。

② 朱彦民：《甲骨文所见天下“四方”观念》，《殷都学刊》2022 年第 1 期。

方”注为“天之视天下”①。“监察天下”比“监观四方”更能体现“上帝”的明鉴。

天下观念的背后，是对神圣之天的敬畏。在人们讨论“四方”时，就已频频出现“天命”，以此说明君王经营四方是秉承天的意志。② 至少从商代来看，商王只是世俗的尊长，只是四方这个平面上的中心。商王虽然垄断着通天的特权，“但遇有祷告祈求，则多向先祖行之，请先祖在帝左右转向上帝祈祷，而绝不敢直接向上帝有所祈求”③，更不敢妄称自己是“上帝”。所以，商王并没有借天的权威俯视人间的雄心壮志。这时期的商王，仍是人间角色。

“四方”“天下”皆针对君王而言，是带有政治色彩的空间

① 阮元校刻：《十三经注疏·毛诗注疏》，中华书局 1980 年影印本，第 519 页上栏。李零先生也指出：“‘天下’这个词，看似平常，却暗示着一种视觉效果，一种在想象中居高临下俯瞰大地一览无余的效果。”李零：《岳镇海渎考——中国古代的山川祭祀》，氏著《我们的中国》之《思想地图——中国地理的大视野》，生活·读书·新知三联书店 2016 年版，第 107 页。此外，据渡边信一郎说，平势隆郎在《中国古代紀年の研究——天文と暦の検討から》中也曾提出，“天下”概念的成立伴随的是宇宙观的转换，“其视角自仰视天穹改变为从天穹俯视”（参看渡边信一郎著，徐冲译：《中国古代的王权与天下秩序：从日中比较史的角度出发》，中华书局 2008 年版，第 17 页）。不过平势隆郎认为这一转变出现于公元前四世纪，笔者觉得未免太晚。

② 《诗经·小雅·都人士之什》云“经营四方”。

③ 胡厚宣：《殷卜辞中的上帝和王帝（下）》，《历史研究》1959 年第 10 期。胡厚宣先生在该文中指出：“殷人以为先祖死后，可以配天，也能降下福祸，授佑作孽于人间，几乎同天帝是一样的。所以天帝叫上帝，人王叫王帝，都称作帝，他们共同掌握着人间的一切。”

概念。① 无论是传说中的尧舜时代，还是西周建立之后，君王都要考虑协调各国关系、维系天下和平的问题，这是天下内部的一项严峻事务，是自以为处于中心者不得不思考的事情。对这一事务的经营主要依靠两点：一是遵照天命，也即“奉答天命，和恒四方民”（《尚书·洛诰》）。天命不仅是开展政治活动的根据，而且是政权的合法性来源，“周虽旧邦，其命维新……上帝既命，侯于周服”（《诗经·大雅·文王之什》）。二是征诸先王之道。天命赋予了儒家政治思想的超越维度，所以后来的儒者不满足于对政治的技术化讨论，不以单纯讲究技术的功利之学为然，论及政治时总要上升到道的高度。先王之道则奠定了儒家政治思想的历史维度，政治的革新常常到古代的人事中寻找根据。许多贯穿于日后两千多年的政治理念，便是脱胎于处于“中心”位置上的责任感。

“四方”既能够表述整个世界，又能够体现某种隐微的自我中心主义。我们把它作为天下观念的前身应无问题。

二、自我中心主义：天下观念的基座

除了文字方面的表述，天下观念还体现于人们的实践活动中，比如战争、建都。这类活动都受到“中”这一理念的驱动。那么，“中”何以有如此强大的力量？它与天下观念是什么关系呢？

---

① 宋镇豪先生业已指出，甲骨文中的“四方”“四土”等词汇“有王权政治统治的内涵”，是商王朝力量可控的范围，亦即“政治疆域地理”。宋镇豪：《商代的王畿、四土与四至》，《南方文物》1994年第1期。

（一）逐鹿中原

中国历史上曾多次出现“逐鹿中原”的现象，这表明“中”对于政治别有一番意味。对此，有学者曾指出：“中原最具特殊性的资源应该就是以汉字为载体的精神世界，这个无形资产比地理中心或物质资源更为显著也更重要。”① 循此论述，生产知识、解释历史的资源往往是中原文化。或者说，新的王朝常常通过重新诠释中原文化资源而为王朝合法性提供支持。考古学家已经把这个问题带到了史前，揭示中原相对于周边地区的优势所在。严文明先生根据史前考古发现指出，自然条件对于地区文化发展具有重要作用，“在相当长的时期内，中原的文化比较发达，其次是它的周围地区，再次是边境地区”。对于中原地区的文化优势，严文明认为，中原地区“易于受到周围文化的激荡和影响，能够从各方面吸收有利于本身发展的先进因素，因而有条件最早进入文明社会”②。后来，赵辉先生又撰文对这一问题作了更细致的阐述。赵辉认为，中原在地理位置上居于天下之中，是“八方辐辏之地”，“在史前文明的丛体里，它是物流、情报、信息网络的中心”，因而中原人可以“广泛吸收各地文化的成败经验，体会出同异族打交道的策略心得”③。简言之，中原地区的社会上层在频发的政治动荡中形成了“一种务实和开放的意识形态”，采取“实用主义的态度或机会主义

---

① 赵汀阳：《天下的当代性：世界秩序的实践与想象》，中信出版社 2016 年版，第 182 页。

② 严文明：《中国史前文化的统一性与多样性》，《文物》1987 年第 3 期。

③ 赵辉：《以中原为中心的历史趋势的形成》，《文物》2000 年第 1 期。

的策略”，使这里“成为一个文化、思想和意识形态的熔炉”①。

综合以上论述，官方宣布：“距今3800年前后，中原地区形成了更为成熟的文明形态，并向四方辐射文化影响力，成为中华文明总进程的核心与引领者。”② 逐鹿中原不是因为中原的地理位置居“中”，世界上并没有一个绝对的中心，“中”往往是自我感觉或后人对照地图所做的判断。逐鹿中原的原因在于中原的文明具有兼收并蓄的开放品格。如此形成的“影响力”，必然不断地反过来吸引周边文明的加入。在这种意义上，“中原”不仅是一种文明的发达形态，也是一个被战争、文化交流等活动建构起来的中心。也就是说，下列情形也是完全可能的：并不是因为有一个“中原”，众集团才“逐鹿”于此，而是在历史上众集团的多次“逐鹿”中，中原才成为文化、政治意义上的“中”（这区别于地理上的“中”）。因为“逐鹿中原”为中原带来了多样的文明和文明的活力，“中”代表了先进、发达。“中”的价值色彩在此呈现。

（二）择中建都

刘庆柱先生通过对中国历史上的都城、宫城格局进行考察而指出，在“天下之中”建都，带有两方面的涵义或考虑：

第一，“天下之中”是相对于“东夷”“西戎”“南蛮”“北狄”所居的“四方”而言的，“择中建都之‘中’体现国家相

① 赵辉：《中国的史前基础——再论以中原为中心的历史趋势》，《文物》2006年第8期。

② 《（国务院）新闻办就中华文明起源与早期发展综合研究成果有关情况举行发布会》，中华人民共和国中央人民政府网站：http：//www.gov.cn/xinwen/2018-05/28/content_5294241.htm#2。

对东南西北的至高至尊，同时‘中’相对‘四方’又反映了国家对四方的不偏不倚之公允、公正，从而达到国家之‘和’，这种‘和’是国家一统的基础”①。

第二，择中建都便于管理四方，也便于收取各地贡赋。② 这一阐述指出了“中”对于群雄战后收拾、治理天下时的便利性。西周初年，周成王命召公营建洛邑，周公说：“此天下之中，四方入贡道里均。”③ 建都首先要考虑四方朝贡方便与否。其实，周武王已经有营建洛邑的想法了。这说明古代对“天下之中”的论述或者对“中”的偏爱，来自某些长久的经验。“中”的优势很有可能是古人在不断的交流互动（包括战争）中形成的共识。这样，“中”就逐渐获得抽象的优越性，一个人居“中”就意味着他的身份高于其他人。

但是对“中”的偏爱，在世界上不同的民族、文化中皆可发现，非“逐鹿中原”与“择中建都”所能涵盖。“中心—边缘”是一种支撑人们观念世界的先天性结构，这一结构表现为人们言行中的自我中心主义倾向。自我中心主义又表现为两类：一是基于相貌、肤色、价值观而划分“自己人”与“另类人”；

---

① 刘庆柱：《不断裂的文明史：对中国国家认同的五千年考古学解读》，四川人民出版社 2020 年版，第 418 页。除了都城，宫城格局也体现着某种政治理念。定型于西汉的宫城辟四门之制被认为体现了“多元”和“一体”之间的关系，四门象征四方，即“多元”，“国”则是“一体”，这一格局寓意“‘多元’归宿于‘一体’”。参阅刘庆柱书第 419 页。

② 参刘庆柱：《不断裂的文明史：对中国国家认同的五千年考古学解读》，第 222~223 页。

③ 司马迁：《史记》卷四《周本纪》，中华书局 1959 年版，第 133 页。

二是在地域上强调自己处于“天下之中”。天下观念就是在“中心—边缘”的结构上逐渐搭建起来的，这一观念把以上两类自我中心主义囊括于内，使“华夷之辨”和居中而治天下成为天下观的重要内涵。

（三）自我中心主义的先天性

中国考古学家、人类学家李济在其《中国民族的形成》一书中说：“受到对其他文明中心的无知之限，中国的史学家有着与埃及人、希腊人和罗马人一样的人性上的弱点，将自己的国家视为世界的中心，而把外国人视为野蛮人，仅仅在他们同中国发生某种关联时才对他们产生兴趣。”① 法国当代思想家雷吉斯·德布雷（Régis Debray）把上述现象视为整个人类共有的特征：“所有的人类学家教我们说，世界上各处人类的界限都落在每一个部落的边界。每一个部落都把部落之外的邻居看成猴群、怪物、野蛮人。”② 反过来看，古希腊哲学家克塞诺芬尼也曾指出，不同的人们总是按照自己的形象描绘至高无上的神。③ 沃格

---

① 李济：《中国民族的形成——一次人类学的探索》，上海人民出版社 2008 年版，第 1 页。

② 雷吉斯·德布雷、赵汀阳著，张万申译：《两面之词——关于革命问题的通信》，中信出版社 2014 年版，第 55 页。

③ 据《克塞诺芬尼著作残篇》记载，“凡人们幻想着神是诞生出来的，穿着衣服，并且有着同凡人一样的容貌和声音。”（D14）“可是假如牛、马和狮有手，并且能够像人一样用手作画和塑像的话，它们就会各自照着自己的模样，马画出、塑出马形的神像，狮子画出、塑出狮形的神像了。”（D15）“埃塞俄比亚人说他们的神皮肤是黑的，鼻子是扁的；特拉基人说他们的神是蓝眼睛、红头发的。”（D16）见北京大学哲学系外国哲学史教研室编译：《西方哲学原著选读》上卷，商务印书馆 1981 年版，第 29 页。

林（Eric Voegelin）则说："一个早期社会将自身理解为唯一的人类，占据唯一宇宙的中心，并且相应地将其秩序符号化为一种宇宙类比，这也是近东诸文明的特征。"①

这种弥漫于东西方的文化现象，表现出一种以"同类人"为中心的倾向。一个存在者的圣俗、美丑乃至善恶，均在于这个存在者是否符合"我们这类人"的形象或价值。以自我的形象、价值为标准想象众神、远人的行为，已然遵循了某一现成理念，这一理念是"我们这类人"的共识。如果"同类人"无意间遇到一个不符合其标准的人，他们会表现得惊诧或者傲慢。

各大文明的历史上还长期存在一种以自己的居住地为中心的倾向。《周礼·地官·大司徒》曾说，王畿要选在天下之中，天下之中是通过土圭测影而确定下来的地理位置，这个地方"日至之景，尺有五寸"，说明它是"天地之所合"，"四时之所交"，"风雨之所会"，"阴阳之所和"，所以这里"百物阜安"，是建立王朝首府的最佳地带。看来，方便接受朝贡并非择中建都的唯一原因。中国古代的洛阳，巴勒斯坦的雅各之泉，以及耶路撒冷的"复活柱"都被当地人说成"日中无影"，以示这里是天下的中心。为了达到日中无影的效果，中国古代的天文学家对洛阳观景台的形制、尺寸以及石表与石台的比例做了精密处理，使不在回归线之内的古代洛阳可以在夏至日的正午出

① 埃里克·沃格林著，叶颖译：《秩序与历史》卷四《天下时代》，译林出版社 2018 年版，第 385 页。

现“日中无影”的现象。①

如果不考虑语境，“以自我为中心”乃相对主义之渊薮，它导致人们只相信自己的感觉、见闻、判断。“以自我为中心”并非人有意为之，而是作为“自我”的个人在处理自身与外部的关系时本然具备的主体意识。但这种主体意识可以演变为权力，并试图否定他人的主体性表达。一种本是人人皆有的生存情态，凭借住址、座次等形式化特征而划分出主次高下，比如权威就应当居“中”。此时，非但没有出现众说纷纭、相持不下的相对主义，反倒是由居“中”者强调和边缘者鼓吹起来的一元化，把“正统”与“异端”醒目地呈现出来。

宣称自己处于“天下之中”，心理、思维方式的“惯性”是重要原因，自然现象也是不可或缺的资源或依据。人们的观念固然被现实塑造，但是人们也常常基于自己的观念而改造现实，最后再反过来以现实确证观念的无误。如此往复，促使观念成为传统，并且观念转而被理所当然地视作政治活动的根据。中国古代的择中建都与宫城结构设计便是典型的例子。由此可见，管理是否方便固然是必要的考虑，但尊贵者之尊贵也需在视觉上给人震撼。故后来的《吕氏春秋·慎势》说：“古之王者，择天下之中而立国，择国之中而立宫，择宫之中而立庙。”②

① 分别参看王邦维先生的两篇论文：《“洛州无影”与“天下之中”》，《四川大学学报》2005 年第 4 期；《“都广之野”“建木”以及“日中无影”》，《中华文化论坛》2009 年 11 月增刊。

② 吕不韦编，许维遹集释，梁运华整理：《吕氏春秋集释》，中华书局 2009 年版，第 460 页。

第二节 仁义：先秦儒家对天下价值与秩序的建构

先秦时期曾出现“五服”“九服”“九州”等表述。这些表述空间、地域的概念，与观念意义上的“天下”差别殊甚。五服、九服、九州是在一种空间、政治观念的支配下精心建构的结果，它们的存在形态与其说是观念化的，不如说是知识化、制度化的，尽管这种知识不一定可靠，这些制度也并未成为现实。① 不过，这些知识、制度设计背后的空间、政治观念，正是时人的天下观念。

在讨论先秦儒家的天下观念之前，我们先从内涵、理路、结构上分析“四方”是如何成为“天下”的。上文已指出，“四方”观念和“天下”观念都带有自我中心主义，这种人人所具备的倾向，在与君王的身份、地位、责任挂钩之后，就上升为政治原则。“秉国之钧，四方是维”（《诗经·小雅·节南山之什》）“九族既睦”“协和万邦”（《尚书·尧典》）都隐含着对君王所处的地理位置的要求，那就是居“中”。发号施令的人于便捷、服从各方面考虑，都对人世间的“中心”位置最为青睐。

---

① 《尚书·禹贡》中描述的朝贡现象可能为真，但是学者并不认为五服制和九州制曾出现于夏朝。（参看李云泉：《朝贡制度史论——中国古代对外关系体制研究》，新华出版社2004年版，第3页。）葛剑雄则明确指出，大禹时代、商朝、西周皆未出现过行政区划，“九州制只是当时（引者案，战国时代）学者对未来统一国家的一种规划，反映了他们的一种政治理想”。葛剑雄：《中国实行过九州制吗》，《北京日报》2013年4月8日，第20版。

但是相比于“四方”观念，“天下”观念还要求一个贯通上下的维度。如果说权力的平面化表达是“中心—边缘”的“四方”观念，那么权力的空间化、立体化表达就体现为“中心—边缘”加上“通天”之后的“天下”观念。当君王的管辖范围被称为“天下”时，这里所要强调的就不只是“中心”地位，更是君王独有的“通天”特权。这样，治理天下就是一项和天有关的事业，世俗之主的权力就获得了神圣性。对神圣性的阐释权只能被一人（或少数的同一类人）掌握。一旦众人或多类人掌握了“通天”之权，具备了阐释“天意”的资格，就会价值分裂，人人便可在天的庇护下为所欲为，天下必然大乱，故江晓原说：“在古代中国，天学对于谋求统治权者而言为急务，对于已获统治权者而言为禁脔。”① 据《国语·楚语下》记载，颛顼时代施行绝地天通之后，“通天”就已经是君王的特权，曾经民神杂糅、人人为巫的情形被遏止。这样导致的后果便是，天只能和君王（或者他授权的代表）直接发生关系，天是官方之天。加上君王的权力、命令都需要到“天”上寻找依据，君权就具有了唯一性、神圣性，君王的政令就不可违抗。笔者推测，“天下”观念之于“四方”观念的晚出表明，君王曾长期沉浸在世俗之主的优越感中，他虽然也号称秉天命、承天意、履天道，但是他的遵守、践履仅仅是为了守护其权力、命令的合法性，而一旦站在天的高度审视“普天之下”，人世间的生存、秩序、价值、态势就被反思，人就作为思考的对象

① 江晓原：《天学真原》，译林出版社 2011 年版，第 98 页。

而成为思想的构成要素。也只有如此，一种统治的技术才能成为政治的哲学，“政治”才有进于“政道”的可能。

庄子曾说百家争鸣带来的是“道术将为天下裂”的局面，各家只谈一己之见，互不相通，是谓“天下大乱”（《庄子·天下》）。道只有一个，而今却出现了面目各异的阐释。如果把各家竞相谈道的情形置入上述“绝地天通”的发展脉络中，我们会发现，对道的多样化解说和王权衰落是“天下大乱”的一体两面。有学者从孔子、孟子、庄子等人的言论中列举出诸多可以证明其观点的例子，我们看到了“轴心突破”以来的“通天”成为个人的事情，这就是诸子各家竞相阐发的“求道”。但是，对“天”的阐释权的下移，未必就是对宗教之天的瓦解，这反而会导致一种古老的、刻在人们精神深处的宗教之天观念，通过和思想家个人的哲学阐发相嫁接，成为一种被严密论证的天下哲学。①“天下”从受命天子的经营范围一变而为志士仁人皆可关怀、担当的对象。这种哲学蓝图，自其产生伊始就伴随着学者的积极参政而孜孜以求权力的铆钉。孔子的“天下有道”，需要放在以上情境中来理解。

① 所以学者指出，不能单线地认为先秦儒学中的“天”是从“宗教之天”到“哲学之天”的过渡，就先秦两汉儒学而言，“宗教之天”与“哲学之天”不仅始终捆绑在一起，“宗教之天”还逐步强化了。参看曾振宇：《先秦儒家天论不存在从“宗教之天”向“哲学之天”过渡的哲学进程》，《东岳论丛》2009 年第 1 期。

一、文德双修，天下有道

儒家心目中的理想社会是“大同”① 世界。这一理想是借孔子之口来表达的，其中的“天下为公”理念，构成了此后儒家天下观的一种重要内涵。根据黄俊杰的研究，从西周到战国晚期，“公”和“私”经历了一个由具体到抽象的过程，并且“在抽象化的过程中，‘公’‘私’概念也取得价值判断之意涵，‘公’先于‘私’是战国晚期思想家的共识”②。自此以后，国人对“公”的热切追求基本未变。在“大同”世界中，私领域被取消，“天下”成为“一家”。按照儒家的社会发展阶段论，“各亲其亲，各子其子，货力为己”（《礼记・礼运》）的社会只是小康之世，人们之间仍然存在界限，容易滋生争斗。不过，儒家强调“爱有差等”，并在此基础上把“推己及人”视为重要的人际关系准则。即便一个彻底公有化的社会，仍然以“亲其亲”“子其子”的私人化之爱为源头。与法家视公私为对立关系相比，儒家更倾向于把公私作为阶段性关系。无论是小康，还是大同，都是儒家理想中的世界，即便小康已经不如大同（它们或许也在遥远的过去存在），但眼下的社会只能说是衰乱、

① 按其所述，在这个社会中，“选贤与能，讲信修睦，故人不独亲其亲，不独子其子，使老有所终，壮有所用，幼有所长，鳏寡孤独废疾者皆有所养，男有分，女有归。货恶其弃于地也，不必藏于己；力恶其不出于身也，不必为己。是故谋闭而不兴，盗窃乱贼而不作，故外户而不闭，是谓大同。”（《礼记・礼运》）

② 黄俊杰：《东亚近世儒者对“公”“私”领域分际的思考：从孟子与桃应的对话出发》，黄俊杰、江宜桦主编：《公私领域新探：东亚与西方的观点之比较》，华东师范大学出版社 2008 年版，第 97 页。

无道。

衰乱之世的基本特征是王权旁落，伦理废弛，秩序崩解，大道消隐。所以孔子希望天下应当有道。《论语·泰伯》："危邦不入，乱邦不居。天下有道则见，无道则隐。"乱指"臣弑君，子弑父"① 等犯上作乱的现象，危则指天下将要乱的时候。孔子的弟子有若说过："其为人也孝悌，而好犯上者，鲜矣；不好犯上，而好作乱者，未之有也。"（《论语·学而》）如果一个国家出现了弑君、弑父这样的事情，说明人们生而有之的孝悌之心已经不复存在了。如果孝悌不在了，那么儒家的核心价值"仁"也无法实现。② 这无疑抽掉了儒家建构社会秩序的根基。

"天下有道"的基本表现是"礼乐征伐自天子出""政不在大夫""庶人不议"；而"天下无道"则表现为"礼乐征伐自诸侯出"（《论语·季氏》）。君王文德兼备固然重要，但是如果没有制度化的礼，君王仍然感到不安。③ 制礼作乐、征伐声讨是王者的职事，如果诸侯自作礼乐、专行征伐，便是僭越行为，属于"非礼"。孔子所生活的春秋时期，周王的权力虽荡然无存，但在名义上，周王仍然是天下共主，各诸侯国仍然打着周天子的旗号称霸。管仲虽然有违礼之举，但孔子仍赞许他的功绩。

---

① 阮元校刻：《十三经注疏·论语注疏》，第2487页中栏。

② 《论语·学而》："孝悌也者，其为仁之本与！"

③ 周成王便对周公表达了这种担忧："四方迪乱，未定于宗礼，亦未克敉公功。"（《尚书·洛诰》）如果四方"犹未定于尊礼""礼未彰"（《十三经注疏·尚书正义》，第216页上栏），那么自己很难主持政务。

这是因为管仲辅佐齐桓公征讨夷狄、九合诸侯，都是在“尊周”的名义下进行的。① 管仲协助齐桓公“一匡天下”，固然确立了桓公自己的霸主地位，但更重要的是周王在形式上的共主地位也得到了延续，因为霸主仍将维护虚君与多国并存的秩序结构。从春秋进入战国的两个标志性事件是三家分晋和田氏代齐。分晋和代齐的主角都是卿大夫。各国已经不再承认周天子的共主地位，而是索性以独立的身份试图兼并其他国家，成为新王。这是孔子所谓“天下无道”的真正上演。

在孔子看来，君王要想使天下有道，应当具备两项条件：

第一，文德双修，也即“修文德以来之”②。文德具体包括恭敬、忠信，或谓之“仁”。③ 后来，荀子在孔子恭敬、忠信的基础上再做补充，指出恭敬、忠信、礼义、爱人、辞让、厚道、

---

① 《史记·齐太公世家》记载，山戎入侵燕国，齐桓公救燕后，“燕庄公遂送桓公入齐境。桓公曰：‘非天子，诸侯相送不出境，吾不可以无礼于燕。’于是分沟割燕君所至与燕，命燕君复修召公之政，纳贡于周，如成康之时”。而后来齐国征伐楚国时，面对楚成王的质问，管仲的理由为“楚贡包茅不入，王祭不具，是以来责”。周襄王要畎戎伐周，“齐令诸侯各发卒戍周”。（引文分见于《史记》卷三二《齐太公世家》，第 1488、1489、1493 页。另可参看《史记》卷六二《管晏列传》，第 2133 页。）种种事例说明，齐国只是想在周王治下的多元中成为最强大的多元之一，而非实现一元。

② 《论语·季氏》：“远人不服，则修文德以来之。既来之，则安之。”《论语·为政》：“为政以德，譬如北辰，居其所而众星共之。”

③ 《论语·子路》：“樊迟问仁。子曰：‘居处恭，执事敬，与人忠。虽之夷狄，不可弃也。’”又，《论语·卫灵公》：“子张问行。子曰：‘言忠信，行笃敬，虽蛮貊之邦行矣……’”

本分是华夏与“夷狄”共同承认的价值。① 这些价值共同凝结于儒家的核心价值——仁义之中。据孔子和荀子的论述，先秦儒家已把天下视为一个以仁义为内核的文明共同体。西汉初年，儒生陆贾撰《新语》指出：“大舜生于东夷，大禹出于西羌，世殊而地绝，法合而度同。”② 案，其法度即仁义。③ 陆贾之说表明，先秦儒家对人类共同价值的申述并非偶发之论。仁义构成了后世儒家天下观念的思想基础。“天下”所规定的哲学视野首先要求人们挖掘人性中潜藏的某种价值倾向，也即前价值。在一种乐观的“以德怀远”的论述中，人被置于一个价值与前价值相交汇的语境下来观照。就此而言，仅仅把华夏和“夷狄”对应为文明体与非文明体，是一个尚显粗陋的做法。应该说，“华夷”之别在于：是否对自身本有的某种前价值有所自知，并在其呈现之后是否以之为立身处世的原则。所以，在儒家看来，天下要作为一个整体，首先在于天下之人有共同的价值，或者说在价值的呈现上具有相同的可能性。孔子曾说“我欲仁，斯仁至矣。”（《论语·述而》）后来的孟子、荀子也同意“人皆可以为尧舜”（《孟子·告子下》）“涂之人可以为禹”（《荀子·性恶》）。可见人性无论善恶，其可能性却不容否定。可能性若要成为现实性，就有待于某种具有引

---

① 《荀子·修身》：“体恭敬而心忠信，术礼义而情爱人，横行天下，虽困四夷，人莫不贵。劳苦之事则争先，饶乐之事则能让，端悫诚信，拘守而详，横行天下，虽困四夷，人莫不任。”

② 王利器：《新语校注·术事》，中华书局1986年版，第43页。案，“大舜”原作“文王”，今据王利器先生之校改。

③ 参陈苏镇：《论陆贾》，氏著《两汉魏晋南北朝史探幽》，北京大学出版社2013年版，第221页。

发和唤起力量的东西。人的生存意义奠基于可能性。我们把人的可能性也作为社会发展的基础也就顺理成章。这个有待唤起的基础比任何高超的人为制度整合都要源发、彻底。①

第二，由贤能的大臣来辅佐。贤臣是实现君王文德的关键环节。② 孔子本人对管仲多有评论，褒贬参半。他赞扬管仲的主要原因，除了上文提到的维护了周天子在形式上的共主地位，还因为管仲辅佐齐桓公攘夷，避免华夏沦为“被发左衽”的“夷狄”。孔子还提到舜通过禹、稷、契、皋陶、伯益这五名辅臣治天下的事。③

---

① 赵汀阳把天下的完整性系于统一的制度，谓“世界必须被理解为一个有统一制度的世界，否则世界不可能是一个政治整体，而如果世界不是一个政治整体，就不可能真正克服冲突和战争。”（赵汀阳：《坏世界研究：作为第一哲学的政治哲学》，中国人民大学出版社2009年版，第84页。）但是一种制度如果不基于人们内心的某种源发的东西，就很难被天下人长期认同。这样，制度就面临着众口难调的困境，并很可能因其规约性而引起人们的反感、叛逆；即便这种制度可以提供给人们各种福利，满足人们的不同需要，它仍然难以在社会的发展、人心的变化面前保持其统一性，它很有可能逐渐走向自己的反面。所以，制度的形式化特征决定了它不能成为“天下”这个共同体的基础。

② 《论语·泰伯》：“舜有臣五人而天下治。”同书《颜渊》：“舜有天下，选于众，举皋陶，不仁者远矣。汤有天下，选于众，举伊尹，不仁者远矣。”同书《宪问》：“管仲相桓公，霸诸侯，一匡天下，民到于今受其赐。”史书对成汤的辅臣伊尹的记载，最值得注意的是伊尹“负鼎俎，以滋味说汤，致于王道”，“言素王及九主之事”（《史记》卷三《殷本纪》，第94页），即与汤谈论远古帝王及九类帝王的事情。伪古文《尚书》有《伊训》，记载了伊尹对成汤的孙子新君太甲的告诫，但由于文本作伪，今不取。

③ 禹担任司空，负责治理水土；稷的原名叫弃，舜任命他为后稷，负责管理农业生产；契担任司徒，负责协调民间的伦理关系，最终实现了“百姓亲和”。（《史记》卷一《五帝本纪》，第43页。）此外他辅佐大禹治水有功；皋陶担任士，也叫大理，是狱官的首领，利用五种刑罚处理天下的侵扰、奸邪等事件；伯益是皋陶的儿子，他担任虞官，掌管山木水泽、草木鸟兽。

除了这五人，舜还任命了 22 位各有所长的官员。他们都出色地完成了舜所交给他们的任务，“咸成厥功”。舜的辅臣之中，功劳最大的是治水的禹。据记载，大禹治水的功绩有二：（1）将治理、管辖范围延伸到距离王畿五千里之外的荒服①，并根据各地所宜种植的情况及距离、交通条件，明确了朝贡王畿的贡赋和贡道，五服制自此而生②；（2）解决了四“夷”住地的水患。在古代的交通、通讯条件下，位于王畿的帝王要想使周边的“夷”人仰慕其德，进而归附，只靠声名外扬是难以实现的。大禹厥功至伟，很大程度上是因为他作为舜的派臣亲临夷人的居住区做了务实的工作。比如，禹在冀州治水，实现了“鸟夷皮服”（《尚书·禹贡》），使住民摆脱了“遭洪水”“衣食不足”③的困扰。

在以上两个条件中，贤臣的辅佐在一定程度上避免了“修文德以来之”流于空想。在孔子之前，通过贤人辅佐而实现四方来朝的观念，往往对这个过程的发生语焉不详，或曰“无竞

① “南抚交阯、北发，西戎、析枝、渠廋、氐、羌，北山戎、发、息慎，东长、岛夷，四海之内咸戴帝舜之功。”（《史记》卷一《五帝本纪》，第 43 页。）“开九州，通九道，陂九泽，度九山”。（《史记》卷二《夏本纪》，第 51 页。）

② 对五服制的质疑，参前文注中所列李云泉：《朝贡制度史论——中国古代对外关系体制研究》，第 3 页。

③ 李学勤主编：《十三经注疏·尚书正义》，北京大学出版社 1999 年版，第 137 页。案，“鸟夷皮服”原作“岛夷皮服”，《史记·夏本纪》作“鸟夷皮服”，郑玄直释“鸟夷”，不取“岛夷”，今从司马迁、郑玄之说。另，对于“鸟夷皮服”，一认为大禹规定了鸟夷以皮服为贡物，一认为大禹使鸟夷重回“夷自服皮”的正常生活。今从后说。见阮元校刻：《十三经注疏》，第 148 页下栏。

维人，四方其训之。有觉德行，四国顺之。”（《诗经·大雅·荡之什》）似乎只要任用贤人，四方必然臣服。而那种“莫敢不来享，莫敢不来王”（《诗经·商颂·殷武》）的局面，则被记载为通过残酷的征伐而实现。因此，对于四方来朝的叙述，要么使后人觉得这是中央王朝的一厢情愿，要么是武力胁迫的结果。孔子的论述使我们看到：第一，中心（华夏）和四方（夷狄）以仁义为共同价值①，共同价值使德行感化得以可能；第二，与其“载之空言”，“不如见之于行事之深切著明也”②，事情比道理更为根本，真切的道理恰恰在生动的事情中显现，对于舜任命贤臣的叙述，并不纯是重复任用贤人、四方来朝的理念，而且把四方何以前来朝贡的原因揭示出来。

不过需要指出的是，如果以为贤能的辅臣就可以包办一切，把天下的兴衰离合系于贤臣身上，就未免理想化了。因为正如上文所述，大禹的成功在无形中得益于这样一个客观而重要的条件：信息不畅。但如果时易境迁，当“远方”的民众拥有更多、更便捷的渠道获取关于中央王朝的政治信息，尤其是对帝王的品德、才能拥有更为多面、深刻的了解时，这些更为充分的政治信息反而可能是动摇民众政治认同的因素。从理论上说，民众掌握的信息越多，政治运行的限定条件就随之增加。孔子应意识到这一问题，他说：“天下有道，则庶人不议。”（《论语·季氏》）何晏注引孔曰：“无所非议。”邢昺疏：“议谓谤讪，言天下有道，则上酌民言以为政教，所行皆是，则庶人无有非

① 笔者对这一观点持存疑态度，参看下文的讨论。

② 《史记》卷一三〇《太史公自序》，第3297页。

毁谤议也。"[①] 这样一重考虑就使天下的互动性展露出来了。为政必须有一个受舆论约束的维度。政绩固然必要，但只是为政的面向之一，其他如政治参与、文化认同以及不同族群间利益需求的多元化都是不容忽略的课题。政绩多以量化的形式示人，但是政绩的量化也隐含着为政者可能通过不择手段而制造数量的危险。如果仅仅视"庶人不议"为禁止庶民议论，这便是鼓动、纵容愚民政策；而如果把"庶人不议"纳入"天下有道"的范畴，就意味着政治活动需要得到民众的承认，需要具备价值理性，庶民无所议论。[②] 如此一来，"天下有道"之"道"就不能是一个单方面规定的现成规范，而是在广开言路、明察视听的过程中时机化地构成的理想政治状态。在此，道便是可能性的实现。

二、仁人之政，天下归之

（一）孟子论仁政与战国交邻之道

1. 得民心者得天下

孟子意识到，他所生活的战国时代不能再倡导"尊王攘

---

① 阮元校刻：《十三经注疏·论语注疏》，第2521页中栏。

② 贝淡宁（Daniel A. Bell）以"政绩"为根据，以为政治尚贤制可以成为一套优于民主政治的独特政治模式。（其说参看贝淡宁著，吴万伟、宋冰译：《贤能政治》，中信出版社2016年版。）对于这个引起强烈争议的观点，学者业已指出其论述之失在于以工具理性取代价值理性。并且，如果将"政绩"作为权力的合法性来源，就未免罔顾这样一种情形："古代暴君和现代威权主义或极权主义政权都可能取得良好甚至优异的'政绩'，但这并不能证明他们的权力具有合法性。"参看黄玉顺：《"贤能政治"将走向何方？——与贝淡宁教授商榷》，《文史哲》2017年第5期。

夷”，因为周天子连形式上的共主地位也没有了，孔子时代尊王攘夷的“华夷之辨”已经失去了存活语境。所以孟子“所尊者非将覆之周王而为未出之新王”①。在尊新王的孟子看来，“诸侯行仁政者可以当新王”②。梁惠王曾问孟子如何结束列国战争，平定天下，孟子的回答是“定于一”。但“定于一”不是通过武力兼并而实现，而是“不嗜杀人者能一之”。国君不可以通过不义之举得天下，“行一不义、杀一不辜而得天下，皆不为也”（《孟子·公孙丑上》）。在天下失去“共主”的时代，孟子希望某个国君通过施行仁政以赢得民心③，获得民众的支持，使“邻国之民仰之若父母”（《孟子·公孙丑上》）。

2. “事大”与“字小”

孟子还提出了“事大”与“字小”（亦称“事小”）的战国交邻之道。④ “字”即养育，又引申为爱。⑤《左传·哀公七年》载子服景伯语：“小所以事大，信也；大所以保小，仁也。背大国，不信；伐小国，不仁。”子服景伯曾认为以小事大是出于“信”，但孟子认为出于“智”，也即在一个弱肉强食的时代

---

① 萧公权：《中国政治思想史》上册，商务印书馆2011年版，第103页。

② 杨向奎：《大一统与儒家思想》，北京出版社2011年版，第23页。

③ 《孟子·离娄上》：“得天下有道：得其民，斯得天下矣；得其民有道：得其心，斯得民矣；得其心有道：所欲与之聚之，所恶勿施尔也。”

④ 齐宣王曾问孟子是否有与邻国交往之道，孟子回答说：“有。惟仁者为能以大事小，是故汤事葛，文王事昆夷。惟智者为能以小事大，故大王事獯鬻，勾践事吴。以大事小者，乐天者也。以小事大者，畏天者也。乐天者保天下，畏天者保其国。《诗》云：‘畏天之威，于时保之。’”（《孟子·梁惠王下》）

⑤ 《左传·成公四年》：“楚虽大，非吾族也，其肯字我乎？”

审时度势、保全其身的策略。春秋时代，无论事大的小国还是字小的大国，都必须信守约定，否则无法立足。[①] 对于小国来说，守信尤其必要，因为一旦失信于大国，将引来大国的讨伐，甚至是国将不存。而在孟子所处的战国时代，各国之间已不再以信为原则设立盟约。顾炎武已看到："春秋时犹尊礼重信，而七国则绝不言礼与信矣。"[②] 国家要想自保，就需要动用智谋，进而才能谈一统天下。在孟子的论述中，小国通过向大国进献皮币、犬马、珠玉以获得安宁无可厚非。但是事大并非没有限度，国民赖以生存的土地就不可以拿来献人，因为"君子不以其所以养人者害人"（《孟子·梁惠王下》）。

（二）荀子论结束战国、实现统一

1. 修道行义，兴利除害：由国家而天下

上文曾提到，荀子在孔子的基础上丰富了华夏和四"夷"都认可的某些共同价值，即仁义。既然仁义价值为"华夷"所共同认可，那么主政者应当知晓"修其道，行其义，兴天下之同利，

---

① 齐桓公征伐鲁国，鲁国割让遂邑于齐国，以求自保，但是鲁国大臣曹沫又挟持了齐桓公，逼迫其归还了遂邑。后来桓公又试图反悔并杀掉曹沫。管仲劝说桓公守信："夫劫许之而倍信杀之，愈一小快耳，而弃信于诸侯，失天下之援，不可。"桓公无奈，听取了管仲的建议，结果是"诸侯闻之，皆信齐而欲附焉"。（《史记》卷三二《齐太公世家》，第 1487 页。）《盐铁论·执务》亦曾云："齐桓公以诸侯思王政，忧周室，匡诸夏之难，平夷、狄之乱，存亡接绝，信义大行，著于天下。"（桓宽撰集，王利器校注：《盐铁论校注·执务》，中华书局 1992 年版，第 455 页。）齐国当然不是一个事大的小国，但仍需守信。

② 顾炎武著，黄汝成集释，栾保群、吕宗力校点：《日知录集释·周末风俗》，花山文艺出版社 1990 年版，第 585 页。

除天下之同害，而天下归之”（《荀子·正论》）的道理。在荀子看来，国可以被窃取、争夺，但是天下不可被窃夺。天下至大，“非圣人莫之能有也”（《荀子·正论》）。圣人即仁人，“治万变，材万物，养万民，兼制天下者，为莫若仁人之善也夫!”（《荀子·富国》）圣人能有天下的原因在于圣人以仁义治天下，能够“服人之心”（《荀子·王霸》）。不过，圣人可遇难求，现实政治中担当起仁义精神的首归“大儒”“士君子”。所以荀子希望君王重用“法先王，统礼义，一制度，以浅持博，以古持今，以一持万”（《荀子·儒效》）的大儒。大儒掌握了上古三代圣王的治理原则，并能够结合当下的情势而触类旁通地治理天下，遇事可以灵活地“张法而度之”（《荀子·儒效》）。君王要让大儒做“天子三公”，辅佐天子；要给予大儒充分的空间以施展其才能；要给予大儒土地，使大儒亲行教化之事，改善习俗，因为大儒“无百里之地则无所见其功”（《荀子·儒效》）。

荀子分别“士君子”与“官人百吏”，其实也别具历史意义。因为“‘士君子’之所以异于‘官人百吏’者，就在于他们有能力在决策施政之中，对君主臣民间之权利、义务、责任和利益的分配，做出合于仁义原则的判断。这一职能的意义，已经超越了工具性、技术性的层面”①，史华兹（Benjamin I. Schwartz）概之为荀子对法家“自动运行”（runs itself）的社会—政治制度之观念的顽强抵抗。② 荀子理想中的天下秩序带有

① 阎步克：《士大夫政治演生史稿》，北京大学出版社2015年版，第190页。

② 参看本杰明·史华兹著，程钢译：《古代中国的思想世界》，江苏人民出版社2008年版，第402页。

人心考评机制，人于其中不时以价值调控、规制天下秩序之运作。治天下者（包括君王、大儒、士君子）对仁义的持守与践行，是避免天下导向国家机器的重要因素。荀子论天下，总是有意地将其与“国”相区分，甚至以二者为截然不同的价值体。荀子曾指出，即使一个国家实现了富国强兵，但当它奉行武力、霸权的外交政策时，它其实是“忧患不可胜校”，“常恐天下之一合而轧己也”（《荀子·强国》）。强国终究不是天下，反而可能是天下的对立面。虽然在“家—国—天下”的序列中，“国”与“天下”是前后相续的，但荀子更多地注意到并强调“国”与“天下”之间的异质性①，至于二者是否出于一个母体，则是退居其次的问题。②

2. “以战止战”与“佐成秦治”：理想实现还是噩梦开始？

荀子提出一系列改善习俗、重建礼制的措施，对执行者提出了极高的要求，非先王、大儒不能实现。这样的主张在各国矻矻于征战的时代不易被采纳。荀子对天下秩序的设计要成为

① 先秦时代天下与国所代表的两套政治理念，可分别概括为“天下、文、德、王”与“国、武、力、霸”。参看埃里克·沃格林：《秩序与历史》卷四《天下时代》，第395页。

② 列文森（Joseph R. Levenson）虽然也指出“在早期，‘国’是一个权力体，与此相比较，‘天下’则是一个价值体”，但他认为天下的价值是绝对的，它（天下）甚至要求人们以奴性的方式崇敬其价值。列氏之所以这样认为，是因为他把“天下”等同于“帝国”。（参看列文森著，郑大华、任菁译：《儒教中国及其现代命运》，中国社会科学出版社2000年版，第84页。）列氏理解的“帝国天下”只是一个披着价值外衣的权力体，即伪装之“国”，这样的天下未触及人们的思想观念世界，价值只是附加的。

现实，需要与一种“止战”的学说相配套。后来，他的学生帮助秦国实现了统一，结束战乱。众所周知，荀子培养了两名法家阵营中的学生：李斯和韩非。这时常引来后世儒者的倒头讥讽，甚至荀子思想在多大程度上属于儒家也常常被争论。① 陈寅恪更强调荀子与李斯之间的一脉相承。在陈寅恪看来，这种一脉相承是儒家理想制度得以实现的过程：“李斯受荀卿之学，佐成秦治。秦之法制实儒家一派学说之所附系。《中庸》之‘车同轨，书同文，行同伦’（即太史公所谓‘至始皇乃能并冠带之伦’之‘伦’）为儒家理想之制度，而于秦始皇之身，而得以实现之也。”② 如果着眼于荀子乃至儒家的理想，陈寅恪的说法虽与历代儒者的观点存在很大差异，但是他看到了儒家的设计需要通过李斯这样的人来实现。这似乎是深刻的洞见。附带说，内藤湖南甚至认为《中庸》就是秦始皇时代的作品，“无论从哪个角度都在表达始皇时代的理想”③。但是这一观点缺少直接的证据。只是根据《中庸》文本内容与秦始皇统一政策的一致性

---

① 朱熹就曾在荀、李二人的关联与区别之间徘徊不定，他曾对人说，荀子教出了李斯这样的学生，以致秦始皇焚书坑儒，“若使荀卿不死，见斯所为如此，必须自悔”。但是朱熹也并未把焚坑之祸完全归罪于荀子，他也曾针对世人对荀子的清算而为荀子鸣不平：“世人说坑焚之祸起于荀卿。荀卿著书立言，何尝教人焚书坑儒？只是观它无所顾藉，敢为异论，则其末流便有坑焚之理。”分见于黎靖德编，王星贤点校：《朱子语类》卷一〇四《朱子一》，中华书局1986年版，第2619页；同书卷一三七《战国汉唐诸子》，第3256页。

② 陈寅恪：《冯友兰〈中国哲学史〉下册审查报告》，氏著《金明馆丛稿二编》，生活·读书·新知三联书店2001年版，第283页。

③ 内藤湖南、冈崎文夫著，李雨桃、熊心梅、曹京柱译：《京都中国史》，岳麓书社2022年版，第115页。

而断言《中庸》出现于秦始皇时代，理由并不充分。因为，通过这种一致性同样可以推测，秦始皇的统一政策受到了《中庸》的影响。

然而，李斯走的是“以战止战”的路线，在构建天下秩序的道路上，荀、李二人的主张是截然对立的。佐藤将之把荀子、李斯的主张分别概括为“调（齐）一”和“一统”，二者的不同在于，前者主张以一国为中心，对周边各国进行安抚，对周边国民取得间接支配；后者则主张通过武力消灭各国，取得对天下的统治。① 不过，按照李斯的方案，最后那个“胜利的果实”已远非荀子理想中的“天下”了。在这种意义上，陈寅恪所谓的“佐成秦治”反而意味着李斯把荀子建构的天下秩序拉入国家制度的层面上，李斯所谓的“天下”不过是荀子意义上的“国”。李斯的理想正是荀子的噩梦，而荀子的理想终未实现。

第三节　王者以仁义治天下的理路及困境

秦汉王朝常被今人称为帝国，而它们在古代则常常被认为是天下。以秦帝国为例，秦始皇声称自己“兴兵诛暴乱，赖宗庙之灵，六王咸伏其辜，天下大定”，却又绝不否认“平定天下”即王绾、冯劫、李斯所谓的“海内为郡县，法令由一

---

① 参佐藤将之：《荀子的“天下”观与“后周鲁时代”的秦国》，《科学·经济·社会》2021 年第 2 期。

统”①。因为在秦人看来，结束了列国分立、战争连年的局面，代之以“一法度衡石丈尺”“车同轨”“书同文字”② 的制度一体化便是“天下一家”的表现。③ 与分封制下“未有过封内千里”(《荀子·强国》)的情形相比，秦人更重视法令制度所延伸的范围之大小。④ 而法令制度的普遍性能否带来“黔首改化，远迩同度”⑤ 的风俗生活的同一性，进而使得人心一致所向？秦朝当政者对此缺乏深入思考。秦朝最终因推行法令制度操之过急而引起楚地之人的强烈反感，以致二世而亡。⑥

帝国君主口中那片广袤的统辖范围并不等于天下。混同二者的帝国统治者多以“天下”为彰显自身功业的门面之词，帝国是一个被天下观念包装起来的假想天下，而帝国自身的治理逻辑与天下观念中标举的仁义价值在一定程度上是相悖的。这种混同的危险性在于，当帝国的统治者真正面对天下时，他仍然以为那是自己的帝国。那个本应考虑君与民、政与俗的关系的价值体——天下，将化为一个冰冷的权力体。在这个意义上，

① 《史记》卷六《秦始皇本纪》，第 236 页。

② 《史记》卷六《秦始皇本纪》，第 239 页。

③ 秦始皇峄山刻石云：“乃今皇帝，一家天下，兵不复起。”琅琊刻石云：“普天之下，抟心揖志。器械一量，同书文字。”峄山刻石与琅琊刻石文分别引自容庚：《秦始皇刻石考》第三部分《刻辞之校释》，《燕京学报》第 17 期（1935 年），第 132、138 页。琅琊刻石文辞亦见于《史记》卷六《秦始皇本纪》，第 245 页。

④ 秦始皇琅琊刻石也有“古之帝者，地不过千里”语。参见《史记》卷六《秦始皇本纪》，第 246 页。

⑤ 《史记》卷六《秦始皇本纪》，第 250 页。

⑥ 参阅陈苏镇：《〈春秋〉与“汉道”：两汉政治与政治文化研究》，中华书局 2011 年版，第 28~37 页。

老子的“以国观国，以天下观天下”（《老子·五十四章》）和管子的“以国为天下，天下不可为”（《管子·牧民》）都是发人深思的。汉承秦制，秦人政治观念的载体被汉人接受下来，那么考察汉儒的天下观，就需在国与天下纠缠、互动的语境中进行。在这方面论述最系统，阐发最详尽者，莫过于董仲舒。

一、从寻找王者到强调仁义

董仲舒的天下观念，主要包括他提出的实现天下太平的一系列理念和措施。按其所述，“天下所未和平者，天子之教化不行也”。① 在儒家的理想中，担当教化的人是王者。王者必须受天命且有崇高的德行，如此才能在实现天下太平之后制礼作乐②。受命与否，可以被论证。受命者就是得位的帝王，“王者必受命而后王”，并且“一统于天下”。③ 但是王者还需要以其高尚的品格“成民之性”、导民成善。④ 受命只是对王者身份的神圣性说明，王者的身份还必须通过教化来获得天下人的认可。

① 董仲舒著，苏舆撰：《春秋繁露义证·郊语》，中华书局1992年版，第395页。

② 关于王者的身份，《礼记·中庸》说：“虽有其位，苟无其德，不敢作礼乐焉；虽有其德，苟无其位，亦不敢作礼乐焉。”南朝学者皇侃也曾给以扼要的阐述，指出了王者必须德位兼并的原因：“夫得制礼乐者，必须德位兼并，德为圣人、尊为天子者也。所以然者，制作礼乐必使天下行之，若有德无位，既非天下之主，而天下不畏，则礼乐不行；若有位无德，虽为天下之主，而天下不服，则礼乐不行，故必须并兼者也。”在这样的标准下，孔子也不是王者，所以他只能“述而不作”。参见何晏集解，皇侃义疏：《论语集解义疏》，商务印书馆1937年版，第85页。

③ 苏舆：《春秋繁露义证·三代改制质文》，第182页。

④ 《春秋繁露·深察名号》：“万民之性苟已善，则王者受命尚何任也？”见苏舆：《春秋繁露义证·深察名号》，第294~295页。

所以，王者是一个能够贯通天、地、人的角色。[①] 真正意义上的王者，要“常以爱利天下为意，以安乐一世为事”[②]。

然而现实的情形并不如此。秦汉的帝王与儒家理想中的王者相差甚远。苏舆曾就董仲舒对“王”字的解释而指出：“盖上世帝王初起，皆以道德学术过人，故造文如此。秦汉以后，而其局一变矣。”[③] 王充《论衡·宣汉》指出儒者谓“汉不太平者，汉无圣帝也”，又同书《须颂》：“儒者谓汉无圣帝，治化未太平。”[④] 当代学者的研究继续呼应着这种说法，称“汉代天子几乎没有自称大圣或敢以圣王自居的”[⑤]。秦汉帝王不再品学兼优，他们对做圣人没有太多兴趣，而是甘心屈居圣人的完美人格形象之下。这样，王者教化就是空谈，儒家理想中的天下太平也就遥遥无期。

帝王没有王者的素质，无意做圣人，却可以借鉴圣人阐述的某些理念。去汉未远的孔子，被汉儒尊为圣人。根据前文的考察，我们把孔子的天下观念概括为：通过发扬文治，崇尚、

---

① 《春秋繁露·王道通三》：“古之造文者，三画而连其中，谓之王。三画者，天地与人也，而连其中者，通其道也。取天地与人之中以为贯而参通之，非王者孰能当是？”苏舆：《春秋繁露义证·王道通三》，第320~321页。

② 苏舆：《春秋繁露义证·王道通三》，第322页。

③ 苏舆：《春秋繁露义证·王道通三》，第321页。

④ 黄晖撰，刘盼遂集解：《论衡校释》，中华书局1990年版，第815、849页。案，王充论及此事，意在驳“汉无圣帝”之说，他与持此说的儒者之间的分歧在于如何理解“太平”。王充反对用符瑞象征太平，认为“太平以治定为效，百姓以安乐为符”。（黄晖：《论衡校释·宣汉》，第815页。）王充的这一说法虽然务实，但并非其时的主流。

⑤ 邢义田：《天下一家：皇帝、官僚与社会》，中华书局2011年版，第59页。

施行德教，获得天下人的支持，远人自然慕义臣服。孔子的这些理念被董仲舒继承下来，并通过阐释《春秋》大义而予以发展。① 于是，对于帝王素质的期待，就此转向对于某种理念的阐扬。帝王只要秉持文德，同样可以行教化之事，实现天下太平。就此而言，天下太平的实现，使帝王成为王者。王者将变成一个后天生成的身份。

按董仲舒的阐释，凭道德获得天下人的支持，是“仁义以服之”②。这个概括合乎孔子本意。董仲舒的创新之处在于，他提出仁义在政治上分别对应着治人与治我。③ 仁义意味着人我之分，要求“以仁安人，以义正我”④。以仁义治天下的王者，要区分“内治”与“外治”。“内治”要“反理以正身”，“外治”则“推恩以广施，宽制以容众”⑤。

以区别内外、宽人律己为原则，意味着治理天下是一个交往事件。王者正是在这样一个与天下之人交往的过程中实现自身。董仲舒说：“王者，民之所往。君者，不失其群者也。故能

---

① 董仲舒借阐释《春秋》大义而指出：“《春秋》之所恶者，不任德而任力，驱民而残贼之。其所好者，设而勿用，仁义以服之也。《诗》云：‘弛其文德，洽此四国。’此《春秋》之所善也。夫德不足以亲近，而文不足以来远，而断断以战伐为之者，此固《春秋》之所甚疾已，皆非义也。”（苏舆：《春秋繁露义证·竹林》，第46~47页。）又：“文德为贵，而威武为下，此天下之所以永全也。”（苏舆：《春秋繁露义证·服制像》，第151页。）

② 苏舆：《春秋繁露义证·竹林》，第46页。

③ 《春秋繁露·仁义法》：“《春秋》之所治，人与我也。所以治人与我者，仁与义也。”见苏舆：《春秋繁露义证·仁义法》，第243页。

④ 苏舆：《春秋繁露义证·仁义法》，第243页。

⑤ 苏舆：《春秋繁露义证·仁义法》，第248页。

使万民往之，而得天下之群者，无敌于天下。”① 《荀子·君道》：“君者何也？曰：能群也。能群也者何也？曰：善生养人者也，善班治人者也，善显设人者也，善藩饰人者也。善生养人者人亲之，善班治人者人安之，善显设人者人乐之，善藩饰人者人荣之。四统者俱而天下归之，夫是之谓能群。”荀子的这一论述，可以用来解释董仲舒对“汉无圣帝”之困境的克服。世俗的君主（帝王）可以通过在“群”中安顿天下之人而成就其王者身份，而安顿天下之人正是王者之文德的体现。“王者有明著之德行于世，则四方莫不响应，风化善于彼矣”②，由此形成“四海之内闻盛德而皆徕臣”③ 的局面。按董仲舒之说，王者身份的实现与“天下”之形塑的完成是同时的。④ 这样，就不能把“天下”理解为一个既定的地理空间，而是应当看到，只有王者用心教化，移风易俗，其德行被及四海，四方之民衷心归附，“天下”才算真正形成。这样的“天下”与“某种随着帝国权力的扩张或缩减而同步增大或缩小的东西”⑤ 判然两途。

---

① 苏舆：《春秋繁露义证·灭国上》，第129页。

② 苏舆：《春秋繁露义证·郊语》，第395页。

③ 班固著，颜师古注：《汉书》卷五六《董仲舒传》，中华书局1962年版，第2503页。

④ 《春秋繁露·深察名号》：“王者皇也，王者方也，王者匡也，王者黄也，王者往也。是故王意不普大而皇，则道不能正直而方；道不能正直而方，则德不能匡运周遍；德不能匡运周遍，则美不能黄；美不能黄，则四方不能往；四方不能往，则不全于王。故曰：天覆无外，地载兼爱，风行令而一其威，雨布施而均其德。王术之谓也。”苏舆：《春秋繁露义证·深察名号》，第282页。

⑤ 埃里克·沃格林：《秩序与历史》卷四《天下时代》，第203页。

二、如何实现天下太平

（一）“近—远”：天下太平的发生结构

基于文德、仁义、远近、内外等理念，董仲舒对实现天下太平提出了具体的方案。按董仲舒所述，“亲近以来远，未有不先近而致远者也。故内其国而外诸夏，内诸夏而外夷狄，言自近者始也”。案，这一说法出自《春秋公羊传·成公十五年》，何休注曰：“明当先正京师，乃正诸夏，诸夏正，乃正夷狄，以渐治之。”①《礼记·中庸》曾谓：“仁者人也，亲亲为大。”孟子则说：“亲亲而仁民，仁民而爱物。”（《孟子·尽心上》）仁爱为人提供了一个超出家庭进行交往的基础。董仲舒继踵而至，使儒家的仁本论获得一个“天下”视野下的“近—远”存在结构：“亲近以来远，因其国而容天下。”② 天下不是国家范围的扩大，而是王者的仁爱在“近—远”的结构中所显现的时机化样态。王者对身边的人施以仁爱，却无法对“远处”的四夷何时来归给出预期，否则王者的仁爱就有作伪之嫌。真正的王者并不功利地计较仁爱的收益，因为仁民爱物就是王者的存在方式。另外，对身边的人施以仁爱，并不以对远人充满仇恨为条件，不必遵循“除非我

① 引自苏舆：《春秋繁露义证·王道》，第 112 页。

② 苏舆：《春秋繁露义证·盟会要》，第 138 页。又，《春秋繁露·俞序》：“故世子曰：‘功及子孙，光辉百世，圣人之德，莫美于恕。’故予先言《春秋》详己而略人，因其国而容天下”。见苏舆：《春秋繁露义证》，第 157~158 页。

们憎恨非我族类，我们便不可能爱我族类”① 的逻辑。

空间距离的大小，固然可以用远、近来表示，远近却不只是空间概念。空间距离上的近，也完全可以是生存意义上的远。反之亦然。仁义就是实现空间之“远—近”向生存之“近—远”转化的价值。对此，董仲舒用“以仁厚远”做了进一步说明：“故王者爱及四夷，霸者爱及诸侯，安者爱及封内，危者爱及旁侧，亡者爱及独身。独身者，虽立天子诸侯之位，一夫之人耳，无臣民之用矣。”② 王者与霸者、安者、危者、亡者这四类人的区别，在于他的爱有没有绝对的边界。有绝对边界的爱并非源发之爱，而是基于对边界内的审视、考虑所做出的功利之举。霸者、安者、危者、亡者均把其所爱的范围对象化，视对象而爱，这种爱的背后就总有某种计算考量。王者的爱虽然播至“四夷”，范围最大，但并非因为王者预先把“四夷”圈定在爱的范围内，而是在亲身参与治理京师、诸夏、“夷狄”的过程中，王者的行为能够跨越京师、诸夏、“夷狄”之间的界限，被天下人目睹、感受。

（二）三世异治：王者教化永无止境

“京师—诸夏—夷狄”不只代表地缘结构，它也是观念结构，因为三者之间的界限建立在人们的“华夷”观念之上。这一结构要求王者循序渐进地实现天下太平。如果太平可致，那么“京师—诸夏—夷狄”之间的界限就应该是相对的，即

① 语出迈克尔·迪布丁的小说《死亡环礁湖》，转引自塞缪尔·亨廷顿著，周琪等译：《文明的冲突与世界秩序的重建》，新华出版社 2009 年版，第 4 页。案：原文标点不当，引用时标点有改动。

② 苏舆：《春秋繁露义证·仁义法》，第 246~247 页。

“（外）夷”可进于“（内）夏”。

“京师—诸夏—夷狄”的治理进路，最终体现于“三世异治说”①中。按三世异治之说，在衰乱世，“王者不治夷狄，录戎

① 关于董仲舒与三世异治说之间的关系，在此需做出厘定。《春秋繁露·楚庄王》：“《春秋》分十二世以为三等，有见，有闻，有传闻。有见三世，有闻四世，有传闻五世。”（苏舆：《春秋繁露义证·楚庄王》，第9页。）《春秋繁露·王道》则阐述王者治理天下需要修身作则、由近及远的道理：“亲近以来远，未有不先近而致远者也。故内其国而外诸夏，内诸夏而外夷狄，言自近者始也。”（苏舆：《春秋繁露义证·王道》，第112页。）《王道》中的治理步骤是否根据《楚庄王》中的时间划分而制定，这一问题需要深入探稽。苏舆指出“董子言三世，不用乱世、升平、太平之说”，但是承认“何氏九科三旨（案，应为‘三科九旨’），所谓‘张三世’，见此篇（案，《楚庄王》）‘通三统’，见《三代改制篇》‘异外内’，见《王道篇》。”（苏舆：《春秋繁露义证·楚庄王》，第10、22页。）钱穆亦认为“《公羊》家三科九旨之义，亦本董子《繁露》”，并详征董仲舒、何休之文以证之。（钱穆：《国学概论》，商务印书馆1997年版，第96~97页。）学人基本认同这样一种观点：何休“衰乱世—升平世—太平世”的说法，以董仲舒《春秋繁露·楚庄王》中的“三等”说为雏形，后者是前者的“逻辑起点”。（参看姜广辉主编：《中国经学思想史》第二卷，中国社会科学出版社2003年版，第427~429页。）陈苏镇先生指出：“在现存董仲舒的著作中，没有用‘太平’‘升平’‘衰乱’的概念指称‘所见’‘所闻’‘所传闻’之世的记载，但有迹象表明他可能已经提出了三世异治的说法。”（陈苏镇：《〈春秋〉与“汉道”：两汉政治与政治文化研究》，第175页。）据陈先生所言，林义正对此有专门考察。今参阅林氏的相关研究发现，司马迁在这一问题中扮演关键角色。按林氏所述，曾于董仲舒学习《春秋》的司马迁，一改“世”为《春秋》一公所历之时代的意思，把“世”作为时段，提出“运之三世”的说法。在这里，董仲舒的“三等”以“三世”的名称出现。“三世”只是划分了时段，而根据不同时段采取不同致治方案的思想，则在董仲舒之前就出现了，林义正认为“当系本之孔子”。（参阅林义正：《春秋公羊传伦理思维与特质》，台湾大学出版中心2003年版，第196、199页。）董仲舒和何休继承了“时段+致治”的解释模式。他们对《春秋》的解释，没有止于对时段的划分上，而是基于时段强调行动。综合以上所述，我们认为董仲舒至少是系统阐发了“三世异治说”，并在接下来引何休之说以释之。

者，来者勿拒，去者勿追”①。在这一阶段，王者首先要治理京师的“大恶”，以正自身，进而治京师的小恶和诸夏的大恶。“夷狄”之所以未被纳入考虑范围，不仅因为王者的教化无法越过尚存大恶的诸夏而感化“夷狄”，而且在于，严格自正是确立王者教化资格的首要一步。王者资格的确立，不是自己可以宣布的，而是需要在确立过程中使身边的华夏之人感受其爱意，在公共性的评判中被认可。同理，王者对“夷狄”的教化资格，也需要这样一个被“夷狄”围观，使“夷狄”感同身受，进而对王者予以评价的过程。所以，受天命的王者还需获得民众的承认。民心与天命被放到同一高度，甚至民心就是对天命的诠释。

升平世则“内诸夏而详录之，殊夷狄也”②，此时强调“华夷”有别，“夷狄”作为“京师—诸夏”这个整体的他人而出现。王者要治理诸夏的小恶和“夷狄”的大恶。在笔者看来，治理诸夏小恶是三世异治中最为关键的一个环节。在这个环节中，要“治小如大”③，应像治理诸夏的大恶一样严格治理诸夏的小恶。这时，华夏作为一个相对于“夷狄”而言的文明共同体，应当作出表率。但是，王者还不能对“夷狄”“纯以中国礼责之”④。因为以现成的中国之礼要求习俗、性情有别于中国的“夷狄”，会引起后者的强烈反感。王者解决这一问题的办法是，在第一阶段中留下诸夏的小恶而不治，在第二阶段以治理诸夏

① 阮元校刻：《十三经注疏·春秋公羊传注疏》，第2202页中栏。
② 阮元校刻：《十三经注疏·春秋公羊传注疏》，第2284页上栏。
③ 阮元校刻：《十三经注疏·春秋公羊传注疏》，第2309页上栏。
④ 阮元校刻：《十三经注疏·春秋公羊传注疏》，第2270页中栏。

小恶为“华夷”交往的缓冲。“夷狄”目睹华夏的严格“自正”，产生归附之心。这为接下来在“华夷”真正面对面交往中治理“夷狄”之大恶创造了条件。在升平世，对“夷狄”大恶的治理才是“华夷”交往的真正开展。关于如何治理“夷狄”的大恶，何休指出要“且以渐”①。这说明“夷狄”认同中国需要时机。一旦时机出现，就会有“百蛮贡职，夷狄皆进至其爵”② 的场景，此即太平之世。

不过所谓的太平世，还存在诸夏的小失和“夷狄”的小恶。因而太平之世仍然需要华夏与“夷狄”的交往。并且，在这一交往中，治理诸夏的小失继续以边缘的方式为王者治理“夷狄”的小恶提供缓冲，使治理“夷狄”小恶不至于成为突发的事件。这里要指出，虽然太平世已经从“内—外”结构转向“内而不外”③，但并不说明没有“华夷”之别。“华夷”之别通过王者教化这一事件，被确立为一种主体性标识，由此构造天下内部的新型关系形态，即融洽的人我关系。质言之，“内而不外”只是说明，“华夷”之间不再处于隔绝的状态，而是亲如一家。④

---

① 阮元校刻：《十三经注疏·春秋公羊传注疏》，第2270页中栏。

② 阮元校刻：《十三经注疏·春秋公羊传注疏》，第2324页上栏。

③ 《春秋繁露·奉本》：“远夷之君，内而不外。”见苏舆：《春秋繁露义证·奉本》，第275页。

④ 有学者曾指出，对夷狄“中国之”的态度“只表示夷狄臣服于中国，同化于中国文化之中，被视为中国的一分子，内外、华夷的秩序和尊卑是始终没有变的”。除了内外问题，笔者基本赞同这一说法。参见李焯然：《越南史籍对“中国”及“华夷”观念的诠释》，氏著《中心与边缘：东亚文明的互动与传播》，广西师范大学出版社2015年版，第19页。

然而一旦“华夷”关系出现紧张，上述主体性标识就会暴露为“中国”和“夷狄”两个在文化、观念、品行上均为异质的群体。“内而不外”与“华夷”二分的共存，为王者维持天下太平增加了难度，也为仁义价值的畸变埋下了伏笔（详后）。

三世异治说留下了治理诸夏小失和“夷狄”小恶这两项未竟的事业。诸夏小失和“夷狄”小恶将会是“内而不外”的天下之常态。天下内部的华夏与“夷狄”两个群体在此后保持长期的交际互动，“教化流行，德泽大洽，天下之人，人有士君子之行而少过矣”①。人们的道德品行日臻完善，王者却总不宣布天下已尽善尽美。董仲舒主张：“天下未遍合和，王者不虚作乐。”② 那么当天下已致太平时，王者便应当制礼作乐。陈苏镇先生业已指出，按照董仲舒的标准，“‘太平’只能是海市蜃楼，永远可望而不可即，制礼作乐也只能是一种政治理想，以此为目标的教化过程事实上将永无止境”③，其说甚是。如果把太平世中诸夏小失、“夷狄”小恶这两个余绪也考虑在内，笔者以为，太平之世的微妙，并非董仲舒思想中的疏漏，而是其有意设计。不妨说，董仲舒所希望的太平，不是一个一经实现便可高枕无忧的状态，而是在王者戮力教化的过程中构成的动态“王—民”“华—夷”关系形式。这个关系形式要求现实中的帝王戒骄戒躁，奋斗不已。这也表明，实现天下太平和维持天下太平并非二事。

---

① 苏舆：《春秋繁露义证·俞序》，第160页。

② 苏舆：《春秋繁露义证·楚庄王》，第19页。

③ 陈苏镇：《〈春秋〉与“汉道”：两汉政治与政治文化研究》，第179页。

三、给以厚利与共盟于天：糅合世俗与神圣

然而实际的天下并不太平。董仲舒时代，汉王朝与匈奴之间的矛盾一直存在。身处匈奴屡次犯边的时局，董仲舒曾提出，一方面应该对匈奴施以厚利，另一方面也要与之共盟于天，此外要控制单于爱子，以之为人质，使匈奴不敢轻举妄动①。董仲舒的这些方案让人疑惑丛生。所谓仁义并不适用于匈奴，汉王朝只能以金钱维持"华夷"关系，并且通过"质其爱子"以牵制匈奴云云，都与王者教化的思想相去甚远。董仲舒后来受到班固的严厉批评。班固的批评，主要针对董氏的"说以厚利"之策。班固认为，董仲舒的方案不仅"不合当时之言"，而且"长匈奴无已之诈"，"割剥百姓，以奉寇仇"。②

从董仲舒的其他论述来看，他在阐述古时王者承天命、顺天意以治天下时，就指出过"利"在其中的关键性。③ 然而，一旦利害关系成为形塑天下的凭据，并且与某些曾被强调为神圣性的价值嫁接在一起，"天下"就成为一个权力与利益的交易场。汉昭帝时，参加盐铁之议的贤良文学，多次征引董仲舒的

---

① "义动君子，利动贪人，如匈奴者，非可以仁义说也，独可说以厚利，结之于天耳。故与之厚利以没其意，与盟于天以坚其约，质其爱子以累其心，匈奴虽欲展转，奈失重利何，奈欺上天何，奈杀爱子何。"《汉书》卷九四《匈奴传》，第3831页。

② 《汉书》卷九四《匈奴传》，第3831~3832页。

③ 《春秋繁露·诸侯》："天虽不言，其欲赡足之意可见也。古之圣人，见天意之厚于人也，故南面而君天下，必以兼利之。"苏舆：《春秋繁露义证·诸侯》，第305页。

观点以证己说，其中一处说：“孔子曰：‘有国有家者，不患贫而患不均，不患寡而患不安。’故天子不言多少，诸侯不言利害，大夫不言得丧。畜仁义以风之，广德行以怀之。是以近者亲附而远者悦服。故善克者不战，善战者不师，善师者不阵。修之于庙堂，而折冲还师。王者行仁政，无敌于天下，恶用费哉？”① 在义利之辨的阐述框架内，王者行仁义，施仁政，就要自己不尚利，而是让利于民。贤良文学的解释，深得儒家天下观念之要旨。史载帝喾、尧、舜之所以成为后世君王的典范，原因之一便是他们“利天下”，而“利天下”同时意味着他们不利己。② 古代圣王的这种品格，正合乎董仲舒阐释下的仁义内涵。“夷狄”毕竟也是天下之民，这样，给“夷狄”以厚利，就是抚驭天下的王者怀“夷”爱人的体现，就不再显得俗套且委曲求全。

怀“夷”是针对攘“夷”而言的。之所以攘“夷”，是因为华夏人将“夷狄”视为礼乐文明的威胁。这种严“华夷”之别的行为，其视野已从“天下”收缩为“中国”。怀“夷”则是因为，中国之帝王要做天下之共主。如果以厚利怀“夷”就是畜仁义，那么“内治”上的“反理以正身”，“外治”上的“推恩以广施，宽制以容众”③，就会相应地要求限制国人获利、

---

① 王利器：《盐铁论校注·本议》，第 2 页。

② 郭店楚简《唐虞之道》：“尧舜之王，利天下而弗利也。”（荆门市博物馆编：《郭店楚墓竹简》，文物出版社 1998 年版，第 157 页）又，《史记·五帝本纪》说帝喾“普施利物，不于其身。……仁而威，惠而信，修身而天下服。”（《史记》卷一《五帝本纪》，第 13 页。）

③ 苏舆：《春秋繁露义证·仁义法》，第 248 页。

纵容外人索取的制度与之配套。

并且，倘若按董仲舒给以厚利的策略来处理“华夷”关系，天下太平的基础将颇不牢靠。班固对董仲舒的批评切中肯綮。因为对于“苟利所在，不知礼义”① 的人来说，一旦无法满足其欲望，所谓的认同、太平都将不复存在。

虽然董仲舒意识到王者不能对“夷狄”“纯以中国礼责之”②，承认“义动君子，利动贪人，如匈奴者，非可以仁义说也，独可说以厚利”，但仍幻想与匈奴“结之于天”③，尽可能保留“天下”的神圣性。据说，董仲舒出此论述，是经过计算、权衡的。董仲舒认为，送给匈奴的钱财数额，比不上出兵与匈奴开战的花费。用坚固的城郭防御匈奴，和与匈奴订立盟约的效果是一样的。所以给匈奴厚利，可以避免边境地区的人民受战乱之苦，匈奴也不会侵扰中国，这对于整个天下也是有利的。④ 对董仲舒来说，天下的和平比物质利益更为重要。这看上去是着眼大局的考虑。按董仲舒所述，天下和平与否，直接关涉天意，“天下和平，则灾害不生。今灾害生，见天下未和平也”⑤。天所透露的讯息具有导向性，王者在维持、保障天下和平时，不应漠视天对于“天下”所有群体的

---

① 《汉书》卷九四《匈奴传》，第3743页。

② 阮元校刻：《十三经注疏·春秋公羊传注疏》，第2270页中栏。

③ 《汉书》卷九四《匈奴传》，第3831页。

④ “夫赋敛行赂不足以当三军之费，城郭之固无以异于贞士之约，而使边城守境之民父兄缓带，稚子咽哺，胡马不窥于长城，而羽檄不行于中国，不亦便于天下乎！”《汉书》卷九四《匈奴传》，第3831页。

⑤ 苏舆：《春秋繁露义证·郊语》，第395页。

制约作用。反过来说，天下不和平则是王者的失职，说明王者并未把仁义理念落到实处。① 但董仲舒忽略了一点，那就是：实现太平，只是王者对天命的兑现和对天道的践行，而“夷狄”并没有致天下于太平的神圣使命，因此，即便“夷狄”造成天下大乱，也不必担心自己受到作为“百神之君”“王者之所最尊”② 的上天的惩戒。

如此一来，“天—王—民”这一被董仲舒精心构造的“天下”结构将形同虚设。该结构将以这样一种形态展现：“天—王”通过王者受天命、参天道来贯通，而“王—民”则成为一种以金钱换取认同的交易关系。现实中的帝王即便成了王者，也只有“召而问之”③ 的体面了。在无尽的欲望面前，天下的神圣性只是一句空话。

四、神圣还是世俗？——论形塑天下之两难

事实上，身居华夏的学者，对“四夷”性情、习俗的指斥

---

① 关于董仲舒的政治哲学，则可以简要地表述为：政治的长效运作以为政者自身的德行修养为根基，“以是否‘爱民’作为政治原则，以是否顺民心、是否符合仁义作为社会政治最高圭臬与终极奋斗目标”。（曾振宇：《民心即天命：董仲舒政治哲学的内在逻辑与人文关怀》，《哲学与文化》2017 年第 12 期。）这里的民，是一个不包含“华夷”之别的均质化称谓。详细论述参看本书第三章笔者对明清之际“天下人”称谓的考察。

② 苏舆：《春秋繁露义证·郊义》，第 396 页。

③ 苏舆：《春秋繁露义证·诸侯》，第 305 页。

俯拾皆是。[①] 正我爱人、怀柔“夷狄”的王者，首先是深通礼乐的华夏之人。而那些指斥“夷狄”性情与习俗的论述则说明，华夏的价值规范很难直接适用于“夷狄”。这就意味着，王者以仁义治天下，“百蛮”朝贡，远人臣服，不过是华夏之人的美好想象。更关键的问题是：仁义价值是否具有普适性？

孔子曾乐观地以为包括恭敬、忠信在内的仁义价值可以通用于蛮貊之邦，孟子则指出只要国君施行仁政，“邻国之民”就可以对这个国君“仰之若父母”（《孟子·公孙丑上》），董仲舒也设想过一种“天下之人同心归之，若归父母”[②] 的祥和景象。然而只要把这些设想投诸一个王者与民众面对面交往的情境中，就会发现，王者与民众开展交往的规范并不明晰。尤其是当华夏与“夷狄”这两类生活习俗、价值观念甚至性情好恶都并不一致的群体进行交往时，一种试图通过自以为“最好的”价值——仁义来塑造认同的举动，就颇具单边主义的意味。华夏与“夷狄”的长期磨荡交往，比如“夷狄”犯边、王师征讨、驻兵防御、和亲通好等历史事实，使得“夷狄”在面对华夏的文治、德行时，远非“草上之风必偃”（《论语·颜渊》）那么单薄无力。我们还可以发现，在身份问题上，华夏虽然也有“退

---

① 《左传·成公四年》：“非我族类，其心必异。”再如，扬雄：“外国天性忿鸷，形容魁健，负力怙气，难化以善，易隶以恶，其强难诎，其和难得。”（引自《汉书》卷九四《匈奴传》，第3814页。）班固：“夷狄之人贪而好利，被发左衽，人面兽心，其与中国殊章服，异习俗，饮食不同，言语不通，辟居北垂寒露之野，逐草随畜，射猎为生，隔以山谷，雍以沙幕，天地所以绝外内也。是故圣王禽兽畜之，不与约誓，不就攻伐；约之则费赂而见欺，攻之则劳师而招寇。”（《汉书》卷九四《匈奴传》，第3834页。）

② 《汉书》卷五六《董仲舒传》，第2500页。

于夷狄”的可能，但这一转化不需要获得“夷狄”的承认。相反，“夷狄”却必须通过华夏的评判来完成对自己身份与形象的更新、重塑。这两种恰成对比的进路提示我们，“华夷”交往虽然是一个可逆的过程（“以夏变夷”和“以夷变夏”均可发生），但是进退两路遵循着不同的发生机理。概而言之，“夷狄”进于中国，靠的是感化（虽然感化一度流于利诱），这个过程是长期的，且最终仍需被华夏认定；中国退于“夷狄”，只需要放弃先前的礼乐文明就可以了，许多华夏之人便因为一念之差，言行悖乎礼乐，而被口诛笔伐为“夷狄”。“华夏”“夷狄”之分，与其说是在陈述一个社会事实，不如说是在表达一种价值判断。进退于中国的决定权掌握在“夷狄”手中，而对之评价的权力却理所当然地为华夏所操控。如此一来，由华夏单方面给出的判断，就不仅决定天下内部各类人群的身份转化，而且是对天下之治乱的界定。上述交往机制（或者说准入机制）不仅未加反思地将华夏作为裁决者，而且失于后见之明。它所根据的不是生动、本真的交往情境，而是严肃的教条。这些教条，本是《春秋》所记载的“事理”。然而一旦《春秋》成为一部政治法典，“事理”就会脱离其所在的时空，成为“天下之规矩六律”①。华夏对“夷狄”的文化偏见，也就获得了坚实的依据。

在华夏与“夷狄”真正开展交往之前，任何诸如华夏优越、“夷狄”落后的判断，都是难以成立的。因为华夏、“夷狄”作为两个尚未处于同一生活情境的群体，只能代表两类生活方式和价值观念。二者构成了事实上的并立状态，是“普天之下”

---

① 苏舆：《春秋繁露义证·楚庄王》，第13页。

的两种身份，却并不必然也没必要代表两种高下不等的价值。价值的高低不是通过比较而得出的，而是在共塑天下的实际交往中直接被人感受到的。在这种意义上，无论是华夏还是“夷狄”，都具备从不同的生活方式（习俗）与交往方式（礼仪）中把握某种先天价值的能力。这种能力毋须性情、智识上的训练。但基于这种能力而产生的观感、好恶，常常是不一致的。所以首要的问题是：究竟用什么来塑造一个和谐、多元的天下？

上述问题理应成为董仲舒天下观念的核心，然而董仲舒并没有对此给出一贯的回答。他首先诉诸伦理、规范，以“圣人法天而立道”“道之大原出于天”① 继承、强化了先秦儒家对于天的敬奉，继而以天阐述仁义价值之合法性。② 但问题也随之而至：“夷狄”并不奉天为神圣，那么仁义价值就无法适用于礼乐文明之外的这个群体了。商鞅就绝不相信仁义能够治天下：“仁者能仁于人，而不能使人仁。义者能爱于人，而不能使人爱。是以知仁义之不足以治天下也。”③ 商鞅与董仲舒对“义”有不同的理解，但这并非最重要的。最重要的是，仁义的发生能否产生反馈。不产生反馈而施行仁义，只能算白白地付出、无谓的牺牲。商鞅的论述带有浓厚的功利主义色彩，由其变法打造的秦国被天下视为虎狼仇寇，与“戎狄”同俗。原因在于，这样的国家“贪戾好利而无信，不识礼义德行”（《战国策·魏

① 《汉书》卷五六《董仲舒传》，第2515、2518~2519页。

② 《春秋繁露·竹林》：“天之为人性命，使行仁义而羞可耻，非若鸟兽然，苟为生，苟为利而已。”苏舆：《春秋繁露义证·竹林》，第59页。

③ 高亨：《商君书注译·画策》，中华书局1974年版，第397页。

策》)。尤锐(Yuri Pines)指出:“这些反秦情绪既出于秦国跟邻邦的长期对抗,也在一定程度上反映了商鞅变法以后秦国新的文化面貌”①。这种“新的文化面貌”恰恰是儒家学者最不愿看到的。若把商鞅的论述与董仲舒的理念放到同一界面,这种功利主义就不仅是对董仲舒“正其道不谋其利,修其理不急其功”②之说的纠偏,而且在根本上质疑了仁义价值的普适性。如果说商鞅曾经为秦帝国的形成注入强劲动力,那么反思秦政、强调“更化”的汉儒董仲舒,在“把大一统专制政治的方向与内容,加以彻底的转换”③时,就不应忽略商鞅的这一重要“反调”。

更何况,神圣之天也需要获得它的人间形态,亦即天必须可视化地与人们的实际生活相关联。④但是,在经验世界内部洞察天所透露的信息,也只是身居华夏的帝王之职事。并且,经验世界的有形可见(特殊性)和流变性,也导致其不足以把天的某种恒定价值带入一种有效、持久的认同中。获得厚利的“夷狄”仍然屡犯不止,致使“自汉兴,忠言嘉谋之臣”从未停止过“运筹策相与争于庙堂之上”⑤。这正是对上述困境的印证。

---

① 尤锐:《从〈商君书·徕民〉看商鞅学派的思想变迁——兼论战国晚期秦国人口及军事变化》,《江淮论坛》2021年第6期。

② 苏舆:《春秋繁露义证·对胶西王越大夫不得为仁》,第262页。

③ 徐复观:《两汉思想史》(第二卷),华东师范大学出版社2001年版,第261页。

④ 董仲舒曾说:“天无所言,而意以物。物不与群物同时而生死者,必深察之,是天之所以告人也。”又,“君子察物之异,以求天意,大可见矣。”苏舆:《春秋繁露义证·循天之道》,第449、450页。

⑤ 《汉书》卷九四《匈奴传》,第3830页。又,王夫之《尚书引义·禹贡》:“汉急御狄之功而不贪用狄之利。”中华书局1976年版,第43页。

以上讨论说明，只要在现成的框架——比如理念世界、经验世界内寻找认同的基础，这个框架所不具备的某种要素就足以限定这个框架的适用性，成为这个框架的“死穴”。框架之所有与框架之所无互补对生，以至于单凭神圣的理念世界或世俗的经验世界均无法表述“天下”。华夏的仁义与“夷狄”的性情都不可直接拿来作为塑造认同的根据。所以我们看到，董仲舒固然提出了精妙的教化设想，汉代的帝王却走上了帝国之路。所谓帝国之路，即通过征服不断增加累积性收益，通过不断进攻以实现防御，以及通过施加威胁使他人屈从。有论者形象地称之为“帝国的迷思”①。董仲舒的观念与现实之间，已非符合与否或脱节与否的问题，而是背道而驰了。② 还不止如此，当帝王诉诸暴力以形成“天下一家”的表象时，才华斐然的文士还可以不辱使命地为杀戮唱赞歌，声称“夷狄”渴慕文明之国的恩泽，将残酷的血与火美化为对“夷狄”迫切心愿的满足。这

---

① “帝国的迷思”之说，见于杰克·斯奈德《帝国的迷思：国内政治与对外扩张》（于铁军译，北京大学出版社 2007 年版）一书。笔者在文中对“帝国之路”的表述，参考了俞可平《论帝国的兴衰》（《山西大学学报》2022 年第 1 期）一文，特此说明。

② 班固称汉武帝“事征四夷，广威德”。（《汉书》卷九六《西域传》，第 3873 页。）兴师征边可扬其威，但何以带来德？清人赵翼曾专论“《汉书·武帝纪赞》不言武功”，指出班固之所以“专赞武帝之文事，而武功则不置一词”，是因为东汉儒生以汉武帝的穷兵黩武、劳民伤财为戒。（参看王树民：《廿二史劄记校证》，中华书局 1984 年版，第 34~35 页。）班固在《武帝纪》中的“不置一词”，看似遗漏了汉武帝的功业，但也可解释他在《西域传》中的“威德”之说，亦即武帝的功业被“文明化”了。“威德”在表面上是一个美化战争的说法，背后却是对战争的反对。

显然是对事实的严重歪曲。① 究竟是观念催生了行动，还是行动充实了观念，很值得后人玩味。无怪乎有学者提出了“中国形态的‘文明帝国主义’”的说法，并质问：“中国人是否那么‘儒家’？”② 而今日阐述“王道政治”，试图重张“天下主义”的学者，就不免遭到这样的追问：如果没有霸道，王道可能实现吗？③

五、“无外”的天下：通过交往而构成的生存空间

综合前文所述董仲舒的方案可以发现，董仲舒试图撷取神圣性与世俗性这两个截然对立的价值来平衡“华夷”关系，保证“中国”安宁，营造天下太平的局面。但被董仲舒视为神圣的上天，并不足以对贪而好利的“夷狄”构成制约。面对“夷狄”的无已之诈，王者以仁义治天下就是对“夷狄”施以厚利，这就势必带来“中国”自身物力财力的长久损耗。质言之，神圣性与世俗性，构成了董仲舒天下观念中不可消除的张力，而天下太平就意味着“中国”要做出巨大的牺牲。

天下的形塑——包括习俗的移易，身份的确立，价值的生

---

① 司马相如：“今封疆之内，冠带之伦，咸获嘉祉，靡有阙遗矣。而夷狄殊俗之国……举踵思慕，若枯旱之望雨。盭夫为之垂涕，况乎上圣，又恶能已？”《史记》卷一一七《司马相如列传》，第3051页。

② 时殷弘：《文明帝国主义的中国版本——司马相如〈难蜀父老〉及其他》，《文化纵横》2011年第4期。

③ 参看干春松：《王道政治与天下主义：干春松学术论集》，孔学堂书局2017年版，第125~126页。

成，关系的更新，秩序的打造，需要通过一种共同参与而又时机化的方式来实现。性情、习俗、观念都判然有别的华夏与“夷狄”，无法逃离“同一片天之下”这个“无外”的生存空间。华夏与“夷狄”未必是一个信仰共同体或文化共同体，但总已经是一个生存共同体。“无外”是一种本然的整体性。这一情形包含着对天下之人和谐共处的要求。①

既然如此，实现天下的和谐、太平，就不是以隔绝天下内部不同群体之间的交往来达成一种暂时的无战状态。比如秦始皇曾通过修建长城，限定华夏与“夷狄”的活动范围，隔绝二者的往来。② 这样的后果，就是李济在 20 世纪所指出的，史学家长期以来把中国古史看作长城以南的事，“长城不只是疆域的界限而且成为精神的界限”。这就忽视了民族文化在其起源、形成过程中的开放性、互动性机制，那种只把长城以南的故事视为中国古史的做法，就是一种截断式的研究，它最多能够说明秦汉以后的部分历史。所以李济感慨：“中国 2000 年来的史学家，上了秦始皇的一个大当。”③ 当然，实现天下的和

① 正如一位阐述“天下体系”的学者所言，“‘天下’所认定的世界是个在概念上已经完成的世界，是个已经完成了它的完整性结构的世界，它承诺了世界的先验完整性。既然世界具有先验的完整性，那么世界的存在论意义就在于保护其内在和谐”。参看赵汀阳：《天下体系：世界制度哲学导论》，中国人民大学出版社 2011 年版，第 50 页。

② 《史记·秦始皇本纪》：“乃使蒙恬北筑长城而守藩篱，却匈奴七百余里，胡人不敢南下而牧马，士不敢弯弓而报怨。”见《史记》卷六《秦始皇本纪》，第 280 页。

③ 李济：《中国上古史之重建工作及其问题》，张光直、李光谟编：《李济考古学论文选集》，文物出版社 1990 年版，第 81 页。

谐、太平也不是康德所言的以长期的战争为代价，换取人类理性的发展，进而实现和平局面。① 而是说，天下人在面对面的交往中构成一种新的生存形态和文明类型。这个机制的发生，又需要交往的参与者自觉地把形塑天下的活动置于时间的脉络中。所谓时间的脉络，是指以过去的交往经验（包括偏见）为前见，理解对方的言行举止；在开展交往时，原本处于不同生活方式、价值观念中的各方被带到当下，随着交往的开展而修正偏见，达成共识，生成一种新的交往理念和交往形式；然而，过往的偏见并未完全消退，借助于新的关系形式，偏见仍在滋生，并会在将来的某一时刻再现，直接参与将来新的交往之构成。这样一种形塑天下的方式，会摆脱对某个现成之物（比如神圣之天、金钱）的依赖，在神圣与世俗之间适时、持久地进行习俗的移易、身份的重构、价值的生成、关系的更新以及秩序的打造。如此形塑起来的天下，将是一个在各类群体的交往中不断构成新的生存形态和文明类型的意义载体。这样一个意义载体，是对帝国式权力

① 在康德那里，战争推动了人类理性的发展，人们正是通过不断地战争进入或多或少的法律关系中，这是大自然的合目的性过程。“在这最后的一步（亦即各个国家的联合体）出现以前，也就是尚在其形成过程的半途之中，人性就得在表面幸福的欺骗假象之下忍受着种种最无情的灾难；因而只要人们尚未达到有待于我们这个物种去攀登的这一最后阶段之前，卢梭就不无道理地要偏爱野蛮人的状态了。”康德著，何兆武译：《世界公民观点之下的普遍历史观念》，《历史理性批判文集》，商务印书馆 1990 年版，第 15 页。

体的超越。[1]

第四节　天下观念的暂时裂变与消歇

承平时代的天下观念，基本上只涉及两个话题：一是凝聚民心，谨防反叛；二是怀柔远人，天下一家。不难看出，以上两个话题皆以中央王朝的稳固存在为前提，亦即天下事业的发动者是既定的。但是，一旦天下事业的发动者自身出现问题，或者众多族群、政权纷纷争夺这个发动者的身份，或者一种塑造发动者之发动行为合法性的意识形态遭遇冲击，都会使得天下观念湮没在对于政权合法性、族群优劣性、价值相对性、手段可行性等问题的争论之中。从形式上看，魏晋南北朝时期的天下观念裂变为诸多话题，对天下观念的阐述暂时消歇了，但从更长时段的历史来看，这是一个对天下观念进行“刮骨疗毒”、增强“抵抗力”、丰

---

① 沃格林以帝国为“一个没有精神层面正当性的、膨胀了的国”。（参见埃里克·沃格林：《秩序与历史》卷四《天下时代》，第403页。）康德早就说过：“法律总是随着政权范围的扩大而越发丧失它的分量的，而一个没有灵魂的专制政体在它根除了善的萌芽之后，终于也就会沦于无政府状态。然而每一个国家（或者说它的领袖）却都在这样向往着要以这一方式而进入持久和平的状态，可能的话还要统治全世界。”（参见康德：《永久和平论》，《历史理性批判文集》，第130页。）康德这里说的“没有灵魂的专制政体”近乎一个正在形成的帝国。但我们不能以为帝国全无精神性可言，它至少有一个对内的精神整合过程。因为帝国在构建其政治秩序的过程中，仍然需要通过意识形态来塑造“权威”，所以“帝国秩序的建构始终以文教体系的建构作为最高境界”。（参看强世功：《“天下一家”vs. 世界帝国：“深度全球化”与全球治理的未来》，《东方学刊》2021年04期。）

富其内涵的历史机遇。但必须说明，今人视为塑造思想的历史黄金期，可能正是古人的漫漫长夜，因此我们不是带着后来居上的优越感观赏这个时代，而是希望看到这个时代最后提供给了我们哪些值得思考、讨论的课题。以下分而述之。

一、禅让与公天下

与秦汉王朝通过暴力建立政权并号称得天下不同，魏晋时期的王朝更替是通过禅让来完成的。禅让是儒家经典所记载的上古时代理想的权力转让或政权过渡形式。这一形式体现了尧舜时代“公天下”的理念，是天下大同的表现之一。但是禹之后的权力转让、政权过渡出现了问题。禹本人仍奉“公天下”的理念，将王位禅让于益，禹的儿子启却夺取了王位并杀掉了益。这开启了大同之世走向小康之世的进程。按照儒家的说法，这一进程是社会的退步，因为“公”的价值理念被“私”取代了。大同世界以贤能为得天下、治天下的资质标准。贤能代表了品德和才干的完美统一，实际上是儒家对治世之王的期待。但儒家目睹的现实和他们的理想相差甚远。

秦汉王朝的开国君主不是凭借其贤能得天下，而是通过暴力建立了一个以一家一姓为核心的私天下。王莽曾尝试通过禅让制上台，但不久就黯然收场。通过禅让制登上政治最高舞台的，未必是德才兼备的政治家，有可能是蓄谋已久的篡权者。重启禅让模式的魏晋政权，都经历了一个通过辅佐前朝而积累权势的过程，但无论是曹操，还是司马懿、司马师、司马昭父子，他们在权势炙手可热时却不称帝。对于其中的原因，周一良先生指出：“绝非曹氏司马氏的政治、军事力量不足以夺取政权，而是舆论压力使他们不敢贸然从事。”① 曹氏与司马氏虽出身不同，但都业已承认了君臣伦理，他们要想得天下，就必须拥有正当的名分，避免落下篡权的污名。② 学者指出了魏晋禅让先做臣而后称帝的特点，这区别于两汉开国君主“不臣而君”的上位进程。③ 但是这并不意味着魏晋之前的两汉开国君主就不注重新政权的合法性，而是说，两汉与魏晋对合法性的标准有不同的理解，塑造合法性的方式有所不同。两汉开国君主均以除暴乱、伐无道为名而树立自身上合天道、下得民心的救世者形象。④ 曹操与司马

① 周一良：《魏晋南北朝史学与王朝禅代》，氏著《魏晋南北朝史论集续编》，北京大学出版社1991年版，第107页。

② 司马光已指出曹操不称帝是“犹畏名义而自抑”。见司马光编著，胡三省音注：《资治通鉴》卷六八《汉纪六十》“臣光曰”，中华书局1956年版，第2218页。

③ 参看徐冲：《“禅让”与“起元”：魏晋南北朝的王朝更替与国史书写》，《历史研究》2010年第3期。

④ 刘邦起事本是为了响应陈胜起义，但他作为秦朝的官吏，在其管辖范围内抗秦仍不无困难。萧何、曹参曾劝告刘邦：“君为秦吏，今欲背之，帅沛子弟，恐不听。愿君召诸亡在外者，可得数百人，因以劫众，众不敢不听。”（《汉书》卷一《高帝纪上》，第9页。）萧何和曹参的这条建议考虑的并不是君臣名分，而是刘邦实权的大小，即能否调动群人。在萧、曹二人看来，征召一批不领秦朝奉禄的体制之外的人，胁迫他们参与其事，更为可行。后来，刘邦虽也刻意表现出一副自愧不及贤能的谦卑姿态，但是众诸侯王力劝刘邦，称“先时秦为亡道，天下诛之……大王起于细微，灭乱秦，威动海内。又以辟陋之地，自汉中行威德，诛不义，立有功，平定海内，功臣皆受地食邑，非私之也”。（《汉书》卷一《高帝纪下》，第52页。）诸侯王的这番赞颂，实际上确立了刘邦立汉的合法性，而这一合法性中丝毫没有对君臣名分的考虑。这与其时儒家思想尚未成为王朝意识形态有一定关系。但后来刘秀称帝同样不考虑君臣名分，这不仅因为他本就有着汉家皇室的血统，还因为刘秀起事的旗号是除贼寇王莽，刘秀继位时的祝文虽是渲染之辞，但恰恰体现了东汉王朝的合法性所在：“王莽篡位，秀发奋兴兵……平定天下，海内蒙恩。上当天地之心，下为元元所归。”（范晔撰，李贤等注：《后汉书》卷一《光武帝纪上》，中华书局1965年版，第22页。）

氏父子面对的却都是一个“正统化”的王朝，他们要树立新的政权，就不能再以“反”的方式出场，而是考虑如何“接得上”。在这一问题上，笔者以为，曹操和司马氏父子的前朝功业（甚至是禅位诏书中美其名曰的“圣德”“明德”）固然重要，但始终无法给予其自身改朝换代的充足理由，因为君臣名分永远桎梏着他们的身份——一人之下万人之上的权臣，终究跳不到权力的最高点。曹操与司马懿父子均惧怕舆论，说明他们自身的“功德”并不足以使他们顺理成章地位居至尊。所以他们就不能够在身份上寻找突破口，而是寻找和“天下”本身有关的某个至高、久远的价值理念，通过这个理念的某种诠释空间而做成改朝换代的文章。这个理念就是“公”。汉献帝禅位于曹丕，颁诏有云：“夫大道之行，天下为公，选贤与能，故唐尧不私于厥子，而名播于无穷。朕羡而慕焉，今其追踵《尧典》，禅位于魏王。”另有侍中刘廙、常侍卫臻等奏曰：“汉氏遵唐尧公天下之议，陛下以圣德膺历数之运，天人同欢，靡不得所，宜顺灵符，速践皇阼。”①

援“公”以为据的魏晋禅让，以这样一个思路宣示：禅让意味着，天下不是刘氏或曹氏一家的私属物，天下在不同姓氏间的“转手”正说明了天下是公有的。王夫之在后来也指出：“天下者，非一姓之私也，兴亡之修短有恒数，苟易姓而无原野流血之惨，则轻授他人而民不病。魏之授晋，上虽逆而下固安，无乃不可乎！”② 于民众生存安危考虑，禅让是最佳选择。当代学者同样指出，一

---

① 分见于陈寿撰，裴松之注：《三国志》卷二《魏书·文帝纪》裴松之注，中华书局1982年版，第62、68页。

② 王夫之：《读通鉴论》卷一一《晋一》，中华书局1975年版，第345页。

旦否定了禅让所体现的天下为公、选贤与能等原则，“那就是说凡属易代皆为谋逆而不可行，也就等于认定天下乃一家一姓之天下，封闭了通过易代使整个社会走出困境而获更始的可能性”①。政权之间的授予，虽然也可以被笼统地称为授天下，但实际上是长期以来人们对国与天下的混淆而致。天下的核心在民，只要民众的生存处境没有受到冲击、震荡，那么上层统治者的改易也就无妨。这也是公天下之于家天下的重要区别。然而，那些接手新政权的人，未必就出于“公天下”之心，反倒是“公天下”的理念倒头服从于皇位觊觎者的权力之欲。这样，只要新王朝建立，“公天下”的理念就将黯然消褪。所以，靠禅让而建立的曹魏政权，未必大公无私地治天下。“公”只是作为工具为曹氏易代上位提供依据。后来东晋一朝的“王与马共天下”并非一种正常事态，不是“公天下”，而是皇权在士族面前不得已而为之的屈从之举，是一种“变态”事相。② 大概很少有皇帝甘心如此。从后来的史料来看，南北朝的君主意识到，还应当致力于说明、论证自己的“天下”是承天命而对民奉公。③ 按照这类论调，四海之所以“至公”，

---

① 楼劲：《魏晋以来的“禅让革命”及其思想背景》，《华东师范大学学报》2017年第3期。

② 参阅田余庆先生《释“王与马共天下”》一文。（收入田余庆：《东晋门阀政治》，北京大学出版社2012年版，第1~36页。）田余庆先生提出：“‘王与马共天下’，不再是指裂土分封关系，而是指在权力分配和尊卑名分上与一般君臣不同的关系。”

③ 比如《北齐书·文宣帝纪》记载了高洋继位时的告天之辞，其中有云：“夫四海至公，天下为一，总民宰世，树之以君。既川岳启符，人神效祉，群公卿士，八方兆庶，佥曰皇极乃顾于上，魏朝推进于下，天位不可以暂虚，遂逼群议，恭膺大典。”（李百药：《北齐书》卷四《文宣帝纪》，中华书局1972年版，第50页。）该段史料据前注楼劲《魏晋以来的“禅让革命”及其思想背景》一文提示，特此说明。

天下之所以“为一”，皆在于天是不偏不倚的（这是早期敬天观念的延续），天向人间发出了要树立君主的信息，继位的君主实在是其命由天不由己，似乎是迫于天命、无可奈何地登上权力顶峰。并且，如果君主不立，对天命不从，即意味着天在人间缺位，那么天的“至公”价值就无法落实于人间，天下生民就要身处水深火热。此前汉魏禅让时，强调“天下不可一日无君”“群生不可一日无主”①；魏晋禅让时，同样声称“天序不可以无统，人神不可以旷主”②。但出此论调者均不曾指出上位的君主是来奉天之公的，而只是表达了天下可以像物件一样整体性地转让于另一家、另一姓，把“公”视为“天下”的可转让性。后来如高洋这样的人在上位时，还得告诉天下：君主不再是一个以天下为私有的人，而是保证天下得以为公的受命者——他不仅借“公天下”的传统观念上位，还要依靠“神助”，还要显得不那么情愿。其实，这些事相在此前的禅让记载中多少有些透露，只是当事人缺一个尽兴发挥的历史契机。

二、“求主”与“徙戎”

魏晋南北朝的历史给人的基本观感是价值混乱和秩序崩溃。③ 正如孟子在回答梁惠王关于如何结束列国战争的问题时所

① 《三国志》卷二《魏书·文帝纪》裴松之注，第71、72页。

② 房玄龄等：《晋书》卷三《世祖武帝纪》（简体字本，下同），中华书局2000年版，第34页。

③ 川本芳昭：“魏晋南北朝时期是夹在秦汉和隋唐两个大统一时期的一段‘乱世’。”（川本芳昭著，余晓潮译：《中华的崩溃与扩大：魏晋南北朝》，广西师范大学出版社2014年版，第17页。）川本氏书名中的“崩溃”（日文本作“崩坏”）已能概括这一时代的特点。

说的那样，“定于一”是乱世学者的终极追求。① 反之，如果一个学者阐扬“归一”的思想，那我们就不得不考虑他是不是因为有感于现状的混乱。魏晋学者中，从哲学高度阐说“归一”的首推王弼。王弼认为，无论万事万物多么凌乱繁杂，最终一定要汇归为一。人的认识思考如此，社会政治也如此。王注《周易》有云：“一卦五阳而一阴，则一阴为之主矣；五阴而一阳，则一阳为之主矣！”② 而王弼在注释《周易》损卦时，虽未面对“五阳而一阴”或“五阴而一阳”的境遇，却仍然对“内无其主”耿耿于怀。不过损卦上九爻最终实现了“得臣无家”的结局：“居上乘柔，处损之极，尚夫刚德，为物所归，故曰‘得臣’；得臣则天下为一，故‘无家’也。”③ 王弼通过阐释，终于巩固、确认了上九爻“主”的地位，“主”之“无家”，不过是没有了私家，而带来的却是“天下一家”。

王弼毕竟过于理想化了，应对现状也并不仅仅只有一条路线、一个答案。随着乱象愈演愈烈，人们或许还承认有一个抽象的“天下”，但并不奢望成为“一家”。比如，随着东汉以来匈奴的屡屡内迁，到西晋时期，已是“关中之人百余万口，率

① 即便魏晋学者鲍敬言宣扬“无君论”，其出发点也是在于结束社会混乱的局面，在他看来，君主制“造成了社会的混乱和万民的穷困”，所以他“认为君主是社会上一切罪恶和祸乱的根源”。参看中国科学院哲学研究所中国哲学史组、北京大学哲学系中国哲学史教研室编：《中国哲学史资料简编·两汉—隋唐》下册，中华书局1963年版，第423页。

② 楼宇烈：《王弼集校释·周易略例·明象》，中华书局1980年版，第591页。

③ 楼宇烈：《王弼集校释·周易注·损》，第423页。

其少多，戎狄居半”①，甚至是“西北诸郡，皆为戎居”②。许多汉族士人颇有危机之感，郭钦、江统纷纷谏言“徙戎”。“徙戎”是一种内外有别、严防“华夷”的策略，这其中有“非我族类，其心必异，戎狄志态，不与华同”③的担忧和傲慢。“徙戎”策略所规划的图景，基本上是先秦的五服制。按照郭钦的说法，“渐徙内郡杂胡于边地，峻四夷出入之防，明先王荒服之制，此万世之长策也”④。为了防止“胡汉”杂居引发矛盾，江统则基于“胡汉”之间在语言、习俗、血统、地理上的区别，建议把“胡人”迁到京畿之外，实现“戎晋不杂，并得其所”的局面。所谓“并得其所”，即天子居“中国”，“四夷”守四边。这是对《周礼·夏官·职方氏》“九服说”与《尚书·禹贡》“五服说”的赓续与倒转。自其同者而观之，它们都把“夷狄”的居住区作为天下的最外围。但自其不同者而观之，“九服说”和“五服说”都认为“夷狄”与华夏因其距离王畿的远近之别而有着文化上的先进与落后之分；魏晋时期的徙戎论则是基于“华夷”性情、文化之差别而要求重新规定他们的生活、生产区域。江统认为，“华夷”隔绝的局面正是“上合往古即叙之义，下为盛世永久之规”。在江统看来，分隔“胡汉”的主张“惠此中国，以绥四方，德施永世，于计为长”⑤。郭钦

① 《晋书》卷五六《江统传》，第 1016 页。
② 《资治通鉴》卷八一《晋纪三》“武帝太康元年”条，第 2621 页。
③ 《晋书》卷五六《江统传》，第 1015 页。
④ 《资治通鉴》卷八一《晋纪三》“武帝太康元年”条，第 2622 页。
⑤ 分见于《晋书》卷五六《江统传》，第 1015、1015、1016 页。

的“徙戎”之论则把天下划分为三个层次，提出将第一层的诸“胡”徙出，对第二层移民实之，对第三层要出兵收复。① 郭钦设想的三层，主要是为了保护最内层，第二层起到屏障、缓冲作用，因为被迁出的“夷狄”处于最外层，这一层最不安分，需严加防范。②

层次代表着秩序，也是乱世中人对天下格局的期待。不过郭钦和江统的主张均未获得皇帝的采纳。即便采纳，实施起来也不无难度。然而理想、期待并非毫无价值，今人不必觉得这尽是荒诞之辞，因为我们从那些用语词铺陈的设计中看到了设计者的生存处境，这种透过当事人的文字而反映出来的生存处境，反而比后世史家的转述、描绘更为微妙，更有立体感。

三、来自佛教的冲击

魏晋南北朝天下观念的另一“大事因缘”是佛教自东汉以来渐渐在中土传播、兴盛。佛教来华冲击了中国人自以为处于天下之中的地理优越感，也冲击了儒家文明的价值优越感。天下的最高价值理念，从“一”变成了“二”。面对佛教的冲击，中土学者（不限于儒家）的反驳理路基本上是：“华夷”性情不同，因而风俗教化各异，故来自西土的佛教思想无法适用于

① 参看胡鸿：《郭钦“徙戎论”发覆》，《中华文史论丛》2016 年第 3 期。

② 郭钦在给晋武帝的上疏中曾设想这样一个危险的局面：“今（戎狄）虽服从，若百年之后有风尘之警，胡骑自平阳、上党不三日而至孟津，北地、西河、太原、冯翊、安定、上郡尽为狄庭矣。”《资治通鉴》卷八一《晋纪三》“武帝太康元年”条，第 2621~2622 页。

中国。① 对于文化交流与传播，这些论述一致采取了非普遍主义态度，相信文化因地域及人之性情而各异。非普遍主义（或者特殊主义）的姿态往往是在被动的情境中采取的，这体现了时人对外来思想观念彻底同化、吞噬本土观念的担忧和拒绝。但是非普遍主义带来的，既不是对话主义，也不是相对主义。对话主义虽然保留了对话双方的价值立场、知识前见，但是最低程度的、毫无共识的对话也已经以达成共识、超出双方为期待，而当时中土学人并没有在华夏思想与佛教思想之间达成共识的动机或期待；相对主义者虽然喜欢竖起“一道墙”②，但这是为了坚守自己的观点和立场，他们无意于改变对方。上述应对佛教的学人虽然在现实交流中竖起墙界，但是仍未免于在价值上对西土的人性、习俗针砭一番，认为西土的价值是对中国价值的违背。

---

① 何承天说：“中国之人，禀性清和，含仁抱义，故周、孔明性习之教。外国之徒，受性刚强，贪欲忿戾，故释氏严五戒之科。”（僧祐：《弘明集》卷三何承天《释均善难》，李小荣：《弘明集校笺》，上海古籍出版社 2013 年版，第 173～174 页。）谢灵运：“二教（儒佛）不同者，随方应物，所化地异也。大而校之，华民易于见理，难于受教，教闭其累学，而开其一极；夷人易于受教，难于见理，故闭其顿了，而开其渐悟。”（顾绍柏：《谢灵运集校注·与诸道人辨宗论》，中州古籍出版社 1987 年版，第 286 页。）顾欢：“端委搢绅，诸华之容；翦发旷衣，群夷之服。擎跽磬折，侯甸之恭；狐蹲狗踞，荒流之肃。棺殡椁葬，中夏之制；火焚水沈，西戎之俗。全形守礼，继善之教；毁貌易性，绝恶之学。”（萧子显：《南齐书》卷五四《顾欢传》载顾氏《夷夏论》，中华书局 2017 年版，第 1027 页。）

② 相对主义是指不交流，不沟通，回避他人。陈嘉映先生说：“相对主义就是在有可能沟通的地方拒绝沟通，在有可能讲道理的地方拒绝讲理，在有可能提供理由的地方拒绝提供理由。”（陈嘉映：《相对主义：在可能有道理的地方设立一道墙》，《社会科学报》2019 年 7 月 4 日，第 006 版）

反对也是一种吸收，反对必然要进入对手的问题中，接过对手的话题，申述自己的立场和观点。新的问题，新的情境，都是推动思想观念深化、发展乃至转变的重要因素。丰富、创新之后的思想观念，虽然继续本着排斥异端的态度辟“邪说”，甚至不无谩骂，但它在一次次抗拒中总又获得一次次更新。① 这其中的原因在于，思想观念的发展或变化，总是被问题所引导。

不过事情也有另外一面，排斥他人固然可以带来思想观念之内容上的“开新”，但也会把某些偏见深度理论化。“开新”的内容可以走向学术讨论，偏见却容易由伦理而政治，将对手视为搅扰秩序的危险者。所以，佛教的冲击，非但没有削弱儒家的天下观，反而使学者在根据儒家价值理念拒斥佛教时，加固了“华夷”之间性各不同、“非我族类，其心必异”的旧观念。天下依秩序而安定，秩序因价值而各异。其时有人重弹旧调，指出要使天下安定，重回先王时代，就需要重整秩序，有

---

① 陈寅恪先生对中国历史上思想文化交流机制的阐述，为我们的论述提供了有力支持。陈先生说：“至道教对输入之思想，如佛教摩尼教等，无不尽量吸收，然仍不忘其本来民族之地位。既融成一家之说以后，则坚持夷夏之论，以排斥外来之教义。此种思想上之态度，自六朝时亦已如此。虽似相反，而实足以相成。从来新儒家即继承此种遗业而能大成者。”（陈寅恪：《冯友兰〈中国哲学史〉下册审查报告》，氏著《金明馆丛稿二编》，第284页。）对于陈先生这一论述，笔者试图补充一点，那就是道教一开始对佛教、摩尼教的“尽量吸收”，应也是在被动、排斥的情境中进行的。以道教与佛教的关系为例，“道教在魏晋南北朝时期，一方面联盟儒家，排斥佛教，以华夏正统自居；另一方面又用道家思想沟通佛教理论，吸收佛教的教义和仪轨制度来充实自己的体系。”（楼宇烈、张西平主编：《中外哲学交流史》，湖南教育出版社1998年版，第78页。）

贤人辅佐，等级有序，政令统一，民安其业。①

四、事功取代仁义

唐朝诗人张籍曾作《永嘉行》，其诗曰：

黄头鲜卑入洛阳，胡儿执戟升明堂。
晋家天子作降虏，公卿奔走如牛羊。
紫陌旌幡暗相触，家家鸡犬惊上屋。
妇人出门随乱兵，夫死眼前不敢哭。
九州诸侯自顾土，无人领兵来护主。
北人避胡皆在南，南人至今能晋语。②

鲜卑席卷中原，晋室仓皇南渡。南渡是实力不济，但能说“晋语”却值得欣慰乃至自豪。“晋语”即国语，它是相对于“胡语”而言的。在“胡汉”之争的时代，掌握、坚守“国语”意味着什么？这涉及魏晋南北朝天下观的表现形式之一——正统论。正统论是对得天下之正当性以及政权合法性的论证。从事实上看，“正统”是一个史学书写的问题，带有追认和重构的成分。从逻辑上说，正统论必须在得天下之前就已经完备。得天下之前，首先要论证自己代表了具备得天下之资格的“中

---

① 伏滔《正淮·下》：“昔先王之宰天下也，选于有德，访之三吏，正其分位，明其等级，画之封疆，宣之政令，上下有序，无僭差之嫌，四人安业，无并兼之国。”见《晋书》卷九二《文苑·伏滔传》，第1602页。

② “古诗句网”：https：//www. gushiju. net/ju/231243。

国”，因为只有代表“中国”，才可以“居中”而治“天下”。①

相比于曹魏和西晋的正统论，南北朝时期的正统论建构增加了一个棘手的问题，即“胡人”入主中原。这时，“中国”才成为一个正统论问题。南方自居文化正统，北方“胡人”则恃其占据“中国”之地而以正统自视。学者指出，北魏孝文帝并不认为自己的政权和五胡十六国的政权属于同类，“南北朝”这个说法就意味着北魏是一个敢于和南朝争正统的政权。② 这时出现了“北魏以江表为岛夷，南晋以河内为獯鬻”③ 的情形。南北政权在各自的文书中互相称对方为蛮夷，这一现象表明，即便是中国北部的少数民族统治者，也并不觉得“蛮夷”“夷狄”这类称呼值得骄傲，他们在汉人面前所捍卫的，不是自己的民族文化主体性及其价值，而是自己对“中国”文化予以接受与传承的正当资格。

《洛阳伽蓝记》记载了南朝梁陈庆之与北魏杨元慎的一番对话，于其时正统之争的标准、理路可见一斑。陈庆之引以为傲的

---

① 所以甘怀真先生针对南朝政权试图建立的新的天下观，指出“与其说是新的天下观，不如说是新的中国观。对于立足于建康的东晋南朝政权而言，最大的挑战是如何论证此处是天下之中的中国，而天子可居此治天下。”参看甘怀真：《从天下国家的观点论中国中古的朝代》，载《中国中古史研究：中国中古史青年学者联谊会会刊》第2卷，中华书局2011年版。

② 孝文帝不以五胡十六国为正统，在他看来，“符合正统王朝资格的只有统治中国全境的先前的西晋王朝，以及统一了华北、目前正致力于再次统一中国的北魏。”参看川本芳昭：《中华的崩溃与扩大：魏晋南北朝》，第227~228页。

③ 释道宣：《大唐内典录》卷五《〈后周宇文氏传译佛经录〉序》，广胜寺金皇统九年刻本，第五册，在线阅读：http：//read. nlc. cn/OutOpenBook/OpenObjectBook？aid=892&bid=197958. 0。

是梁朝拥有天下唯一的秦皇玉玺。他凭借一个有形可见的至尊之物强调梁朝的物主身份，此身份在天下之内独此一家，非同一般。这样塑造的正统地位是不需要价值支持的，只需占有至尊物件。另外，他还称占据中原的北魏为“胡”。这是种族化的“华夷之辨”在争夺正统过程中的凸显，并不奇怪。质言之，陈庆之凭借物件、种族这些“客观化”的要素尊南抑北。① 而杨元慎的严肃回应首先基于地域，由地域而风俗，纯是文化主义的，风俗所含括的言语、伦理等事相皆非玉玺、族群这样的实物或事实，而是带有可比较性、价值性、阐释性。也即，杨元慎综合了地域、文化的因素来论说南北高下，其言说背后是儒家的礼乐文化及相应的价值观。② 北魏汉化使杨元慎在南朝人面前不落下风，充满自信。

杨元慎的反驳最终使陈庆之心服口服。史载陈氏回到梁朝，任司州刺史，开始“钦重北人，特异于常”③。不过，北魏对礼

① 陈庆之：“魏朝甚盛，犹曰五胡。正朔相承，当在江左。秦皇玉玺，今在梁朝。”

② 杨元慎：“江左假息，僻居一隅。地多湿蛰，攒育虫蚁，壃土瘴疠，蛙龟共穴，人鸟同群。短发之君，无杼首之貌；文身之民，禀蕞陋之质。浮于三江，棹于五湖。礼乐所不沾，宪章弗能革。虽复秦余汉罪，杂以华音，复闽、楚难言，不可改变。虽立君臣，上慢下暴。是以刘劭杀父于前，休龙淫母于后，见逆人伦，禽兽不异。加以山阴请婿卖夫，朋淫于家，不顾讥笑。卿慕其遗风，未沾礼化，所谓阳翟之民，不知瘿之为丑。我魏膺箓受图，定鼎嵩洛，五山为镇，四海为家。移风易俗之典，与五帝而并迹；礼乐宪章之盛，凌百王而独高。宜卿鱼鳖之徒，慕义来朝，饮我池水，啄我稻粱；何为不逊，以至于此？”陈庆之与杨元慎语俱见于范祥雍：《洛阳伽蓝记校注》卷二《城东》，上海古籍出版社 1978 年版，第 117~118 页。

③ 陈庆之曰：“自晋、宋以来，号洛阳为荒土，此中谓长江以北，尽是夷狄。昨至洛阳，始知衣冠士族，并在中原。礼仪富盛，人物殷阜，目所不识，口不能传。所谓帝京翼翼，四方之则。如登泰山者卑培塿，涉江海者小湘、沅。北人安可不重？”见范祥雍：《洛阳伽蓝记校注》卷二《城东》，第 119 页。

乐文化的接受、发展只能有利于论证自身的合法性，获得他人在理智上的些许承认，却未必能使南朝人对北朝政权产生情感上的认同，甚至归附。理论上的合法性不代表天下归心。因为正统论所给出的合法性具有强烈的理念论色彩，它缺乏与生民命运（包括最基本的衣食问题）的经验性关联，尤其是在一个战火焚烧了许久的时代，民众更希望的是生活的安定、富足，而非儒学的不辍。当然，或许也有人（甚至不少人）觉得儒学可以打造、维持一种更文明、更稳定的生活习俗，所以看到北魏汉化而衷心归附也不无可能。不巧的是，北魏当政者并未打算通过“修文德以来之”（《论语·季氏》）而使远人臣服。事实上，“孝文迁都，实抱有侵略江南之野心也”①。所以，南北分裂时期的正统论固然通过贬损他人、抬高自己而建立起一套言之成理的合法性叙事，但正统论在属性上的理念化和在逻辑上的“前天下化”，也即它与民众生养的疏离和它为新天下之主提供支持的动机，使得其自身不是一个造福万民的理论系统，而是一个发动兼并战争、用强力统一天下的借口或缘饰。

南北朝的分裂是对儒家以仁义为价值的天下观的真正考验。正统之争则把权力的象征、种族的优劣、文化的高下等问题一并激活——虽然这些问题多是伪问题。有学者这样阐述南北朝时期的正统标准：“不是以出身民族集团，而是以是否遵行了天道、是否实践了德治、是否带来了社会的安定和民众的幸福为

① 钱穆：《国史大纲》上册，商务印书馆1996年版，第283页。

判断统治者是否具有正当性、合法性的标准。”① 笔者觉得，这个文质彬彬的标准未必能够说明当时的情形，也未必对所有的政权有利。在诸强并立的时代，若把自身政权合法性的标准归为文化，并不足以保证其开展统一工作的顺利，因为文化的可传播、可转化、可梳理，足以让该文化所及之地建立起自身的文化传承谱系。虽然杨元慎在南朝人面前维护了北魏的尊严，但我们仍有必要强调，对于以边疆民族身份入主中原的政权来说，强调自己对中原文化的接受、传承，实乃以己之短攻人之长，反而为对手提供了指斥自己“不够格”的口实。也只有在这时，那种强调礼乐文明的“华夷之辨”才真正卸下自己的装扮，“华夷之辨”的基质——血统（种族）论才敢大方地面见世人。刘禾曾批评冯克（Frank Dikotter）在引用理雅各（James Legge）对“非我族类，其心必异”的翻译时，把“族类（kin）”替换为“种族（race）”，进而以为中国存在“种族歧视”②。但是冯克的错译正合乎《左传》之后“华夷之辨”论者的潜意识。这是因为，《左传》之后的“华夷之辨”论者不会拘泥于《左传》中鲁国与楚国、晋国的外交与战争关系这样一种文本语境。

南北政权若极力强调自身具备文化正统性，挑起政权之间在文化话语权上的竞争，竞争的结果只能是固化此期的天下局势，使隔江相望、互不认同的南北政权劳神于口水之争。东晋、

---

① 王柯：《从“天下”国家到民族国家：历史中国的认知与实践》，上海人民出版社2020年版，第126页。

② 参看刘禾著，杨立华等译：《帝国的话语政治：从近代中西冲突看现代世界秩序的形成》，生活·读书·新知三联书店2009年版，第101页。

南朝自以为代表了中华文化之正统自不必言，他们仍畅想万国来朝的场景，胸怀天下之志常在。[1] 而当时中原政权的首领同样对上古帝王心向往之，并谓王者不问出身，只问德行[2]；或谓应破除“华夷”芥蒂，共襄大业。[3] 宋人欧阳修在阐述他的正统论时，提出了一个叫作“绝统”的说法。“绝统”即无正统可言，其情形之一是“不幸而两立，不能相并，考其迹则皆正，较其义则均”，欧阳修特别指出“东晋、后魏是也”。[4] 这说明，互无交集的发展、壮大之路，对自身文化价值的阐扬，都不能产生“一个”正统的政权，正统之争不会有结果。这种僵局的成因，归根结底在于“天下之主”标准的多重性，也即它包含了居天下之中[5]、有高尚品德、尊儒学礼教等方面，只要有一股

---

① 梁元帝善于画“外国来献之事”，（张彦远著，周晓薇校点：《历代名画记》，辽宁教育出版社2001年版，第66页。）其《职贡图》固然有通过描绘职贡之繁盛以争正统的考虑，（参看王素：《梁元帝〈职贡图〉新探——兼说滑及高昌国史的几个问题》，《文物》1992年第2期。）但我们也不妨说，画面上的万邦来朝反映的是作者一统天下的愿望。《艺文类聚》卷五五载梁元帝萧绎序文，萧氏以其《职贡图》与职方氏天下之图并论。其中又述及，汉朝以来，中原王朝征四夷，通大宛，乃“以德怀远”；又述中原皇帝（梁武帝）“君临天下”，“垂衣裳而赖兆民，坐岩廊而彰万国”。（欧阳询撰，汪绍楹校：《艺文类聚》卷五五《杂文部一·集序》，上海古籍出版社1985年版，第996页。）这都说明，萧绎的视野远非江左，而是天下。

② （匈奴）刘渊：“夫帝王岂有常哉？大禹出于西戎，文王生于东夷，顾惟德所授耳。”《晋书》卷一〇一《刘元海载记》，第1769页。案，引用时标点有改动。

③ （鲜卑）慕容廆：“大禹出于西羌，文王生于东夷，但问志略何如耳，岂以殊俗不可降心乎！”《晋书》卷一〇八《慕容廆载记》，第1879页。

④ 欧阳修：《正统论下》，载饶宗颐：《中国史学上之正统论·资料一》，中华书局2015年版，第116页。

⑤ 参看笔者在本章第一节对于“择中建都”的讨论。又，《荀子·大略》：“欲近四旁，莫如中央，故王者必居天下之中，礼也。”

政治力量符合上述标准之一，就可以据之而自称“天下之主”，而当多股政治力量分别符合上述标准之一时，在现有的框架内当然就不会有答案，只能另寻标准，另创范式。①

论证自己是在地理位置上居于天下之中的“中国”，或者论证自己是有德之君，或者希望占有对儒学的话语权，争取文化上的正统性，均无补于南北分裂，甚至对统一天下来说适得其反。于古如此，于今亦如此。许多当代学者在书写中国历史，尤其是民族史、疆域史、对外关系史时，考察对象即今日中国版图内各民族的历史。书写者也意识到，今日多元一体的中国，在历史上具有分离聚合的不稳定性，“中”与“外”也具有相对的、动态的关系。无论如何，上述历史学者认为，对中国历史的书写不应该只是对“占统治地位的中原王朝”的书写，而是“也包括中原王朝以外的少数民族建立的国家或政权”，所以“要打破以历代正统的中原王朝即代表整个中国的观念，必须站在全国各民族的共同立场来看待中国的历史”。②“各民族的共

① 韦兵先生说：“天下秩序中隐含了一种理解，就是‘有德者居之’，这个观念突破了实在的地域和种族的局限。……天下共主是一种‘虚位’。唯有虚位才最具包容性，它给每一个角逐在东亚历史舞台上的族群预留入主的权力和可能性，历史上众多族群愿意竞争这一虚位，有进有退，这将众多的族群绾合在一起。”（韦兵：《完整的历史经验：天下的“夷狄之维”》，《学术月刊》2013年第6期。）种族和地域二者并非无关乎天下之主的资格，关键是看站在谁的角度而言。“夷狄”当然乐于通过强调道德，回避种族和地域问题而声称自己是天下之主，但汉人士大夫常拿地域和种族（血统）说事。南北朝的正统之争便是例证，此后也常常被争论。

② 张维华主编：《中国古代对外关系史》“前言”（张志宏执笔），高等教育出版社1993年版，第2页。

同立场”是什么，学者并未言及。并且，怎样界定王朝的“统治地位”与“被统治地位”，进而说明这种界定对于“中国”的民族认同是非根本性的，不至于出现某些令人不愿看到的后果？这些问题虽不一定是纯学术的，但学者指出的这样一点应无问题，那就是“在‘汉族’或‘汉族统治者’和‘中国’之间画上等号”，会“陷入大汉族主义的偏向”。① 可以说，各种正统论，包括各种“华夷”论调、“胡汉”论调、中原/偏安论调，都无益于其时的统一，也无益于后世多民族共同体的塑造，因为上述论调的标准所区隔的对象，恰恰都是当时天下统一和后来重塑新型共同体时所要整合的对象。质言之，这时正统论的基本精神是区分、争胜，而不是综合、沟通。正统论之内核与南北统一之诉求背道而驰。

若要实现南北统一，实现至少表面上的“天下一家”，需要的不能是一个具有诠释空间而无法达成新的共识的精神、文化标准，而是应寻找一个兼具高度可视化和公共评议性的标准。秦皇玉玺这类可以窃夺的象征之物，只能被一个人占有，只能被用来彰显一个人的权力，并无公共性可言；族群、出身在当时则被先入为主地给予了价值判断，其客观性服从于其被评议时的主观性。一个兼具直观性与价值性的标准最为理想，因为它将使得分裂的各国高下立判，无可争辩。人们的评议、共识必须基于无法改变的事实。这个事实就是事功。

基于强力的事功比基于仁义的文德更符合其时南北统一的形势

① 白寿彝：《论历史上祖国国土问题的处理》，《白寿彝文集》第3卷《民族宗教论集》（上册），河南大学出版社2008年版，第27页。

需要。事功才是那个用于南北“定于一”的标准。事功包括在皇权、官僚制度、文教等方面实行的一套更为严整、实用的举措。一言以蔽之，事功表现为一套更为形式化的举措，但它又能够被民众评议其高下。事功得以开展的精神基础——强力，不完全等于刀剑相接的武力，而是一种主动参与、改造历史局势的强劲动力，是着眼于天下而非偏安一国的历史担当，是对天下人生存处境的重新整合。在这方面，南朝虽然也出现了不少坚决北伐者①，但北朝的精神风貌、制度设计、组织运作要远胜于南朝。②

完成统一的隋唐王朝以帝国的面目出场。在其孕育的过程中，以德怀远、“闻盛德而皆徕臣”③ 的儒家天下观早已黯然消歇，强力、事功才是帝国的基因。后世儒者评论这段历史，尤其是评论唐帝国，就不免觉得世风日下久矣。“三代”和“王道”才是儒者的理想。按照儒家的说法，霸道建立的不是天下，而是严整的国家。霸道结束了战乱、分裂，却吞噬了价值。造成这一状况的原因或有多种，这里需要澄清一点，那就是以霸道收拾南北分裂的局面，不是因为南北之间缺乏价值共识，无法以文德感化彼此，而是因为南北之间共识太多，纷纷争夺对某些价值共识的选择权、

---

① 周一良先生曾指出：“东晋南渡后百年间，北伐以恢复中原为民心所向。封建统治阶级中具有政治抱负者，固皆以此为职志，如祖逖、殷浩等人是；而具有政治野心者，亦欲借北伐以树立威信，为夺取皇位作准备，如桓温之灭成汉、破前秦，刘裕之灭南燕、破后秦、入关中是也。”参见周一良：《魏晋南北朝史札记》“东晋以后政权嬗代之特征”条，中华书局 1985 年版，第 255 页。

② 参看阎步克：《波峰与波谷：秦汉魏晋南北朝的政治文明》第十二章《从北朝到隋唐：帝国复兴与历史出口》，北京大学出版社 2017 年版，第 186~213 页。

③ 《汉书》卷五六《董仲舒传》，第 2503 页。

解释权、主导权。这是“修文德以来之”的无力之处，也是以礼乐文明论“华夷”所带来的麻烦。因为华夏自居文德最高，“夷狄”也知晓礼乐文明对其身份的转化作用，二者共争正统，形成口水加拉锯之战。这时只能待强力出来打破僵局。强力统一与正统之争孰能更快地带来天下人的安顿，已毋庸多言。

第五节　思考“中国”，等待“天下”

在时间上，宋代是继五代而起的。在思想世界中，宋人并不希望把自己归为与五代相衔接的脉络中，唐帝国是他们仰慕、模仿的对象①，这也意味着他们试图在思想世界建构一个“唐—

① 参看小岛毅著，伍跃译：《宋代人的历史意识——朱子学勃兴的背景》，《日本中国史研究年刊（2006年度）》，上海古籍出版社2008年版，第216页。根据王赓武的研究，唐朝已经成为一个帝国的修辞符号。10世纪的各个分裂政权，每一个都试图继承唐帝国的遗产，包括北宋的前二十年，争夺对唐朝帝国修辞的使用权是各国角逐的一个重要方面。（参看 Wang Gungwu，“The Rhetoric of a Lesser Empire：Early Sung Relations with Its Neighbors”，*China among Equals*：*The Middle Kingdom and Its Neighbors*，*10th-14th Centuries*，edited by Morris Rossabi，University of California Press，1983，PP. 47-65.）宋人的正统论亦可体现他们对“唐—宋”脉络的接续，比如欧阳修把五代归为绝统的时代：“五代之得国者，皆贼乱之君也”，“夫梁固不得为正统，而唐、晋、汉、周何以得之？今皆黜之。”（欧阳修：《正统论下》，饶宗颐：《中国史学上之正统论·资料一》，第119页。）朱熹亦然：“如三国南北五代，皆天下分裂，不能相君臣，皆不得正统。”（《黎靖德编，王星贤点校：朱子语类》卷一〇五《朱子二》，第2636页。）根据历史学者的说法，宋代正统论的兴起，与宋朝国势衰微有关，宋人“试图以传统的道德至上的理念，阐明宋室在中原文化的优越地位作为弥补对外政策的失败”，（陈学霖：《欧阳修〈正统论〉新释》，氏著《宋史论集》，东大图书公司1993年版，第145页。）是“当时民族自卑感的表现”。[陈芳明：《宋代正统论的形成背景及其内容——从史学史的观点试探宋代史学之一》，《宋史研究集》（第八辑），中华丛书编审委员会1976年版，第38页。]

宋”脉络。这就不能用“唐宋变革”来解释了。然而，纵观南北两宋，上述构想终为泡影。这不仅因为宋朝的周边林立着虎视眈眈的多个少数民族政权，还在于建宋伊始，庙堂士人自身的品学素质堪忧。钱穆先生曾说：“宋初文臣，出五代南唐之遗，皆猥琐浮薄，无堪建树。”① 按钱穆所述，读书人“以天下为己任”的自觉，要到胡瑗、范仲淹的时候才出现。② 相比于宋初“猥琐浮薄，无堪建树”的状况，后来的文臣虽然把格局放宽至“天下”，但其“天下一家”的理想在现实面前俨然天方夜谭。

在理想与现实的张力中，宋朝士人的天下观进一步分化为对某些非常具体的问题之讨论。这些问题不仅有南北朝时盛行的“华夷”“正统”之辨，还涉及人性、边防、礼仪、王权（案，宋代君主称皇帝，但儒者并不讲皇权，儒者讨论的王权更侧重于通过权力维护礼义，确保“中国”不沦为“夷狄”，详后）、历史等。其时的学者只能在“天下”这个蓝图内讨论、阐述天下内部的诸多子课题。我们在前文曾说，思想观念的变化总是被问题所

---

① 钱穆：《国史大纲》下册，第 531 页。

② 参钱穆：《国史大纲》下册，第 558～561 页。这并不意味着自此之后的宋朝士人就有了担当天下的“群体自觉”，所以钱穆先生发出两问：“……天下成千成万的官僚乃至秀才们，究竟能‘以天下为己任’的有多少？能‘先天下而忧后天下而乐’的有多少？”（钱穆：《国史大纲》下册，第 565 页。）关于宋代士人“以天下为己任”的担当精神，张希清先生以范仲淹为例，做了详细论述，他从忧患意识、主体意识、担当精神三个方面阐述了范仲淹的为政之道。（参看张希清：《“以天下为己任”——范仲淹的为政之道》，载陈苏镇主编：《中国古代政治文化研究》，北京大学出版社 2009 年版，第 268～302 页。）

引导。接下来我们会看到，宋朝面临的“问题”是如何把一个悠久的“天下”观念转化为对“中国”概念的严格界定的。

“中国”观念是在“华夷之辨”中凸显的。“华夷之辨”和前述“以天下为己任”的士人担当，应被分开来看。因为后者不包括“华—夷”结构，“先天下之忧而忧，后天下之乐而乐”中的“天下”是一个均质的概念，它指的是“民”，至于这“民”是华夏还是“夷狄”，则不予考虑。在宋代的语境中，“以天下为己任”是一个胸怀、格局、精神或者品格的问题，但在时务面前，当局更希望听到具体的方案、筹策。当局的需要及推动，使“华夷之辨”成为宋代的严峻课题，也是其时天下观的主要表现形式。宋代“中国”意识的凸显，可以通过“中国”这一词汇的出现频次来展示，研究者检索“二十四史”中出现的“中国”一词，绘制了如下分布图：

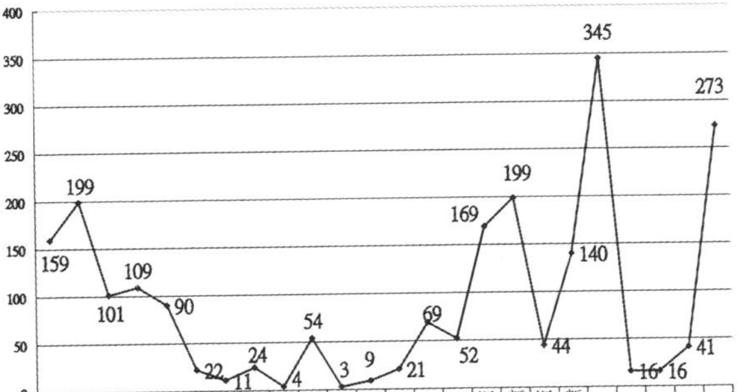

	史记	汉书	后汉书	三国志	晋书	宋书	南齐书	梁书	陈书	魏书	北齐书	周书	南史	北史	隋书	旧唐书	新唐书	旧五代	新五代	宋史	辽史	金史	元史	明史
中国词频	159	199	101	109	90	22	11	24	4	54	3	9	21	69	52	169	199	44	140	345	16	16	41	273

图1　二十四史“中国”用例数量分布图①

① 引自邱伟云：《中国：观念类型之认同形成与重构现象》，《东亚观念史集刊》第1期（2011年11月号）。

一、“中国观”的凸显

（一）中国观与天下观的纠葛：石介等人论“中国”与“夷狄”

宋人以德治、礼乐、纲常为“中国”区别于“夷狄”的本质所在，以士农工商并存作为区别于“夷狄”的社会结构。质言之，“华夷”之别在于价值观念和生活方式①，而标准的价值观念和生活方式是根据儒家圣人之道建立的。在这方面，论述最详尽而明确者，是石介。② 石介竭力强调“中国性”时，原是相对于“夷狄”而言的，但是当他把具体的价值观念、生活方式上升到儒家圣人之道的高度时，这套至高的判定标准对“中国”之内的“异端邪说”也一并予以排斥，这种原本对外的自我强调亦逐渐展露为对内的自我纯化。在石介看来，强调“中国”就是对君臣、父子、夫妇、兄弟、宾客、朋友之位等

① 石介曾说：“夫中国，圣人之所常治也，四民之所常居也，衣冠之所常聚也，而髡发左衽，不士不农，不工不商，为夷者半中国，可怪也。夫中国，道德之所治也，礼乐之所施也，五常之所被也，而汗漫不经之教行焉，妖诞幻惑之说满焉，可怪也。”石介著，陈植锷点校：《怪说上》，《徂徕石先生文集》，中华书局 1984 年版，第 60 页。

② 石介说：“夫尧、舜、禹、汤、文王、武王、周、孔之道，万世常行不可易之道也。佛、老以妖妄怪诞之教坏乱之，杨亿以淫巧浮伪之言破碎之，吾以攻乎坏乱破碎我圣人之道者，吾非攻佛、老与杨亿也。吾学圣人之道，有攻我圣人之道者，吾不可不反攻彼也。”（《怪说下》）“夫不以尧、舜、禹、汤、文、武、周公之道事其君者，皆左道也。”（《明四诛》）“由是道，则中国之人矣；离是道，不夷则狄矣，不佛则老矣，不庄则韩矣。”（《与张秀才书》）分见于石介著，陈植锷点校：《徂徕石先生文集》，第 63、71、189 页。

“人道”进行维护，只要是破坏了“人道”，即便这类学说滥觞、发展于九州之内，也一概拒斥。① 当石介阐述的“华夷之辨”渐渐成为一种思想正统之辨时，也意味着他对古时儒家经纬天下的理想仍抱有复活的企盼。所以，石介的话语中仍不时表露出传统儒家的天下观念②，只是这些话语听起来非但体现不出宋人的气概，反而把其落寞的情绪带出来了。想象的美好常常折射出处境的艰难，对“天下”“王道”“朝贡”“怀柔”的畅想，透露的是“中国”自身的难保。

在石介透露出的天下观念中，地理环境决定了帝王居中、守在“四夷”的天下格局③，而事实上“夷狄”是天下内部的反叛者。对于如何处理中国与“四夷”的关系，石介转向了“守国”，他指出以往“守国”的策略不出以下三种：“上策以仁义，天下无能敌；其次树屏翰（案，指凭藉国家重臣），相维

---

① 参看石介：《中国论》，《徂徕石先生文集》，第 116~117 页。

② 石介有感于宋太祖挥师伐后蜀，俘蜀后主孟昶，作诗有云：“彼以险守，我以德怀，王师东来，函谷自开。蜀虏授首，呼号哀哀；蜀人鼓舞，与我偕来。昔时蜀道，绝人来往；今蜀既平，王道荡荡。尉侯一置，朝贡相望，巍巍皇祖，德声远畅。”（石介：《宋颂九首・汤汤》，《徂徕石先生文集》，第 3~4 页。）此外，我们从他的“圣文安安，圣武桓桓，朝贡万里，正朔百蛮。……天子神圣，罔不怀柔，既怀而封，恩涵泽流。……赫赫宋德，何有穷休”（石介：《宋颂九首・圣文》，《徂徕石先生文集》，第 5 页。）“我愿天子修明堂，坐朝诸侯会四夷……天子拱手四辅立，坐致四海为雍熙。”（石介：《南山赠孙明复先生》，《徂徕石先生文集》，第 14 页。）“皇宋运熙泰，四圣崇道德。百蛮皆臣顺，万物遂生殖”（石介：《河决》，《徂徕石先生文集》，第 15 页。）等诗句中同样可见传统儒家天下观。

③ “吾尝观中夏，地平如砥石。幅员数万里，车马通辙迹。帝宅居土中，紫垣当辰极。长江断其南，绝塞经其北。东海西流沙，天为限夷狄。”石介：《感事》，《徂徕石先生文集》，第 24 页。

如磐石；最下恃险固，弃德任智力。”① 在石介看来，“修道德”是最佳策略，但是为了保持道德风俗、价值观念的统一性，有必要“取天下轻险、怪放、逸奇之民，投诸四裔，绝其本源，以长君子名教，以厚天下风俗”②。这样，“华夷”可以各自安守其风俗，互不干涉。所以，石介并没有主张向“四夷”传播儒家圣人之道，他只是希望“各人其人，各俗其俗，各教其教，各礼其礼，各衣服其衣服，各居庐其居庐，四夷处四夷，中国处中国，各不相乱，如斯而已矣。”③ 附带说，对“夷狄”采取守势是宋朝士人的普遍倾向，苏轼曾将何休所谓的“王者不治夷狄”抽离于公羊学“三世”中的具体时段，视之为普遍原则。在苏轼看来，“华夷”之区别在于是否“参之以仁义”，是否有“秉道行义之君”，不过就眼下的情况来看，“夷狄”“不可以化诲怀服”，所以只能希望他们不启边衅。④ 宋代士人这种消极的“华夷”观念，不仅表现为他们对“以夏变夷”的淡漠，而且体现于他们对“夷狄”主动“行中国事”、做“中国”之君的不屑乃至抵制，“君臣华夷，古今天下之大分也，宁可紊哉！”⑤

---

① 石介：《过潼关》，《徂徕石先生文集》，第 31 页。

② 石介：《答欧阳永叔书》，《徂徕石先生文集》，第 175 页。

③ 石介：《中国论》，《徂徕石先生文集》，第 117 页。

④ “彼其不悍然执兵，以与我从事于边鄙，则已幸矣，又况乎知有所谓会者，而欲行之，是岂不足以深嘉其意乎？不然，将深责其礼，彼将有所不堪，而发其愤怒，则其祸大矣。”苏轼：《王者不治夷狄论》，《苏轼文集》，中华书局 1986 年版，第 43~44 页。

⑤ 郑思肖：《古今正统大论》，曾枣庄、刘琳主编：《全宋文》第 360 册，上海辞书出版社 2006 年版，第 57 页。郑思肖认为：“夷狄行中国事，非夷狄之福，实夷狄之妖孽。”《全宋文》第 360 册，第 56 页。

或许，以前韩愈曾说的“诸侯用夷礼，则夷之，进于中国，则中国之”①并不完全等于事实上的“成为夷狄”或者“成为中国”，而是基于“华夷”之间的文化高下而做出的价值判断。一个使用“夷礼”的诸侯未必就是“夷狄”，用“夷狄”的名字来称呼他，更多的是表达对其行为的不满。同样，使用了中国之礼的“夷狄”并非就是中国之人，而是说他们的行为值得肯定、赞赏。

此外，石介曾说守民心为治天下的根本事务。②这是儒家天下观的另一维度，与“华夷之辨”关系不大。

（二）“中国”“尊王”“攘夷”：胡安国论“华夷之辨”

除了石介，宋代详细阐述“华夷之辨”的学者还有胡安国。胡安国的“华夷之辨”集中见于他的《春秋传》一书，其内容包括界定“中国”、阐发“尊王”、力主“攘夷”。胡安国的“华夷”观念是一种时而文化、时而血统（种族）的二元论。他经常和前人一样，认为“中国”与“夷狄”的区别在于是否

① 马其昶：《韩昌黎文集校注·原道》，上海古籍出版社 1986 年版，第 17 页。

② “天下虽乱，民心未离，不足忧也；天下虽治，民心离，可忧也。人皆曰：‘天下国家。’孰为天下？孰为国家？民而已。有民则有天下，有国家；无民则天下空虚矣，国家名号矣。空虚不可居，名号不足守，然则民其与天下存亡乎！其与国家衰盛乎！”“为天下国家者，可不务民乎！……昏君庸主不知民为天下、国家之根本，以草莽视民，以鹿豕视民，故民离叛，天下国家倾丧。”石介：《根本》，分见于《徂徕石先生文集》，第 248、249 页。

有礼义①，对夷狄向“中国”朝贡或居于“中国”之地严加拒斥②。他的情绪，在很大程度上是基于“中国”与“夷狄”在先天上不同种、不同类的偏见而产生的。

为了不使“夷狄”“猾夏”，使具备礼义的“中国”得以稳固地存在，胡安国强调“尊王”，即加强中央集权，维护、强化“中国”的礼义秩序。胡安国指出：“《春秋》抑强臣，扶弱主”，“尊君抑臣”。③ 但《春秋》中的王是周王，述《春秋》则不可避免地处理周王所遇之事，那么如何处理？这就涉及历史书写、诠释背后的政治观念，即如何处理名实问题。名实问题可以超出具体的时代，发展成为一套关乎政治秩序的思想学说。这套学说可以审视、评判现实中出现的种种政治事相。胡安国为此提出两点，第一，要“去其实以全名”，名更重要，“与其名存实亡，犹愈于名实俱亡。”第二，“正其名以统实”④。

---

① “中国之所以为中国，以礼义也，一失则为夷狄，再失则为禽兽，人类灭矣。”（胡安国著，钱伟强点校：《春秋胡氏传》卷一二《僖公中》，浙江古籍出版社2010年版，第182页。）“中国者，礼义之所出也；夷狄者，禽兽之与邻也。”（《春秋胡氏传》卷二一《襄公上》，第345页。）“中国之所以贵于夷狄，以其有父子之亲、君臣之义尔”（《春秋胡氏传》卷二三《襄公下》，第384页。）“人之所以为人，中国之所以为中国，信义而已矣。一失则为夷狄，再失则为禽兽。禽兽逼人，人将相食。自春秋末世，至于六国亡秦，变诈并兴，倾危成俗，河决鱼烂，不可壅而收之，皆失信弃义之明验也。”（《春秋胡氏传》卷二四《昭公上》，第408页。）

② “以戎狄而朝诸夏，位侯王之上，乱常失序，其礼不可行也；以羌胡而居塞内，无出入之防，非我族类，其心必异，萌猾夏之阶，其祸不可长也。”胡安国著，钱伟强点校：《春秋胡氏传》卷一《隐公上》，第6页。

③ 《春秋胡氏传》卷一一《僖公上》，第154页。

④ 《春秋胡氏传》卷一三《僖公下》，第195页。

正如上文所指出的，胡安国的名实观念首先是针对《春秋》这部经典的叙事方式而言的，问题可归为：如何用一套维护、强化政治秩序的观念处理政治秩序崩坏的事实？在这种意义上，胡安国的意思是"以周王之名号去改正有损于这个名号的事实记载"①。但是胡安国的用意不止于探讨历史书写问题，而是希望通过申述《春秋》的笔法、观念，把《春秋》中"尊王"的大义完好无损地应用于现实。胡安国之前的孙复，是宋代倡导"尊王"的主将，他的尊王论曾被认为是胡安国学说的先导②，但二人有一处重要不同，那就是孙复把"尊王"秩序的破坏归咎于"中国"自身，认为是"中国"首先"失道"③，胡安国则把"尊王"秩序的破坏归咎于缺乏礼义的"夷狄"。所以，在胡安国这里，"尊王"的首要任务是"攘夷"。

无论是春秋时代，还是胡安国所处的宋代，"夷狄"都是"中国"礼义秩序的头等威胁。④ 在胡安国看来，"圣人谨华夷

---

① 侯外庐等：《宋明理学史》上册，人民出版社1997年版，第238~239页。

② 《四库全书总目·经部·春秋类·春秋尊王发微》指出："（孙）复之论，上祖陆淳，而下开胡安国。"《四库全书总目》，中华书局1965年版，第214页。

③ 唐顺之《荆川稗编·春秋六·论齐桓晋文》引孙复语："东迁之后，周室既微，四夷乘之，以乱中国，盗据先王之土地，戕艾先王之民人，凭陵寇虐，四海汹汹，礼乐衣冠，盖扫地矣。其渐所由来者，非四夷之罪也，中国失道故也。是故吴楚因之，交僭大号。"转引自黄觉弘：《孙复〈春秋总论〉佚文及其他》，《山西师大学报》2009年第2期。

④ 侯外庐等在《宋明理学史》中提出："《胡传》不但以内与外的地域概念辨华、夷以明必须'攘夷'之离，而且认为'攘夷'之义贯串于《春秋》全经。"侯外庐等：《宋明理学史》上册，第239~240页。

之辨，所以明族类、别内外也”“中国夷狄终不可杂也”①。但如果“夷狄”主动臣服“中国”，“中国”则接受他们②。这与此前班固的论述如出一辙③。从中也可见胡安国对“夷狄”臣服、朝贡“中国”的矛盾心理。

胡安国的这些论述，把《春秋》中的“华夷之辨”绝对化了，他觉得宋代和春秋时代相仿，故仅仅据此而把“华夷”关系置于对立的格局中。即便他同意接纳“夷狄”，那也必须是以“夷狄”的主动臣服为前提。“中国”在“华夷”关系中处于极为被动的境地：“中国”既不可向“夷狄”低头示好，也不必对“夷狄”大动干戈。所以他反对历史上对“夷狄”采取的和亲、结盟、施利、征讨等行为，认为对于“夷狄”，“中国”应“攘斥之，不使乱中夏则止矣”，那种“必欲尽殄灭之无遗种”的行为不符合“仁人之心”，不是“王者之事”④。他其实仍然相信王者的道德可以使“夷狄”来朝觐。并且，他根据天理而坚信天子的地位不会不存，他曾引程颐语：“王师于诸侯不言败，诸侯不可敌王也；于夷狄不言战，夷狄不能抗王也。不可敌，不能抗者，理也；其敌其抗，王道之失也。”⑤ 但是，所谓

① 《春秋胡氏传》卷一四《文公上》，第224页。

② “朝聘者，中国诸侯之事，虽蛮夷而能修中国诸侯之事，则不念其猾夏不恭而遂进焉，见圣人之心乐与人为善矣。后世之君能以圣人之心为心，则与天地相似。凡变于夷者，叛则惩其不恪，而威之以刑；来则嘉其慕义，而接之以礼。迩人安，远者服矣。”《春秋胡氏传》卷九《庄公下》，第120页。

③ 《汉书》卷九四《匈奴传》，第3833~3834页。

④ 《春秋胡氏传》卷一八《宣公下》，第289页。引用时标点有改动。

⑤ 《春秋胡氏传》卷一九《成公上》，第299页。

的“不能”“不可”只是应然意义上的“不应该”“禁止”，而非实然意义上的“无力”“失败”。问题在于，既然“非我族类，其心必异”（这是胡安国坚信不疑的一句话①），那么“夷狄”何以遵守王道？据天理而观，历史上多次出现“夷狄”乱华的现象不合王道，那么天理又该如何发挥作用，杜绝这类现象呢？胡安国的学说，不是严格意义上的策略，而是一种立场、理念、姿态。这和司马光、朱熹等人根据现实中的“华夷”情形而讨论“边事”不同（参看下文）。但是他们有共同之处，那就是在内外之别和以德怀远之间游移不定，既希望“华夷”隔绝，明分彼此，又希望“夷狄”慕义，臣服“中国”②。后来朱熹评价胡安国的《春秋传》时，虽也认为其“大义正”，但同时指出“有牵强处”“有过当处”“高而不晓事情”。③ 顾炎武也指出：“（胡安国）以痛哭流涕之怀，发标新领异之论，其去游、夏之传，益以远矣。”④

笔者还要指出，无论是石介提出的“中国论”，还是胡安国所阐述的严格的“华夷之辨”，都不能代表其时所有人的观念，甚至不能代表宋朝读书人的观念。据说，很多在宋朝不得志的读书人，后来愤愤不平地投靠了“外国”，成为“外国”的政

---

① 参看《春秋胡氏传》卷一《隐公上》，第 6 页。

② 本田成之指出了胡安国《春秋传》的矛盾之处：“最奇怪的，一面说复仇，一面却怯战争而嫌之，说是应以柔德云。”（本田成之著，孙俍工译：《中国经学史》，中华书局 1935 年版，第 241 页。）“复仇”不能完全概括胡安国对“夷狄”的负面态度，用“攘夷”或许更合适。

③ 《朱子语类》卷八三《春秋》，第 2155、2157 页。

④ 顾炎武：《答俞右吉书》，《顾亭林诗文集》，中华书局 1983 年版，第 61 页。

治顾问，他们把宋朝的内情泄露于外，向宋朝的敌人“传授入侵宋朝的捷径”①。

二、“莫尊于理”：理学塑造“中国”之努力

宋人的天下观念，除了以“以天下为己任”的担当精神、“华夷之辨”中的“中国”自觉等形式示人，还常常体现在他们对于历史的评判上。这种评判，是一种把政治镶嵌在历史与文化中的叙事方式。接下来要揭举的程朱理学中的天下观，都是在一个业已建构起来的思想框架内展开的。这就使得他们的天下观念不是针对时局而发的片段之论或者情绪化的表达，而是理学思想在时局、历史、政治上的投射，具有相当的学理性和一贯性。当宋代理学家把对当下的寄托诉诸对历史与文化的讨论时，其实是默认了天下存在一个亘古不变之理。我们可以看到，当一部分人基于强邻虎视而严防“华夷”时，理学家仍然在一个抽象的层面上把古代王者通天、王者无外的观念带到当下，并且，现实越是与理想不符，他们对历史上那些不合乎其价值规范的行径就批判得愈加严厉。在理学家看来，只要不是循儒家的王道政治而行，即便出于一种再造盛世的考虑，其行为也是不合法的。但是，理学家对于许多历史事相的不满，并没有使他们走向反传统之路，他们的传统观念和思维反而被强化乃至僵化。这是因为，理学家眼中的传统不是从历史中提炼出来的生活世界，而是在观察、评点历史之前就凭借对于儒家圣王先贤的推崇而预先建构起来的理念世界——道统。对于理学家来说，传统不能只是一个事实层面

① 内藤湖南、冈崎文夫：《京都中国史》，第610页。

的、中性的东西，更应该是一个承载了理想的价值体系。基于对传统的这样一种认识，理学家的历史学就是一种史论。

（一）从王道“天下”到礼乐“国家”

程颐一再强调王者的神圣性源自于天，而后世以智力把持天下的人则悖逆了天。[①] 天的神圣性落实于“天下”，就是王者以仁义治天下。董仲舒已对此做了详细论述。程颐的处境和董仲舒有些相似，二人都身处“夷狄”威胁的时代境遇，而这一境遇是对他们“王者以仁义治天下”思想的挑战。董仲舒曾提出与匈奴在神圣之天面前结盟起誓和对匈奴“说以厚利”的主张，其左右踟蹰可见一斑。程颐则接受了“邻国之交”的现实。他借着解释《春秋》的机会指出，“邻国之交”只需“讲信修睦”，而非订立盟约。[②] 在这里，我们看到了理想对现实的妥协，

---

① “王者奉若天道，故称天王，其命曰天命，其讨曰天讨。尽此道者，王道也。后世以智力把持天下者，霸道也。”（《春秋传》）又，“先王以仁义得天下而教化之，后世以智力取天下而纠持之，古今之所以相绝者远矣。”（《论政篇》）分见于程颢、程颐著，王孝鱼点校：《二程集》，中华书局 1981 年版，第 1087～1088、1217 页。

② 《二程集·春秋传》，第 1097 页。案，宋朝与辽朝订立的澶渊之盟，被认为是改变东亚国际秩序体系的重要事件，它所开启的对等外交，使得以中国古代王朝为中心的、“溥天之下，莫非王土；率土之滨，莫非王臣”的天下观念不得不转化为“中国观”。（参看葛兆光：《“中国”意识在宋代的凸显——关于近世民族主义思想的一个远源》，氏著《宅兹中国：重建有关“中国”的历史论述》，中华书局 2011 年版，第 41～65 页。）不过，据另一位研究者说，宋朝士大夫对澶渊之盟多持肯定态度，比如苏辙认为“澶渊之盟不仅是一种成就，而且在中国历史上史无前例”。范仲淹则认为，从澶渊之盟塑造的和平来看，“宋真宗的功业不下于汉文帝”。“到了十一世纪中叶，宋人已经普遍认为，国朝修邻国之好，是能汉唐所不能；因此，宋王朝应将其视为自己的伟大胜利。”（谭凯著，殷守甫译：《肇造区夏：宋代中国与东亚国际秩序的建立》，社会科学文献出版社 2020 年版，第 62 页。）

也看到了理想的内核如何试图潜移默化地影响现实。虽然不得不放弃“王者无外”的天下观念，但是儒家所崇尚的讲信修睦，仍可以作为天下内部国家与国家交往的原则。

程颐的论述很能够体现宋代理学家的心境。他们的理想虽基于抽象的规范，但并不与现实脱轨，而是通过对历史与文化的讨论、评判，把现实历史化，进而使现实获得文化形态。现实境况构成了理学家解释经典、阐述历史的背景。对于经典记载的“夷狄”具有某些优于“中国”现状的方面，理学家虽仍存偏见，但也不会固执地对之不屑一顾。程颐意识到君主不得其尊，是宋室衰弱的重要原因。《论语·为政》：“夷狄之有君，不如诸夏之亡也。”程颐曰：“夷狄且有君，不如诸夏之僭乱、无上下之分也。”① 程颐仍未脱“中国”优于夷狄的陈见，但现状（案，《论语》中指的是春秋时代）却是“夷狄”的等级秩序比“中国”更完善——理念与现实的不一致又出现了。理学家虽很难接受这一事实，但相形见绌之下，也只能无奈地承认“中国”暂时不如“夷狄”，希望“中国”能够尽快重建起尊王秩序。从这种意义上说，天下观念又是一种秩序观念，天下必须通过等级秩序来确保其稳定。就当时的情形来看，宋朝无法成为天下秩序的制定者，而最多能做传统“中国”秩序的守护者。只有用秩序保存“中国”，谈论“华夷”、天下才是有意义的。守护传统“中国”秩序，强调“华夷”各安其分，就是承认了宋朝的（礼乐）文明国家形态。

① 《二程集·论语解》，第1136页。

（二）“天理”的普遍性面临挑战

朱熹明确提出“天下莫尊于理”①“天下只有一个道理”②。理的至高、唯一性，使它成为审度天下之事的标准，即“以天下之理观天下之事”③。这是一个进行价值判断的过程，因为“天下义理只有一个是与非而已”④，“天下只是善恶两端”⑤，“天下只有一个邪正”⑥。按照朱熹的说法，判定天下之事是非善恶的标准——理贯穿于君臣、父子、夫妇、兄弟、朋友五伦。⑦ 理意味着必然、不容置疑、“不用商量”⑧。

人生存于世，总在“事”中，事情的开展总已经孕育了新的事情。就此而言，前后之事本无界限，只有绵延。但是朱熹把事归为“物”，“事”获得了独立性，被对象化地观照。人每做一事，就是循个别之“物理”⑨。此论犹抽刀断水，并要求人

① 《朱子语类》卷四《性理一》，第63页。

② 《朱子语类》卷八《学二》，第131页。

③ 《朱子语类》卷九《学三》，第159页。

④ 《朱子语类》卷一〇《学四》，第170页。

⑤ 《朱子语类》卷一二《学六》，第203页。

⑥ 《朱子语类》卷一三《学七》，第228页。

⑦ 朱熹：“天下事未有出此五者。”（《朱子语类》卷六一《孟子十一》，第1478页。）又，“从其是则为善，徇其非则为恶。事亲须是孝，不然，则非事亲之道；事君须是忠，不然，则非事君之道。凡事皆用审个是非，择其是而行之。圣人教人，谆谆不已，只是发明此理”。（《朱子语类》卷一三《学七》，第229页。）

⑧ 《朱子语类》卷一四《大学一》，第278页。

⑨ “天下之事，皆谓之物，而物之所在，莫不有理。”《朱子语类》卷一五《大学二》，第295页。

具备相当丰富的人生阅历，因而把握天理不可一蹴而就。[①] “物理”本是事实判断，但“理”的真实性、唯一性要求人们遵守“理”（实现了向“应然”即价值判断的转化），否则会秩序崩解，天下大乱。所以我们把朱熹的这些论述视为他对秩序的强调，对某种超时空真理的确立。在他看来，宋代的社会情形也应当被纳入这个秩序、真理的评价机制中。这是理学家批评时政、表达政见的最有力根据。一旦确立这一基础，对于现实层面诸多问题的是非评述便立见分晓。

在“华夷”观念上，朱熹强调内外之别[②]，反对“求和”[③]。但他并不主张对“夷狄”的穷兵黩武[④]，而是仍然希望作为华夏的宋朝对“夷狄”施行德化，以自身内部的强大使“夷狄”主动臣服，“内治既强，夷狄自服”[⑤]。朱熹的这一倾向，颇能代表当时在朝者的心声。笔者在宋朝诸臣的奏议中发现，宋人虽逐渐放弃了传统儒家王者一统的天下观，但仍在观

---

① “天下岂有一理通便解万理皆通！也须积累将去。”《朱子语类》卷一八《大学五》，第391页。

② “《春秋》固是尊诸夏，外夷狄……自秦桧和戎之后，士人讳言内外，而《春秋》大义晦矣！”《朱子语类》卷八三《春秋》，第2175页。

③ “本朝御戎，始终为‘和’字坏”，“终始为讲和所误”。《朱子语类》卷一三三《本朝七》，第3200页。

④ 对于汉武帝诉诸武力的治“夷”之策，朱熹这样评价：“武帝做事，好拣好名目。如欲逞兵立威，必曰：‘高皇帝遗我平城之忧！’若果以此为耻，则须‘修文德以来之’，何用穷兵黩武，驱中国生民于沙漠之外，以偿锋镝之惨！”《朱子语类》卷一三五《历代二》，第3227页。

⑤ 《朱子语类》卷一三〇《本朝四》，第3115页。朱熹继而指出宋朝“增币通和，非正甚矣”。页同。

念深处把宋朝作为圣王之所在，不赞成宋朝与“夷狄”开战。司马光就曾在给宋神宗的奏议中主张“先修内政，未可轻议用兵”①。这些上奏者多认为，“夷狄”所居之地无甚紧要，得之不足喜，失之不足惜，“中国”不应在“夷狄”身上耗费太多精力，不必与其计较。②。更重要的是，对“夷狄”的贸然出兵会带来生灵涂炭的后果。在这种意义上，“无战”就是爱民，“圣王服戎，而非战也；御戎，而非抗也”，所以“必也使无战”③。这些上奏者继承了儒家“躬自厚而薄责于人”“亲近以来远”等先内后外的理念④，认为“安内以养外”，即“先本

① 司马光：《上神宗论中国当守信义不可轻议用兵》，赵汝愚编，北京大学中国中古史研究中心校点整理：《宋朝诸臣奏议》，上海古籍出版社1999年版，第1538页。

② 田锡就认为：“沙漠穷荒，得之无用，夷狄遗种，杀之更生，是劳而无功也。”（田锡：《上太宗论边事》，赵汝愚编：《宋朝诸臣奏议》，第1418页。）田锡的这种观点在历史上并不罕见，班固曾就“华夷”关系而认为“约之则费赂而见欺，攻之则劳师而招寇。其地不可耕而食也，其民不可臣而畜也”。（《汉书》卷九四《匈奴传》，第3834页。）狄仁杰也曾在给武则天的上疏中说：“若其用武荒外，邀功绝域，竭府库之实，以争硗确不毛之地，得其人不足以增赋，获其土不可以耕织。”（《刘昫等：旧唐书》卷八九《狄仁杰传》，中华书局1975年版，第2889～2890页。）宋人孙何《上真宗论御戎画一利害》：“中国夺其地不足耕垦，获其人不足训齐，徒劳师而费财，终有损而无益。……盖譬乎蚊虻蜇人，驱之而已，终不与禽兽角乎胜负，蝼蚁计其短长。”（赵汝愚编：《宋朝诸臣奏议》，第1432页。）

③ 刘敞：《治戎下》，吕祖谦编，齐治平点校：《宋文鉴》，中华书局1992年版，第1348页。

④ 刘敞曾就《春秋》而指出，王者无敌，即不存在与王对立的一方，王处于最高地位。因为王者“至贵”“至富”“至众”“至顺”。如果王者有败，就说明王者自身出了问题，“非有能败王之师者也，王自惶也，故曰躬自厚而已矣”。刘敞：《治戎上》，吕祖谦编：《宋文鉴》，第1347页。

（案，人民）而后末（案，夷狄）”，合乎“尧舜之道”[①]。庞籍《上仁宗论先正内而后制外》、韩琦《上仁宗论外忧始于内患》、孙觉《上神宗论自治以胜夷狄之患》皆是持以上观点的代表之作。这种先内后外的理念被比作“木之有本，未有本固而枝叶不盛者也”[②]。有人甚至提出了“伏望陛下虽讲边备，选帅臣，而深以为《诗》《书》为监，日新盛德，使任人不能眩听，而次序以兴《小雅》之废，则臣将见四夷毕来，陛下深拱以享太平之报”[③] 的设想。这堪比孔子的“修文德以来之”和董仲舒的“闻盛德而皆徕臣”。赵遹也反对用兵，并提出对夷狄“恤其祸难”，“存大国之义”，使“蛮貊革心”，“披心中国”。[④] 危难时局中仍存大国风范，这不能不说是拜传统天下观所赐。

然而，朱熹等人也意识到，“夷狄”的性情不同于华夏，他们未必认同“中国”的价值理念，“中国”恐怕也不能够感化他们，对“夷狄”仍需给以威慑，不可一味地走求和的道路。[⑤] 这种自相矛盾的情形，表明朱熹生存情境的不定与观念上的两难。观念的转变，往往不是遵循一个业已设计的自洽进路而进

---

① 张齐贤：《谏北征》，吕祖谦编：《宋文鉴》，第628页。

② 韩琦：《上仁宗论外忧始于内患》，赵汝愚编：《宋朝诸臣奏议》，第1446页。

③ 孙觉：《上神宗论自治以胜夷狄之患》，赵汝愚编：《宋朝诸臣奏议》，第1536页。

④ 赵遹：《上徽宗乞抚存北虏》，赵汝愚编：《宋朝诸臣奏议》，第1588～1589页。

⑤ “虏，豺狼犬羊也，见威则畏，见善则愈肆欺侮。……虏，禽兽耳，岂可以柔服也！”《朱子语类》卷一三一《本朝五》，第3142页。

行，而是在对两种互相抵触的观念的一并肯定中，渐渐沉淀下某种合乎“时宜”的策略。这不仅说明，士大夫援旧的天下观念处理宋朝的“华夷”问题几无效用①，也意味着必须悬置“天理”的普遍规范性，必须把“天理”转化为时局中的“事理”，把抽象的价值理念还原为具体的生存情境，把价值判断还原为事实判断。

三、“共进乎仁”：心学对天下和平之企盼

面对“华夷之辨”这一沉重课题的宋儒，一方面对“夷狄”心存戒备，另一方面又不甘承认仁义价值的地方性，或者“中国性”。孔子曾希望通过“克己复礼”而实现“天下归仁”，并且认为人自身即可成仁。② 宋儒的处境使他们意识到，“夷狄”未必与华夏共享、认同着同一价值，依靠“夷狄”自身而“归仁”永无实现之日。前文所述宋人对于“夷狄”性情的贬斥便是例证。从宋儒的话语中我们也可以看到，他们在“华夷之辨”与“天下归仁”之间难以找到一个平衡点，时而强调严“华夷”之防，时而表露出将仁义施之天下的宏愿。③ 朱熹把一

---

① 孙何甚至把棘手的“华夷”问题寄希望于上天：“契丹者，腥膻小蕃，蛇豕异类，料其土地，计其人民，固不敌中原之数郡。多行不义，公肆无厌，恶既贯盈，天当剿绝。”孙何：《上真宗论御戎画一利害》，赵汝愚编：《宋朝诸臣奏议》，第 1432 页。

② 《论语·颜渊》：“为仁由己，而由人乎哉？”

③ 朱熹说：“性中之仁，施之一家，而不能施之宗族；施之宗族，不能施之乡党；施之乡党，不能施之国家天下，皆是不尽。”《朱子语类》卷六四《中庸三》，第 1569 页。

个具有普遍性意味的天理视为观照天下的标准，其理学阐述基于的是人性，而非人心。人性具有先天性，是华夏、“夷狄”建构其价值观念、政治制度、社会风俗的前提或依据；人心则需要在人与人之间的相处、交往中呈现自身，其呈现方式为时机化地构成，具有相当的可变性，这就为“华夷”关系的改善提供了充分的可能。历来认为“中国”可以变为“夷狄”，“夷狄”也有可能认同“中国”者，其列举的转化条件一般包括价值接受（“夷狄”对中国，中国对“夷狄”）、物质利诱（中国对“夷狄”），甚至武力征服（“夷狄”对中国，中国对“夷狄”），但往往忽略、掩盖了人心这一倏忽常变而又隐含着一以贯之之道的意义之源。“华夷”关系问题的解决，关键在于是否切中人心，而非推广某种现成的价值观念，更非威逼利诱。

当朱熹把“夷狄”视为“豺狼犬羊”时，就意味着他意识到了“中国”价值的“天下化”几无可能。那是否还有其他的方案呢？一种可能性是，在不把自己的某些价值强加给对方的前提下，号召对方共同改善当前的紧张关系，“自我—他人”的结构仍可共存于“天下”，但不必你死我活。陆九渊提出一种“共进乎仁”① 的主张。所谓“共进乎仁”，就是希望同天下之人共同实现人自身本有的可能性，共同成为爱他人的人。天下

① 陆氏说：“仁也者，固人之所自为者也。然吾之独仁，不若与人焉而共进乎仁。与一二人焉而共进乎仁，孰若与众人而共进乎仁……故一人之仁，不若一家之仁之为美；一家之仁，不若邻焉皆仁之为美；其邻之仁，不若里焉皆仁之为美也。”陆九渊著，钟哲点校：《陆九渊集·拾遗》，中华书局1980年版，第377~378页。

人人相爱，即实现和平。陆九渊此论建立在其“心同理同”① 的思想基础上。“心同理同”源自陆九渊幼年时对于天地之无限性的困惑。天地既然无限，那身处天地之间的人们彼此是否也没有界限呢？人与人是否有界限，在于人心是否相同，是否根据同一种理来生活。人心的相同需要通过理的相同来说明，“心同”不是指人们的想法、感受完全一致，而是人与人之间的交流沟通可通过一种理来实现转达。陆九渊把时间也考虑在内，人不仅共处于同一片天下、同一块地上，而且处于同一时间维度中，时间是对空间上的普遍之理的检验。天下只是宇宙的一个维度。天下之人如何生活、交往，需要放在过去—现在—将来的时间维度中来思考。时间是不能切割的。一种在时间中存在的理，当然也不能在某个时段、某个节点上失效。理的古今一贯，不是规范的教条化，而是人心的恒定塑造了一种宇宙共同体内的生活方式、交往方式。理的地方化和今是昨非，都是人为导致的。人与天地万物在时空两个维度上皆处于无穷之中，人与天地万物无法超出宇宙这个天然的、无限的共同体——“人与天地万物，皆在无穷之中者也”②。人（我+他人）的一举一动都是共同体之内的事，人对于他人的责任是先在的。人与人之间的纠纷、对抗就是对于超时空的宇宙之理的破坏。

陆九渊相信人心有相通之处（而不是有现成的相同之处），

① 陆九渊：“千万世之前，有圣人出焉，同此心同此理也。千万世之后，有圣人出焉，同此心同此理也。东南西北海有圣人出焉，同此心同此理也。”陆九渊：《陆九渊集·杂著》，第273页。

② 陆九渊：《陆九渊集·年谱》，第483页。

因而有共同认可某一价值的可能。“共进乎仁”若是可能，就必须转化为某种“华夷”皆可接受的生存状态、世界场景，而非简单的几句教条。所以我们看到，虽然陆九渊尽可能从“同”的角度阐说天下人如何如何，试图以“同”求“通”，但他仍然秉持着“华夷之辨”，允许差异的存在，把礼义视为“中国”贵于“夷狄”的本质所在。在他看来，“华夷”之间的差异同样是先在的，因为“中国得天地中和之气”①。与其说“中国”“夷狄”共同认可仁义价值，不如说他们对于和平，对于安定的生存处境具有一致的向往。“共进乎仁”的价值，不在于对仁义普遍性的强调，而在于“共”，在于一种试图把“华夷”交往本身看作“天下”之常态的思路，在于对天下和平的呼吁，对美好生存处境的擘画。

相比于视“夷狄”性情为卑鄙顽劣的论调，陆九渊把“华夷”之别归为因其所处的地理位置之不同而导致的是否具有礼义之别。但是“夷狄”之礼义的确立是否就需要通过“中国”的德化呢？仁义能否突破地理位置的局限而成为“华夷”共认的价值？从陆九渊的论述来看，他所关心的其实是“中国”之礼义的存亡，而非“夷狄”之礼义的确立。② 于此可见，“共进乎仁”的背后，是对“中国”之礼

① “圣人贵中国，贱夷狄，非私中国也。中国得天地中和之气，固礼义之所在。贵中国者，非贵中国也，贵礼义也。”“中国之所以可贵者，以其有礼义也。”分见于陆九渊：《陆九渊集·讲义》，第277、281页。

② “夷狄盛强，吞并小国，将乘其气力以凭陵诸夏，是礼义将无所措矣，此圣人之大忧也。”陆九渊：《陆九渊集·讲义》，第277页。

义的守护，对“中国”之“文明性”的保存。质言之，陆九渊希望实现“中国”与“夷狄”的和平相处，在和平的天下内使“中国”得以延续。

宋代儒者苦心筹划的种种方案，终究无法抵抗声势汹汹的蒙古骑兵。一个在形态上空前庞大的帝国体系，把“溥天之下，莫非王土”的诗句再现为一个冰冷的权力体。这个权力体的确尽最大可能地占据了“溥天之下”的土地，它似乎最有资格称“天下”。然而，这个权力体在其建构、维系的过程中因为诉诸和仁义迥然不同的价值——暴力，而被不少后来的儒者矢口否认。沃格林曾区分了两种“天下”，即“精神层面的天下”和“现实层面的天下”。按其所述，“精神层面的天下”是指“在人的意义上普遍的精神运动”，“现实层面的天下”则指“无限扩张但缺乏精神意义的权力组织”，即今日常说的帝国。① 帝国的建立和运作，离不开某种精神性整合。元朝统治者对中原王朝文化、制度的采纳皆史有明文。许衡、郝经等汉族士人都谏言忽必烈参“汉法”②，这是塑造忽必烈正

① 埃里克·沃格林：《秩序与历史》卷四《天下时代》，第219页。沃格林把帝国视为“一个没有精神层面正当性的、膨胀了的国”。说见《天下时代》，第403页。

② 许衡：“考之前代，北方奄有中夏，必行汉法，可以长久。”（许衡撰，毛瑞方等校点：《许衡集·鲁斋遗书》卷七《时务五事·立国规摹》，吉林文史出版社2010年版，第111页。）郝经说：“昔元魏始有代地，便参用汉法。至孝文迁都洛阳，一以汉法为政，典章文物灿然与前代比隆，天下至今称为贤君。”（郝经：《陵川集》，台湾商务印书馆景印《文渊阁四库全书》本，第1192册，第361d页。）

统观念的重要因素。[①] 不过，曾参“汉法”的元朝帝王也未绝对泯平蒙汉之间的差异，而是在军事、科举等诸多方面区分汉人与非汉人。[②] 由于元朝统治者对儒者的挤压，源远流长的“华夷之辨”在后来的某个时期，由族类间的歧视转化为族类间的畏惧乃至仇恨。

---

① 罗新先生曾提到，忽必烈对北魏历史颇有兴致，他把元朝接续在宋金的历史脉络上，并仿效北魏太武帝拓跋珪的做法，将鲜卑拓跋诘汾、拓跋力微父子的谥号施用于也速该·把阿秃儿、成吉思汗父子。对于这一现象，罗新指出：“他（忽必烈）显然把草原时代的历史与入主中原的历史分成了截然不同的阶段。成吉思汗只是草原创业时代的英雄，而蒙古最伟大的事业还有待元朝的建立与传承。”参看罗新：《忽必烈的历史挑战——读杉山正明〈忽必烈的挑战〉》，载氏著《有所不为的反叛者：批判、怀疑与想象力》，上海三联书店 2019 年版，第 199~210 页。

② 参阅钱穆对元朝军队、科举制度的论述。分见于钱穆：《国史大纲》下册，第 648、661 页。但须指出，“四等人制”从未作为一种正式的制度被颁布过，它只是体现在元朝一些具体的政策中，详细论述见《张帆谈元朝对中国历史的影响》，《东方早报·上海书评》编辑部编：《殊方未远：古代中国的疆域、民族与认同》，中华书局 2016 年版，第 198~199 页。

第二章　明代中国的天下秩序与前中期儒者的天下理想

按理说，明取元而代之应该是儒者重新抬头的否极泰来之时，士人当为之欢欣鼓舞，振奋不已。然而，现实并未如此。据钱穆的考察，明初文臣的“华夷”观念非常淡漠，并且常有思元之情。一些身处明代的文人把元朝称为“本朝”，他们对于明之代元无多在意①，有的文士仅仅把元明革命视作“寻常政权之争夺”②，并没有从“华夷之辨”的角度来看待这一历史事

① 钱穆：“明之代元而起，当时明廷一辈从龙之士视之，殆亦只认其为乃是一时天意之忽然喜新而厌故，一若乍阴乍晴，无甚内在之意义与价值可言矣。”钱穆：《读明初开国诸臣诗文集》，《钱宾四先生全集》第 20 册《中国学术思想史论丛（六）》，联经出版事业股份有限公司 1998 年版，第 115 页。

② 钱穆：《读明初开国诸臣诗文集》，《钱宾四先生全集》第 20 册《中国学术思想史论丛（六）》，第 156 页。

件。这一情形的转变，至少到明朝建立将近百年时才出现。① 之所以出现这一奇怪的现象，或是因为那些曾经生活在元代的儒者久遭压抑，但求自保，以至格局日蹙，甚至把其自保“归之于（引者案，元）政府在上宽厚之德意”②。对于苟活于世的人来说，“不杀”就已经是莫大的恩惠，并且感恩已然表示他们对他族入主的无奈与承认。但对于那些历史的旁观者来说，就不再有命悬一线的恐惧和“后遗症”，尤其是当“夷狄”成为当朝的一大祸患、仇敌时，儒者尽可以对之口诛笔伐。后来明朝一部分儒者重构的“华夷之辨”，正是明朝与北元势力长期对峙、交锋的产物。

第一节　作为天下秩序的册封—朝贡体系

有学者根据明太祖的诏令文书，指出明太祖主要是在“国

---

① 刘浦江先生说：“明人民族情绪之高涨，大抵是 15 世纪中叶以后的事情，这与当时的内外形势和民族冲突自然有直接的因果关系。”刘浦江先生进一步指出，元明革命本无民族主义色彩，这一色彩是明朝后来因“北虏”之患而添加到元明革命上的。关于朱元璋的“华夷”观，后人多据《谕中原檄》而论，因为其中声称“中国居内以制夷狄，夷狄居外以奉中国”“驱除胡虏，恢复中华”，但刘浦江在该论文中通过文献学的考察指出，此檄文是《太祖实录》中一篇无题、无作者的文字经后人辗转传抄而冠以明太祖《谕中原檄》之名的，这代表的是明代中后期人对元明革命的民族主义想象，而非朱元璋本人的思想。参阅刘浦江：《元明革命的民族主义想象》，《中国史研究》2014 年第 3 期。

② 钱穆：《读明初开国诸臣诗文集》，《钱宾四先生全集》第 20 册《中国学术思想史论丛（六）》，第 121 页。

家”的意义上使用“天下”一词，由此认为从“天下”到“国家”的进程，不是在近代出现的，而是在明初。① 把“国家”称作“天下”，并不是一个罕见的事例。出现这一现象的原因，不是帝王的观念起了变化，而是“天下”这个词具有彰显功业、突出帝王威信的色彩或功能。② 附带说，我们在日常生活中也经常听到“XX（一般指地方或者部门机构）是某某人的天下”这种说法。这里的“天下”当然不是指“普天之下”，而是指某人在一定范围内不受约束地挥霍权力。

明太祖若是自觉地开启了一个从天下到国家的进程，他就不会在建明伊始告知各国，册封一批国家的国王，接受各国朝贡。册封—朝贡体系是在天下观念的驱动下建立的天下秩序。晚明来华的利玛窦曾认为，各国向中国皇帝朝贡，给中国造成

---

① 万明：《明代外交观念的演进——明太祖诏令文书所见之天下国家观》，《古代文明》2010 年第 2 期。至于万明根据明太祖给高丽使臣张子温的敕谕中“自古天下有中国，有外国”云云，而认为明太祖意识到“天下不是中国的”，笔者认为也存在问题。因为，从国家层面言之，中国、外国诚然都是“天下”这个广大空间的组成部分，“天下”的主人——“天子”却是中国的皇帝。在这里，我们需要看到中国皇帝的两重身份，即国内的皇帝和天下的“天子”（天下共主）。万明在文章中也提到了明太祖的这两种身份，但是作者继而指出后来“天下共主”身份淡出，“一国之君”身份凸显。可是，至少在永乐皇帝派郑和下西洋时，其敕谕中仍说：“朕奉天命，君主天下，一体上帝之心，施恩布德。凡覆载之内，日月所照，霜露所濡之处，其人民老少，皆欲使之遂其生业，不致失所。”［《郑和家谱·敕谕》“海外诸番”条，郑鹤声、郑一钧编：《郑和下西洋资料汇编》（增编本）上册，海洋出版社 2005 年版，第 531 页。案，引用时标点有改动。］其自诩“天下共主”的语气分毫未减。

② 参看第一章第三节第一、二段。

一种幻觉，中国的皇帝臣民觉得中国就是整个或者大部分的世界，中国皇帝就是“世界之主”，所以中国人显得傲慢，而邻国则惧怕中国皇帝的权势。① 概言之，利玛窦以为朝贡体系把中国人天下观念中的优越感固化了。但是这个观察只见其表，未入其里，因为利玛窦已然忽略了朝贡体系得以产生、运作的动因或机制。这个动因或机制应该是，首先存在一种对世界进行整体性理解的天下观念，并在此观念的驱动之下开展与他国的不对等外交，形成一种稳定的关系模式，以实际中的天下秩序证明天下观念的无误。国人早已意识到中国不等于世界。恰恰是因为中国意识到了在自身之外还存在着一个广阔而又不可测的世界，才努力强调中国的文明性。天下秩序不是在“我即天下”的观念之驱动下建立的一个单一政治体，而是在“我即文明”的观念下通过政治权力和文化权力构建的一个政治—文明复合体。

“天下”是一套等级性的“中国秩序”②，册封—朝贡体系

---

① “所有的邻国都要向中国进贡，只有日本除外，他们一直不向中国纳贡。皇帝及其臣民看到中国是如此辽阔，便以为中国就是整个世界，或至少占世界的绝大部分，因此他们便封自己的皇帝为世界之主。他们非常傲慢，根本不把别的国家放在眼里，这是因为邻国都惧怕中国皇帝的权势。皇帝完全可以顷刻间派出一支令人生畏的庞大舰队，去征服任何一个邻国，不管这个国家有多么强大。”利玛窦著，文铮译，梅欧金校：《致澳门蒋·巴蒂斯塔·罗曼》（编号 9），《利玛窦书信集》，商务印书馆 2018 年版，第 39 页。

② John King Fairbank, *The Chinese Order: Traditional China's Foreign Relations*, Harvard University Press, 1968. 中文本参看杜继东译：《中国的世界秩序：传统中国的对外关系》，中国社会科学出版社 2010 年版。

则是“中国秩序”的基本运作形态。① 虽然提出上述说法的费正清（John King Fairbank）把视野主要放在了清代，但我们觉得，如果着眼于该秩序中的国家间、族群间的交往模式和关系模式，那么费正清对于清代“中国秩序”之模式的分析对观察明朝甚至以前同样适用。如果我们讨论册封—朝贡体系，那么最成熟、完备的“范型”就是明清册封—朝贡体系。② 学者业已对册封制度、朝贡制度做了深入、详细的考察，笔者则希望做一些稍具思辨性的讨论，这些讨论对于明/清界限的划分与强调或不如历史学者严格，但是对于观念史研究来说，如果思辨的方式可以揭示某个观念的呈现、潜能、作用，便已足够，更何况这种思辨一开始就是从史实中提炼的，而不是自造的。

也有学者把由册封—朝贡体系所维系的“天下秩序”称为

---

① 西嶋定生提出了“册封体制”说。（西嶋定生：《东亚世界的形成》，高明士译，刘俊文主编：《日本学者研究中国史论著选译》第2卷，中华书局1993年版，第88～103页。）按照费正清的说法，“古代中国与周边国家传统关系的主要形态”可称为“朝贡制度”（Tributary System，或译为“朝贡体系”），它是“近代以前中国为中心之整个东亚地区的一种基本国际关系形态”。[费正清、邓嗣禹：《论清代朝贡制度》（On the Ch'ing Tributary System），载《哈佛亚洲研究杂志》（*Harvard Journal of Asiatic Studies*）第6卷第2期（1941年），第135～264页。]

② “明清时期，朝贡制度比以前朝代更趋完备和严格，模式也更为僵化。这两代王朝不但对外国朝贡时间、人员、路线等作了极为详尽的硬性规定，而且还规定了一整套繁琐的朝贡礼仪程序，包括来华后进入宾馆的礼仪到上朝时的服饰、动作、站立位置、进退路线等等。”张维华主编：《中国古代对外关系史》，第356页。

“天朝礼治体系”①。这一称谓突出了“天下秩序”的内核——礼。然而据学者研究，礼只是一种外交筹码，礼仪的背后有着复杂的经济、军事考量。② 这个说法，笔者在“导论”第二节就已经引述了。

一、天下观念的制度化

册封—朝贡体系的存在说明至少在形式上有一批认可中国中心地位的国家，但是认可的缘由并不一致。有的是为了获得政权合法性，有的是为了获取丰厚的回赐，还有的是在文化上自觉地向儒家圣人之教看齐。无论如何，册封—朝贡体系所涵括的国家是有限的。提出“中国秩序”的费正清把该秩序概括为三层：第一，在地缘上最近和文化上相近的朝贡国，包括朝鲜、越（安）南的一部分、琉球，在很短一段时间内还包括日本；第二，“内亚”地带的一些游牧民族或半游牧民族的附属部

---

① 提出这一说法的黄枝连为此撰写了三部著作，分别是：《天朝礼治体系研究》上卷《亚洲的华夏秩序——中国与亚洲国家关系形态论》（中国人民大学出版社 1992 年版）、《天朝礼治体系研究》中卷《东亚的礼义世界——中国封建王朝与朝鲜半岛关系形态论》（中国人民大学出版社 1994 年版）、《天朝礼治体系研究》下卷《朝鲜的儒化情境构造——朝鲜王朝与满清王朝的关系形态论》（中国人民大学出版社 1995 年版）。

② 参看夫马进著，伍跃、凌鹏译：《朝鲜燕行使与朝鲜通信使》第二章《明清时期中国对朝鲜外交中的“礼”和“问罪”》，商务印书馆 2020 年版，第 47~79 页。另外，岩井茂树以明朝为例，论述了“礼”所构造的东亚秩序体系。他把明朝通过礼制维系“天下秩序”称为“象征性帝国主义行为”“假想的帝国主义理念”。参看岩井茂树著，伍跃译：《明代中国的礼制霸权主义与东亚的国际秩序》，《日本中国史研究年刊（2006 年度）》，第 230~266 页。

落或国家；第三，外夷，包括西南和南亚的遥远的海岛国家以及前来朝贡的欧洲国家。[1] 滨下武志根据中央王朝影响力的强弱，描画了一幅同心圆式的“中国的统治关系”图。这一同心圆从内向外分别是：中央、地方、土司/土官、藩属、朝贡国、互市国。[2]

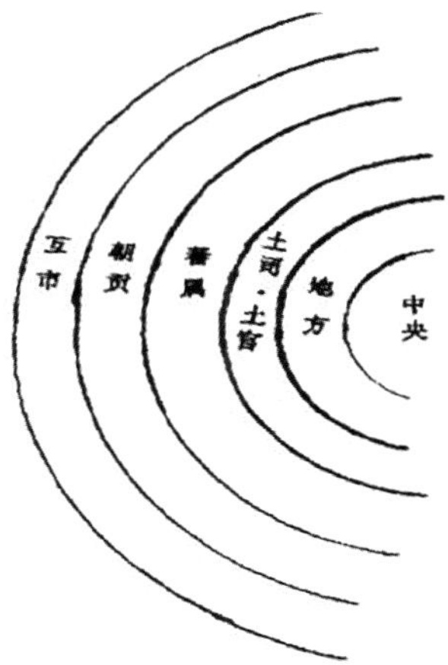

图 2　中国的统治关系（滨下武志绘）

参考前人提出的框架，我们对册封—朝贡体系展开两点分析。

第一，按照西嶋定生的说法，“所谓册封即是向这些国家（引者案，被册封国）的君主授予中国王朝的官号、爵位，使之成为外臣”[3]。册封是中国皇帝在“普天之下，莫非王土；率土

① John King Fairbank, *The Chinese Order: Traditional China's Foreign Relations*, P. 2.

② 滨下武志著，朱荫贵、欧阳菲译：《近代中国的国际契机：朝贡贸易体系与近代亚洲经济圈》，中国社会科学出版社 1999 年版，第 37 页。

③ 西嶋定生：《东亚世界的形成》，《日本学者研究中国史论著选译》第 2 卷，第 99 页。

之滨，莫非王臣”观念的驱动下构建理想世界的行为之一①，它在表面上是一种政治上的任命与被任命、支配与被支配的关系，但其深层处是通过一套礼仪、价值赋予被册封国首领政治上的合法性。这与郡县制度下皇帝任命地方行政长官有着本质的不同。这不光是因为后者受皇帝直接支配，属于“内臣”，而且在于，后者相对于中央来说并不是一个价值载体，而更多的是通过对实际事务的处理来维系帝国自身的内部运行。质言之，任命地方行政长官是帝国自身政治活动的一部分。册封虽然有一种把各国（或族群）纳入帝国秩序体系的倾向，但册封在实际上又是一个不合乎帝国治理逻辑的范畴，这不仅指的是册封基本不涉及各国（或族群）的内部事务（除了新政权建立和新王继位），而且指，册封关系是在“中国—夷狄”的框架内展开为一种价值上的互相承认。之所以这么说，是因为：1. 各国（或族群）首领乃至政权的合法性无法被各国（或族群）自身诠释、论证，需要一个更为“文明”、更为“权威”的裁决者来认定；2. 册封关系曾一度表现为“错综复杂的多元状态”，也就是同一个国家同时接受分裂时期中国内部不同政权的册封（比如西嶋定生所提到的，南北朝时期，高句丽主要接受北朝册封，百济、新罗、日本则主要受南朝的册封，但百济也曾向北朝朝贡并受其册封，高句丽也曾向南朝朝贡②）。对于那些“三心二

---

① 参看甘怀真：《東アジア世界の冊封体制と儒教》，收入吾妻重二主编：《国際シンポジウム　東アジア世界と儒教》，东方书店 2005 年版。

② 西嶋定生：《东亚世界的形成》，《日本学者研究中国史论著选译》第 2 卷，第 99 页。

意”的被册封、朝贡国来说，自身的安全、利益是首要考虑，因而受谁册封、向谁朝贡实乃“事大以智”①，是随机应变，审时度势。高丽王朝和后来朝鲜王朝的对明外交，同样遵循此道。② 但对于册封的发动者/接受朝贡者而言，其中就有一个“争大”的问题。所以，中国对外国的册封固然是承认外国政权的正统性，而外国政权接受分裂时期的中国内部哪一政权的册封，对哪一个政权进行朝贡，同样是对于册封主体、朝贡对象之“中国性”“正统性”的承认，这对于分裂时期中国内部的对峙政权而言是极其必要的。职是之故，中国的统一就必须通过开展“一元化”（西嶋定生语）的册封来体现，也需要通过“万国来朝”来彰显。从中国政权的角度说，册封—朝贡活动不仅是“文明”对“非文明”“亚文明”进行审查的结果，更是对自身合法性的塑造和统一性的确证；对于被册封的首领来说，得到“天朝”的承认也就意味着在中国之外的复杂国际环境中

---

① 孟子：“惟仁者为能以大事小……惟智者为能以小事大……以大事小者，乐天者也。以小事大者，畏天者也。乐天者保天下，畏天者保其国。”（《孟子·梁惠王下》）可参看笔者在第一章第二节对孟子天下观的阐述。

② 朝鲜国王李成桂称王之前，曾对反明的高丽国王王禑说“以小事大，保国之道”。（《李朝实录》卷一“辛禑王十四年五月”条，《朝鲜王朝实录》数据库：sillok. history. go. kr/id/waa_ 000084）今日的研究者也指出：“高丽王朝和朝鲜王朝在对明外交上没有出现重大失误（引者案，后来高丽国王王禑所犯的不能不说是‘重大失误’，但这段论述的切要之处在下文）的原因除了积极主动地收集情报之外，根本原因是他们对自身与明朝的力量对比有十分清醒的认识。面对着一个在数年之中战胜群雄、扫荡中原、驱逐了蒙古势力的新兴政权，他们完全清楚如果与之发生军事冲突，带给自己的将是何种灾难。”伍跃：《外交的理念与外交的现实——以朱元璋对“不征国”朝鲜的政策为中心》，《明史研究》2010年号。

占有优势，获得坚强后盾。经由册封体制而产生的文化（汉字、律令、礼仪乃至观念）传播、覆盖，是构成前述费正清所提出的三个圈层之第一层的主要条件，而朝贡体制略微复杂。

第二，儒家的“华夷之辨”以是否认同、接受中国文化为阐述框架。这一框架显然无法涵括费正清所划分的第二、三层秩序。处于第一层的国家构成了“儒家文化圈”或者“汉字文化圈”，中国文化的影响力基本上限于这一范围。这一圈层内部也并非没有离心倾向。比如，日本的足利义满希望进入以明朝为中心的朝贡圈，在乎的是贸易所得。文化究竟能够在多大程度上维系朝贡体系，当事人并非毫不知晓。① 除了确证自己的“中国性”，明朝皇帝所渴望的还有王者无外的世界格局和万国来朝的体面②，而非贪求各国进献的贡品。③ 之所以要“怀柔远

① 再如，爪哇国曾杀害明太祖派往三佛齐的使节，明太祖得知后，委托一位穆斯林带给爪哇麻喏巴歇国王诏书，其中就指出朝贡的实质不过是各国慕利，但他仍然以礼待之，说：“朕君主华夷，抚御之道，远迩无间。尔邦僻居海岛，顷尝遣使中国，虽云修贡，实则慕利，朕皆推诚以礼待焉。前者三佛齐国王遣使奉表，来请印绶。朕嘉其慕义，遣使赐之，所以怀柔远人。”《明太祖实录》卷一三四“洪武十三年十月丁丑”条，“中研院”历史语言研究所校印本，1962 年版，第 2125 页。

② 永乐帝也说：“远方之人，知求利而已，安知禁令。”正统帝则说：“番人以贸易为利。”成化十四年，琉球世子尚真来明朝告其父丧，并“乞嗣爵，复请比年一贡”。明朝礼官指出：“其国（琉球）连章奏请，不过欲图市易。”（张廷玉等：《明史》卷三二三《琉球传》，中华书局 1974 年版，第 8363、8364、8366 页。）可见，明朝君臣业已意识到朝贡者为利而来。

③ “皇帝富有四海，岂有所求？但欲王之称藩，一示无外尔。”严从简撰，余思黎点校：《殊域周咨录》卷八《南蛮·浡泥》，中华书局 1993 年版，第 302 页。

人”，是因为来者给予了天朝承认和仰慕（虽然很大程度上是天朝人自以为被仰慕[①]），其态度可嘉，天朝要以尊长者的姿态施以仁爱、体恤。另外，以财聚人是一个源远流长的思想观念，《易传·系辞下》：“天地之大德曰生，圣人之大宝曰位。何以守位？曰仁。何以聚人？曰财。”这表明，第一，朝贡体系是在一套悠久而复杂的思想观念的推动、指引下开展的，天下观念是个前提，儒家的仁义厚生、以财聚人的理念，则为后来的王朝统治者以利益维系“华夷”关系、天下秩序提供了重要指引（如前述董仲舒提出的方案，这里日臻成熟的册封—朝贡体系更是如此），它至少可以临时安抚周边的国家、族群，使其不对中国的边疆构成侵扰、威胁；第二，朝贡体系无法简单地用文化认同、政治认同中的任何一个角度来解释。该体系一方面包含着朝贡国对自身利益的计算，另一方面则能够满足天朝君主协和万邦、一统天下的心理需求。质言之，对于“中国”来说，朝贡体系是通过一种物质交易上的不平等（厚往薄来）换取礼仪形式上的不平等（四夷臣服）[②]。元人马端临在论述宋朝与高丽的朝贡关系时曾说：“高丽之臣事中朝也，盖欲慕华风而利岁

① 李云泉先生说：“(《明会典》的撰者）所重的首先是其‘来’，来朝、来贡意味着对中国皇帝尊严的承认，至于从何而来，为何而来则降到了次要地位。”载氏著《朝贡制度史论——中国古代对外关系体制研究》，第196页。

② 汪晖先生指出，由于“朝贡—回赐的关系或者是等价的，或者是回赐超过朝贡的价值”，所以在朝贡体系中，“礼仪形式上的不平等与实质上的对等关系、朝贡关系的礼仪性质和朝贡贸易的实质内容相互重叠”。汪晖：《现代中国思想的兴起》上卷第二部《帝国与国家》，生活·读书·新知三联书店2015年版，第692页。

赐耳。中国之招来高丽也，盖欲柔远人以饰太平耳。”① 疲弱的宋朝希望用朝贡这一“皇帝的新衣”缘饰其岌岌可危的国际地位，高丽却能够在一触即发的东北亚局势下铤而走险，对宋朝朝贡，说明其中必有值得一试的理由。“慕华风”与“利岁赐”不仅完全适用于明代的朝贡体系，而且隐约地提示我们注意中国皇帝对于四夷的期待，这就是“宁使物薄而情厚，勿使物厚而情薄”②。

二、“天下秩序”的维持机制

册封—朝贡体系虽然是天下观念的制度化，但是这一体系并不纯是按照一套理性化的规则来运作。在与“四夷”的来往中，充分注重“情”的厚薄，意味着天下之主不能被简单地等同于国际秩序中的霸主，而是“天下”这个大家庭中的家长。册封—朝贡体系把儒家的伦理价值观念放大，以伦理维系其运作。滨下武志认为朝贡体系“是国内基本统治关系即地方分权在对外关系上的延续和应用”③，也即央地关系的扩大化。外在地看，这一判断似无问题。但是如果深入到册封—朝贡体系的

① 马端临：《文献通考》卷三二五《四裔考二》，中华书局 2011 年版，第 8962 页。

② 《明太祖实录》卷八九“洪武七年五月壬申”条，第 1575 页。

③ 滨下武志：《近代中国的国际契机：朝贡贸易体系与近代亚洲经济圈》，第 31 页。又，“在对外关系上，与其说是形成为国内、国外两部分，以一部分统治另一部分，不如说是形成将国内统治的方式向外部逐步扩大的方式更恰当”。同书第 34~35 页。

内部①，着眼于这一体系的开展、运行，尤其是“天朝上国”的君臣在言语中对各国所表露出来的家长姿态，我们会发现，用央地关系解释册封—朝贡体系还未中要害。“中央—各省—藩部（土司、土官）—朝贡诸国—互市诸国”固然可以作为一个连续的中心—周边关系的总体，但是各层次间的差别恰恰在于一种伦理意义上的亲疏关系在地缘上的投射，也即把地缘上的近远等同于伦理上的亲疏。有学者用“亲人文化”“熟人文化”“生人文化”来解析册封—朝贡体系内部的中外关系，指出这是一种扩大化的人际关系模式，在这一关系模式中，不同的国家扮演着不同的角色。② 各国在该体系中的“角色”，其实只是基于对中国而言的亲疏感。这种亲疏感带来的，无关乎朝贡国的功能，即无所谓合作，而是更多地影响中国在履行“字小”义务时的考虑与选择，也就是根据感情的深浅（当然也要考虑自身国家利益）而区别对待各国，或者说有区别地向各国伸出援助之手。

感情的因素掺杂其中，决定了：

第一，中国皇帝特别在意前来朝贡的使团是否具有诚意。皇帝虽然对许多国家为利而来的动机心知肚明，但绝不容许糊弄、欺骗事件的发生。皇帝甚至把要求降低到“形式上的诚意”，这里的诚意归根到底还是为“天朝”皇帝的脸面服务的。

---

① 虽然滨下武志讨论的对象只是“朝贡体制”，但笔者将一直使用“册封—朝贡体系”这个表明双向关系、兼具政治和经济意涵的名称。

② 参看尚会鹏：《“伦人”与“天下”——解读以朝贡体系为核心的古代东亚国际秩序》，《国际政治研究》2009 年第 2 期。

严格来说，“天朝”皇帝希望的是一种形式上的情感交换，以仁爱换取真诚。① 朝鲜的士人甚至心甘情愿地接受了中国与朝鲜之间的君臣关系，认为这是天经地义、势所必然之事②，他们“假定以明王朝为中心的国际秩序是千秋万载的，因此，对它的效忠便是一个神圣不可更动的形式”③。早先的“事大以智”被转化为“事大以诚”。理学在其中发挥了至关重要的作用。

第二，这一体系被注入了某种不规则、不可测、不稳定因素，亦即感情的出现给予了该体系内部各国对“天朝上国”讨价还价、玩弄心思的余地。当对外夷或深或浅的感情与自己的国家利益交织在一起时，中国的君臣就颇费脑筋。比如，日本

① 高丽使者曾以两匹私马充数贡马，明太祖“恶其不诚”，后来又“谕礼臣曰：‘高丽屡请约束，朕数不允，而其请不已，故索岁贡以试其诚伪，非以此为富也。’”宣德皇帝也曾对朝鲜的李祹说：“珍禽异兽，非朕所贵，其勿献。”又曰：“金玉之器，非尔国所产，宜止之，土物效诚而已。”朝鲜国王李珲后来也说：“二百年忠诚事大，死生一节。”（《明史》卷三二〇《朝鲜传》，第 8281、8282、8285、8285、8302 页。）夫马进对高丽使团以私马充贡触怒明太祖而遭问罪做过专门考察，参看夫马进：《朝鲜燕行使与朝鲜通信使》第二章《明清时期中国对朝鲜外交中的“礼”和“问罪”》，第 47~79 页。

② 当后金政权强迫朝鲜改用“天聪”年号时，坚决奉明的朝鲜大臣便指出“君臣之分，天经地义，截然不可犯，宁以国毙，岂忍为此”。[吴晗辑：《朝鲜李朝实录中的中国史料》“仁祖五年（明天启七年）”条，中华书局 1980 年版，第 3317 页。] 此前，朝鲜著名学者李珥就曾说：“孟子曰：小役大，弱役强者，天也。夫不论德之大小，而惟以小大强弱为胜负者，此岂天之本然哉，特以势言之耳。势既如此，则理亦如此，故谓之天也。”（李珥：《答成浩原》，魏常海主编：《韩国哲学思想资料选辑》下册，国际文化出版公司 2000 年版，第 469 页。）

③ 黄枝连：《天朝礼治体系研究》下卷《朝鲜的儒化情境构造——朝鲜王朝与满清王朝的关系形态论》，第 237 页。

在明代的天下秩序中就显得反复无常。日本多次不守贡约，提前来华，且船只人员数量超标。这种具有浮动性的交往模式使得“天朝”在处理对外事务（此时便具有“中—外”分野）时陷入两难：一方面考虑中国利益，甚至是自身安全，另一方面又考虑对方“航海之劳可悯”①。再如，万历二十八年，中国告知琉球“今后册封，止遣廉勇武臣一人偕请封陪臣前往，其祭前王，封新王，礼仪一如旧章”，但是“明年秋，贡使以状至，仍请遣文臣”。② 笔者并非希望看到东亚关系格局中出现“一言堂”的局面，而是意在指出，中国与其册封、朝贡国之间存在的这种不规则、不统一的交往方式，最终检验的还是中国皇帝本人的天下观念。在中外之间出现意见分歧时，皇帝是否真的可以以“仁者”的身份超出自我利害的考量而照顾到他人，或者在多大程度上“舍己为人”，就很见皇帝的素养、胸怀了。但是对于中国来说，一旦“四夷”各怀心思，“天下一家”的整体性面貌就展露为一种“我—他”分别下的权衡。在绝大多数情况下，中国的君臣会在“国家安全”的前提下尽可能承认、满足“四夷”的各种诉求，强调“毋阻向化”③。

不难看出，中国皇帝最在乎的是“四夷”对中心的认同与否，也就是说，中国皇帝虽号称天下共主，但他一直有着清晰的“中国”意识，一直把“中—外”结构巧妙地安放在王者无

① 《明史》卷三二二《日本传》，第 8350 页。

② 《明史》卷三二三《琉球传》，第 8368 页。

③ 礼官同样考虑“毋阻远人向化心”。《明史》卷三二二《日本传》，第 8345、8348 页。

外、天下一家的理想之中。在这种意义上，天下是否为“一家”，就在于中国是不是各国所承认的“家长”。这一观念结构的盲点在于，“家长”虽然有时候会出面协调“家庭成员”之间的纷争，但是从维护“家长”核心地位、区分“家庭成员”身份等级、保存“家庭”本身的考虑出发，“家长”更倾向于对无关乎中国的各国勾结、争端采取不干预态度。夫马进就曾指出，册封实际上是一种虚构的形式。东亚的中国、朝鲜、琉球、日本及安南，通过册封体系与册封体系之外的交互，构成了一种间接的交往。在这一交往中，中国对其他国家间的交往保持了佯装的未知，也即保留着册封的形式，却纵容着各国内部（如安南）或各国间（如琉球与日本）的“非礼”行为。当然，一旦某些“非礼”行为发生在关乎中国安全、利益的紧要关头，中国就会对“非礼”者兴师问罪。① 中国在前现代东亚国际关系中所做出的斡旋乃至裁决行为，应放在上述情境中来观察。这样，我们还能够理解，为什么明朝在选拔负责接待朝贡使团的翻译时，要对之进行严格考核，严禁他们勾结外部，泄露国家机密。② 这也说明，理想中天下秩序的一体化与现实中各国之间在国家利益上的排他性思维，构成了一股张力，这股张力一直存在于册封—朝贡体系这个表面上恢弘、井然的秩序内部。并且，由于历史中国所主导的册封—朝贡体系过于在意

① 参看夫马进：《朝鲜燕行使与朝鲜通信使》第二、三章，“补论一”，第47~115、552~574页。

② “凡审言语，译文字，送迎馆伴，考稽四夷馆译字生、通事之能否，而禁饬其交通漏泄。”《明史》卷七二《职官志·礼部》，第1749页。

“四夷”对中国的认同，无意间也就忽略了体系内部“四夷”之间的睦邻友好，学者业已指出明清王朝在东亚地区建立的册封—朝贡体系的“结构性缺陷”，即上国与属国之间建立的是单边关系，“各个属国之间并没有围绕上国的核心而就国家安全事务开展合作和相互支持”①。如果说中国皇帝希望出现“天下一家”的景象，那么册封—朝贡体系的结构性缺陷就表明，在这个家庭中，只有一种上下间的“（表面）亲密”，而并未出现横向的“手足之情”。不妨说，对于悉心维护其天下共主地位的中国皇帝来说，“四夷”之间关系的淡薄恰恰是他所希望看到的。这一特征之源头可以在上古时代“协和万邦”（《尚书·尧典》）的理念中找到。古代王者的“协和万邦”，是“天下太平”的最低要求。因为“协和万邦”需要一个万邦之外的主体——王者所居的“中国”②，这个主体首先要保证万邦之间不发生战争。“中国”作为万邦共同的朝贡对象，理应具有“协和”之职责，而“协和”的直接结果就是“万邦”对“中国”朝贡不辍。所以，太平天下的状态有两个基本特点：第一，各国不相互战争，但未必情同手足；第二，各国有共同的认同对象——中国。何休把天下太平描述为“百蛮贡职，夷狄皆进至其爵”③，也即实现了各国（或族群）对“中国”的一致认同，而

① 陈尚胜：《朝贡制度与东亚地区传统国际秩序——以16—19世纪的明清王朝为中心》，《中国边疆史地研究》2015年第2期。

② 笔者在文中根据语境，适时地对“中国”一词作出是否加引号的区分。这种使用方式已见于前文，请读者明察。

③ 阮元校刻：《十三经注疏·春秋公羊传注疏》，第2324页上栏。

各国（或族群）之间是何种关系形态，则不是重点考虑的问题。这也意味着，“天下太平”一定要有“中国”在场，其基本格局就是“四夷”的“内聚”，即有向心力的同心圆格局。从根本上说，以“中国”为主导的天下秩序是天下太平的体现，天下太平的内涵之一就是“夷狄”对“中国”的认同，而各夷狄政权之间的不相往来，在很大程度上就是“天下秩序”得以长期存在的重要条件。

但是，他者意识未泯、价值不相统一而又“厚往薄来”的册封—朝贡体系，无法被打造为真正的、稳定的政治共同体、文明共同体、利益共同体。赵汀阳在讨论周朝“天下体系”崩溃的原因时指出一点，即“周朝虽然建立了可共享的网络秩序，事实上‘可共享’的利益并不多”①，如果这个网络秩序中没有与之相配的公共产品给各诸侯国以实惠，“天下体系”就只是一个美好的设计，它的政治价值将因为其经济价值的不足而大打折扣，以至于各诸侯国对觐见天子无多热心，他们只需要在自己的领地上自给自足即可。② 周朝“天下体系”的崩溃表明，政治共同体的形塑，需要某种政治之外的力量。乍看上去，册封—朝贡体系中“厚往薄来”的利益诱惑可以使各国形成一个以中国为中心的利益共同体、政治共同体，构成“天下秩序”。

---

① 赵汀阳：《天下的当代性：世界秩序的实践与想象》，第123页。

② 如赵汀阳在上面的论述之后所说的，“结果，诸侯以及士大夫豪族逐渐发现天下只是个理想概念，各国的现实利益显然超过天下的共同利益，于是，各国纷纷着力发展自己的力量，越来越强的诸侯们也逐渐不再需要宗主国提供的安全庇护”。赵汀阳：《天下的当代性：世界秩序的实践与想象》，第123页。

但是仔细想来，利益共同体是不可能出现的，这不仅因为中国与前来朝贡的属国（或族群）存在着不一致的利益（前者在乎的是形式，后者主要在乎的是物质和安全），更是因为当众多国家（或族群）面对同一块蛋糕时，他们的竞争意识将走在他们的共享意识之前。若想构建利益共同体，进而转型为政治共同体，就需要意识到，利益和人的欲望有关，一旦利益减少，那种所谓的认同感、凝聚力便也随之减弱，政治共同体将摇摇欲坠。正如日本在朝贡活动中的三反四覆，“它可以接受没有政治关系的经济关系（只贡不封），却不能容忍没有经济关系的政治关系（只封不贡）”。① 总之，一种现成的、物质的刺激，不足以形塑共同体。王夫之看到，“中国”帝王以天子身份怀柔远人，实际上反倒引起了“夷狄”对中国之物产资源的觊觎，这就为此后的“夷狄”乱华种下了祸根。② 所以册封—朝贡体系的必要性是非常有限的，它只是王者曾经的权宜之策，没有必要世世代代维持下去。③ 然而，册封—朝贡体系中既有使自身长期存在、维系“天下秩序”的结构性特点（“四夷”向中间靠

① 韩东育：《东亚世界的“落差”与“权力”——从“华夷秩序”到“条约体系”》，《经济社会史评论》2016 年第 2 期。

② “夷狄之蹂中国，非夷狄之有余力，亦非必有固获之心也，中国致之耳。致之者有二：贪其利、贪其功也。贪其货贿而以来享来王为美名，于是开关以延之，使玩中国而羡吾饶富，以启窃掠之心。故周公拒越裳之贡，而曰：‘德不及焉，不享其贡。’谓德能及者，分吾利以赉之，使受吾豢养，而父老子弟乐效役使以不忍叛也。”王夫之：《读通鉴论》卷二一《中宗六》，第 736 页。

③ “使享使聘，以财相接，亦王者因时服远之权宜，非可必行于万世者也。”王夫之：《读通鉴论》卷二九《五代中五》，第 1048 页。

拢，万国向天朝臣服），也有蚕食“中国”、使“中国”长期处于不安全境地的原生性弊端（厚往薄来，引人觊觎）。这就使“天朝”的皇帝不时地担心自己的新衣被不安分的“夷狄”扯下，在无上的体面和持久的担忧中运思“华夷一家”的天下。

学者指出册封一朝贡活动所遵循的所谓礼治主义无法发展出“法治主义”“专业主义”“产业活动”“商品经济”“科学技术”“现代化生产”“资本主义文明的因子”①。另外，即便中国皇帝有着极强的虚荣心，他也不会甘心年复一年地通过输出财富换取表面的认同。那么册封—朝贡体系存在的深层意义究竟在哪里呢？

滨下武志说：“从朝贡贸易体制的立场来看，它并没有把西方各国当成独立的范畴来对待，而是在地理上将其置于邻接朝贡体系四周的周边位置来纳入总体的朝贡关系的体系当中。”②在这里，册封—朝贡体系实际上是体系内部成员理解世界的一个框架。虽然这一体系松散而复杂，也未必就有一套稳定的“自身规律”，但是其成员在长期互动中形成了一个“行为共同体”，他们的活动范围、交往对象都首先在册封“四夷”、朝贡中国的历史形态中来界定。册封—朝贡体系构成了一个区域性的生存类型，尽管各国都有着自己内部的风俗习惯。就此而言，中国所建构的“天下秩序”固然没有彻底实现“普天之下，莫

---

① 黄枝连：《天朝礼治体系研究》下卷《朝鲜的儒化情境构造——朝鲜王朝与满清王朝的关系形态论》，第 490 页。

② 滨下武志：《近代中国的国际契机：朝贡贸易体系与近代亚洲经济圈》，第 44 页。

非王土”，但是一种行为模式、交往类型同样可以塑造人们理解世界——尤其是面对新世界时的认知结构。无论人类要建立何种共同体，上述整体性观念结构（虽然现在看来只是亚洲这一地方性结构）都是必不可少的。也可以说，以册封—朝贡体系为基本表现形式的“天下秩序”，其可资借鉴之处不在于它的等级性和单边性，而在于共同活动所生成的整体性观念。但是这种理解框架乃至这种以己度人的理解特点，也同样存在着弊端，潜伏着危险。这种弊端和危险在清朝中后期暴露出来，也即把怀着通商、殖民目的来华的西洋人理解为朝贡觐见的使团，在一种礼仪化、等级性的伦理框架中继续把西洋人归为理应向中国俯首称臣的“外夷”，用“华夷之辨”理解西力入侵，从而对西人的侵略准备不足。对于行径不合礼义的西人，既没有一个“王者”出来教化之，也找不出一套为中西共同认可的价值规范来约束之。

第二节　论明代前中期儒者对理想天下的两类阐述

为了体现明清之际天下观念的转折性，需要对与之最接近的前一段关于天下的思想、观念进行阐述。发生转折的天下观，既由此而生，也离此而去。

一、述“各尽其性，各全其命”

明朝帝王中不乏声称对“华夷”一视同仁者①，但主要目的是招徕万国朝贡，营造盛世场景。这套说辞在一定程度上把“华夷之辨”消解在“天下一家”之中，但“中国”为此付出了太多。洞明世事的儒者在一如既往地设想“夷狄”臣服的景象时，也曾指出对“夷狄”进行防范的必要。丘濬说：“外夷既慕华而来，便不可拒之千里。但仁之中不可以无义，信之中不可以无智。”② 这种既希望“夷狄”臣服，又对之予以防范的心态，意味着“华夷之辨”只能够衍生出一系列被动的治理策略。我们对照着费正清界定的三层秩序来看“华夷之辨”会发现，明代及以前，对中国造成威胁的力量主要在第二层，即游牧民族或半游牧民族。明朝在北部边防上与北元势力一直纠缠着，这意味着在现实中，“华夷之辨”无法被彻底地消解于“天下一家”的和谐想象中，“中国”必须冷静地思考华夏与“夷狄”在性情、观念、生活上的差异及关系。显然，“华夷”之间在上述几个方面均有很大差别。以这种差异甚至对立为前提，儒者

① 朱元璋：“受天命为天下主者，上奉天道，一视同仁，俾巨细诸国，殊方异类之君民，咸跻乎仁寿。”（《明史》卷三三二《西域四・别失八里传》，第8606页。）永乐帝遣郑和赐柯枝国国王印，又撰碑文，其词有云：“朕君临天下，抚治华夷，一视同仁，无间彼此。推古圣帝明王之道，以合乎天地之心。远邦异域，咸使各得其所，闻风向化者，争恐后也。”（《明史》卷三二六《外国七・柯枝传》，第8442页。）又有“朕统御天下，一视同仁，无间遐迩”（《明史》卷三三二《西域四・哈烈传》，第8610页。）云云。

② 李焯然：《丘濬评传》，南京大学出版社2005年版，第181页。

提出的方案就带有强烈的消极色彩，比如“中国”不应该把“夷狄”纳入自己的统治范围，“中国”之民与“夷狄”不可以混居等。丘濬就指出，“夷狄”“居中国久远，其心仍异”①。“华夷”界限不是不应该取消，而是无法取消。“中国”不可变为“夷狄”，“夷狄”也不可变为“中国”。二类群体不可杂处。如果杂处，可能产生“夷狄”乱华的后果，“天下之事最难处者，莫此为难”②。“华夷”应该划界而治，“夫华夷之分，其界限在疆域。华华，夷夷，正也。华不华，夷不夷，则人类殽世，不可以不正也。”如果有一天“华夷”之间实现了政治上的一体化，那也是“华必统夫夷，夷决不可干中国之统”③。不过“中国”至多对“夷狄”“统”而不“治”，只需要“夷狄”认同“中国”，无须使用“中国”的律令，也即对“夷狄”实行羁縻制度。

在“华夷”对峙的情形下，儒者主张守而不攻，反对与“夷狄”开战。就此而言，“华夷”各安其分、平静无事就是理想的情形。丘濬说：“极乎一世之大，则华夏安乎中，夷狄卫乎边。各止其所，而不相侵凌，则人之所以为人者，相生相养，各尽其性，各全其命。”④ 在这样一种天下秩序中，人们“顺于

---

① 李焯然：《丘濬评传》，第179页。

② 丘濬著，金良年整理：《大学衍义补·严武备·郡国之守》，上海书店出版社2012年版，第290页。引用时标点有改动。

③ 丘濬：《世史正纲序》，饶宗颐：《中国史学上之正统论·资料一》，第205、206页。

④ 丘濬：《世史正纲序》，饶宗颐：《中国史学上之正统论·资料一》，第207页。

道义”，不徇功利，便是丘濬天下太平之理想的基本内涵。①

反对对“夷狄”开战，也是儒者爱民思想的应有之义。②这种爱民思想，与儒家“天下一家”的情怀一脉相承。不少学者已指出，严“华夷”之别是一种消极的天下观，而畅想远人臣服、“四夷”来朝则是一种积极的天下观。天下观念的积极或消极，与王朝实力密切相关。③ 从内在的脉络来看，其实当儒家把仁义奉为基本价值理念时，就已经包含了其天下观念中对“一家”的追求和对仁义价值之普遍性的预设，只是现实中的“夷狄”并不依循儒家的设想而活动。后来刘宗周还是坚持“御外以治内为本”的理念，认为只要皇帝“以尧、舜之心，行尧、舜之政，天下自平”，这就是“仁以育天下，义以正万民”④。但是儒者对仁义价值的普遍性诉求，已不止一次地被“夷狄”的侵扰所阻遏，仁义价值的普遍性时常被印证为地方性（或

---

① “……人之所以为人者，相生相养，各尽其性，各全其命（案，该部分笔者已于正文中引述）。而一顺于道义之正，而不徇于功利之私。是则所谓雍熙泰和之世也。”丘濬：《世史正纲序》，饶宗颐：《中国史学上之正统论·资料一》，第 207 页。

② 仍以丘濬为例，他指出：“所谓民者，岂止中国之民哉？凡天地所覆载，具形体有知识者，皆吾赤子也。圣人一视以同仁，兼爱夫内外远近之民，惟恐一人之或失其所，苟限区域而为之爱恶，于遐外之民必欲剿戮灭绝之，岂父母之心哉？”丘濬：《大学衍义补·驭夷狄·劫诱穷黩之失》，第 534 页。引用时标点有改动。

③ 参看罗志田：《夷夏之辨的开放与封闭》，《中国文化》1996 年第 2 期（总第 14 期）；金观涛、刘青峰：《观念史研究：中国现代重要政治术语的形成》，法律出版社 2010 年版，第 227 页；梁治平：《为政：古代中国的致治理念》，生活·读书·新知三联书店 2020 年版，第 52 页。

④ 《明史》卷二五五《刘宗周传》，第 6578、6576 页。

“中国性”）。董仲舒、程颐、朱熹天下观念的内部均存在普遍性与特殊性的张力，倔强的儒者仍然相信天下存在着一种超越“华夷”界限的“理”。儒者失望是必然的。因为他们会发现，“中国”自己确立、推广的“理”，只有“中国”自己信以为真。无论如何，在“华夷”关系中，一种自以为普遍化的单边规范还能够严格地约束着自己，就足以说明儒者对天下太平的追求、向往之真切与热忱。只是在交往的过程中，单边规范显然是不被认可的，即便是“善意”的规范。

善意地打造“天下一家”的亲密关系，是儒家长期以来的理想，随着儒家思想体系的丰富和深入，“天下一家”再次被儒者重申，并成为一个哲学论题。下面，我们就以明代影响力最大的儒者王阳明的天下观念为中心展开讨论。

二、论“天下”何以为“一家”

由于王阳明较少讨论政治哲学的话题，在言及“天下”时也并未直指制度、权利、族群等问题，因而在学者看来，作为心学家的王阳明专以讨论心性修养为职事，而其专注于心性的特点使得王阳明及其后学缺乏在政治制度上的建构。笔者以为，与诉诸形式化的制度建构不同，王阳明所致力的是对关怀他人这一行为的哲学奠基。对这一基础的考察是比找寻、勾稽某些具体的设计方案更为根本的工作。

（一）王阳明天下观的哲学形态——万物一体

王阳明天下观念的基本表达是万物一体论。① 万物一体论由来有自，非王阳明首创。圣人（或大人）以天地万物为一体的基本表现是把天下人视为自己的家人。以对待家人的方式对待天下人，可谓把天下家庭伦理化了。这一情形的哲学化表达便是“我”与作为他人的天地万物一体相关、息息相通。反观这样的天下，它不是一个纯粹空间意义上的“普天之下”，也难以用“四海”“九州”来框定或替换。这样的天下首先是价值性的，是对人生存于世且更“好”地生存于世的构想。

在王阳明看来，夏商周三代是最理想的世界。② 但是三代以来，王道没落，霸术焻起。③ 因而王阳明倡“拔本塞源论”以挞伐“功利之毒”。由王道到功利的转向是一种由公到私的退化。这一进程不是指公产转变为私产，而是体现为公心的失却与私心的积渍进而泛滥。王阳明并不否定私，他所谓的“视人犹己，视国犹家”恰恰体现了推己及人的廓然大公需要基于

① 王阳明说：“夫圣人之心，以天地万物为一体。其视天下之人，无外内远近。凡有血气，皆其昆弟赤子之亲。莫不欲安全而教养之，以遂其万物一体之念。”（陈荣捷：《王阳明传习录详注集评》，台湾学生书局 1983 年版，第 194～195 页。）又，“大人者，以天地万物为一体者也，其视天下犹一家，中国犹一人焉。”（王守仁撰，吴光等编校：《王阳明全集》卷二六《续编一·大学问》，上海古籍出版社 2014 年版，第 1066 页。）

② “当是之时，天下之人，熙熙皞皞，皆相视如一家之亲。”陈荣捷：《王阳明传习录详注集评》，第 195 页。

③ “霸者之徒，窃取先王之近似者，假之于外。以内济其私己之欲。”陈荣捷：《王阳明传习录详注集评》，第 197 页。

“己”和“家”。[①] 王阳明的担忧在于，人心中本有的“外推”维度被私欲遮蔽而变得“人各有心”，成为“偏琐僻陋之见”与“狡伪阴邪之术”，也即把他人变成与己对立的个体，为满足一己之私而损及他人。对此担忧者不惟王阳明一人，“圣人有忧之。是以推其天地万物一体之仁以教天下。使之皆有以克其私，去其蔽，以复其心体之同然”[②]。王阳明在此所谓圣人“复其心体之同然”之教指的是心学。[③] 按其所言，克服三代以来人己相分、人各有心的方法在于通过心学的实践回归到人心本有的状态，这一状态可概之为“万物一体”[④]。王阳明以“仁”字解说“万物一体”。“仁”使得“天地万物一体”得以可能。[⑤]

综上可见，王阳明的天下观延续了传统儒家“天下一家”的观念，天下被认为是家的放大，天下之人应以“一家之人”

---

① 正如《礼记·礼运》中“人不独亲其亲，不独子其子”的理想人伦状况也恰恰需要在“亲其亲”“子其子”的基础上通过“推己及人”来实现。

② 陈荣捷：《王阳明传习录详注集评》，第 259、195 页。

③ “盖其心学纯明，而有以全其万物一体之仁。故其精神流贯，志气通达，而无有乎人己之分，物我之间。”陈荣捷：《王阳明传习录详注集评》，第 196 页。

④ 从社会历史的角度看，三代社会构成了王阳明的政治追求。但仅如此表述还不够。因为“三代之世为何使王阳明如此真挚地心向往之”是一个更有必要讨论的问题。三代之世不是作为一个现成的社会形态打动了王阳明，而是以其表现为“家”的形态使王阳明倾慕不已。就此而言，一个理想共同体不在于模仿、复制历史上某个业已存在过的社会形态，而是发掘、培育一种历史上理想社会的精神基底，使这种精神基底与时偕行地塑造一个当下的理想共同体。所以，与其说王阳明理想共同体的原型是三代社会，不如说它的原型是家。

⑤ “大人之能以天地万物为一体也，非意之也，其心之仁本若是，其与天地万物而为一也。”《王阳明全集》卷二六《续编一·大学问》，第 1066 页。

的伦理关系形态共处，此即“与天地万物为一体”。在王阳明这里，“万物一体”成为一个心学命题，它根植于人人本有的“仁”心。所以，理解王阳明的天下观，需要在其心学语境中专注于“仁”的内涵，考察“仁”为何可以突破私欲、面向他人，“仁”的根基又何在。由此，才能说明儒家所谓的天下为何不是冰冷的空间，而是原本就带有价值与关怀的“人的天下”。

（二）“天下之人”何以为“人”？——论奠基于“亲—亲”的“仁”

虽然心在王阳明哲学中是至高范畴①，但是心容易被私欲遮蔽。上文曾指出，人心被私欲遮蔽意味着心中面向他人的“外推”维度失却了。如此，不仅不会“视人犹己，视国犹家”，甚至会出现“骨肉相残”②“视其父子兄弟如仇雠”③ 的现象，沦为绝对的利己主义。我们注意到，这种极端的自私自利以视家人如仇雠为标志。“万物一体之仁”的出场就以家的被破坏为背景。④ 如果家人之间以仇人相视，便意味着“仁”早已不复存在，意味着“性”不再“生理”。所以，王阳明思想中的“天理”根植于人“在家”的“仁心”。

自称身经“千死百难”的王阳明，在其生活经验中屡次揭

---

① “人心是天渊。”陈荣捷：《王阳明传习录详注集评》，第 300 页。

② 《王阳明全集》卷二六《续编一·大学问》，第 1066 页。

③ 陈荣捷：《王阳明传习录详注集评》，第 195 页。

④ 正因为家庭内部的感情遭到破坏，圣人才“推其天地万物一体之仁以教天下。使之皆有以克其私，去其蔽，以复其心体之同然”。陈荣捷：《王阳明传习录详注集评》，第 195 页。

示、强调其对亲人的难以断念。① 王阳明对个人生死的认知，经过“龙场悟道”已“胸中洒洒”②，但当他后来遭受诽谤进而思及“以一身蒙谤，死即死耳，如老亲何”时，转而有“此时若有一孔可以窃父而逃，吾亦终身长往不悔矣”③ 的慨叹。王阳明对亲人的念虑，往往起于人生经历的边缘、关键节点。个人的遁隐、出世乃至赴死都可以被自身还原、转换为一种可接受的意义，对亲人之爱却无法被转换为另一种意义。王阳明悟出“此念可去，是断灭种性矣”④，说明对亲人之爱是人之为人的根本。所以王阳明的思想不只是一种道德的说教，而且以不可还原的对亲人之爱为源头。对亲人之爱构成了天下内部各类关系中的“元价值”。

对亲人之爱是源发的。某人某物恰恰在爱中被构成为某人与某物。真正的爱奠基于“亲—亲”之爱，且已然带有朝向他人的维度，而非只在观念中知晓“应当去爱”。王阳明曾以墨家为例指出，墨氏之“兼爱”缺乏根基，此根基即孝悌之情，“兼

---

① 《王阳明全集·年谱》记载，王阳明在三十一岁时行导引之术，并得先知之能，“已而静久，思离世远去，惟祖母岑与龙山公（案，王阳明之父）在念，因循未决。久之，又忽悟曰：‘此念生于孩提。此念可去，是断灭种性矣。’明年遂移疾钱塘西湖，复思用世”。（《王阳明全集》卷三三《年谱一》，第 1351 页。）不仅如此，他还以“爱亲本性”谕知一位“坐关三年，不语不视”的禅僧，彰明禅僧对其母亲之念，使禅僧入世归家。（事见《王阳明全集》卷三三《年谱一》，第 1351 ~ 1152 页。）

② 《王阳明全集》卷三三《年谱一》，第 1354 页。

③ 《王阳明全集》卷三四《年谱二》，第 1402 页。

④ 《王阳明全集》卷三三《年谱一》，第 1351 页。

爱”的发用缺少一个生生不息、源源不断的动力支持。① 把爱抽离于人的实际生活经验，进而放在一个高于人的位置，以律令、法则的形式要求人行“爱人”之事，这就回避了“这种爱本身如何可能”的问题，因而必然需要借助权威，通过强制力，以某种社团化、宗教化的形式来推行、维持。所以兼爱众人实则需要预先对人进行某种强制、规约。就此而言，作为律令的“兼爱”类似于在家庭内部被教条化的“孝道”。甚至说，教条化的“孝道”是“兼爱”在家庭中的某种投射。近代以来众多知识人痛斥家庭压抑人性，以致走向“家庭革命”，其所反对的正是那种抽离于人性的刻板礼教。正如研究者所指出的，参与“家庭革命”的新文化运动诸人之所思“仍围绕每个人应怎样爱自己的父母”，只是后来受其影响的新青年在口号与理念的驱使下“只把眼光投向‘不独亲其亲，不独子其子’”②，忘记了“亲其亲，子其子”。致力于破除教条的新文化运动诸人，仍思考如何爱父母，这说明他们并未否定孝本身。真正的孝应构成于某种真切的爱。“唯有在‘亲亲’中构成的孝，才是真孝。”③

---

① “仁是造化生生不息之理。虽弥漫周遍，无处不是。然其流行发生，亦只有个渐。所以生生不息……父子兄弟之爱，便是人心生意发端处。如木之抽芽。自此而仁民，而爱物。便是发干生枝生叶。墨氏兼爱无差等。将自家父子兄弟与途人一般看，便自没了发端处。不抽芽，便知得他无根，便不是生生不息。安得谓之仁？孝弟为仁之本。却是仁理从里面发生出来。”陈荣捷：《王阳明传习录详注集评》，第 114 页。

② 赵妍杰：《家庭革命：清末民初读书人的憧憬》，社会科学文献出版社 2020 年版，第 132 页。

③ 朱刚：《“亲亲”何以“为大”？——对“仁者，人也，亲亲为大”的一种现象学—生存论的阐释》，《中山大学学报》2017 年第 4 期。

就此来看，在社会或天下层面上，脱离了人性的教条之爱当然也不是真爱。

仁者固然“与天地万物为一体”，但仁者首先是与家人为一体。与海德格尔所展示的此在“在世”存在不同，儒家揭明的是人首先“在家”存在；人不是孑然一身地被抛于世，而是首先被抛于家。人在家中亲身经历着“亲—亲”事件，“仁爱”源发地显现其中。即使如王阳明身处困厄、于个人生死已了然无牵时，“生于孩提”的“亲—亲”之念仍然难以泯除，并唤其“回家”。如果说儒家揭明的“人”首先是亲其亲人的“在家之人”，那么基于“亲—亲”的仁爱便是人之为人的根本。质言之，王阳明理想中“天下之人，熙熙皞皞，皆相视如一家之亲”① 中的“人”，首先是有仁爱之心的“在家”之人。

（三）仁者何以爱他人？

继踵而至的问题是，具有仁爱之心的人是否就“愿意”把这种爱施及家人之外的他人？“视人犹己，视国犹家”是否就是在认知上把他人当作自己的家人或者自己？仁爱之心如何超出家庭以使得“吾之仁实与吾之父、人之父与天下人之父而为一体”②？

王阳明特别指出，“以天地万物为一体”并非在认知上把天地万物“当作”一体。③ 因为人对天地万物本然地具有恻隐、

① 陈荣捷：《王阳明传习录详注集评》，第195页。

② 《王阳明全集》卷二六《续编一·大学问》，第1067页。

③ “大人之能以天地万物为一体也，非意之也，其心之仁本若是，其与天地万物而为一也。”《王阳明全集》卷二六《续编一·大学问》，第1066页。

不忍、悯恤、顾惜之心，这种心不是经过后天的学习而形成的，而是“根于天命之性”“自然灵昭不昧”，王阳明称之为“明德”①。

人心可以情境化地显现为对他人的某种爱。心所具备的这种丰富可能性，要高于被对象化的规范、理念、教条。这样，我们面向他人时的伦常道德，就不是外界强行给予我们的，而是当场构成的。② 我们也并不是“主动”“愿意”面向他人，而是总已经面对他人了。③ 对他人的不闻不问、熟视无睹，不过是上述伦理构成机制的残缺样式。有的人之所以被视为“没有良知”，只是因为人在本质上是有良知的——只有我们已经知道了良知，我们才能经验到生活中那些不够良知的人与事；只有人总已经有某种良知了，我们才会把良知的隐匿视为应当被谴责的事情。我们总是根据本质而要求、评判一个人。“残缺”不等于“空洞”，即使冷漠的人，仍有“见在良知”需要实现。因而所谓有或没有，只是就其呈现而言的。良知的灵昭明觉、知

---

① 《王阳明全集》卷二六《续编一·大学问》，第1066页。

② “以此纯乎天理之心，发之事父便是孝。发之事君便是忠。发之交友治民便是信与仁。”（陈荣捷：《王阳明传习录详注集评》，第30页。）“是故率是道心而发之于父子也无不亲；发之于君臣也无不义；发之于夫妇、长幼、朋友也无不别、无不序、无不信”。（《王阳明全集》卷七《文录四·重修山阴县学记》，第286页。）

③ 在某种程度上，中国人观念中的他人正是相对于“家”（或者“家人”）而言的。无论是西方的“在世之人”，还是中国的“在家之人”，都面对着同一个事实，即“向他人的存在是一种独立的不可还原的存在关联”。引自海德格尔著，陈嘉映、王庆节译：《存在与时间》，生活·读书·新知三联书店2012年版，第145页。

是知非，使我们不会以他人之悲苦危困为乐。面对孺子入井，我们产生的怵惕恻隐之心超出了“内交于孺子之父母”“要誉于乡党朋友”“恶其声”（《孟子·公孙丑上》）等现实功利性和主观感受性的考量。因为，良知的意向对象不是现成之物，也非内在自我。良知不是意识，也不是前反思地把握到意识的“内意识”。良知无时无刻不在事情之中情境化地显现，“权轻重之宜”，此即“致良知，便是必有事的工夫”①。王阳明说，以良知为内核的心学，既非固守己心、不顾其外的禅学，也非逐物害性、戕伐其心的功利之学。因为以上两种学问都预设了“内—外”“人—己”之别。作为圣人之学的心学，“无人己，无内外，一天地万物以为心”②。所以“圣人之心”是无分别、无对待的心。反过来说，如果我们的心还没有达到对天地万物的包纳、关怀，说明我们还未“尽心”，说明人所共有的可能性——良知仍未实现出来。

王阳明强调尽心时曾说：“吾之一家饱暖逸乐矣，而天下有未饱暖逸乐者焉，其能以亲乎？义乎？别、序、信乎？吾心未尽也。”③ 当“我”知道天下还有未获得饱暖逸乐的人时，“吾心未尽”之感不是基于他们的生存状况而产生，而是“我”看到了“我”的“家人”身处穷困之境。质言之，“我”的意向对象不是某种表现出来的现实处境，而是直接面向那些穷困之人的人格价值。“我”不是对他们的处境进行某种“再感知”

---

① 陈荣捷：《王阳明传习录详注集评》，第 182、378 页。

② 《王阳明全集》卷七《文录四·重修山阴县学记》，第 287 页。

③ 《王阳明全集》卷七《文录四·重修山阴县学记》，第 287 页。

和体验[1]，而是他们的处境已然关乎“我”的处境。这种将自己的个体自我与他人的个体自我等同起来的状态，可称作“一体感（Einsfühlung）”。按照舍勒（Max Scheler）的论述，当“一体感”发生时，“不仅他人的、有限的感觉过程被不自觉地当成自己的感觉过程，而且他人的自我恰恰（在其所有基本行为上）与自己的自我被认同为一体。这里的认同既是不自觉的，也是无意识的”[2]。这种人我一体，超出认知，是“我”对他人感受的直接感受，不虑而知，不学而能。王阳明对这一思想的证成，诉诸他的“身体隐喻”——“圣人之求尽其心也，以天地万物为一体也”[3]。他试图把天地万物纳入“一个身体”，使人在身体这个空间场、意义场中更加真切地体贴到他人的感受如何与“我”紧密相关，以及他人的人格如何牵连着“我”。

（四）“身体隐喻”的后果及困境

在上面的考察中，我们发现，奠基于“亲—亲”的仁爱使得人之爱是源自人性的有根之爱，这为“爱人”提供了既非强制性亦非随意性的不竭动力；作为人之可能性的良知，总是“见在”，且有待扩充、实现，因而生存于世的人无法完全冷漠

---

① 如舍勒所言，“再感知和体验性生活也不包含对于他人体验的某种‘参与’。我们可以在自身再体验中完全‘冷漠地’面对这种再体验的主体”。舍勒指出，同感对价值是盲目的，只有在爱中包含了价值。参阅马克斯·舍勒：《同情现象的差异》，朱雁冰译，音之校，刘小枫选编：《舍勒选集》，上海三联书店1999年版，第277~281页。另，笔者对涉及他人处境的情感现象的论述，参考了蔡祥元《感通与同情——对恻隐本质的现象学再审视》（《哲学动态》2020年第4期）一文。

② 马克斯·舍勒：《同情现象的差异》，《舍勒选集》，第292页。

③ 《王阳明全集》卷七《文录四·重修山阴县学记》，第286页。

地无视他人，而是总已经以某种方式与他人照面了。这使我们看到了“爱他人”的可能。但是“爱他人”的真正发生，需要被落实到一个具体的意义场域中，使他人与“我”的关系直接显现出来，亦即“我”直接感受到他人的悲喜痛痒，而非根据悲喜痛痒建立起“我”与他人的关系。

王阳明以“身体隐喻”展现、证成“我”与他人的一体性。① 看到他人遭受困苦荼毒，人都会产生切身的疼痛感。身体这时之所以能够产生疼痛感，是因为人具有知是知非的良知。由于良知乃人人具备，所以对良知的扩充——致良知就具有公度性。“我”在看到他人的不幸遭遇时，就产生了责任感。责任指的是对自己分内之事的担当，是对自我处境的操劳，而非对他人事务的应承。

须看到，在“万物一体”的前提下，当我们因看到他人之不幸遭遇而产生责任意识时，这个负起责任的主体不是“一体”上的某一部分，而是“一体”本身，“一体”自身具有一个统一性的“我”，“我”为“我的”身体“负责”。当王阳明站在“我”的角度论述“我”与天地万物的关系，尤其是“我”对

① 王阳明《答聂文蔚》有云：“夫人者，天地之心。天地万物本吾一体者也。生民之困苦荼毒，孰非疾痛之切于吾身者乎？不知吾身之疾痛，无是非之心者也。是非之心，不虑而知，不学而能。所谓良知也。良知之在人心，无间于圣愚。天下古今之所同也。世之君子，惟务致其良知。则自能公是非，同好恶，视人犹己，视国犹家，而以天地万物一体。求天下无治，不可得矣。古之人所以能见善不啻若己出，见恶不啻若己入，视民之饥溺，犹己之饥溺，而一夫不获，若己推而纳诸沟中者，非故为是而以蕲天下之信己也。务致其良知，求自慊而已矣。”陈荣捷：《王阳明传习录详注集评》，第 258 页。

天地万物的责任时，一种关于身体的隐喻便暗含了这样的设定：“我”是身体的主宰，天地万物分别是“我的”身体的各个组成部分。当“我的”手痛或脚痒时，“我”不虑而知地承担起祛除痛痒的责任，但“我”不属于身体的任何一个部分。“我”属于身体的统一性，即身体本身。如果一定要为“我”在身体中定位，那么“我”就是身体之“心”，此身体并非无灵魂之肉体，此“心”也并非一团血肉，而是拥有虚灵明觉之心。对于一个身体而言，“指其主宰处言之谓之心”①。这种隐喻多用来表述君臣关系或君民关系。②

从以上对王阳明身体观的考察中，我们也可窥见其天下观。的确，王阳明曾明言：“惟夫明其明德以亲民也，故能以一身为天下；亲民以明其明德也，故能以天下为一身。夫以天下为一身也，则八荒四表，皆吾支体，而况一郡之治，心腹之间乎？”③基于明明德的亲民不是一种人我平等的爱，而是“我”对“支（肢）体”的爱，“我”之所以爱天下之人，是因为“我”是这

① 陈荣捷：《王阳明传习录详注集评》，第282页。

② 这类论述在古代文献中历历可见。参看《管子·心术上》：“心之在体，君之位也。九窍之有职，官之分也。”《礼记·缁衣》：“民以君为心，君以民为体。心庄则体舒，心肃则容敬。心好之，身必安之。君好之，民必欲之。心以体全，亦以体伤。君以民存，亦以民亡。”《荀子·君道》：“天子不视而见，不听而聪，不虑而知，不动而功，块然独坐而天下从之如一体，如四胑（肢）之从心。夫是之谓大形。”“大形”即“大身体”。董仲舒《春秋繁露·为人者天》基本上袭用上引《礼记·缁衣》原话：“君者，民之心也；民者，君之体也。心之所好，体必安之；君之所好，民必从之。”

③ 《王阳明全集》卷二八《续编三·书赵孟立卷》，第1128页。

个天下的主宰。

如果“我”与天地万物的“一体化”建立在“我”是主宰者的基础上，那么此中之“爱”是否也是他人愿意接受的？如何保证“我”不以爱的名义行干涉、控制他人之事？如果说王阳明的天下观赓续了传统儒家“天下一家”的追求与情怀，那么“身体隐喻”对它的证成就理所当然地默认了“我”是“天下一家”的“家长”，“我”是“天下之主”。这一方面固然可理解为儒者兼济天下的抱负，另一方面也是对主从关系模式的“身体性”确证。那么，当“我”在实际生活中不无优越感地自以为“爱”着他人时，这还是不是一种源发的爱？这种爱与“同情”有区别吗？我们可以发现，王阳明的“身体隐喻”中频频出现的是“困苦荼毒”“疾痛”“饥溺”这些描述处境不佳的词，而缺乏我们与他人同喜同乐的描述。所以，王阳明的“身体隐喻”更多地表现为一种对他人的同情。试想，如果天下之人不再身处困境，“我”是否还能真切地与他人同喜同乐？无论是从“亲（爱）民”还是从“万物一体之仁”来看，以主宰者的身份面对天下之人，同情其悲苦，都与“仁爱”的无条件性隔膜甚多，也与王阳明论“尽心”时把愚夫愚妇也考虑在内的平等观念存在不小的扞格。

（五）“天下一家”岂是“天下一身”？

王阳明“天下一身”的身体隐喻是为了证成“天下一家”的应然性，但是“身”和“家”具有不同的特点和存在结构。“身”意味着个体自我，“家”则包含着“亲—亲”的共在之维。以个体自我为出发点的“身体隐喻”，表达的是一种“自爱”，即“我”对身体的爱乃是对自己的爱，“我”爱各个肢体器官实则是爱“我”。这种爱具有明确的目标，即自身，并且这种爱以“我”与作为肢体器官的他人的不平等为前提。既然王阳明的初衷是天下之人成为“一家”，那么这意味着王阳明已意识到家才是爱的源头所在，是人伦关系的理想之所。在家中发生的“亲—亲”之爱是源发之爱，它克服了“爱我”“爱他（她）”的计算、分别之心，也超越了规范的强制，把人带到最生动的生存情境中。“亲—亲”之爱是一种存在状态，它是非对象化的无欺罔之爱。正由于此，对父母的孝爱绝非只是出于规范、义务的“能养”，其是否真切经受着“色难”的考验。

“家”带给我们的是一种“我的家”之归属感，“我”不仅是“家”的成员之一，更重要的是，“家”也界定着“我”。舍勒曾举例说：

> 家族或者氏族的成员对于本族一个成员受到的任何伤害或者侮辱所怀有的复仇冲动并非出于“同感”（它的前提恰恰是：痛苦是作为他者的痛苦发生的），而是由于将这种伤害或者侮辱直接作为对“自己的”伤害或者侮辱来经历的，——这种现象的理由在于个体最先更多地是生活在群体中，而不是自身之中。①

舍勒所谓“自己的”，首先应该是“自己所处的共同体”。而“自己所处的共同体”规定了现在的“我”。当共同体中的他人被伤害时，我不必体验其感受，而是直接感受到“我”和

① 马克斯·舍勒：《论他者的我》，朱雁冰译：《舍勒选集》，第377页。

他人所共处的共同体受到了触犯，“我”的复仇既不是为了“我”这个孤立的自己，也非为了保护他人，而是对“我”生存结构中“我们的共同体”的维护，是对“我”的规定性的守护。所以，他人的幸福、悲苦不是作为对象被“我”感知到，而是作为共同体的幸福、悲苦使共同体中的“我们”有所共感。① 我们不能把这样的“为我”与损人利己的自私混为一谈。因为，前者是在一个共在结构中发生的，后者所处的世界则是原子化的。

家是最基本的共同体。在作为共同体的家中，显现着一种前“彼—此”的、非对象化的“亲—亲”之爱，这为“我”爱家以外的他人提供了根基。由此，一种对家庭以外的人的真切之爱，若要超出功利化、教条化、对象化乃至宰治化，就需要培养人们彼此之间对其生存于其中的某种共同体的认同感，尤其是注重生成、呵护共同体为人的生存所提供的稳定结构，使人们在其中有归属感、安全感，使共同体成员因“我们的”悲喜而悲喜。这样一种持久的认同，势必在根基处切中“亲—亲”之爱。

---

① 这并不意味着共同体成员的感觉都是一样的，准确的表达应当是：感受本身是可以相通的，但感受的具体内容（程度）却是因人而异、不完全等同的。舍勒曾这样澄清：“严格地说，人们能够‘感受’同一种痛苦（尽管以一种在个体上不同的方式），但却不能够感觉同样的疼痛；在这里始终有两种不同的感觉。”马克斯·舍勒：《论他者的我》，《舍勒选集》，第385页。

第三章 “天下人”概念的均质化：君民对立下的公私之辨

儒学对于仁义价值的阐述，长期以来在普遍化与非普遍化之间跌宕。所谓普遍化，指的是历代儒者都相信，仁义是全人类的共同价值，“夷狄”也可以接受礼乐文明，从而进于“中国”。所谓非普遍化，指的是现实中的“华夷”关系比儒者的想象要复杂得多，“中国”感化“夷狄”并不容易，仁义要成为在“华夷”之间通行的价值理念，遥遥无期。要突破这个困境，首先需要反思那种用某一现成价值理念覆盖不同群体的思维方式，要意识到人类生活的世界是一个有根但需不断构成的情境化状态。有根意味着人类有达成和谐、实现天下一家的可能性，构成意味着理想的天下不是靠一方整顿、改造另一方来实现，而是需要人亲临各种情境，在生存处境变动的边缘时刻发现自己最能坚守的东西。亲—亲之爱是对天下人之爱的源头，但是如果把两种爱视为同维度上的推进关系，就会不自觉地寻求体制、权力保障，以避免对天下人的爱空为一种情怀、口号。政治上的家长主义便是上述思维的产物。权力与人性的结合，可以更自然地确立君主之私的合法性。① “天下一家”“以天下为一家”都希望视天下人为家人，这隐然以“家天下”为前提。

对理想天下的设想，固然应当以民众的福祉为基本面向，但也不容忽视对权力的必要限制，所以还应当思考如何把天下人的意愿纳入“天下为公”的实践中，杜绝走向专制的单方面之爱。中国古代的天下观念把民心作为一个决定是否更易天下之主的指标，但民心表达的是好恶，民众的好恶则取决于主政者对于民意的收集与满足。民意是民心的条件，民意是具体的，它需要被收集、反馈。或者说，民意来自于民众对主政者提出的具体问题，取决于主政者对问题的应对态度和质量。民心虽然能在一定程度上测度民意，却也有可能被误导、转化，以一时之快诱使天下人不计后果地顺风而从。关于民意传达机制对于克服君主之私、实现天下为公的重要性，葛剑雄先生说：“在没有一套切实可行的民意收集系统和民意代表制度时，皇帝就算真的愿意为公，也无法明白‘公意’何在。”② 中国古代缺少

① 权力支配包括两个方面：一是通过上下级关系确立人格上的不平等，要求他人对权力占有者尽个人化的义务（比如尽忠、卖命），最典型的是君臣关系；二是权力占有者把其权力支配范围内的资产视为己有，实现自身利益最大化，这里涉及的是君民关系。关于权力支配的合法性，除了声称授受于天，还要与人性相结合。亲亲之爱是一种最源本的爱，它可以在一种单线或平移思维中被用来论证“家天下”、家长主义政治的合理性，给这种政治的外观增添温馨色彩。并且，它可以很自然地强调：作为“子女”的臣民要像孝敬父母那样孝敬政治上的“父母”——君主。对于其中的谬误，笔者会在本书最后一部分讨论。

② 葛剑雄：《“天下为公”何以成了“天下为我”》，《同舟共进》2007 年第 9 期。

表达民意的渠道或空间，民众的声音很难及时、准确地反映到上层。对于构建理想的天下来说，士大夫的声音显得格外重要，因为士大夫的声音可以代表一部分民意。在明清之际，士大夫谈论较多、阐述尤详的一个话题是公私问题。我们把这时期的相关讨论称作公私之辨。

在考察公私问题之前，我们需界定天下观念与公私观念之间的关系。沟口雄三在考察明末清初的公私之辨时，多次指出这个语境中的“民”指的是富民阶层。① 若依沟口的历史性还原，公私之辨就是一个在经济史领域衍生出来的思想观念问题，与其说天下观念内部包含着公私观念，不如说其时的士大夫自居天下人的代言人，通过讨论天下人与君主的利益关系来为自己谋利益。这样，天下就是一个从属于公私的范畴。笔者觉得，一方面，我们可以从时人公私观念的变化中探寻其经济史、社会史背景；另一方面，天下毕竟是被“公”所界定的，也即天下为公，这其中包括：天下是天下人之天下，天下物产应为天下人所共享，治天下应以民为本，天下人相处应抱有公心等。公私观的变化就是关于天下之内涵、意义、价值、理想的变化。士大夫对公私关系的阐述，代表了他们对理想天下中的权力关系、利益关系之构想，对于建设理想天下来说具有规范性意义。

---

① “所谓自私自利性的民……这个民不是所谓的民之全体，而是被当时视为有力量的、包括自耕农在内的地主阶层及与它相关联的城市工商业者，亦即富民阶层。……说到底，奴仆、佃户、贫雇农、都市工人等无产阶层的声音，未必和这些民并列一处。”沟口雄三著，龚颖译：《中国前近代思想的屈折与展开》，生活·读书·新知三联书店 2011 年版，第 357 页。

所以，对于公私观念的考察，是天下观念研究中的一个必不可少的部分。

第一节 否定君主之“大私”

“公”“私”二字被称为“宇宙的人鬼关”，意思是如果朝野上下都奉“公”，则“天清地宁、政清讼息”，如果人各为己、私心自用，则“扰攘的不成世界”①。明代皇帝的专权特征已被史家充分揭举。“天下者，太祖之天下也。”说这话的人大概不是为了媚上，而是出于一种思维定式，或者自认为道出了一个事实，也就是“自太祖传至孝宗，孝宗传之先皇帝”② 这样的帝王权力交接脉络。这里值得注意的是，权力是相对于谁而言的权力？或者说权力的主体与客体是谁？为什么会有这种划分？这一划分是理所当然的吗？

一、公论：“天下后（万）世”对君权的限制

皇帝的专权使人们不得不思考权力的属性。现代政治学为“政治权力”归纳了 10 个关键词，它们分别是：因果关系、意图、冲突、制裁、影响、防止、效用、惩罚、依附、决定性或关键性。③ 这 10 个关键词表明，政治权力是一方对另一方施加

① 吕坤：《呻吟语 · 治道》，《吕坤全集》中册，中华书局 2008 年版，第 823 页。

② 《明史》卷一九一《何孟春传》，第 5067 页。

③ 米勒、波格丹诺主编，邓正来译：《布莱克维尔政治学百科全书》，中国政法大学出版社 2002 年版，第 610 页。

作用，即构造主客关系，以便满足政治主体的需要，乃至强化政治主体的力量。儒学中有久被阐扬的“己欲立而立人，己欲达而达人”（《论语·雍也》）和“己所不欲，勿施于人”（《论语·卫灵公》）的理念。上述理念针对的同样是人我关系，但在政治权力面前，就显得不足为用。人我关系可分为三种，一是超出但不放弃自我，积极面向他人，二是将他人纳入自我，三是放弃自我，顺应包含着众多他人的世界。第一种关系为儒学所提倡，第二种关系则为权力拥有者所青睐，第三种关系是道家人生观的体现。天下为公的理念以第一种关系为前提，但是实现天下为公的希望往往被寄托在最有权力的人身上。在这里，悖论出现了：天下为公的理想需要权力的帮助才能顺利实现，天下为公本身却是一种限制权力的思想，它以消除专制和集权为最终目的。但凡出于公心的士大夫，即便默认了“家天下”这个历史前提，也绝不会放弃对君主独断专行的劝谏。那种宣扬鼓动君主独断专行者，就是与天下人为敌。

士大夫与皇帝的点对点沟通很难收效，因为士大夫的劝谏者身份同时意味着他们不能对君主专制构成根本性的批判和挑战。在身份不平等者之间的对话中，士大夫希望自己的意见被采纳，但很容易激怒皇帝。嘉靖时代的赵时春曾上书皇帝，说“当今之务最大者有四，最急者有三”。最大的四件事中，前两件是“崇治本”和“信号令”。所谓“崇治本”，即不以皇帝个人的喜怒而行赏罚之事，而是应该出于公心：“君之喜怒，赏罚所自出，勿以逆心事为可怒，则赏罚大公而天下治。”所谓“信号令”，即广听众言，眼光长远，决策应考虑天下人的福祉：“无信一人之言，必参诸公论。毋狃一时之近，必稽之永远。苟利十而害一则利不必兴，功百而费半则功不必举，如是而天下享安静之福矣。”① 刘世龙也对嘉靖皇帝说：“勿以私好有所赏，勿以私恶有所罚，虚心以防邪佞，谦受以来忠谠，更敕大小臣工，协恭图治，无权势相轧，朋党相倾，则风俗正矣。”② 以上两位劝谏者，皆引来牢狱之灾，未得善终。

上述士大夫的谏言，均涉及公私问题，这是君主的敏感点。王夫之后来说：“不以一人疑天下，不以天下私一人。”③ “疑”字值得玩味，并且它和“私”的对应，更引人深思。专制君主之所以常疑，正在于他以为天下是其一人、一家之私物，“藏天下于筐箧”④，担心失去这笔巨大的财产。而他一旦“疑”起来，后果就颇不可测。君主因私心而生发喜怒，欲对天下之人进行彻底管制，此与仁义相背驰，于治天下而言，这是自寻绝路。⑤

劝谏有明确的目标，针对的是非常具体的事情，但是君主经常会把那些提出“不合时宜”之论的大臣一个一个削职下狱。如果没有一套超出君臣不平等关系框架的阐述，如果仅仅针对君主的施政态度、方法而提出修正性的建议，就仍然避免不了一批又一批的诤臣献身赴死。问题的关键不在于有多少人劝谏，

① 《明史》卷二〇〇《赵时春传》，第 5300 页。

② 《明史》卷二〇七《刘世龙传》，第 5473 页。

③ 王夫之著，王伯祥校点：《黄书·宰制》，中华书局 1956 年版，第 17 页。

④ 黄宗羲：《明夷待访录·原法》，《黄宗羲全集》第一册，浙江古籍出版社 1985 年版，第 6 页。

⑤ 《黄书·任官》：“爱以我私，而制尽人族，与仁义背驰，而求治天下，亦难矣。”第 25 页。

不在于劝谏的内容，也不在于劝谏时怀着多大的诚心和多么强烈的正义感，而在于劝谏本身就已默认了君主的无限决定权，劝谏构不成对君主权力持久而根本的限制。即便君主可以采纳一批诤臣的建议，一批佞臣可能又把君主的欲望培养起来。能够克服这一困境的资源，要到天下观念中挖掘。之所以这么说，是因为以下两点：

第一，“天下”的主要内涵之一就是“天下人”。君主治天下首先是一个如何处理君民关系的问题。如果君主视民众的人格、生存于不顾，那么民众可以揭竿而起，再立新君。这一点已被政治思想史研究者深入阐述，兹不重复。

第二，我们在古代文献中经常看到士大夫有“天下后世”“天下万世”之类的表述。所谓“天下后世”“天下万世”，指的是一种对君主构成制约的舆论。“公议所在，系国家元气，系天下治乱。”① “天下”代表无限的空间，“后世”“万世”代表极长的时间，无限+极长=普遍性。这里有一种试图通过时间的延续构造所谓真理，通过公共性来体现真理常在的倾向。“宇内有三权：天之权曰祸福，人君之权曰刑赏，天下之权曰褒贬。……褒贬者，天下之所恃以为祸福者也。……褒贬不可以不慎也，是天道、君道之所用也。”② 把“之所用”理解为“根据”比较好。天主要根据民众的声音来降祸福，君主主要根据民众的声音来行刑赏。另外，把一个人的言行记入历史，被后

① 黄宗羲著，沈芝盈点校：《明儒学案》卷五三《诸儒学案下一》载霍韬语，中华书局2008年版，第1275页。

② 吕坤：《呻吟语·治道》，《吕坤全集》中册，第860页。

人评判，这也能够形成一种极强的约束力。人在意名声，有的人总想“赢得生前身后名”。这是因为人具有历史性，他/她希望自己在现世的存在结束之后，还能够以边缘的方式在时间中存在。具有持久约束力的历史评判，不同于凭借现世之外的鬼神来震慑君主。“天下万世有公是非。”① 公共世界的评论，让一个人背上“是”或“非”的价值标签，足以决定一个人在“身后”如何存在。想想那些至今仍遭人唾弃并且此后继续遗臭万年的历史罪人，我们便可理解“天下万世”之“公是非”的力度之强劲了。黄宗羲曾说：“大奸大恶，将何所惩创乎？曰：苟其人之行事，载之于史，传之于后，使千载而下，人人欲加刃其颈，贱之为禽兽，是亦足矣。孟氏所谓‘乱臣贼子惧’，不须以地狱蛇足于其后也。”② 亦是此意。

“天下”与时间的结合，不仅使每个人都自觉地思考自己在时空坐标上的位置，而且他的一举一动在坐标上所留下的痕迹难以擦除。天下后（万）世的公论对那些独夫民贼的针砭，如《春秋》“代天讨罪”，一旦定罪，“虽斧钺不及，诃诟不及，万世之是非而在”③。所以有人说：“以天下万世之心，衡天下万世之人与事，则议论公，而国家自享安静和平之福。”④ “天下万世是非公论，当与天下万世共之。”⑤ “天下后（万）世”并

---

① 谈迁著，张宗祥点校：《国榷》卷三一“癸酉景泰四年十月”条，中华书局1958年版，第1966页。

② 黄宗羲：《破邪论·地狱》，《黄宗羲全集》第一册，第198~199页。

③ 吕坤：《去伪斋集·胡传是正序》，《吕坤全集》上册，第84页。

④ 《明史》卷二四三《邹元标传》，第6304页。

⑤ 《明史》卷二六五《范景文传》，第6834页。

不具体地指天下某个人、某类人以及某一时代，不给沽名钓誉者可以把持的抓手。这意思是，一个人虽然可以凭借暂时的权力、手段，逼迫或骗取某时某地之人的肯定，得到一批人的迎合奉承，但历史的总体性与他/她生存结构的复杂性，会把他/她的形象在一种时间的远景中表现得更加明显。他/她的动机、手段以及其行为产生的后果，均可在逝去与再现的交织中得到更为清晰的显现。生前之名与身后之名可能会有着极大的反差。这种不确定性正是“天下”自身所具备的最有力的规约机制。伪装者总会被识破，这是独裁者无法消除的“梦魇”。质言之，“天下后（万）世”就是“公”，“天下万世之公，诚不可以私情废也”。[①] 公论的内容、评判标准或有变化，但是“公”自身超越时空两面，是对理想天下的一项最重要规定。

我们业已揭示了“天下后（万）世”自身所带有的规约机制，但也要指出，政治活动的开展不能没有具体的条文律令。“天下后（万）世”也不是没有被滥用的可能，比如秦始皇希望他手里的天下“二世三世至于万世，传之无穷”[②]，君主被群臣齐呼“万岁”，同样是权力对“天下后（万）世”的狂妄亵渎。权力拥有者竟然自信到对不可见之范围、不可测之将来进行“反制约”的地步。那些乐此不疲地求仙问药、希望长生不死的君主，无非是想取消天下的将来时，使天下失去它的时间性，永远保持着现在时。他们所理解的天下万世，就是自己权力、地位的延续不绝。天下所具有的自明的规范性，竟也有可能被一根筋的独裁者“在

① 谈迁：《国榷》卷五二“辛巳正德十六年七月”条，第 3235 页。

② 《史记》卷六《秦始皇本纪》，第 236 页。

权力的视角下”转化为对长生久视的欲望，这是极其可笑、可悲的。所以，制约君权还需要明文在册的“天下之法”。

二、天下之法：为天下人利益而立法

明清之际的公私之辨，是与对君民关系的讨论一并进行的，“公—私”“君—民/天下（人）”构成了两个交互框架，其基本表现为：公既是对君主的规范，又代表天下人的利益；私在君主身上就是恶，并且是“大私”，对民众而言则理所当然。公和私可适用于不同身份，但也因适用身份的不同而属性有别。

不过，对于民众之私的承认和呼吁，还没有大大方方地进行，民众之私还需借助天下为公这个无可置疑的政治文化观念来确立自己的合理性。梁治平先生说，黄宗羲论述君道时虽多言“公”，“但是他对君民公私诸观念的辨析，却隐含以满足民（人或天下之人）之‘自私’‘自利’为正当的判断。”① 其说甚是。那种认为早先曾存在着个人抛弃一切、“有公而无私”之状态的论调，只是“后代之美言”②。

对“公”的阐扬，就是在表达对三代以后君主的不满。要想确立“公”，就要对“私”展开批判。黄宗羲把“君主—天下”作为不可还原的对子③，愤斥“为天下之大害者，君而已

① 梁治平：《为政：古代中国的致治理念》，第121~122页。

② 顾炎武著，黄汝成集释：《日知录集释·言私其豵》，花山文艺出版社1990年版，第120页。

③ 黄宗羲：《明夷待访录·原君》：“古者以天下为主，君为客，凡君之所毕世而经营者，为天下也。”《黄宗羲全集》第一册，第2页。

矣。向使无君，人各得自私也，人各得自利也”[①]。天下为公不仅是一套社会理想，而且体现着圣王的高尚品格。[②] 君主的一己之私是天下为公的对立面。因此，制定一套超出君主个人好恶的“天下之法”，以确保“公”的实现，就十分必要。吕坤说：“宇宙有三纲，智巧者不能逃也，一王法，二天理，三公论，可畏哉！”[③] 有人说“法者天下所共”[④]。意思是，法具有普遍适用性和稳定性。但法常常只具有形式上的稳定性。一套基于君主利益而制定的“一家之法”同样可以被普遍化，获得稳定性。事情的关键是，法是否代表了普遍的意志、利益，“天下之法”仅仅是用来规约天下人的法，还是根据天下人的意愿，保障天下人利益的法。顾炎武曾引述宋人龚茂良的一个说法，指出法是基于天下人的利益而制定的，例则代表了少数人的意志或利益。就制定的原则及目的来说，例是对法的破坏。关于例与法的关系，过去是例与法共存，只是有人可以在法的规范之外活动，如今则是例取代了法，成为天下之规范，成为违背天下人意志、损害天下人利益以满足少数人的法——“法者，公天下而

---

① 黄宗羲：《明夷待访录·原君》，《黄宗羲全集》第一册，第3页。

② 笔者在前文曾提到，郭店楚简中就已有意思大致相同的论述。郭店楚简《唐虞之道》：“尧舜之王，利天下而弗利也。”（荆门市博物馆编：《郭店楚墓竹简》，第157页。）又，《史记·五帝本纪》说帝喾“普施利物，不于其身。……仁而威，惠而信，修身而天下服”。（《史记》卷一《五帝本纪》，第13页。）帝喾、尧、舜之所以成为后世君主的典范，原因之一便是他们“利天下”，而“利天下”同时意味着他们不利己，实现天下之“公”就意味着否定君主个人之“私”。

③ 吕坤：《呻吟语·治道》，《吕坤全集》中册，第825页。

④ 《明史》卷二四二《陈伯友传》，第6288页。

为之者也。例者，因人而立以坏天下之公者也。昔之患在于用例破法，今之患在于因例立法，自例行而法废矣。”① 在这个问题上，黄宗羲的态度也非常明确，那就是制定“天下之法”，是为了取代随着君主的更换而更改，满足君主之私欲的“一家之法”。简言之，“天下之法”首先是代表了天下人利益的法。② 当然，这样的法也是对包括君主在内的所有人有着约束、规范作用的法。天下之法应是作为“合法性”之“法”的“元法”。

既然“天下之法”要代表天下人的利益，它就要收集民意、参考公论，而不是靠“圣主”的智慧来制定，也非以“前王”的成法来代替。③ 公论需要经过历史的沉淀才能是非分明。流言蜚语并不代表公论，反而给收集民意的立法者制造了困难。吕坤说：“公论，非众口一词之谓也，满朝皆非而一人是，则公论在一人。”④ 公论不依人数而定，而依是非而定。问题在于是非的标准是什么。如果颠倒黑白，以是为非，那么这样制定的“天下之法”仍不过是对君主无限私欲的合法化。这意味着，制定“天下之法”时的是非标准，不能是现成的，因为任何一种现成的标准只能代表一部分人的利益，难以被另一部分人所接

① 顾炎武著，黄汝成集释：《日知录集释·铨选之害》，第395页。

② 参黄宗羲：《明夷待访录·原法》，《黄宗羲全集》第一册，第6~7页。

③ 学者曾指出王夫之的法律思想中具有近代性因素，但其在法律的制定上主张依靠“圣主”或者“虚静以守前王之法”，“不免令人十分失望”。参看许苏民：《论王夫之法律思想中的近代性因素》，许苏民、申居炉明主编：《明清思想文化变迁》，南京大学出版社2009年版，第352~353页。

④ 吕坤：《呻吟语·治道》，《吕坤全集》中册，第825页。

受。是非应当是在治天下的过程中构成的自明性机制。这个自明性机制，就在“天下为公”的理念之中。

第二节　“天下为公”对民众之私的承认与限制

“天下为公”看上去同义反复。天的广阔无垠、公正不偏，已经意味着参天而治的天下也应当是公正的。但是这种同义反复很有必要。因为“天下为公”之“公”，与其说是一个本然性的范畴，不如说是应然性的。天下固然是公，但这只是抽象的、空洞的、字面上的“天—下”。真正的天下还有人类社会的涵义。人有私心私欲，天下内部的争权夺利、尔虞我诈就不可避免，所以需要对天下进行再规定。这种再规定，就意味着生存于天下的人应当根据“公”的理念，把天下构建为一个全方位公平、公正的社会。

一、无法消除的“私”

天下为公的理想若要实现，天下物产若能为万民所共享，必须基于这样一个前提：君民关系不能处于一种均衡的交换逻辑中。否则，民就容易被“国家共同体”所胁迫、吞并，“天下”就与“国家”等同了。

除了顾炎武在他的“亡国”“亡天下”论述中把民（匹夫）

归属于天下，而不是国家①，日本学者尾形勇对于中国古代家与国家关系的考察也可以为我们提供历史的支持。尾形氏指出，中国古代的家和国家并不是两个同构的范畴，也并不存在家国连续、公私不分的情形。家与国各具职能，代表两个不同的场域。所谓“家人”，是指与做官的人相对的不做官之人。我们常说某人以某某“起家”。“起家”一词，“六朝以后，专指与初任官时从怎样的官品起任”。所以庶民是“家人”。这里的“家人”代表一种与“公家人”相对的私的身份，而不是说庶民与皇帝是“一家人”。对于中古时期大臣在皇帝面前不称姓的现象，尾形氏解释为：姓是一个代表家的、私人化事物，称“臣某”而不加姓是为了在公领域祛除私的色彩，“‘私家’的姓在‘公’的世界中已不起作用，或者被认为不应该起作用……所谓‘君臣’的场域可以定义为‘私家被废弃的世界’”。这样的话，士族与官僚当然不属于“家人”，皇帝与臣的关系也并不是一种家族性关系，“而是可以与‘主奴’关系相比的隶属度极高的一种关系”。尾形勇的考察表明，“臣”是一个从私人化的“家”中走出，进入公领域的身份，他在公领域被皇帝予以直接的人身支配。所以说，“臣”并不仅仅指官吏，一般庶民只要走出家庭，进入公领域，也是皇帝之臣。这进一步证明了西嶋定生的“个别的人身统治体制论”，并且表明，这种个别的人身支配“不是突破‘家’的范围，贯彻统治的强权的一种形态，而

① “易姓改号，谓之亡国；仁义充塞，而至于率兽食人，人将相食，谓之亡天下……保天下者，匹夫之贱，与有责焉耳矣。”顾炎武著，黄汝成集释：《日知录集释·正始》，第590页。

是承认‘家’的存在，并以这种‘家’的世界为基础而形成的”。①

简言之，“家”并不嵌套在“国”中，“家”不是“国”的子集。“家”与“国”是两个相互独立、并列的范畴。不该回避的事情是，现实中的公私不分、家国纠缠也常常使人进退维谷——尾形氏的分析可以参考，但也过于理想化。虽然私领域可以和公领域共存，但私领域的形象并不光彩。人们一提到“私”，往往不是指个人、家庭事务等“隐私”和“私事”，而是想到一个带有价值判断意味的贬义词——自私、贪婪。②“私”更多的是以形容词而非名词的身份出现。因而讨论公私就是在开展政治、道德批判和提出政治、道德要求，而不只是对

① 引文分见于尾形勇著，张鹤泉译：《中国古代的“家”与国家》，中华书局2010年版，第165、168、250、173页。黄宗羲对于臣的论述则迥异于尾形勇的考察，黄氏论臣，指出臣“为天下，非为君也；为万民，非为一姓也”。（黄宗羲：《明夷待访录·原臣》，《黄宗羲全集》第一册，第4页。）这是黄氏心目中的早期之臣，是理想中的臣，而非尾形勇考察的秦汉以来的臣。黄氏的政论，是在古今张力中，以古为准，针砭后世。侯外庐先生说：“他（黄宗羲）的文字有一个特别的格调，即理想与现状对比。他的理想是托古的，因而格调就成了古者如此，今也为彼。”（侯外庐主编：《中国思想通史》第五卷，人民出版社2011年版，第140页。案，该卷为侯外庐本人执笔。）就是此意。

② 沟口雄三指出，中日两国公私观的差异之一在于公私概念有无伦理性（或者说价值判断色彩），具体来说：“中国的公私……公正与偏邪相对，具有正与不正的伦理性；而日本的‘公’和‘私’本身，是公开与隐蔽、对外与对内、官事或官人对私事或私人的关系，或者到了近代以后，是国家、社会、全体对个人、个体的关系等，没有任何伦理性。”沟口雄三著，郑静译，孙歌校：《中国的公与私·公私》，生活·读书·新知三联书店2011年版，第9~10页。

生活世界中的具体事务作出如实描述和冷静处理。“私”的反面性，导致人们期待的理想社会是一个没有私领域的社会。在这个社会中，每个人舍弃自己的小家，奔向没有人己界限的大家。这种想象还曾经被倒置、反用，即用彻底的公共化生活状态来克除个人的私心，以便尽快完成人的脱胎换骨。比如，曾经有一种设想，认为大家吃一锅饭、干同样的事，就可以一条心。事实证明，这并没有收到预想的效果，大家不仅还是一人一条心，而且私心更重了。因为人们生怕自己从这个彻底的公有化社会中少拿了好处。这些心思不是后来才冒出来的，而是原有的私心在此时被彻底激活，成了人们的一种思维习惯、处事方式。既然没有了私产，那就只能好好经营自己的私心。这其实也暴露了这个设想的自相矛盾之处，那就是，这个方案本是为了满足每个具体的个人，使每个人生活得更好，但是当把绝对的、彻底的公作为一种尽快走向理想世界的手段时，就侵吞了人的私领域。先交公，后获取，那些付出的人，希望得到相应的乃至更多的回收；而那些没怎么交公，无甚贡献，还是懒汉的人，也可以名正言顺、堂而皇之地从公领域分一杯羹。他们的心思是：公产不属于任何人，也属于任何人。由于不属于任何人，所以我拿了公产，无人可管；由于属于任何人，所以我可以尽管拿走。公共资源因其产权的不明，更容易引起矛盾纠纷。并且，可分配的公共资源毕竟是有限的。好处一旦有限，理想社会的美好就减损大半。从社会运转的角度看，一个社会一定要有分工。分工的不同就是付出的不同。付出不同，人们就应该获得与其付出相匹配的回报。如果一个号称实现所有人福祉的社会最终把不同的人平均化，置个人付出、牺牲于不顾，岂不是对自己最大的嘲讽？公理念最容易被私心利用，人可以用公理念要求他人守公德，自己却在公的名义下满足其无尽的私欲。既然彻底的公共化生活状态仍无法消除人的私心，甚至滋长人的私欲，那就没有必要，也不可能彻底消除私领域。所以，一种“健康”的天下为公，不是指把天下暴露为一个没有私领域的世界，而是用公的理念、精神来要求治天下者克服私心，由此实现天下之大公，即保障天下人之私。

二、寓私于公：民众之私的有限性

天下太平在很大程度上就是公私和谐。天下不是被在朝者任意装点的政治舞台，也不是为君主独占的权力象征，而是由君—民关系所构成的意义世界。① 在上者贪暴昏庸，民众就水深火热，上下矛盾就会激化，天下就不得太平，“天下之治乱，不在一姓之兴亡，而在万民之忧乐”②。万民忧乐与否，主要在于其“私”是否得到合理的满足。民众之私，是相对于君主一己之“大私”而言的合理之私。在时人看来，这种正面的“私”，究竟“私”到何种层次、何种程度，虽然重要，但不是首要的。只要能够克服君主的“大私”，那就是一种值得崇尚的“私”，它可以是社群之私、阶层之私，也可以是家族之私。总之，它达到了天下物产被分配而不被一人独占的效果。至于天下物产能否公正、平等地分配于每个人，这不仅需要更进一步的理论

---

① 吕坤：“取天下，守天下，只在一种人上加意念……一种人是那［哪］个？曰‘民’。”吕坤：《呻吟语·治道》，《吕坤全集》中册，第855页。

② 黄宗羲：《明夷待访录·原臣》，《黄宗羲全集》第一册，第5页。

支撑，而且必须面对现实生活中由身份造成的等级性。等级结构是天下内部各色共同体的骨架。触碰了等级，也就暗含着一种重构天下内部生存共同体的动向①，重构之后的共同体能否给天下人带来安定？这是富有挑战性的一关。

之所以说富有挑战性，是因为现实中的等级性几乎无处不在。重构共同体，不仅需要触动权威的勇气，还需要通过终极思考给以合理论证的睿智和深刻。历来的公私之辨多在君—民框架内阐述不休，似乎满足天下人之私只需要消除君主之私这一道障碍。其实并不尽然。“天下为公”这个理念，不仅包含着对君主私心的克服，还有对天下人的利益进行公平再分配的内在要求，也即对天下人无限私欲的限制。上节提到天下自明的是非标准，就体现在这里。

当时曾有这样一种思路：人们既然同享一片天，那么也应该共享一块地。王夫之说：“地之不可擅为一人有，犹天也。天无可分，地无可割，王者虽为天之子，天地岂得而私之，而敢贪天地固然之博厚以割裂为己土乎？”② 中国人喜欢天地并称，似乎当通过天推出某个道理时，通过地也一样能推出与之相对

---

① 沟口雄三意识到了“私”的程度只能及于宗族，如果继续在宗族内部进行分配，那就有可能瓦解宗族共同体：“在宗族制的安定状态中存在着一种危险，那就是重新分配将割断宗族内的‘共同’纽带，使各家庭再次分解为各不相干的‘私’……”（沟口雄三著，乔志航译：《转型期的明末清初》，氏著《中国的历史脉动》，生活·读书·新知三联书店 2014 年版，第 210 页。）当然，沟口所说的这种情形是就清中叶而言的，然而正是这种历史的实存形态，印证了我们在开展理论分析时指出的可能导致的后果。

② 王夫之：《读通鉴论》卷一四《孝武帝四》，第 380 页。

或者相平行的道理。比如“天行健，君子以自强不息”和“地势坤，君子以厚德载物”就搭配得整齐、和谐。但是在公私问题上，天和地彰显出的道理却极不协调、对等，更不一致。现代的领空观念出现很晚。人类对“天上”的排他性主权进行深入思考是20世纪初的事，这比民族国家的出现（17世纪中叶）要晚将近300年。这是因为人长期以来不具备“上天”的能力。第一次世界大战中的空战，带来了“毁灭性后果”，这才使人们意识到了对天予以划分，对天空拥有主权的必要性。① 所以，人类长期以来没有划分上天的习惯和意识，天属于所有人。“绝地天通”垄断的是“通天”的资格，是对解释权的独占，但并没有禁止民众在“天—下”生活，分享天的恩惠。与之相反，地却最容易被划界、占领。人们从天那里曾得到自然的赐予，这种赐予的分配不受人控制。人们在地上，却可以体现自己的才能、财富乃至霸权，在地上建立起区分身份的等级性标志，或通过占有土地、物产的多少来显示自己的身份。但是，由天的公平而想到地上的共享，其重点不在于每个天下人占有多少土地，而在于每个天下人理应占有属于自己的土地，即“私”本身的合理性。这里的“私”就是土地所有权。

每个人的土地所有权，不只需要得到君主的尊重，还需要得到所有人的尊重。任何人都不能无限地占有土地。只有每个人的“私”被自己之外的每个人所承认、尊重，也被自己之外的每个人所限制，这些合成的“私”才是天下之“大公”。所

---

① 参看巴多·法斯本德、安妮·彼得斯主编，李明倩、刘俊、王伟臣译：《牛津国际法史手册》上册，上海三联书店2020年版，第241~244页。

以，一方面，每个人的“私”都具有合理性，另一方面，每个人的私都不是无限的。[①] 承认甚至鼓励人之“私”，固然有“进步”性，但是私要在“天下为公”这个大前提下实现，毕竟天下不止一人，天下是天下人之天下，是人类生活的居所，因此每个人都要考虑他人。

天下内部的君—民对立结构，使得对君主之“大私”的限制在逻辑上等同于对民众之私的满足。吕坤说：“天下之财，止有此数，君欲富则天下贫，天下贫而［则］君岂独富？”[②] 唐甄则说：“夫富在编户（引者案，指编入户籍的百姓），不在府库。”[③] 财富一定，不归君即归民。“民”是均质化的范畴，属于泛指。所以，得到满足的民众之私，是相对于“君”而言的“民”这个群体的私，而不是某个民的私。民众群体的私仍需要具体化，即再分配、再调节。民众的个人之私要以民众群体之私、抽象之私的实现为前提。因此，公私之辨所构想的，不是一种从下而上建立起来的私有化世界，而是从上到下分配私的

---

① 这就是“寓私于公”的双重效果。沟口雄三已指出：“这一民土意识，亦可称私人土地所有意识的高涨，与平等分配的主张互为表里，并没有向无限制地贯彻私有的方向发展，相反是朝向了抑制无限制的私有的方向。”（沟口雄三：《转型期的明末清初》，氏著《中国的历史脉动》，第204页。）“富裕阶层在向皇帝要求自己的‘私’的同时，又通过以‘公’包容这一‘私’，在社会性欲望中相互否定了利己主义，从而创造出了足可与commonwealth相媲美的‘公’。”（沟口雄三：《中国的公与私·公私》，第24页。）

② 《明史》卷二二六《吕坤传》，第5942页；吕坤：《去伪斋集·奏疏·忧危疏》，《吕坤全集》上册，第18页。案，两处文字稍有不同，但于文意并无影响。

③ 唐甄：《潜书·存言》，中华书局1963年版，第114页。

公有化世界。这就是“天下为公”这个理念中所包含的自明性是非。

第三节 天下的世俗化：论功能、交易逻辑中的“报君恩”

作为公私之辨之前提的君民对立，不一定指二者剑拔弩张的关系，而是说两种身份不可化约。君民二者的幸福感总是此消彼长，“一人忧则天下乐，一人乐则天下忧”①。儒者希望君主像三代圣王那样大公无私。实际的情况却是，君主成了天下巨富，“以天下之利尽归于己”，“视天下为莫大之产业，传之子孙，受享无穷”②。要使民众富足，天下太平，就需要君主付出、牺牲。不过这种付出、牺牲并不值得大加赞颂。因为天下财富本来就不属于他。儒家学者在这个问题上观点一致。倘若君主不负儒者之望，在天下物产、利益的分配过程中，君主毕竟起着保障性作用。职是之故，一些儒者就开始鼓吹“报君恩”。

先秦儒学已有“天之生民，非为君也。天之立君，以为民也”（《荀子·大略》）的观念。君应是一个服务型的角色，而不是一个剥削者的角色。生而有欲的人面对有限的资源，容易产生争斗，其生命安全得不到保障。不少中西哲学家为此提出了具体的制度设计。制度必须具有普遍性，不能因人而异，任何

---

① 吕坤：《呻吟语·治道》，《吕坤全集》中册，第823页。

② 黄宗羲：《明夷待访录·原君》，《黄宗羲全集》第一册，第2页。

人的行为都不能随意溢出于制度；制度不能朝令夕改，不能频繁地扰动人的安定生活；制度的修改应该根据时势，采纳民意（这是非常关键的一点，因为设立制度的根本在于为民）。制度的权威性体现为制定时的严肃性、运行时的统一性、修订时的慎重性。制度的运转，单凭人们的自觉是不够的，制度还需要看护者以保障其不被滥用、践踏。正由于此，何心隐把民众的生命财产安全归为君主所赐，报君恩就被认为是理所当然的。①

在儒家观念史上，理想中的治天下者曾被期待为集“法天”（具有神圣性）之圣人与在位之君主（具有人间性）于一身的王者。王者的基本品格就是“溥爱而亡私”②。如果治天下者的一系列政治举措是为了或者被某些人强调为得到回报，如果用世俗世界的利益交换原则来处理他与天下人的关系，他当然也就无神圣性可言了。这不仅与儒学中的“王者”期待相去甚远，而且意味着一个君主已经没有资格站在天的高度谈论天下如何如何，反倒是用“天下为公”的理念批判君主之私的儒者，才有致君主于神圣之王者的期待。

何心隐的论调并非孤声。关于君主在民生保障方面的不可或缺，当时确实存在着一种比较学理化的思考，并形成了一种

---

① “癸丑正月，合族始聚以和，和聚于心，始知养本于君之所赐也。我有田产，不有君以统于上，则众寡相争，田产不得以相守也。今我得以守其田产者，得非君所赐欤？我有形躯，不有君以统于上，则强弱相欺，形躯不得以相保矣。今我得以保其形躯者，亦非君所赐欤？知其赐之难报也，故已设率教，又设率养，以报其赐。”何心隐：《聚和率养谕族俚语》，李敖主编：《何心隐集》，天津古籍出版社2016年版，第24页。

② 《汉书》卷五六《董仲舒传》，第2515页。

叫作“势利说”的学说。这一学说的特点在于，它平衡了民众之私与君主地位的关系——“天不立君，君不建百官，则天下之利归豪强、归贪暴”①。《势利说》的作者吕坤，提出了一个“利在下，势在上”② 的御世规范，也就是通过君主的权威来合理地分配、保障民众的利益。相反，“利在上，势在下，亡道也”③。这是针对有私心的君主而言的，如果君主大肆捞取天下之公利，就会引起下层民众的不满，民众就容易集结暴动，天下大乱。“势”通过一种保障性的功能来取得自身的合法性，它的目的不是对君主地位的独尊（“贵我”④），而是通过一种高于民众生活世界的力量来协调民众的生活世界。所以，“势”不能被众人所占有，而只能被居于权力结构顶层的人占有：“势在臣则劫，势在万姓则亡，虽尧舜不敢以势与天下。此统一四海，平定六合之灵器也。”⑤ 虽然吕坤没有明说，但是他的论述需要一个前提，那就是君主必须是像尧舜一样有公心的品格高尚之人，但他的方案又带有反道德主义的法家思想的印记。从另一个方面来说，君主的势也限制了民众的欲望，势对民众的欲望只能给以有限的满足，民众的生存世界就内嵌在被权力规划的体系之内。人为了自己的生存可以拼命地奋斗，也可以为了得到更多而抱有侥幸心理，铤而走险。但是吕坤指出：“利能使人生，而势能使人

---

① 吕坤：《去伪斋集·势利说》，《吕坤全集》上册，第 369 页。
② 吕坤：《去伪斋集·势利说》，《吕坤全集》上册，第 369 页。
③ 吕坤：《去伪斋集·势利说》，《吕坤全集》上册，第 370 页。
④ 吕坤：《去伪斋集·势利说》，《吕坤全集》上册，第 369 页。
⑤ 吕坤：《去伪斋集·势利说》，《吕坤全集》上册，第 369 页。

死，故苟不至于忘生，则畏死之心胜之矣。”① 我们可以发现，“天下”的规约性已经不是来自某种神圣的东西，而是现实中的某些危险。具体来说，对君主的规约，不是来自于上天，而是来自于民众，因不能满足民众私利而引起的暴动、叛乱无需再用“顺乎天而应乎人”的天人一体化论述来为自身提供支持，民众只需要简单地声称自己的利益没有被满足即可。对于民众的规约，同样不来自于上天，而是源自国法，因为触犯国法可以引来杀头之祸。天下的有序基本上依靠王朝的力量来维持，这也意味着天下的安定与王朝的长久几近等同②，天下与国家的界限越来越模糊。这不是因为国家变得神圣了，而是因为天下变得世俗了。

在公私之辨中，民众对利益的需要、追求得到了充分阐述，社会的世俗化已无需多言。20 世纪，学者曾就明清时期的“资本主义萌芽”问题和明清之际的“启蒙思潮”展开讨论。公私之辨因其对君主“大私”的批判和对民众利益的伸张，尤其是土地公有、平均授田等主张的提出，被认为“与资本主义萌芽的发展要求有着隐然的联系”③。在明清之际“启蒙色彩”的几

---

① 吕坤：《去伪斋集·势利说》，《吕坤全集》上册，第 369 页。

② 林文孝说：“《势利论》的理论构成，在于它将不同起源的‘天下=民生问题与王朝=君主’问题完全一体化。……对应着天下的唯一性，王朝也必须具有唯一性。这样就很可能形成天下归于唯一王朝的状态，也就是势产生了。……吕坤关于全体生存的构想，也就是以王朝来维持天下统一、平定的构想。”林文孝：《力与公正——关于吕坤的全体生存构想》，沟口雄三、小岛毅主编，王炜译，龚颖校：《中国的思维世界》，江苏人民出版社 2006 年版，第 140 页。

③ 萧萐父：《中国哲学启蒙的坎坷道路》，氏著《吹沙集》，巴蜀书社 1999 年版，第 19~20 页。

项根据中，涉及利益观念的就有“否定传统的重农抑商思想，提倡富国足民的工商皆本，主张实现耕者有其田”①。这些论述的尺度来自中国历史之外，因此经常被学者反思、批评，这种史学研究在今日看来已不无陈旧。但一时代有一时代之问题，有一时代之学术。明清时期，尤其是明清之际，曾被学者指出为一个在政治、经济、思想、学术上都试图突破旧网罗的时代。这说明此时的言论、著作确有和此前不同之处，关键在于后来的学者如何看待、概括这些不同。即便在当时，以传统的儒学观念看待明中叶以来的那些人事，诸如泰州学派、李贽的言行，包括公私之辨对于人的欲望的承认，对君主的批判，都或多或少属于异端。彼时之“异端”即后来之所谓“启蒙”（或日本学者岛田虔次所谓的“近代”）。称谓虽不同，称谓者眼中所见却是相同的。笔者无意于重复20世纪学者对明清之际所谓“启蒙思潮”和“资本主义萌芽”问题的阐述，而是以为，明清之际在思想观念上的出新，是一个反映社会变化并同时带动国家/君主观念发生变化的过程。这个过程所带来的，就是“天下”的属性发生了变化。

“报君恩”的说法，体现了从社会利益出发，对天下内部不同身份的功能化认知。也即，这里的“报恩”不出于感情，而是出于功能、利益。基于感情的投入是没有限度、不可计算的，基于功能、利益的回报，则体现着人的计算之心。所以，鼓吹“报君恩”的何心隐，当遇到超出其“报恩”范围的“赋外之

① 葛荣晋主编：《中国实学思想史》中卷，首都师范大学出版社1994年版，第298页。

征”时，他就不能把这部分税收视作理应上交，而是毫不客气地对邑令给以回击，以至于自己身陷囹圄。① 顾炎武虽没有“报君恩”之类的论调，但是他对于天子身份、所获及其限度的论述，和何心隐、吕坤的功能化思路并无太大差异，均不能承认君主理所当然地无限获取。天子是“为民而立”的，他的所获就如官员获得工作之内的俸禄，“非无事之食”。获得俸禄有其合理性，但他不能“厚取于民以自奉”②，即他的获得不是无限的。君主的“大私”面目长期被“天子”这一神圣性面纱所遮掩。到了和君主谈利益分配时，也就不必在意他是不是天之子，而只在意他是不是民之主。即便君主忍痛献出所有的财富，他也不是一个在道德形象上至高无上的王者，而不过是一个被历史想象和阐述所要求的世俗君主。他所做的，是君主应该做的。他所得到的感恩、回报（赋税），是民众给予的，而不是天赐的。这些摆在面上的利益关系，使观念上的“天下”全面世俗化了。

人追求利益无可厚非，但是在公私之辨的语境中，作为“私”的利益不是民众自取的，而是被分配的。分配的原则、方式、多少，关乎身份、人格、尊严，故孔子说人“不患寡而患不均”（《论语·季氏》）。利益不在多少，而在于每个人是否得到了一样的照顾。所以，均平思想被公私之辨的参与者所坚决提倡，被认为与“天地之道”相贯通，“不平”则有可能“倾

---

① 黄宗羲：《明儒学案》卷三二《泰州学案一》载梁汝元（何心隐）事迹，第704页。

② 顾炎武著，黄汝成集释：《日知录集释·周室班爵禄》，第332页。

天下”①。这里的“倾天下”首先指国家倾覆，君主下台。民的身份不是通过“君—民”结构中管理与被管理的关系来定义，民的意思是生民，是天下芸芸众生。民最重要的是生命价值。生命价值包括两个方面，一是生存的保障，二是人格的被尊重。在儒家看来，后者比前者更重要。孟子说：“一箪食，一豆羹，得之则生，弗得则死。呼尔而与之，行道之人弗受；蹴尔而与之，乞人不屑也。”（《孟子·告子上》）人有羞恶之心，知荣知耻。物质上的满足不一定让人活得更好。生存不只是吃饱，不等于维持生计，还指人不断实现自己的可能性。人就是在可能性的实现和错过中成其为自己。在某种意义上，对人的可能性的保障比物质上的给予更重要。

第四节　思想和制度：天下何以是天下人之天下？

儒学对人的可能性的阐述，主要在道德方面。“性相近也，习相远也”（《论语·阳货》），“人皆可以为尧舜”（《孟子·告子下》），“涂之人可以为禹”（《荀子·性恶》）。先秦儒学中的这些论述，都表明人可以通过自己的努力具有圣人的品格。我们前面提到，儒学中曾有一种观念：圣人如果得位（做帝王），就是王者。事实上，儒家学者除了承认传说或历史记载中的尧、

① 《潜书·大命》：“天地之道故平，平则万物各得其所。及其不平也，此厚则彼薄，此乐则彼忧。……人之生也，无不同也……提衡者权重于物则坠，负担者前重于后则倾，不平故也。是以舜禹之有天下也，恶衣菲食，不敢自恣。岂所嗜之异于人哉？惧其不平以倾天下也。”唐甄：《潜书·大命》，第96~97页。

舜、禹、汤、文、武、周公为王者，并没有发现他们所处的时代有谁是王者。有的儒者以王者自期，但终未实现身份的真正转变。他们对当时人的道德、才学状况感到不满。更重要的是，以仁义治天下的王者只能是一个。这就把选择的标准定得极高，需要众里挑一。儒学的王者期待始终没有实现，身居权力顶层的人却更替不绝。明清之际士大夫对帝王/君主的不满，不只是对其时帝王/君主的不满，更是对历史形成的三代以来“帝王/君主”这个身份、符号所包含的人格形象和做法的不满。如前所述，君民身份二元化的效果在于，对其中一个身份施加作用，会引起另一个身份的变化。在这里体现为：对于君主的不满，需要通过强调民众在可能性上的平等，提高民众的地位来表达。所谓地位的提高，其实是对人的重新阐述，是揭去人类社会的等级、特权化包装，把那些未经考察其前提的现成标准、框架悬置起来，直面人的生存，揭示出这样一个道理：每个人都可以担当天下事，以自己的方式治天下。这对于消除儒学长期以来以为治天下者仅一人所产生的失望，会起到一定作用，但还需要提出具体的制度设计，用制度限制、分割君主权力。所以，明中叶以来的儒学在上述方面做出的努力，主要分为两类：一是通过心学对人本身，而不是道德范畴进行讨论；二是援封建制补救郡县制之弊病。这两类讨论并非出于同一群体，但今人若绘制一幅明清之际的理想天下图景，还是需要综合以上两个方面，并以之为底色。

一、心学对君—民结构的冲击与复位

心学意义上的理想之人，是吾性自足的人。岛田虔次说：

“自己的灵明带有不能靠外来的闻见来填补的第一义性。这是阳明的，更是当代精神的至上的命令，是自明的请求。”① 人的这种主体性，使人可以比较充分地实现自身的可能性，即便这种主体性背后还是连带着一套传统的价值和观念。可能性的存在，使得天下是一个意义世界，而不只是一片空间。天下的意义性就在于天下总是有“事”，“事”中总是显现着“理”。“理”不是客观地存在于“事”中，而是通过人心（人的相通之心）在“事情”中当场呈现出来的。“事情”总是与人发生源本的呼应。人处于“有事”的状态，就会有喜怒哀乐，“事情”的开展也就和当事人的情绪息息相关。“人—事”就是作为意义世界的天下的显现样式。王阳明对于上述机制有简明扼要的表述：“心即理也。天下又有心外之事，心外之理乎？”② 天下无道，就在于天下之“事”与人心脱节，“理”不再通过心在“事”中呈现，“事”也就失去了其源发性、真切性，“人—事”不再是天下的显现样式，而是人把天下对象化以后，从事的一项目的活动，也就是人在操纵，而不是参与天下之“事”。所以说，天下有道不是人类从“无道”状态奔向的理想目标，而是人类最本然、最真切的生存状态，反倒是天下无道是从“有道”状态退化而来；“治天下”不是一个目标，不是某一部分人到了某个阶段才具备“治天下”的资格，而是每个人在其本有、真切的存在中已然在治理着天下——人总在为天下做事。质言之，

① 岛田虔次著，甘万萍译：《中国近代思维的挫折》，江苏人民出版社 2005 年版，第 16 页。

② 陈荣捷：《王阳明传习录详注集评》，第 30 页。

“治天下”不是资格和责任，而是人所具备的一种存在方式。

早于王阳明的宋人陆九渊，甚至通过“宇宙”在时空上的无穷性来说明每个人通过“事”而彰显出的意义与价值：“宇宙内事乃己分内事，己分内事乃宇宙内事。”① 如果用机械化、物质化、科学主义的眼光来看，人与宇宙在形态大小上存在天壤之别，把“宇宙内事”与自身关联起来就是一种狂妄。但是在价值和意义的维度上，人必须通过一个大于自身的视野来衡量、评定人生的分量。这个视野越大，人的可能性也就越多。用有限的时空来界定人，是对人的“管制”。通过时间和空间上的最大化来讨论人，同时意味着人有无限的可能性要实现。

每个人实际上都在参与着（时间上的）历史发展，每个人都是一部历史。每个人都在“做事”，“事情”使人有一个（空间上的）周遭世界，这个世界中的人和物与“我”有着关联性，因此世界的变动就和“我”的生存状态息息相关。宇宙在时空上的无穷性，是每个人通过其具体的生存，感受具体的意义而呈现的。人的每一件事，都是在构成宇宙。在这个意义上，人对于宇宙的担当，当然就不是一种狂妄，也不是建立在人与天下二分基础上的承担责任、勇挑重担，而是一种总已经如此的生存状态。宇宙间人与人的关系，首先不是各种家族、社会、政治关系，而是存在论关系，他们共同存在，通过参与“宇宙内事”共同构成当下的宇宙。

心学对于人、事、理、天下的阐述，不仅表明“以天下为己任”是每个人都与生俱有的存在论事件，而且意味着，“以天

---

① 陆九渊：《陆九渊集·年谱》，第483页。

下为己任”无法被卸下，避世、隐遁仍然是一个天下之内的事件，它无法使人从天下逃脱。避世、隐遁之心，只是说明天下人心已经出现严重隔阂、分裂，人们共处天下，却无法共享天下的意义，之所以如此，恰恰在于人们把天下的事物对象化了。心学并不回避世界的不如意之处，但它通过对人修身的可能性进行简洁、明了的阐述，把实现人的自身价值，从强调外在规范转向了强调内在的能动性，把国和天下的长治久安奠基于人在日常生活中磨炼出来的身心修养。这也表明，心学不会止于独善其身，而是一定要兼济天下，做“事”不止。《孟子·尽心上》说：“穷则独善其身，达则兼善天下。”按其所述，一个人要实现其平天下的抱负是需要条件的。但是在心学家这里，人对于天下的作为，和一个人的处境如何没有必然关系。王艮说：“伊、傅之事我不能，伊、傅之学我不由，伊、傅得君，可谓奇遇，如其不遇，终身独善而已。孔子则不然也。”① 王艮推崇的是孔子积极入世的处事方式，不是因时遇之有无而在入世与遁世之间相切换的伊尹和傅说的处事方式。

儒学强调的内圣外王，需要获得存在论基础，任何对于现成道德规范、价值标准的强调，都属于独断论。天下观念是由内圣而外王的驱动力。天下为天下人之天下，这个观念决定了治天下的外王不能以道德修养为始点，而是需要从人的角度探寻人之为人的基础，道德需要在这个基础上生成，并且这个基础本身也不能是现成的。儒学对身、家、国、天下的论述，并未把身解释为一个自由个体，不意味着身是修齐治平的绝对起

① 黄宗羲：《明儒学案》卷三二《泰州学案一》，第711页。

点。相反，身常常被用来隐喻各种共同体[①]，而身也总是首先在家这个最小化的、最基本的共同体中获得它的意义和价值。身的意义和价值来自于家庭之中亲人间的共在，来自于孝爱、慈爱的发生，而不是家庭中现成伦理道德的约束。家共同体如此，国和天下共同体亦然。所以，对专制君主的批判，首先应从反思儒学对圣王的期待开始。第一，以现成的道德规范为标准，期待合乎标准的人成为圣王，会经常失望，上文业已提及；第二，现成的道德规范会把天下的人与事纳入一个价值评判系统中，以是与非观照天下，天下就是一个束缚人的生存可能性的牢笼；第三，君主可以通过无耻文人的吹捧、渲染而以圣王/王者的姿态处理天下事，这样就把天下人的行为纳入假圣王/假王者的掌控之中，天下人之是非就由君主一人所决定。[②] 这里的困难之处在于，对于现成的伦理框架及其对应的道德规范，儒学不忍舍弃，也无法舍弃，因为它是儒学对人进行理解的前结构，是对人进行定位的坐标。刘宗周说："自落地一声，此身已属之父母；及其稍长，便有兄弟与之比肩；长而有室，又有妻子与

① 以形塑共同体为指归的身体隐喻表现为两种形式，一是强调各个肢体器官的“一体化”，赋予心或首支配地位；二是基于身体结构与共同体运作机制的相似性而将二者同构化，使身体生来就背负着诸种责任。不过，身体隐喻也充分利用君民一体化来强调君主克私爱民。唐甄提出：“君之于民，他物不足以喻之。请以身喻民，以心喻君。身有疾，则心岂得安；身无疾，则心岂得不安；有戕其身而心在者乎？是故君之爱民，当如心之爱身也。”唐甄：《潜书·明鉴》，第109页。

② 对于现代社会来说，由内圣而外王的连续性观念之弊端、后果不应被忽视。请参看汤一介：《论“内圣外王”》，收入《汤一介集》第五卷《在儒学中寻找智慧》，中国人民大学出版社2014年版，第106~117页。

之室家。至于食毛践土，君臣之义，无所不在。惟朋友联合，于稠人广众之中，似属疏阔，而人生实赖以有觉。合之称五伦。……自有五伦，而举天下之人，皆经纬联络其中。”① 但是，这套框架及其对应的规范若是不被反思，不被悬置，天下就很难成为天下人之天下。

心学对于主体性的阐发，终究没有突破传统价值观念的框架，仍然存在着承认、屈从外在规范的一面。岛田虔次说：“热烈地指向‘洒脱自在、活泼泼’的‘吾’的近代中国的热情，在阳明那里，尚未能冲破士大夫的存在性的拘束。”又，“当阳明强调相对于‘外’的‘内’的优势、主张‘外’应该完全包摄在‘内’之中的时候，实际上依然是原封不动地承认传统的‘外’的诸权威的，只不过是这些权威成立的根据，也要在‘内’中寻找而已。阳明学说的不彻底性就在这里。”虽然岛田认为“作为近世精神的纯粹实验，庶民心学者王心斋的意义，就在于近代的热情几乎完全暴露在他那追求自己理论的那种一味的激进性中”②，但是笔者觉得，王艮（心斋）仍有未尽之处。如果说王阳明在强调“心即理”时虽然凸显了自我的涵摄性，却也承认了既定的规范及其权威性，那么王艮在放大个人/身这个维度时，虽然也把治国、平天下的根本系于每个人自身，阐明每个人实现自身价值时的平等地位，也即在可能性上的平等，但所谓的自身价值到底实现得如何，仍然要到国家、天下中去衡量。人生价值就在于治国、平天下，每个人经由自我努力所实现的理想自我，成就的理想人

① 分见于黄宗羲：《明儒学案》卷六二《蕺山学案》，第1578、1579页。

② 岛田虔次：《中国近代思维的挫折》，第42、55、56页。

格——为天地立心、为生民立命的道人/大丈夫仍然是根据传统儒学的标准而设想的，否则他就不会把“帝者师”和“天下万世师”看得那么重。[①] 岛田说：“他（王艮）也要求存天理，遏人欲。他的所谓大丈夫的意识，实际上也是在这种根本观念上成立的。他的言行举止，不管怎样地表现出非士大夫性的东西，但那不如说仍然还是非常严密地追求士大夫性的东西所产生的结果。在那里，我们不能看到真正意义上的‘吾’。……在心斋那里，近代精神还没有完全发展到可以意识到自我的地步吧。……从总体上看来，可以说，对天理这一方，要否定它或者要限制它的企图几乎还没有表现出来。”[②]我们不能因为王艮说“吾身是个矩，天下国家是个方”[③]，就断言王艮强调身之于天下和国家的优先性。在笔者看来，王艮非但没有把身提高到天下、国家之上，还身以独立性，反而强化了身之于天下、国家的从属性、附庸性。因为这种对身的表面重视，是修身的重要性带来的迷惑。修身是为了治国、平天下。修身的重要性使身看上去很重要，但这并不等同于身本身的重要。简言之，修身的成效，最终还是要落实到治国、平天下上。[④] 王艮的这些说

① “出不为帝者师，是漫然苟出，反累其身，则失其本矣；处不为天下万世师，是独善其身，而不讲明此学于天下，则遗其本矣。皆非也，皆小成也。”黄宗羲：《明儒学案》卷三二《泰州学案一》收《心斋语录》，第715页。

② 岛田虔次：《中国近代思维的挫折》，第64~65页。

③ 黄宗羲：《明儒学案》卷三二《泰州学案一》收《心斋语录》，第712页。

④ “……安身以安家而家齐，安身以安国而国治，安身以安天下而天下平也。故曰修己以安人，修己以安百姓，修其身而天下平。不知安身，便去干天下国家事，是之为失本。”黄宗羲：《明儒学案》卷三二《泰州学案一》收《心斋语录》，第712页。

法，并没有太多新意。王艮自己说，《易》云“身安而天下国家可保也”①（不过这显然不是《周易》的原话）。《礼记·大学》也说：“自天子以至于庶人，壹是皆以修身为本。”“天下国家之本在身”② 的说法也在王艮之前就有了。王艮的发明之处在于，他把道人/大丈夫对天下的担当——为天地立心，为生民立命视为道人/大丈夫本性的流露，即“自率其性而已耳”③。在天下、国家的视野下理解个人，是发挥、成全了人性。儒学的事功精神就奠基于人性，但人身也被套上了事功的枷锁。这样，一个不去事功的人，其人性就没有发挥出来，其人生就是失败的。

当人的主体性不断凸显，个人不断被“发现”时，人就渐渐无法和传统社会相容。人要求从社会中获得更大的自主性，而传统社会形成的惯性、惰性，以及对于秩序的需要，却不能容忍个人提出的要求，一股改造社会的力量就在蕴蓄之中。据学者的考察，这股力量被既有的社会结构所消解了。在社会结构上，士大夫处于庶民之上，所以庶民的“进步”与否总是以士大夫群体的标准来衡量，这种衡量就把庶民的提升转化为一个“庶民—士大夫”身份的转化问题，士大夫这个群体就是儒学与政治相结合的身份。无论是于思想观念而言，还是于政治势力而言，庶民中的“优秀者”总已经被放在儒学与政治的纵

① 黄宗羲：《明儒学案》卷三二《泰州学案一·王艮》，第710页。

② 朱熹：《四书章句集注·中庸章句》引吕氏语，中华书局2012年版，第30页。

③ 王艮：《重镌心斋王先生全集·鳅鳝赋》，北京大学《儒藏》编纂与研究中心编：《儒藏（精华编）》第258册，北京大学出版社2017年版，第158页。

横坐标中来定位了。[①] 这是明代心学在阐扬主体性时的局限之处，但也给“天下”这个话题带来了内涵上的重要改变。心学不断揭示每个人在具备良知上的平等性，人皆可成为圣人的观念得到了更为直接、生动的说明。可以成为圣人的每个人，都可以凭借自己的努力（包括心性上的修养和学问上的上进）而进身于学问加政治的士大夫阶层。所以，每个人不仅本来就在治国、平天下，而且还能更“好”地治国、平天下。

心学对自我可能性的强调，尤其是对人在可能性上均为平等的阐述，容易导致“良知”成为“私欲”的代名词，人完全可以凭着自己的感觉好恶而宣称其良知在显现，“任心以为理，以致道德纷歧、价值混乱”[②]。王阳明之后，尤其是王艮之后，心学揭示的个人之可能性就被现成化，可能性的实现被等同于对人的欲望的满足。“需要—满足”把天下人与人之间的关系从一种存在论层面上的“共在”对象化为“他能否满足我的需求”“他对我有没有用”之类的流俗关系。上文已阐述时人是如何以功能化视角将君主世俗化的。我们还曾根据人们对社会利益的考虑及其君主观的变化，称天下已经全面世俗化。这种连带的全面世俗化，与一种对“天下”本身的直接世俗化理解同步发生。尧舜的禅让和汤武的革命，都涉及天子之位。居天子

① 故岛田虔次“把中国近世的庶民意识解释为不是居于任何新的原理，也没有提出新的世界观，相反不过是追随士大夫的原理和世界观的产物”。参见岛田虔次：《中国近代思维的挫折》，第155～156页。

② 王汎森：《权力的毛细管作用：清代的思想、学术与心态》（修订版），北京大学出版社2015年版，第113页。

之位而治天下，被李贽称为“也不过是个十字街头小差纪”①。“十字街头”指现实社会，也即人世间（或人间世）。人世间（或人间世）已被李贽定义为一个以衣食为基本需求，承认人的基本欲望的世界：“夫圣人亦人耳，既不能高飞远举，弃人间世，则自不能不衣不食，绝粒衣草，而自逃荒野也。”② 所谓的治天下，就是一个满足人的基本需求的工作。这个解释，把人在存在论上共治天下的一面再次遮蔽起来。这样，治天下既不是存在论意义上的天下人共治天下，也不是天命论意义上的神圣事业，而是一项满足人穿衣吃饭的世俗工作。岛田虔次就此指出“丧失了神圣之物”，而“新的神圣还没有被给予”③。心学的发展，一方面强调每个人的自主能动性，另一方面把人的自主能动性降格为人的欲望的实现，并且主要是物质上的满足，而给予满足的人与被满足的人，还是需要到君民关系中来定位。人生活的好坏，仍然和君主有直接关系。君主的不可或缺性再次凸显。由个人欲望而导致的价值观念的不统一，使历史再次把一种客观的、统一的规范性力量搬到前台。所以明亡之后，曾兴起一股试图通过提倡古礼而建立“礼治社会”的风潮，盖“从最平实的、可观察的、可评估的行为方式入手，才能评判一个人道德的良窳”④。提倡古礼，还有另一层考虑，那就是在异

① 李贽辑：《开卷一笑·呵呵令》，转引自岛田虔次：《中国近代思维的挫折》，第171页。

② 李贽：《道古录》卷上，见李贽著，阎海文点校：《初潭集　道古录》，商务印书馆2020年版，第328页。

③ 岛田虔次：《中国近代思维的挫折》，第172页。

④ 王汎森：《权力的毛细管作用：清代的思想、学术与心态》，第43页。

族入主中原时，塑造中原的文化认同。① 就儒学的发展而言，撬开压制人的诸种现成规范，揭示、阐扬人的主体性，由个人的自主能动性演变为价值观念多元化，转而回到规范的重建，便是重归老路。学者曾谓的“启蒙思潮”“近代思想”在其产生、发展过程中遭遇“坎坷”“挫折”便意指如此，只不过这种“坎坷”“挫折”不能完全归罪于清朝统治者，而是儒学在崩溃之际和在“华夷之辨”的困境中对自身的顽强补救。补救的结果是，“中国”终究没有随着“夷狄”势力的入主而“亡天下”，也因此把传统社会延续了将近三个世纪。不过，儒学的下一次崩溃，就不能依靠自救了。

二、空洞的天下观：当封建寓于郡县

通过在思想上论证人的主体性乃至人的私欲的合理性，固然可以对君主专制构成一定冲击，但是由于上述思想总是试图从儒学的内部生长出“人性解放”的因素，就容易受到儒学保守派的攻击，被视为违背了儒学原本的精神。所以，为稳妥起见，儒学对现实问题的解决，更偏向于复古以求变。关于儒学的“复古史观”，沟口雄三说：“复古不是怀古，也就是说，古不是作为时间的古，而是作为理念的古，所以复古观作为政治

① 关于清初士人提倡恢复古礼这一现象，王汎森先生推测：“复兴古礼的潜在动机之一是重新发掘、创造一套属于汉人的古代礼仪，把自己和满人区分开来以维持自我的认同，这种心理可能是存在着的。”王汎森：《权力的毛细管作用：清代的思想、学术与心态》，第61页。

思想，总是以对现实的批判和现状改革论的面貌出现。”① 明清之际士大夫重张封建制，便是通过复古以求变的事例。

提倡封建制，一部分原因在于封建制下，土地、民众的私有化更容易塑造分封国之内的家国同构，分封国之内的君民关系更为融洽，“君之视民犹子弟，民之视君犹父母”②，更利于“仁政”的实施。在一块家族化的封土内，主政者将获得相比于郡县制下的地方行政长官更大的权力。③ 一种伦理化的政治运作、家长主义的治理方式可以最大限度地把“仁者人也，亲亲为大”(《礼记·中庸》)的理念与政治结合起来。封建制的优越性根植于人的私心④，其制度设计可以把熟人社会政治化或体制化。这固然可以激发地方主政者的“爱心”，克服郡县制下县令频繁更换，官民关系淡薄，政令未及推广，教化难以深入人心

---

① 沟口雄三著，乔志航译：《中国儒教的十种形态》，收入氏著《中国历史的脉动》，第332页。

② 黄宗羲：《明夷待访录未刊文·封建》，《黄宗羲全集》第一册，第419页。

③ 顾炎武对此有较为全面的论述。关于县令的选拔、任用：“必用千里以内习其风土之人……使天下之为县令者，不得迁又不得归，其身与县终，而子孙世世处焉。”(顾炎武《郡县论二》)关于县令权力：“尊令长之秩，而予之以生财治人之权，罢监司之任，设世官之奖，行辟属之法，所谓寓封建之意于郡县之中，而二千年以来之敝可以复振。”(顾炎武《郡县论一》)分见于《顾亭林诗文集》，第13、12页。

④ “以私土子人，痛痒常相关，脉络常相属，虽其时所谓诸侯卿大夫者，未必皆贤，然既世守其地，世抚其民，则自不容不视为一体；既视为一体，则奸弊无由生，而良法可以世守矣。”(马端临：《文献通考》卷一八〇《经籍考七》，第5344~5345页。)“天下之人各怀其家，各私其子，其常情也。为天子为百姓之心，必不如其自为，此在三代以上已然矣。圣人者因而用之，用天下之私，以成一人之公而天下治。”(顾炎武：《郡县论五》，《顾亭林诗文集》，第14页。)

等弊端①，产生“文法除而吏事简”② 的效果。但人毕竟是“爱有差等”的。如果没有一套公平的制度，仅凭主政者的道德天赋、恻隐之心，就不免使民众所得参差不齐。另外，一个靠人伦维持的亲密社会，其所遇到的麻烦，并不比一个陌生人社会中的麻烦更少。“亲密社群的团结性就依赖于各分子间都相互的拖欠着未了的人情”，正是这种人情上的“来来往往”，“维持着人和人之间的互助合作”③。所以，这样的社会拒绝理性化行政的生长。“爱—亏欠感—报答”就成为这个社会中人们的存在机制之一。从这样的社会中滋生出谋私、特权、交易、小团体等为现代政治规范所不容的现象，也就并不奇怪了。可以说，在致力于通过封建制分割君主权力，限制君主私心的过程中，私的下移并不一定为县（新的分封国）以下的基层社会带来福祉，反而可能因为一县之内的家长主义管理而产生更多的人情纠葛。所以，通过封建制实现天下大公，容易把君民矛盾转化为民众内部的矛盾。

曾有这样一种乍看上去很有道理的质问：倘若恢复封建制就可以把地方官员的“私心”充分、合理地利用起来，使之如对待子女一样对待其辖区内的民众，那么君主面对天下而产生的私心为何就无法转化为民众之福祉呢？人难道不是尽心尽力

① 吕坤说：“自封建变而为郡县，官无久暖之席，民无尽识之官，施设未竟而谗毁随之，建官未久而黜陟随之。……百姓闻其政令半不及理会，听其教化尚未及信从，而新者卒至，旧政废阁。何所信从？何所遵守？”吕坤：《呻吟语·治道》，《吕坤全集》中册，第859页。

② 顾炎武：《郡县论八》，《顾亭林诗文集》，第16页。

③ 费孝通：《乡土中国》，人民出版社2015年版，第91页。

经营自己的私产吗①？诚然，无论是郡县制下的君主视天下为一己之私物，还是封建制下以诸侯为家长的“大家庭”，都有“私”并且是主政者之私的在场。但是，君主之私和地方主政者之私的差异，不在于私的大小，而在于两种私所依凭的前提不同。上述质疑者预设了君主以天下人为自己的家人，天下所有人（君+民）是一个利益共同体。而提倡封建制者，则预设了地方主政者与本地民众的一体化，他们是一个相对于君主而言的、独立于君主的风俗、利益共同体，君主与他们不仅在生活方式上不同，而且存在着利益上的竞争关系，君主眼中只有自己的小家，“天下一家”只是把天下产业归其小家所有。

韦伯（Max Weber）在论述中国士人的行政技术倾向时说：

> 如果史籍所载可信，那么士人打从一开始就是封建体制的反对者，并且是具有强制性机构之本质的国家的官僚组织的支持者。这是相当可以理解的，因为就他们关注之所在的立场看来，只有那些身受人文教育熏陶的人，才够资格担任行政。另一方面，为了自身利益，他们指导君侯使行政趋向自主，指导君侯垄断武器的制造与堡垒的修筑，所有这些方法都是使君侯成为“国主”的手段。②

---

① 一位叫李滋然的晚清士人，就曾针对黄宗羲的公私之辨而提出“后世人君特患不能以我之大私为天下之公，视天下之大为己之产业耳……而以治家之法治国，未有不治者也”。引自王汎森：《权力的毛细管作用：清代的思想、学术与心态》，第195页。

② 马克斯·韦伯著，康乐、简惠美译：《中国的宗教；宗教与世界》，广西师范大学出版社2004年版，第169~170页。

韦伯的视角是理性化的，所以他要去发现士人对行政的技术化、精英化、统一化追求，而不是对血缘化、贵族化、个性化的追求。有学者说郡县制下的一君万民结构，恰恰是给了民众尊严。① 这同样是针对郡县制对血缘政治、贵族特权的打破而言的。在这种意义上，郡县制当然优于封建制。但是郡县制也恰能满足“极权帝国”对民众直接统治的需求。秦晖先生说：“极权帝国通常都喜欢在臣民‘原子化’的基础上发展一元化的科层组织，而不喜欢小共同体——如同政治上喜欢官僚制，不喜欢贵族制。”② 郡县制产生的效果，是士大夫所不能够完全接受的。

究竟是实行郡县制，还是封建制，不是无条件地追慕、照搬一种历史上既有的制度设计，而是根据当下制度的弊端适时做出的调整。所以，提倡封建制者也并不认为封建制就完美无缺。③ 只是由于郡县制积弊日久，需要封建制来补齐短板。郡县制容易毁于民众起事，即土崩；封建制容易毁于诸侯相争，即

---

① 杜正胜在定义“编户齐民”之“齐民”时说：“凡编户之民皆脱离封建时代各级贵族特权的束缚或压迫，是国君统治下的平等人民。”杜正胜：《编户齐民——传统政治社会结构之形成》，联经出版事业股份有限公司 1990 年版，第 1 页。

② 秦晖：《“前近代”研究的当代意义》，秦晖、金雁：《田园诗与狂想曲：关中模式与前近代社会的再认识》“序言”，语文出版社 2010 年版，第 10 页。

③ 黄宗羲说：“封建之弊，强弱吞并，天子之政教有所不加。”（黄宗羲：《明夷待访录·方镇》，《黄宗羲全集》第一册，第 21 页。）也就是王权被削弱，地方缺少约束，容易引起动荡。顾炎武则说：“封建之失，其专在下。”（顾炎武：《郡县论一》，《顾亭林诗文集》，第 12 页。）二人都不迷信封建制，当然也指出了郡县制之弊。

瓦解。[1] 关键在于各用其所长。引入封建制以补救郡县制之短板，应与当时频频出现农民起义有关。因此提出制度改革，就需要考虑两重因素，一是民众生养的富足，二是社会秩序的稳定。二者不可分割，但后一项考虑表明，公私之辨对民众私利的争取虽然以批判君主之“大私”为主要方式，但这并不意味着参与公私之辨的士人是反国家、反朝廷、搞秩序破坏的捣乱者，相反，他们是在争取实现国家的长治久安[2]，其目标可以概括为“国可富，民可裕，而兵农各得其业”[3]。顾炎武设想“寓封建于郡县”[4]，不是折中的考虑，而是因为，封建制和郡县制二者其实有着内在统一性。

公私之辨毕竟只是一些主张，这些主张不同于业已运行的制度，所以对公私之辨之后果的讨论，只能基于逻辑和情理的推测，而不能使用史实。下面的论述，就是一种推论，推论之结果或与史实不相一致，但也能说明公私之辨的长短。在公私之辨中，公和私是分别针对不同的群体而言的，“天下之私，天

---

① 陆世仪：“封建之弊谓之太强，其末也，每坏于强侯之分争。郡县之弊谓之太弱，其末也，优柔不支，每失天下于盗贼。”陆世仪：《思辨录辑要》卷十八《治平类》，《正谊堂全书》本，第 454 页。中国基本古籍库：http：//dh. ersjk. com/spring/front/read。

② 顾炎武在论郡县制之弊，倡“寓封建之意于郡县之中”时就说：“方今郡县之敝已极，而无圣人出焉，尚一一仍其故事，此民生之所以日贫，中国之所以日弱而益趋于乱也。”顾炎武：《郡县论一》，《顾亭林诗文集》，第 12 页。

③ 顾炎武著，黄汝成集释：《日知录集释·守令》，第 418 页。

④ “夫使县令得私其百里之地，则县之人民皆其子姓……为子姓，则必爱之而勿伤”。顾炎武：《郡县论五》，《顾亭林诗文集》，第 14~15 页。

子之公也”①，“合天下之私以成天下之公，此所以为王政也”②。“公”是一个被崇尚的理念，而“公”的具体内容就是天下万民之“私”，在公私之辨中被极力否定的“私”，只是君主之私，“‘私’的概念……同时负载着正面和负面的两种评价”③。“私”在经济和政治上所产生的合力，会把社会引向何处呢？在经济上，承认、保障人的私，尤其是分配给人田产，会极大地调动人经营田产的积极性，由此而带来的社会经济增长已为今日的实践所证明；在政治上，按照主张接引封建制的诸位士大夫的想法，私同样是可以造福于民的，因为如上所述，作为民之父母的诸侯/县令会用心经营、治理自己的辖区，并且不至于因为地方官员的频繁更换而打乱民众的生活节奏，这样就可以增强一地官民之间的凝聚力。但是以上两方面产生的合力在于，人的分别心，亦即自我观念会增强，“天下人”的相互认同反而会减弱，天下观念也将分裂为若干个以习俗为单位的小共同体观念。在郡县制下的一君万民结构中，民众是共同作为天下人而存在的，他们在概念上有一个共同的对立者——君主，也在生存方面有一个共同的依靠者、保障者——君主。这两个方面使“天下人”这一概念掩盖了民众之间在风俗、信仰、价值观念上的不同。质言之，君主这个他人，使天下人成为“我们”。如果把封建制引入既有的郡县制中，熟悉当地风俗的县令成为

① 顾炎武：《郡县论五》，《顾亭林诗文集》，第 15 页。

② 顾炎武著，黄汝成集释：《日知录集释 · 言私其豵》，第 120 页。

③ 沟口雄三：《转型期的明末清初》，氏著《中国的历史脉动》，第 197～198 页。

实际上的地方诸侯，这个官民共同体，就不仅仅是一个相对于中央而言的具有很强独立性的地方，也是相对于其他作为官民共同体的地方而言的异己者。这样，地方对国家的认同感会大幅度减弱，甚至消失，地方之间也会因风俗习惯的不同而视对方浮荡、迂阔乃至产生恐惧感。人们最大的认同单位，就从“天下”收缩为封建制下的“地方”（“寓封建于郡县”中的郡县）。甚至，考虑到上文提到的人情社会内部的复杂纠纷，一县之内也未必同心同德。如此一来，天下就只不过是一个盛放诸多小型共同体的容器，作为“器”的天下本身已无“道”可言，“道”只能在天下内部各小型共同体的运作、秩序中找寻，并且只有“小道”可见。

有一种观念认为，当外敌入侵时，独立性较强的地方比一个集权国家更容易动员，各地可以采取灵活的防御战略，不必步调一致。黄宗羲就曾把地方之间的相对独立性作为一项有利条件而提出建立方镇，认为方镇制可以实现“一方之财自供一方”，“既各有专地，兵食不出于外，即一方不宁，他方宴如”[1]。这个方案于平时、战时均有考虑，尽可能减少在兵饷、危险等方面各地之间的连带性，杜绝一毁俱毁，有利国利民的一面。然而，这种着眼于实际效果的功能化设计，与儒学中的另一个观念——“华夷之辨”不能相容。当一个异文明、异族群汹涌来袭时，（生命和财产）安全至上的观念会使民众不分“华夷”，但求自保；方镇制或封建制（以下只说封建制）下的地方独立性则使各地方难以迅速整合为一个战时的民族文化共

① 黄宗羲：《明夷待访录·方镇》，《黄宗羲全集》第一册，第22页。

同体。士大夫若是在这时宣扬“华夷之辨”，塑造“中国”共同体意识，就需要首先克服封建制产生的离心效果。另外，封建制对于君主权力的限制是在君—民结构中进行的，“天下人”的均质化，使当时的士大夫在制度设计中过于强调生养和国家秩序，而没有和文明性问题结合起来。恰恰在明末清初，对文明性问题的讨论刻不容缓，接下来，我们需要到另外若干话语中探求其时天下观念的文明性意涵，观察“天下”的另一个维度。

第四章　说“亡天下”

——也论清代天下秩序对儒学“华夷之辨”的消解

“天下”有时出现在庄严肃穆的官方仪式中，有时出现在学者汪洋恣肆的思想阐述中，后来则在人们的日常语言中成为某种情绪（比如悲叹、羡慕、憎恨等）的载体。归结起来，这些在不同场合中使用的“天下”，终未脱离政治与文化相交织的语境，它代表了人们对于其所生存的意义世界之最深的观感或最终极的认识。“天下”不存，人的意义世界也将破碎乃至虚无，世界上纵然还有人的肉身，但人对自己的界定就会面临一种与物划不清界限的困境。有学者曾经设想一种个人与世界直接相通的存在结构，即“身—世界”结构，但这种结构中的“世界”只是众多原子化之身的集合体。其所具有的价值，如果不源自人性深处，那么仅靠它的外在强制力是很难服众的。在这样一个“新世界”中，或许还有种种交往规范，但它已然不是人“无所逃于天地之间”的“天下”。因为这个作为众多个人之集合的世界，已成为生产、加工世俗性的场地，人已无需通过天下之外的东西来认识自己。

我们曾一再地指出天下观念中包含着普遍主义诉求，亦即对于“同一片天”之下、“同一块地”之上的价值、规范之一致性的向往，而当现实中的“华夷”关系不尽人意时，天下观念就收缩为一种对“中国”的反复界定。人固然逃不出天地之间，天地之间的人却差异极大。我们也可以发现，历史上那些致力于强调“中国性”的学者，往往是主张“华夷”分居、各守其土的人。也就是说，天下观念的收缩，“华夷”对峙的加剧，必然伴随着一种拒绝交往的心态。从历史上看，无论是就王朝更替而言，还是就边疆民族入主而言，明清鼎革均非首次。但明清鼎革在思想观念上给士大夫带来的冲击之大，所波及的地域范围之广，引发的连环效应之长，都直接影响了时人、后人对于天下观念的深刻反思。明清之际的天下观念，在这场“天地震荡”① 的事件中使尽了浑身解数。虽然最终仍无法扭转局势，但它与现实的搏斗为后人理解“天下”这个在人们观念世界中绵延许久的意义载体提供了多面、立体、鲜活的语境。孔子曾说：“君子无终食之间违仁，造次必于是，颠沛必于是。”(《论语・里仁》)对一个观念来说，道理是一样的。安逸时的嘴上说说、做做样子，并不足以说明这一观念的深入人心，若是在极度惨烈的条件下还能够坚守不弃，并以之作为理解、批判时代的基本原则，甚至以死释之，我们就不能简单地用“迂腐”“天真”“荒唐”这些语词来评述天下观念的坚守者。当然，事

① 吕留良：《吕晚村先生文集》卷五《栎园焚余序》，中华书局 2015 年版，第 153 页。

后来看，这些人的确因其空谈而应该为亡国负起很大一部分责任。① 我们在这里并不打算为一个王朝的灭亡而惋惜、悲愤，也无意于清算是谁导致了一个王朝的覆灭，而是要思考，他们何以如此，即天下观念对他们来说意味着什么。观念的力量不在于承平时代中的稳中求进，而在于地棘天荆中的义无反顾。曾有这样一种看法：如果抗清者能够把握到历史发展的趋势，就不应该对腐败的前朝愚忠到底，所以那些投清的贰臣，才是“顺应历史发展”② 的人。今日常说的“历史转折点”“历史发展趋势”都是历史之外的人因为有条件观望到更长的历史时段而做出的判断，但是当局者迷，他们身处历史的“终点”，无从把握此后的情形。对于反抗清政权的士大夫来说，他们反而坚决认为清朝的建立是在违背“历史发展趋势”，为天理所不容。判断其时是否为“转折点”，历史的趋势如何，需要一种广阔的视野，需要超出族群、文化、文明对立，去了解其他的文明正在经历何种变革。据此而生的判断，不同于我们今人对于明清

① 赵翼曾指出，皇太极未尝有必取中原之心，崇祯皇帝也未尝没有与之议和的意愿，只是由于明朝书生不明时势，徒知空谈议论，逞一时之能，崇祯帝才选择了消耗国力的用兵之策，以致明朝灭亡。（参看王树民：《廿二史劄记校证》“明末书生误国”条，第 806~807 页。）钱穆先生也说：“明自正德、嘉靖以后，群臣言事渐尚意气。至万历末，怠于政事，章奏一概不省，廷臣益务为危言激论自标异。明末以廷议误国，事不胜举。要之不度时势，徒逞臆见，是非纷呶，贻误事机。举其要者，流寇既起，内外相乘，若暂和关外，犹可一意治内；而思宗迫于言路，不敢言和，廷臣亦无敢主和事者。”（钱穆：《国史大纲》下册，第 698 页。）

② 参看李治亭：《历史的回答——也辨吴三桂降清问题》，《北方论丛》1988 年第 1 期。

鼎革之后这段历史的观望。今人或许更为冷静、客观，当时的一些士大夫却义愤填膺，偏见丛生。今日所谓的“偏见”，当时是“真理”。在分析时局时，有一个严重阻碍当时中国人了解其他文明的传统观念，即“华夷观”。尤其是在汉人士大夫看来，中原以外的其他族群及其文明，都可以被归为一类，即相对于“中国”之“文明”而言的“不文明”。这就取消了异文明内部的多样性，因而也就不会有探究其他文明的浓厚兴趣与开放心态。所以，与其指责其时某些人不懂“历史发展趋势”，不如探讨他们行为背后的观念动因，剖析观念之所以如此顽固的根据及其后果。我们将发现，士大夫的“华夷之辨”，诚为对历史上某些阐述的继承，但也存在着情绪化的倾向，甚至刺激了清朝帝王，影响了新王朝的建设事业。

第一节　“亡天下”背后的“华夷之辨”

人们在讨论中国古代的“天下”时，常常与“国”对举，这一习惯至晚自荀子时就开始了。在荀子那里，“天下”是儒家仁义价值理念的载体或产物，“国”则是通过暴力建立起来的势力范围。① 荀子的这一辨析有一个战争背景，其时的天下尚未统一。但是在秦汉以后，“国”和“天下”仍然经常作为一对可比的范畴出现。顾炎武对二者所做的辨析，成为后来学者讨论“天下”与“国”之分别的重要参考。这里再次引述顾炎武之

① 参看第一章第二节荀子部分。

说：“易姓改号，谓之亡国；仁义充塞，而至于率兽食人，人将相食，谓之亡天下……知保天下，然后知保其国。保国者，其君其臣，肉食者谋之；保天下者，匹夫之贱，与有责焉耳矣。”①仅就朝代嬗变而言，由明入清只是“亡国”，是家天下背景下主政者及其家族的替换，然而清朝统治者毕竟多了一重身份，即汉人眼中的“夷狄”，由华夏而“夷狄”，这才构成了明清易代的“天下”之变。所以天下观念在明清鼎革时的显现，首先是“华夷之辨”。明清之际虽有名士不仕新朝、为先皇帝戴孝终身的现象，但都不能作为透见其天下观的事例。古时有伯夷、叔齐不食周粟，五百士归骨于田横之岛，这是忠节的力量，而非其天下观的驱动。忠节的驱动力，出现于效忠对象的式微或消亡之时，这个对象往往是现成的人、团体、理念。天下观要驱动人，则需有“变天”“天崩”等价值溃解的精神刺激。这种刺激首先源自对事态的把握，对生存处境的领会，其“前对象化”的特征，使人更有“天—下”难有立身之“地”的绝望。就其时“华夷之辨”所波及的范围之广泛、影响之深远、讨论之深入乃至结论之惊人而言，我们没有理由不说儒家价值理念在当时处于生死攸关之时。可以说，明清鼎革不仅对当时的中国，而且给受儒家文化影响的东亚地区带来了巨大影响，“以至于后来两百多年间东亚格局中的思想、政治、外交、军事等诸般变化，几乎都与之有着或深或浅和或明或暗的关联”②。

① 顾炎武著，黄汝成集释：《日知录集释·正始》，第590页。

② 韩东育：《关于东亚近世“华夷观”的非对称畸变》，《史学理论研究》2007年第3期。

“华夷之辨”是儒家对于文明问题之讨论的结晶体，它属于儒家天下观念的一个横向维度，也是中国古代涉外事务的指导思想。前文曾指出，“中国”对“夷狄”的态度分为“怀夷”和“攘夷”两种。“王者不治夷狄”是“攘夷”的变体。虽然“中国”对“夷狄”实现“文明化”（进于“中国”）具有评判、裁决的权力，但是“夷狄”是否具有走向“文明化”的自觉，如何实现“文明化”，都不是“中国”所能决定的。尤其是这种以礼乐文明为准入机制的“华夷之辨”渐渐暴露出其地域、血统（种族）的面孔时，一种先天性的“华夷”身份就把“夷狄”入主“中国”放大为悖天的罪孽，儒者坚决不能容忍。所以，即便“夷狄”后来接受了儒家文化，其所建立的政权也仍让一些儒者耿耿于怀。历史上入主“中国”的边疆民族统治者，并不是没有吸收儒家文化的意向和举动，有的甚至在其逐鹿中原的过程中就以天命、德行来论证自己夺权的正当性。其在入主之后，更是推行改革，希望尽快实现汉化。为什么一些儒者乃至民众都对“夷狄”入主“中国”嗤之以鼻呢？

明清易代被认为是“亡天下”，士大夫的亡天下之痛苦甚于亡国之痛。简单地以“中国”优于“夷狄”这样的价值判断来解释士大夫的痛苦，仍是隔靴搔痒。“中国”“夷狄”这些概念自身并不显示好坏优劣，对它们的价值判断只能来自文化对士大夫的价值观念、生存方式的塑造作用。[1]

---

[1] 钱穆先生指出：“当时南方士民拥护明政权之热心，远不如其拥护衣冠制度之甚。只要政体不变更，王室推移，无关重要。至于衣冠文物，则为民族文化之象征，不肯轻变。”钱穆：《国史大纲》下册，第849页。

民众对于自己信守的价值观念较少作出反思，易代之痛苦应非产生于观念层面。对于大多数民众来说，明清易代与其说直接刺激到他们的文化信念，不如说触动了他们的生存状态，破坏了他们生命的意义构成机制。他们以自己的风俗习惯、衣冠文物为文明生活的标准。一旦自己的生活及这种生活所内含的秩序、价值、观念受到冲击，他们的意义世界就需要被重构。这时，他们才会殊死相抗、奋力维护。韦伯说：“攸关民族命运的事，与平常百姓无关。王位易姓或外族入主，只不过意味着换个收税者，社会秩序依旧不变。”[1] 这显然把民众的生活当作现成的、外在的活动，忽略了生存世界对民众精神、意义之构成的那一度。我们不妨看一个悲壮惨烈的历史事实——剃发，以此作为对韦伯的回应。对于当时的汉人拒绝剃发的现象，以往我们听到的多是儒家学者对于“身体发肤”之伦理意义的阐述。[2] 笔者也并不否认上述身体观念对于民众的影响，但是我们还应在伦理之外发现审美的维度。以貌取人是一个古老的思维习惯，不唯中国所独有。前文曾指出，人类往往根据自己同类人的容貌来想象神的模样，而“远人”则被想象为丑陋不堪。美与丑的标准，是“中国”和“夷狄”的标准之一。其中的丑陋，便表现为衣着和发式。正如“被［披］发左衽”是“夷狄”的形象，衣着、发式被认为体现着文明与否，甚至还体现着各类人群性情的善恶、品格的高下。突然下令剃发，让人走向自己审美标准的反面，人就会反身观照自己，自我分裂为二，

① 马克斯·韦伯：《中国的宗教；宗教与世界》，第61页。

② 依据是《孝经·开宗明义》：“身体发肤，受之父母，不敢毁伤。”

以传统之“我”质疑、否定当下之“我”，以精神审视不合标准的肉体，其撕裂感恐不为发号施令者所知。爱美之心，人皆有之。美的标准不同，如果美和权力、认同捆绑在一起，用强权吞噬个性，用民众身体上的整齐一致来规范他们的精神，其所激发的仇恨之深，非凭借理念、口号的动员可比。一位学者曾说：“千百万人追求美的心理是任何暴力不能改变的……统治地位的获得与丧失都不是剃发带来的和确保的，而是由于统治者自身的能力和威望。”① 除了人有追求美的自由，这里还要指出，威望不是通过暴力对民众的身体施加控制而建立起来的。

综上所述，“华夷”界限中包含着美丑的界限，“华夷”之别，也是美丑之别。“华夷之辨”对民众的影响，不是来自对“中国”“夷狄”概念的辨析，而是来自前人通过对“中国”“夷狄”的历史陈述和价值判断所构成的观念传统，以及在这种观念的支配下所形成的审美取向，进而体现为当时的民众对于新王朝剃发令的反感。这就不是“换个收税者”的问题了。

第二节 剥夺“夷狄”“进于中国”的资格

对于士大夫来说，“夷狄”“进于中国”不仅仅是“夷狄”居住地的改变，更是对礼乐文明的侵蚀和对天下秩序的搅乱。因此，“夷狄”“进于中国”常被称为“乱华”。“乱华”同时意味着“乱天下”，因为天下缺少了一个处于中心的“文明”协

① 王冬芳：《剃发——清初民族征服政策失败的实例》，《第二届明清史国际学术讨论会论文集》，天津人民出版社 1993 年版，第 296 页。

调者。本节主要讨论士大夫如何从思想、理论层面论证“夷狄”“进于中国”是非法的。连带而及的是：“中国”抵制“夷狄”何以是合法的？以上两个问题可以把我们引向一个更根本的问题：“华夷之辨”的背后是文化普遍主义诉求吗？

一、“夷狄”为何不能做天下之主？

（一）“丧天地分建之极”

按王夫之所言，天下之主只能是“崛起以一中夏者”①，且以天下为公。光是第一条标准，就足以取消“夷狄”做天下之主的资格了。王夫之指出，山河塞阨是划分“蛮夷戎狄”的边际②，“中国”的范围，则是“起句注之西，迤石梯，尽黄河，东逾白登，阻桑乾，复山叠嶂，界以野狐、居庸二翮之险。”③他说：“天下之大防二：中国、夷狄也，君子、小人也。非本未有别，而先王强为之防也。夷狄之与华夏，所生异地，其地异，其气异矣；气异而习异，习异而所知所行蔑不异焉。乃于其中亦自有其贵贱焉，特地界分、天气殊，而不可乱，乱则人极毁，华夏之生民亦受其吞噬而憔悴。防之于早，所以定人极而保人之生，因乎天也。”④ 王夫之这里所说的“华夷”之防，在于因生存地域不同而产生的风俗习惯差异，这种差异被王夫之归为因地不同而秉承的气之差别。这就回到了哲学上的本原之辨。

① 王夫之：《读通鉴论》卷末《叙论一》，第 1107 页。

② 王夫之《黄书·原极》：“山河塞阨际蛮戎夷貊。”第 2 页。

③ 王夫之：《黄书·离合》，第 31 页。

④ 王夫之：《读通鉴论》卷一四《哀帝三》，第 431 页。

本原的差异意味着两类群体的差别无法继续化约，另类群体的“气异”就是天有意为之。据王夫之所述，“华夷”差异本质上是一种价值上的高下之别，所以不可混同，不得不防，“圣人先号万姓而示之以独贵，保其所贵，匡其终乱，施于孙子，须于后圣，可禅，可继，可革，而不可使夷类间之”①。因而，“夷狄”入侵“中国”是“丧天地分建之极”②。

王夫之还认为，在中国历史上，“华夷”之分遭到破坏，肇端于秦，完成于宋。③“孤秦陋宋”之所以导致“华夷”之防崩溃，是因为秦、宋君主以天下为私有。比如，宋朝君主“畏强藩之戎，削弱将帅以为甲胄，而以启戎于夷狄”④。这就是因私心而导致“夷狄”乱华的典型。我们在这里可以看到，王夫之对公私之辨与“华夷之辨”做了贯通性的阐述，君主的私心引起猜疑，由此引发的内治涣散、边防不力，给“夷狄”入侵“中国”以可乘之机。从思想的创新性来说，王夫之这种贯通公私之辨与“华夷之辨”的论述在当时非常少见，从中也可看出王夫之对历史的理解是不以专门史为畛域的。

---

① 王夫之：《黄书·原极》，第3页。案，王夫之认为天下内部之君长可以禅让、革命，但无论如何不能“华夷”无分。

② 王夫之：《黄书·古仪》，第7页。

③ 王夫之说，女真、鞑靼入侵中国，导致“尽辮发负笠，澌丧残剐，以溃无穷之防，生民以来未有之祸，秦开之而宋成之也”。王夫之对“中国”的界定是“三（皇）、五（帝）、汉、唐之区宇”。（王夫之：《黄书·古仪》，第6页。）所以他希望“反［返］汉、唐之疆”，“绝孤秦、陋宋之丰祸”。（王夫之：《黄书·宰制》，第9页。）

④ 王夫之：《尚书引义·说命中一》，第74页。

（二）人伦废弛，率兽食人

儒者难以接受“夷狄”入主，还因为入主意味着“率天下”而为，而如果入主者是一个不“文明”的群体，行不仁不义之举，天下就可能沦为“禽兽”的世界。明初方孝孺就曾指出，“无人伦上下之等”“无衣冠礼文之美”的“夷狄”入主“中国”，会产生“率天下为禽兽”① 的后果。后来王夫之的“率天下而禽之”②，前述顾炎武的“率兽食人”均为同调。基于此，阐述天下观念的儒者对风俗的变易非常敏感，特别注重风俗是否醇厚。顾炎武称他所处的时代“机诈之变日深，而廉耻道尽”，可谓风俗大坏：“至于今日而先王之所以为教，贤者之所以为俗，殆澌灭而无余矣！”③ 风俗为什么如此重要？

所谓天下系于人心，有两方面涵义，第一是指民心向背决定着统治基础是否稳固，在这里有一个“君—民”二分的思想框架。第二是人心对某种价值的认同弥散开来，形成了天下的风气、习俗，这一情形虽不至于“以下克上”，但是对于在朝的君主，及其致力于教化民众的儒者来说，风气、习俗的优劣是

---

① 方孝孺：《后正统论》，饶宗颐：《中国史学上之正统论·资料一》，第195页。

② “蒙古之不仁而毒天下之生灵，亦如纣而已耳。而揆诸天地之大义，率天下而禽之，则亘古所未有也。洪武之治，以实论之，非贞观、建隆之不可企及者。所为卓绝古今，功轶于三王，道隆于百世者，拔人于禽而昭苏之，名莫有尚焉。”王夫之：《尚书引义·泰誓牧誓》，第98页。

③ 两处引文均见于《顾亭林诗文集·华阴王氏宗祠记》，第109页。

衡量天下治乱的一个重要指标，风俗的退化被视为“天下大忧”①。明初叶伯巨给朱元璋上书，其中说：“小民不知孝弟忠信为何物，而礼义廉耻扫地矣。风纪之司，所以代朝廷宣导德化，访察善恶。”② 嘉靖年间的叶向高说：“今天下必乱必危之道，盖有数端”，而“风声气习日趋日下，莫可挽回”③便是其中之一。

亡天下，就是没有了伦理，“天下之变，莫甚乎君臣父子一旦相失而永诀终天，此人生之至痛，而古人臣之所遭未有以比也”④。之所以如此，是因为认同了这套伦理的人，从这套伦理结构中定位自己与他人，获得人生的意义。也即，人与人通过角色的差异来交流，进而产生意义。在“君—臣”“父—子”这种二元伦理结构中，一个角色的消失同时意味着另一个角色及整个结构的变化。所以顾炎武有诗云：“人臣遇变时，亡或愈于死。”⑤ 君臣关系毕竟只是天下内部一部分人所构成的关系，君臣之伦往往是通过肉食者对某姓、某人的效忠而实现的，他们在政权更替时的痛楚固然也是来自关系结构的破碎，即臣将

---

① 嘉靖年间的杨爵给皇帝上书，其中云：“方且奔竞成俗，赇赂公行，遇灾变而不忧，非祥瑞而称贺，谗谄面谀，流为欺罔，士风人心，颓坏极矣。诤臣拂士日益远，而快情恣意之事无敢龃龉于其间，此天下大忧也。”《明史》卷二〇九《杨爵传》，第5524页。

② 《明史》卷一三九《叶伯巨传》，第3994页。

③ 《明史》卷二四〇《叶向高传》，第6233~6234页。

④ 顾炎武：《文林郎贵州道监察御史王君墓志铭》，《顾亭林诗文集》，第159页。

⑤ 顾炎武：《潍县》，《顾亭林诗文集》，第334页。

无本姓之君——这个“家天下”的预设牢牢地嵌固着肉食者的思维，倘若把他们对一家一姓的忠诚作为天下兴亡的唯一观照，就不仅显得偏狭，而且忽略了广大民众对于天下兴亡的切身感受。为君而死，以身殉主的忠臣历代可见，明清之际的忠君者只是其中之一，他们的行为无法说明明清之际“华夷之辨”这一课题的严肃性和独特性。政权的易姓改号未必就影响到民众的生活世界，而另一个文明集团的入主则有可能掀起一场彻底的风俗改革，比如剃发留辫。以“华夷之辨”为主要内容的明清之际天下观，必须面对民众生活世界的变动问题，儒者必须对风俗改易何以事关天下给出清晰论述。

按照费孝通先生对法治和礼治的区分，法律要靠国家权力来保证实施，礼则依靠传统、时间来起规范作用。① 那么，亡国（政权的易姓改号）就是推行法的力量消失了，事实上这对于民众（匹夫）生活的影响并不大，因为他们平时主要在礼俗的传统中生活，并自觉地去过“无讼”的生活。亡天下意味着（文明的）风俗的沦丧、礼教的废弛与传统的断裂，亦即民众生活的意义世界被颠覆，所以匹夫担当天下兴亡之责，首先是对自己意义世界的守护。实际上，明清鼎革时期的匹夫并不以文明、风俗的沦丧为痛，那种用文明叙事定义的天下，其变化于民众

① 费孝通：《乡土中国》，第61页。

而言无多关系，许多人考虑的还是家产和个人命运。① 剃发令引起的反抗，同样不是捍卫抽象的、与人割裂的文明，而是不能接受一个新的具体的自己。质言之，民众的思维固然受一种文明传统的影响极深，但是他们毕竟还有具体的生活世界，并不通过坚守一个抽象的文明而活着。危难时刻，有人成为英雄，有人成为“败类”，多是在于对抽象和具体的不同抉择。

顾炎武曾谓，转移人心，整顿风俗，就要形成“教化纪纲”②。我们在前文曾对王者教化予以论述，这里说的“教化纪纲”与王者教化的基本理路相差不多，也就是“在上者”要通

① 顾诚先生曾以顾炎武的“亡国”“亡天下”之说解释明清鼎革之际汉人官绅对李自成大顺政权的拥护，顾诚说：“在汉族官绅看来，大顺政权取代明朝只是‘易姓改号’，朱明王朝的挣扎图存是宗室、皇亲国戚、世袭勋臣之类‘肉食者’的事，同一般官绅士民没有多大关系；而满洲贵族的入主中原则是‘被发左衽’（剃头改制），‘亡天下’了；天下兴亡，匹夫有责，都应当奋起反抗。这就是甲申之春汉族军民官绅的心理状态。”但是，“随着以崇祯帝自尽为标志的明王朝覆亡，黄河流域的汉族官绅一度受到大顺政权的沉重打击，不少人把满洲贵族建立的清廷看成维护自身利益的新靠山；而江南官绅并没有亲身经历这场大变革，他们考虑的重点是维护自己的安乐窝。”（顾诚：《南明史》，光明日报出版社 2011 年版，第 3、371 页。）地方官绅没有为朝廷尽忠的责任（即便在朝为官者，尽忠也在很大程度上和入仕时间长短有关），他们对政权的选择，以是否能够保存其家业为考虑。对此亦请参看魏斐德著，陈苏镇等译：《洪业——清朝开国史》，江苏人民出版社 1995 年版，第 241、243 页。此据赵世瑜《试论陈确的忠节观》（收入氏著《小历史与大历史：区域社会史的理念、方法与实践》，北京大学出版社 2017 年版，第 369 ~ 381 页。）一文提示。

② 顾炎武指出：“目击世趋，方知治乱之关必在人心风俗，而所以转移人心，整顿风俗，则教化纪纲为不可阙矣。百年必世养之而不足，一朝一夕败之而有余。”顾炎武：《与人书九》，《顾亭林诗文集》，第 93 页。

过身教影响、改变风俗。吕坤谓：“化民成俗之道，除却身教再无巧术，除却久道再无顿法。”“为政先以扶持世教为主，在上者一举措间而世教之隆污、风俗之美恶系焉。”① 但是教化者或影响风俗的人却不只是王者一人，君臣、圣贤豪杰、学生、志士仁人皆可净化世风，定天下之势②。所以顾炎武指出，正是士人不遵礼教、不守身份、丧失气节，导致了“中国”沦于“夷狄”（清取代明）：“自万历季年，搢绅之士不知以礼饬躬，而声气及于宵人，诗字颁于舆皂，至于公卿上寿，宰执称儿，而神州陆沉，中原左衽，夫有以致之矣。”③

（三）不容于天，太平无期

王夫之曾说，小人、盗贼、“夷狄”即便窃夺了天子之位，也无法实现天下太平，而是灾异连连、乱象丛生；道统若被上述三类人窃取，也将不容于天，命不长久：“天下所极重而不可

① 吕坤：《呻吟语·治道》，《吕坤全集》中册，第827、815页。

② “将朝廷端则天下一，大臣法则群臣效，人伦由是明，风俗由是厚矣。”（《明史》卷一七九《罗伦传》，第4749页。）“能定天下之势，化天下之俗，非圣贤豪杰之士不能也。”（林右：《逊志斋文集序》，黄宗羲辑：《明文海》卷二三四，清涵芬楼抄本，中国基本古籍库：http：//dh. ersjk. com/spring/front/read，第9896～9897页。）“入其境，有违礼之祀，有非法之服，市悬无益之物，土留未掩之丧，优歌在耳，鄙语满街，则学官之职不修也。”（黄宗羲：《明夷待访录·学校》，《黄宗羲全集》第一册，第14页。）“凡后世之志士仁人，其过化之地，必有所存之神，犹能以仁风笃烈，拔下民之塌茸，固非依草附木之精魂，可以诬也。”（黄宗羲：《破邪论·魂魄》，《黄宗羲全集》第一册，第197页。）

③ 顾炎武：《原钞本顾亭林日知录·流品》。案，该段文字不见于通行本《日知录》，转引自王汎森：《权力的毛细管作用：清代的思想、学术与心态》，第54页。

窃者二：天子之位也，是谓治统；圣人之教也，是谓道统。治统之乱，小人窃之，盗贼窃之，夷狄窃之，不可以永世而全身；其幸而数传者，则必有日月失轨、五星逆行、冬雷夏雪、山崩地坼、雹飞水溢、草木为妖、禽虫为蠥之异，天地不能保其清宁，人民不能全其寿命，以应之不爽。道统之窃，沐猴而冠，教猱而升木，尸名以徼利，为夷狄盗贼之羽翼，以文致之为圣贤，而恣为妖妄，方且施施然谓守先王之道以化成天下，而受罚于天，不旋踵而亡。”① 在其看来，借助于“败类之儒”窃取道统的“夷狄”政权，只是在“宫室器物登降进止之容”上制造假象，以为这就是“先王治定功成之大美”，实际上不得要领，对先王之教“昧其精意，遗其大纲”②。北魏一直被视为主动吸收中原文化的典型，时人杨元慎曾自信地说：“我魏膺箓受图，定鼎嵩洛，五山为镇，四海为家。移风易俗之典，与五帝而并迹；礼乐宪章之盛，凌百王而独高。”③ 但经由一种激进的、血统化的、仇恨化的“华夷之辨”之审视，北魏的文教只是“伪饰”而已：“拓跋氏以伪饰之诗书礼乐诱天下之士而翕然从之，且不徒当世之士为所欺也，千载而下，论史者犹称道之而弗绝。”④ 那些参与推动北魏汉化的儒者，就成为“国妖”了。⑤

---

① 王夫之：《读通鉴论》卷一三《成帝七》，第408~409页。

② 王夫之：《读通鉴论》卷一三《成帝七》，第409页。

③ 范祥雍：《洛阳伽蓝记校注》卷二《城东》，第118页。

④ 王夫之：《读通鉴论》卷一七《梁武帝一七》，第571页。

⑤ “鬻诗书礼乐于非类之廷者，其国之妖也。其迹似，其理逆，其文诡，其说淫，相帅以嬉，不亡也奚待？”王夫之：《读通鉴论》卷一七《梁武帝二一》，第576页。

二、“攘夷”是否正义之战？

“华夷之辨”是儒家天下观念中的一个自我限制，对这一话题的强调，固然凸显了礼乐文明的重要性、先进性，但是它所引发的群体划分、认同问题，把天下建立在一个抽象的基础上。我们深入到历史中会发现，“华夷之辨”只是一套精英建构起来的表述，这套表述与其说保存的是天下，不如说保存的是天下的“核心”——“中国”。王夫之认为，在“夷狄”进犯“中国”之时，“中国”的自卫之战，更具体地说，“中国”对“夷狄”的杀戮，具有无须论证的合法性，“夷狄非我族类者也，蟊贼我而捕诛之，则多杀而不伤吾仁”①。这样的“华夷之辨”基于一种“族类”的视野，彰显仁义价值的“中国”是一个族类集合体，因而保族类即保“中国”，保“中国”即保仁义：“仁以自爱其类，义以自制其伦……今族类之不能自固，而何他仁义之云云也哉！”② 杨向奎说：“保卫中国乃是大一统的先决条件，以‘中国’为中心，而诸夏而夷狄，然后完成大一统的事业。”③ 进一步说，保卫“中国”是实现天下一统进而太平的条件。今日的学者提出了“王道的实现是否需要霸道”的问题。这个问题看上去与“攘夷→怀夷”的进路不同：通过霸道实现王道是一个主动的过程，这个过程需要武力贯穿前后，直到“夷狄”屈服；而“攘夷→怀夷”是一个通过防卫保护核心文

① 王夫之：《读通鉴论》卷一二《怀帝三》，第379页。

② 王夫之：《黄书·后序》，第37页。

③ 杨向奎：《大一统与儒家思想》，第73页。

化圈，然后反过来对“夷狄”进行教化的过程。王夫之把保“中国”、攘“夷狄”这个“华夷”对立的过程视为仁义价值于此无效的过程，所以“攘夷”不是霸道：“夷狄者，欺之而不为不信，杀之而不为不仁，夺之而不为不义者也。”① 唐甄则把“中国”对“夷狄”的兼并称为“以仁克暴”②，要实现天下的安定，必须经历一个死伤的过程，“一战遂定天下”③。唐甄用长痛不如短痛的道理来说明这类战争的合法性：“久乱不定，长痛也；一战之杀，一令之诛，短痛也。以短痛去长痛，是之谓杀以成仁。”④ 这样一个征服过程之所以具有合法性，在于“其君皆圣人也，其将亦皆圣人”⑤，“杀戮虽多，四海之民不知兵革之苦”⑥，“用兵之道，所以救诸水火而御人之暴者也”⑦。这种杀戮能够带来天下的永久和平，所以是“不得已而杀敌”⑧。总而言之，关于战争的合法性问题，儒家给出的观点是：只要是为了行仁义、除暴虐，那么发动战争也是完全合法的。是谓“以兵行仁”“以兵伸义”。⑨

儒家的天下观念以仁义为基本的、核心的理念。仁义本是

---

① 王夫之：《读通鉴论》卷二八《五代上二》，第 1014 页。

② 唐甄：《潜书·全学》，第 175 页。

③ 唐甄：《潜书·仁师》，第 195 页。

④ 唐甄：《潜书·仁师》，第 195 页。

⑤ 唐甄：《潜书·全学》，第 175 页。

⑥ 唐甄：《潜书·仁师》，第 195 页。

⑦ 唐甄：《潜书·全学》，第 177 页。

⑧ 唐甄：《潜书·仁师》，第 195 页。

⑨ 唐甄：《潜书·全学》，第 177 页。

一套在交往、实践中生成和显现的价值，离开了具体的交往，反过来为了捍卫抽象的仁义，保存仁义的故地，而把交往变成战争，若谓其合法性不证自明，显然难以服众。问题的症结不在于战争，而在于基于何种考虑而发动战争。也就是说，如果开战没有充分的正义性可言，那么交战和战后的正义也将大打折扣，甚至毫无正义可言。儒家把自卫的战争与除暴平乱的战争视为“仁战”，但“仁战”的合法性不在于对理念化、意识形态化的仁义之守护和推广，因为仁义在战前的非普遍化将使得为之而进行的战争具有意识形态之战的属性，也就是今日亨廷顿所谓的“文明的冲突”。首先，“文明的冲突”本身只能是天下的内部冲突，作为一种视野的天下已被自我文明与他者文明之间的对立所割裂，这样一种基于特殊文明视野而发动的“文明之战”，与天下观念中“天下一家”的理想是背道而驰的。或者说，“华夷之辨”虽以礼乐文明为衡量标准，但极端的“华夷之辨”反而把礼乐文明视为一种特殊的文明，专属于“中国”。第二，如果说上述“文明的冲突”只在于保存文明的故地，把“文明”与“非文明”隔离开来，“如其困穷而依我，远之防之，犹必矜而全其生”①，那么据之开展的诸多活动如何获得本国民众的支持、拥护，就需要被进一步思考。民众的生活世界固然可以被“非文明”的袭来所改变，其不适、痛苦之感也未必比士大夫更少，但民众的激愤不是基于对一种抽象价值理念的守护，不是来自精英阶层的动员，而是来自生存世界发生动荡的危机感、不适感。试想，如果“夷狄”能够安顿民

① 王夫之：《读通鉴论》卷一二《怀帝三》，第379页。

众的生活世界，保全其家人财产，那民众何必去誓死“攘夷”、白白送命？高调阐扬“仁战”思想的士大夫与广大民众的恐慌、激愤貌合而神离。

第三节　帝国内外：回应“华夷之辨”的天下秩序

观念的延续性会把历史当事人的态度、认知带给历史研究者。对于士大夫的天下观念来说，明清易代这一事件分裂为两个主要话题：一是王朝政治的兴衰缘由，该问题具有一定的普遍性，甚至被后人不断挖掘其可资借鉴之处，试图跳出“历史周期律”；二是“中国”文明性的丢失，也即“以夷变夏”，这个问题不具有普遍性，因为它并不一定出现在所有的王朝更替中，比如秦汉、汉魏、魏晋易代都不涉及“华夷之辨”。“华夷之辨”是文化优越感的产物，它常常表现为两种心态：一是担心自己优越的文化遭到不文明者的破坏，拒绝“堕落”；二是在与其他文化相遇之后，认为自己的文化同化了对方。于历史、逻辑两个方面来看，这两种心态的次序都是不容颠倒的。于历史而言，比如佛教当初来华，曾引起儒家不满和紧张，但隋唐以后，人们可以说佛教实现中国化了。于逻辑而言，“同化”是一个结果，在此之前必有一个不可测知的过程，国人在此过程中难免有惶恐、悲愤之类的情绪，也即当事人很少对“正在同化”有所反思。厘清了这两点，再看“华夷之辨”，我们就不难理解：身处明清易代情境中的一些儒者何以出言激烈，如临末世；站在当代评述清史的学者何以对清朝的定位出现了分歧。明清之际天下观念的复杂性直接影响到日后学者的历史判断，这也决定了我们若是考察明清之际的天下观，就不能囿于这个时代，而是把视野放在明清之际以后，从后人（包括清人和当代学者）的行为、言论中回溯天下观念的连续性要素。明清之际以后的现象，为我们反思、分析明清之际的观念提供了多维视角和素材，否则，我们只能复述当事人的慷慨陈词，模仿当事人的声泪俱下和忿忿不平。

一、“天下”为何要有“中国”？

前文曾指出，不同民族、文明中都有把自己作为世界中心的观念，但是能够把以自我为中心的观念发展、阐述为一套政治、文化观念，进而以此影响帝王的治理方略，评判王朝合法、正统与否的民族或文明，却只有儒学影响下的中国。

关于明清鼎革，明末士人担心的是明朝治下的风俗文化不存，而今人则多着眼于清朝在多大程度上继承了明朝的遗产。今人的思考是对明末士人之担忧的回应。归根到底，如果清朝统治者自觉地“汉化”，也即采用“中国”的礼俗，那么明清之际那些激烈抗清的士大夫就未免反应过度了。韩愈不是早就说过“孔子之作《春秋》也，诸侯用夷礼，则夷之；进于中国，则中国之”① 吗？但是我们看到，无论是明清之际的王夫之这样的人，还是今日的“新清史”学者，他们都不会简单地把清朝帝王对汉人礼俗的采纳视为“中国化”。这是对儒家以进退于礼

① 马其昶：《韩昌黎文集校注·原道》，第 17 页。

乐文明为转化机制的“华夷之辨”之挑战，这里涉及的其实是一个关于“华夷之辨”能否消解在帝国叙事当中的问题。如果能够消解于其中，那么“清帝国”就是一个实现了“夷狄”向“中国”转化的“中国”新形态；如果不能消解于其中，也即“中国”和清朝统治者仍然代表两个不可通融的群体，那么“中国”就只能是“清帝国”的一个部分。“华夷之辨”是站在儒家的角度提出的论断，而“新清史”学者指出的所谓“中国”是“清帝国”的一部分，恰恰是站在“夷狄”的角度来说的。我们可以把“新清史”学者与“汉化说”学者的争论，视为封闭型“华夷之辨”与开放型“华夷之辨”的争论。沿着“新清史”的论述逻辑走下去，结论就是“华夷”封闭论，也即华夏和“夷狄”终究有一个无法打通的界限。这和那批激烈、保守的“华夷之辨”——地域/血统论的“华夷之辨”是一致的。这种“华夷之辨”，根据“华夷”的居住区而判断“华夷”群体性情、文化之优劣。① 这样，居于中原的人就值得关爱，其文

① 杨念群先生将其概括为“把‘种族’与‘地域’的关系进行刻板化关联，北方蛮荒之地与江南丰饶之区分别代表野蛮和文明族群居住的不同景观。对关外北方风貌的想象常常与‘蛮荒族群’的生活特征紧密关联在一起，满人入关前居住于东北地区本身就给自身打上了先天的蛮荒印记”，所以对于清朝帝王来说，“获取‘正统’的首要任务就是要彻底斩断关外‘北方地域’必然生活着‘蛮荒族群’这个被理学想象固化的思维链条”。（杨念群：《“天命”如何转移：清朝“大一统”观的形成与实践》，上海人民出版社 2022 年版，第 139 页。）许多学者强调“华夷之辨”就是文化的传播与受容问题，这是非常片面的理解。上述种族（血统）/地域化的“华夷之辨”表明文化问题只是表象，后天的文化学习终究无法掩盖自己在出身上的“低人一等”。

化习俗就值得颂扬，居于四裔的人就代表了野蛮，因而永无资格入主中原，无资格代表“中国”，无资格成为“天下之主”。即便那些南下的“夷狄”政权曾衷心服膺礼乐文明，也仍未免于因进入“正统”而颇费心机。

不少学者已经阐述了“华夷之辨”之标准的以上变异。皮锡瑞说：“以《春秋》为攘夷，圣人非无此意，特是升平主义，而非太平主义。言岂一端而已，夫各有所当也。”① 梁启超说：“《春秋》之号夷狄也，与后世特异。后世之号夷狄，谓其地与其种族，《春秋》之号夷狄，谓其政俗与其行事。”② 如果混淆了“华夷之辨”的不同标准，我们就难以理解历史上那些被儒家尊为圣王的人为何生于非华夏地区（“大舜生于东夷，大禹出于西羌”，或者“大禹出于西戎，文王生于东夷”，曾被多个入主中原的少数民族皇帝拿来论证自己王朝的正统性，比如前述匈奴刘渊③，下文将要提到的雍正皇帝。有的儒家学者也绝不讳言此事，比如前述汉代陆贾④，这是因为他相信人类存在着共同的价值理念），为何治理、定都于非华夏地区。按照那个狭隘、封闭的“华夷”标准，眼下的“中国”已然包含了很大一部分“夷狄”区域（比如秦、楚之地）。所以梁启超紧接着说：“不明此义，则江汉之南，文王旧治之地，汧雍之间，西京宅都之

① 皮锡瑞：《经学通论》，吴仰湘点校，中华书局 2018 年版，第 376 页。

② 梁启超：《〈春秋中国夷狄辨〉序》，《梁启超全集》第一集，中国人民大学出版社 2018 年版，第 250 页。

③ 参看本书第一章第四节第四部分。

④ 参看本书第一章第二节第一部分。

所，以云中国，孰中于是？而楚、秦之为夷狄，何以称焉？”①

“新清史”的论断，只能是在一个王朝走到尽头以后，作为现代人，回头去反观整个王朝历史，才能提出来。作为清王朝统治者，他不仅坚决不能允许别人使用地域/血统的标准说三道四，自己也不会根据这种标准来强调王朝合法性。因为如果这样，他恰恰迎合、满足了保守的“华夷之辨”论者对于“华夷之辨”之标准的“诠释冲动”——没有什么比反驳更能够刺激争论者神经的了。拒绝一种不利于自己的论述标准，采用中国古代天下观念中关于德行、民心的论断，尽可能地把入主“中国”、得天下的合法性建立在中国传统天下观念中所包含的一种后天的、可变性因素的基础上，这是雍正帝阐述其“华夷观”、正统论时的基本特点。可是雍正帝做得并不好，因为他还是在力辩血统、地域不是得天下的必要条件。所以我们看到，虽然雍正帝强调有德者得天下，强调大一统之功②，懂得一定的辩论技巧，以中国传统观念还击“华夷之辨”论者，但是言多必失，

① 梁启超：《〈春秋中国夷狄辨〉序》，《梁启超全集》第一集，第250页。

② 雍正《大义觉迷录》（清雍正内府刻本）卷一：“盖生民之道，惟有德者可为天下君……盖德足以君天下，则天锡佑之，以为天下君，未闻不以德为感孚，而第择其为何地之人而辅之之理……未闻亿兆之归心，有不论德而但择地之理。”“夫我朝既仰承天命，为中外臣民之主，则所以蒙抚绥爱育者，何得以华夷而有殊视？而中外臣民，既共奉我朝以为君，则所以归诚效顺，尽臣民之道者，尤不得以华夷而有异心。此揆之天道，验之人理，海隅日出之乡，普天率土之众，莫不知大一统之在我朝。悉子悉臣，罔敢越志者也。”“自我朝入主中土，君临天下，并蒙古极边诸部落，俱归版图，是中国之疆土开拓广远，乃中国臣民之大幸，何得尚有华夷中外之分论哉！”（案，这句话不是讲地域划分，而是论帝国版图，应注意区分。）

如果不是他身居权力顶峰，士人尽可以公开与其唱反调，地域/血统论的“华夷之辨”还将被宣扬，清朝皇帝颁布的正统之论仍不过是一家之言。乾隆则少了些争辩，干脆查禁。① 这是技巧，还是自信，并不重要，重要的是，如果一种观念不通过语言文字表达出来，不在现实世界直观化、经验化，那么这种观念便等于死去。观念的死去，不必等到它在人们的头脑中消失，只要它在现实中找不到一丝立足之地，无施展其“力量”的空间，便可宣布其“暂时死亡”。当然，这一特点也为其“复活”提供了条件。

有没有德行和天命是一个非常主观化的问题，任何一个王朝都可以通过选择、利用有利于自己的标准来诠释、塑造自身的正统性，而这也决定了帝王所谓的德行和天命不足以说服民众，因而正统性也需要权力来保证它的服众。大一统叙事不同，王朝的版图不会说谎，幅员辽阔当然就是帝王权势的空间化展示，王朝的能力就摆在那里，把“华夷”统合在一起，不正是儒家梦寐以求的吗？当然，这里存在着对手段正当性的漠视。刘浦江先生在考察中国历史上的“正统论”时发现，清以前的少数民族统治者常通过强调德运、礼教等因素刻画本王朝的历史正统形象，乾隆帝却不行此道。当四库馆臣将杨维桢旨在尊宋而抑辽金的《正统论》删去并予以批驳时，乾隆帝却并不以

① 参看王汎森：《权力的毛细管作用：清代的思想、学术与心态》，第321页。但乾隆还是运用了中国传统天下观念中的“夫天下者，天下人之天下也”的思想，指出天下“非南北中外所得私”。见《清实录·高宗实录》，中华书局1985年影印本，第9册，第424页下栏。

四库馆臣的做法为然。乾隆对“正统”做了新的理解、阐发，盖“到了乾隆时代，清朝统治者的正统观念已经发生蜕变，他们从北方民族王朝的立场彻底转向了中国大一统王朝的立场，因此高宗才会如此高调地捍卫‘中华正统’”①。雍正、乾隆二帝都努力通过疆域上的广阔来彰显清朝功业之伟大，以此作为其正统性的关键要素，认为清朝实现了传统天下观念中的“天下一家”的理想。这是通过天下叙事重构“中国”的内涵，也即谁实现了“华夷”一家、天下一家，谁就有资格代表“中国”。这样，“中国”的核心要义就不是血统的，而是是否有天下意义上的功业。

即便如此，清朝统治者也没有忘记族群之别。② 钱穆先生说：“清室对待汉人，无论其为怀柔或高压，要之十分防猜。”③ 魏特夫（Karl A. Wittfogel）则基于清朝推行八旗制度、控制官僚系统、严禁满汉通婚、提倡满洲语文、保持发式衣冠等举措而提出清朝“社会文化二元性”的学说。④ 这些历史现象，都

---

① 刘浦江：《南北朝的历史遗产与隋唐时代的正统论》，《文史》2013 年第 2 辑。

② 王汎森先生曾这样概括乾隆的种族意识：“一方面要公开鼓励人们相信华夷无别，可是又要满人记得他们是不同的部族，以长保其统治集团的地位。”又，“既要汉人泯灭其种族思想，又要满人突出其种族思想”。王汎森：《权力的毛细管作用：清代的思想、学术与心态》，第 323 页。

③ 钱穆：《国史大纲》下册，第 830 页。

④ 参看魏特夫著，苏国良、江志宏译：《中国辽代社会史（907—1125 年）综述》，收入《征服王朝论文集》，稻乡出版社 2002 年版，第 1~69 页（第 21~30 页专论清朝）。

是后来的“新清史”学者阐述其说的有利素材。[①] 柯娇燕（Pamela Kyle Crossley）说：“在清朝统治者构建的天下秩序观里，‘满洲’或者‘中国’是没有任何意义的。”[②] 柯氏想强调的是清朝帝王身份的多重性和“清帝国”的多元化，但是她不应忽略：（1）清朝的天下秩序中既包括汉地十八省，也包括西北藩部、西南土司，还包括帝国之外的朝贡国、互市国，单纯的“满洲—中国”框架无法容纳清朝的天下秩序[③]；（2）清朝帝王在将多元族群、文化纳入其统治体系的过程中依据什么样的价值，也即天下秩序的主导者应该给天下人一个理由——为何是他，而不是别人做天下之主。在这个问题上，清朝帝王面对的一个最严峻的挑战就是前述宋以来基于血统、地域的“华夷之辨”。这样，清朝帝王倘若不把“中国”作为一个严肃的课题来思考，就无从对其主导下的天下秩序进行建构。天下秩序难道就是武力扩张的范围吗？当然不是。“新清史”学者倾向于把清朝的“南—北”轴与“东—西”轴割裂开来，塑造“东—

---

① 参看叶高树：《“参汉酌金”：清朝统治中国成功原因的再思考》，《台湾师大历史学报》2006 年 12 月（第 36 期）。案，前述魏特夫对于清朝“社会文化二元性”的论述，也来自叶高树该文的提示，笔者循此而阅读了魏特夫的相关著作，特此说明。

② 柯娇燕：《中国皇权的多维性》，牛贯杰译，董建中校，刘凤云、刘文鹏编：《清朝的国家认同——“新清史”研究与争鸣》，中国人民大学出版社 2010 年版，第 69 页。

③ 所以笔者一直谨慎地使用“天下秩序”和“清帝国”这两个术语。“清帝国”与西方意义上的“帝国”同样存在不小的差异，笔者使用“清帝国”这个词，主要是就清朝的幅员辽阔和文化、族群、管理上的多元化而言的，对于“天下秩序”与西方“帝国”之不同，笔者会在下文阐述。

西”叙事[1]，就像米华健（James A. Millward）所说，对学者所持的清朝“以中原为中心（sinocentric）”的观念“进行重新审视”[2]。米华健的意思是，清帝国和清以前中国历史上的王朝不同，清统治者并没有把成为“中国”看得那么重要。但是，只强调满人自东向西扩张，淡化乃至消解“华夷”转化问题，会导致清朝天下秩序的非法性，使清王朝的版图塑造与近代以来西方国家的殖民扩张没有了区别。如果我们注意到明清之际血统、地域化的“华夷之辨”对清朝帝王的刺激，我们会把清朝帝王的“东—西”事业与“南—北”事业结合起来，把“南—北”事业所确立的“中国”性作为“东—西”事业所奠定的天下秩序之合法性。

然而这里遇到一个循环论证，那就是清朝帝王对其“中国”性的阐述是通过大一统王朝的功业来给予有力支持的，而大一统王朝的版图又是在“中国”传统天下观念的模式下步步开展的。清朝帝王应该意识到了这个问题。宋人欧阳修曾经说：“正者，所以正天下之不正也；统者，所以合天下之不一也。”[3]“正”需要价值支持，这是大一统事业的先决条件；“统”则需要依据价值的支持而开展实际的整合性工作。这种整合性工作的实现，固然深受儒学经典中远人慕义而至、四方主动称臣之

---

① 参看杨念群：《超越“汉化论”与“满洲特性论”：清史研究能否走出第三条道路?》，《中国人民大学学报》2011年第2期。

② 米华健：《新清帝国史》，该文系米华健主编 *New Qing Imperial History——The Making of Inner Asian Empire at Qing Chengde*（Routledge Curzon，2004）一书的序言，刘文鹏译，载刘凤云、刘文鹏编：《清朝的国家认同——“新清史”研究与争鸣》，第417页。

③ 欧阳修：《正统论上》，饶宗颐：《中国史学上之正统论·资料一》，第114页。

理想的驱动，但也并不缺少武力。史实历历可见，今人毋庸讳言。清朝帝王的“南—北”“东—西”事业仍不足以塑造王朝的正统性。“四方”不仅是天下观念前史中的一个关键阶段，而且在天下观念诞生以后，继续保留在天下观念内部，它是对人的现实生存活动的最周全的概括，是人无法突破的生存结构，人总是通过四方所确立的坐标而被安置在世界上。“四方”没有超越性，人可以随时掉头走向任何一个方向。天下秩序需要通过人世间的“四方”事业来构建，这就是南征北战、东讨西伐。然而，由于“四方”对于任何人来说都是均等的，天下人分享着共同的方位知识，遵守着共同的方位标准，所以“四方”无法给大一统事业提供神圣支持，人人都可以在这片世俗的土地上任意发动战争。为王朝大一统事业寻找神圣性、合法性，是清朝帝王必须考虑的。即便清朝帝王最终建立的帝国模式不同于传统观念中的天下秩序，帝王们同样需要神圣的装扮，帝国并不像前述沃格林所说的那样只是“膨胀”，“没有精神层面的正当性”①，帝国的事业也包含着一个对内的精神整合过程，帝国统治者需要以神圣统治者的身份凌驾于他的臣民之上。

我们发现，清帝统合东西南北、建立天下秩序的最终价值根据在天。在进行论证时，“同一片天”是一个重要的前提。乾隆帝说：“仰首以望，昭昭之在上者，汉人以为天而敬之，回人以为阿思满而敬之，是即其大同也。实既同名，亦无不同焉。”②

---

① 埃里克·沃格林：《秩序与历史》卷四《天下时代》，第403页。

② 《西域同文志》书前收乾隆帝序言（《御制西域同文志序》），中央民族学院出版社1984年版，第2页。

不同的族群同处一片天之下，那么这片天的价值内涵就该适用于天下所有人群。天下之人所认同的价值当然是多样的，信仰是多元的，清帝不会不知道这一点，所以这里对天的价值内涵的阐释就不能过于具体，而是尽可能地具有涵括性。在这个问题上，清帝用的是“道”/“天道”的说法：“每于用武之际，更切深思，定于志以合乎道……十全武功，岂非天贶?”①

综上可见，清帝构建天下秩序，是以超越东西南北具体方位的神圣之天为价值支持的，因为天下人无法逃离这同一片天之下。强调合乎天命、获天垂青，首先就清洗掉了清帝身上那种野蛮色彩，回击了汉人士子基于地域、血统而宣扬的“华夷之辨”。“中国”是一个道德化、神圣化的概念，而不是一个种族概念，也不只是一个地域称谓，只要受天命、合天道，就可以入主“中国”，居“天下之中”，做“天下之主”。虽然清帝找到了一个超越东西南北的神圣之天，但他仍然需要到“南北”事业中确立自己的文明身份。可以说，确立自身的神圣性和文明性，是清朝帝王构建天下秩序的准备工作。这也就是“南—北”事业重于“东—西”事业之处。②

---

① 戴逸、李文海主编：《清通鉴》第11册，“清高宗乾隆五十七年壬子(1792)十月初三日”条，山西人民出版社2000年版，第4647页。

② 杨念群说：“新清史所标榜的那些颇具‘内亚’品格的社会控制和管理技术，只不过是为清朝更好地承接以往王朝‘正统性’准备了更加充分的条件而已。”（杨念群：《诠释“正统性”才是理解清朝历史的关键》，《读书》2015年第12期。）也即清朝的“东—西”事业是为其王朝正统性做准备的。按照我们上面的论述，清朝的“东—西”事业主要在于实现“正统”之“统”，而对于“正统”之“正”，则主要通过对汉人士大夫“华夷之辨”的纠正和压制以及采取相关文教措施而树立起文明性。

二、“大一统”事业如何消除“华夷之辨”？

虽然天命、德行是清帝宣扬正统性的根据，但清帝在汉人士大夫面前最引以为自豪的不是秉承天命、有德获福这些非经验化的事情，而是他们完成了明朝没有建立起来的功业，即“华夷”一家的“大一统”事业。天下秩序所构造的外部环境，直接影响了“中国”的内部治理。在思想文化层面，要维持“中国”在天下秩序中的核心、主导地位，就不能使“中国”失去对于儒学的话语权、解释权，“中国”就必须在儒学的话语结构中展开对自身文明化、正统性的阐述。“大一统”必须是“王者大一统”。这种局面必须通过礼仪来体现，而不是简单地仰仗武力整合以后的版图之大。

这里需要指出，“大一统”与“大统一”的差异在于王道、霸道之分别。① 具体来说，“大一统”的全称——“王者大一统”既包含了对王者责任、职事的强调，也包含了对民众意志的考虑。“王者”曾被视为德才兼备之人，前已论述。王者的工作要想顺利开展，就要合乎民心、满足民意，顺应时势。所以“大一统”需要一个与民众生活世界息息相关的理由来说明其正当性、必要性。一群人共享一种物质，容易形成一种竞争关系，日益加剧彼此的仇视，但一群人共享一种精神文化，就会形成一种至少是有相似性的生活方式、观念习惯乃至共同的生存处境。他们对于彼此一体化的在意就是对自我生存处境的维护。

① 参看杨念群：《“天命”如何转移：清朝“大一统”观的形成与实践》，第27页。

所以，“大一统”和“大统一”之分别，不只是开展方式的区别，还在于“大一统”或“大统一”的事业完成之后，天下将以何种样式存在，也即“天下”是一个天下之人命运休戚相关的生存共同体，还是一个满足统治者权力欲望的庞大政治体。笔者并不是说清朝的天下秩序是一个均质化的社会，相反，在这个秩序中充满了语言、文化、信仰的多元，被天下秩序所嵌套的“清帝国”内部同样如此，并且对帝国内部各族群的治理手段有别。“大一统”的关键不在于语言、文化、信仰、治理手段的统一，而在于认同的统一。在这方面，清朝帝王通过认可“汉法”来保持甚至强化了各族群身份的差异。“汉法”中的正统观念、羁縻政策均可为其所用。这样，“汉法”就既是一套地方性的制度规范、意识形态，又可以为天下秩序的多元、开放型治理提供理论依据。由此看来，“汉法”又具有超越性格。“汉法”不仅必须使自身这套理论系统与其他族群的宗教、文化在天下秩序内部共存，而且必须使自己有能力解说天下秩序所含括的所有文化、族群。

“新清史”学者对清朝帝王事业的审视，暴露出其对“大一统”与“大统一”的混淆，以及对天下秩序与“清帝国”的混淆。这些学者之所以要突破清朝的“中国”性，强调清的“内亚”特征，是因为他们把视线主要投入到了清朝疆域的形成上。在其看来，1644 年清人占领北京和 1683 年平定三藩之乱，都不是清朝统治者事业的完成，只有当清人在 18 世纪中期取得了对原来“中国”之外的地域的控制权，把曾自由迁徙的游牧部族整合进王朝的版图时，他们才真正建立起了自己的宏伟大业。① 这显然是一个过于后见之明的看法：

第一，中国古代王朝的疆域是不断变动的。由于自满族人占领北京之后，帝国的疆域仍在不断扩大，所以站在历史外缘的人不免有着事业尚未完成的观感。如果反过来看，假如满人在1644年以后不断丢失昔日攻占的土地，清朝的疆域渐渐收缩时，是否也一定要等待这个收缩过程结束方可定义清朝呢？对一个王朝（“新清史”学者并不喜欢“王朝”这个范畴，也不妨用“政权”“权力体”之类的表述）的界定，究竟是在动态中还是在静止状态下进行，事关王朝/政权/权力体的属性。天下观念给予我们动态地观察清朝事业的界面，我们由此看到了清朝帝王从事“大一统”事业的努力。虽然这些帝王与儒家理想中的“王者”差距甚远，但是他们对自己承天命、有德行的强调，已然说明他们在为自己开展“大一统”事业提供最充分的资格。帝国、国家观念却把清朝的“东—西”事业视为领土侵占，也即“大统一”事业。

第二，作为历史的亲历者，身处明清鼎革的士大夫之所以有天崩地解的冲击感，并不是因为他们看到了一个庞大的新帝国耸立于前，而是在于一种外来的力量导致了旧秩序的崩解。所以，士大夫的痛楚不是在“清帝国”完成之时才出现的，而是在原来的“中国”危在旦夕时就出现了。质言

① 米华健：《清的形成、蒙古的遗产及现代早期欧亚大陆中部的“历史的终结”》，司徒琳主编：《世界时间与东亚时间中的明清变迁》下卷《世界历史时间中清的形成》，生活·读书·新知三联书店2009年版，第117页以下。

之，观念上的冲击不在于新事物的完成，而在于新旧交替时的变动、震荡。对于士大夫来说，“清帝国”何时结束它的拓边事业，远不如“清帝国”的主人何时入主“中国”重要。当代的“汉化论”学者继承的是儒家传统中以礼乐文明为标准的“华夷”观，而“新清史”学者接续的是宋朝以来，包括明清鼎革时士大夫以地域、血统为标准的“华夷”观。两种“华夷”观在明清易代发生300多年后的今天，以学术论战的形式激发了我们对于明清之际天下观念的深度思考。我们在这里必须面对这样一个问题：“夷狄”接受了“中国”的礼乐制度，就成为“中国”了吗？

显然，那种认为接受了礼乐文明就成为“中国”的论述，是一个非常外在的判断。因为，“新清史”学者的研究使我们不得不思考：作为“夷狄”的清朝统治者的思想观念是不是也“中国”化了？如果仅仅在制度规范上表现出合乎礼乐文明的一面，而在思想观念上仍然保留着强烈的族群意识，那我们为什么就可以说“夷狄进于中国”了？“中国”仅仅是用礼乐制度形塑、装饰起来的一个共同体吗？如果“华夷”只是共遵同一种外在的规范，而没有在观念、意识、精神层面形成一种对超出具体族群、文化、语言、信仰的价值体的认同感，亦即没有形成一种彼此之间的认同感和亲近感，那么“中国”是不是就一定需要一个非常强势的统治集团来确保制度的规约性？这样，“礼乐文明”就成为一种变态的强权政治的统治工具。儒家念兹在兹的“夷狄进于中国”，就是在纵容强权政治的扩大。无论其时“中国”“外国”的区分标准是什么，这种基于“华夷之辨”和国家观念的逻辑而产生的困境，一定需要通过与天下观念的结合来克服。

顾炎武的“亡国”“亡天下”之论，使学者把注意力过于放在“国”和“天下”的区别上。顾炎武出此论述时，并没有参照清朝建立以来统治者在“国”和“天下”二者之间的关联性方面所做出的努力。事实上，“国”也必须放在“天下”的语境中才能够说明白。在时人看来，处于“天下之中”的“中国”必须是一个文明体。而按照儒家的期待，天下又应该是文明的。所以我们看到，当时有一些非常激烈的反清学者，比如黄宗羲，甚至乞师于在其看来更为“文明”的日本，不过他们后来的态度发生了巨大的变化，其后代甚至参与了清廷的科举。对于这种“遗民不世袭”的现象，学者或谓无其他出路可寻，只能应举做官，“负荷他们最重视的民族文化”①；或谓时间一长，仇恨淡忘。② 笔者觉得，这其中还有一层重要原因，就是随着清朝统治者一系列文化举措的开展，曾经以地域、血统为标准，持激烈“华夷之辨”的反清学者，渐渐意识到了关于“中国”和“天下”的叙述是不能截然分开的，对天下的重新整合和一个国家的文明再造有非常密切的关系，而清朝统治者恰恰在努力开展这项工作。这项工作的发动者——权力体，与工作对象——文化，若能很好地结合，就会实现儒家长期以来治教

① 钱穆：《国史大纲》下册，第850页。

② 参看葛兆光：《中国思想史》第二卷《七世纪至十九世纪中国的知识、思想与信仰》，复旦大学出版社2013年版，第344页。

出于一、圣王合于一的心愿。① 所以，第一，当我们说“遗民”时，应该严格规范、澄清它是在何种意义上使用的，政治的遗民坚决不可事二朝，但是文化的遗民就可以“静观后效”，只要新朝能够接续文化传统，就不妨认同新朝，甚至效劳②；第二，以前所谓的“亡天下”，是指天下要重新进行一种文明整合，只不过这项整合需要一定的时间。“汉化说”就是着眼于此而提出的论断。这种论断，不应是一种抬高汉文化、贬低其他文化的价值判断，而应是基于清朝统治者在构建天下秩序过程中通过参用“汉法”，塑造多元文化生存空间，打造“华夷”一体与天下一家之努力的历史而做出的事实判断。

质言之，与近代西方通过共同的语言、文化等要素塑造民族国家不同，清朝的统治者并不回避族群身份、文化的差别问

---

① 黄宗羲后来竟说康熙时代为“古今儒者遭遇之隆，盖未有两。五百年名世，于今见之。朝野相贺，拭目以观太平……”（黄宗羲：《与徐乾学书》，《黄宗羲全集》第二十一册《南雷诗文集（下）》，浙江古籍出版社 2012 年版，第 668 页。）对此，黄进兴先生说：“黄氏的话毋宁反映了 2000 多年来萦绕于儒生内心的‘怀乡病’（nostalgia）：期待‘圣君’的来临。”但与此同时，儒家也付出了“昂贵的代价”，“因为儒者得以批判政治威权的立足点亦随之风消云散。”（参见黄进兴：《清初政权意识形态之探究：政治化的道统观》，氏著《优入圣域：权力、信仰与正当性》，陕西师范大学出版社 1998 年版，第 141 页。）在此补充一句：清朝统治者的“夷狄”身份及他们背负的骂名和歧视，使他们比汉人王朝统治者更为卖力地开展政治、文化的整合工作。

② 罗义俊先生区分了政治遗民与文化遗民，并指出黄宗羲属于文化遗民，“现实上并没有一个为之效忠守节的具体的政治对象”。参阅罗义俊：《“黄宗羲现象”与〈明夷待访录〉——兼政治遗民、文化遗民与夷夏之辨大义论略》，《传统中国研究集刊》（第一辑），上海人民出版社 2006 年版，第 307~323 页。

题（但不允许汉人士大夫宣扬“华夷之辨”）。他们在边疆地区从俗而治，自身又通过吸收“汉法”、树立“正统”等方式塑造“华夷一家”的帝国认同。

三、“华夷之辨”的盲点

（一）盲点之一：边疆民族入中原与西力东渐之分别

在“夷狄”入主“中国”之后（比如清王朝建立），如果后来出现一股新的被称为“夷狄”的力量（比如近代以来的西方人），来侵扰这个旧“夷狄”所统合的“华夷”共同体（清代中国），那些曾经宣扬“华夷之辨”的人，就很难解释这种现象。这里的困难之处在于，新“夷狄”侵犯的是不是“中国”？如果是，就业已承认了清朝统治者的中国化，明清鼎革时期的“华夷之辨”就被宣告无效，“华夷之辨”无意中否定了自身；如果不是，那么清王朝治下的各族臣民，到底基于什么而对新“夷狄”同仇敌忾？

一种新的力量的侵扰，不仅会转移满汉对立，增强满汉共同体意识，还能够在一种迫在眉睫的情势下把昔日身份并不光彩的王朝统治者推上代表“中国”的正统席位。如学者指出的，清朝官方在正式场合必须使用“中国”这一名称，以此明确界定中外疆界。① 西人入侵催生了一种不同于册封—朝贡关系模

① 杨念群指出，“一般而言，清朝初期官书里的‘中国’一词往往更多出现在与外国谈判边界、拟定条约的时候”，他举例说明，签订《尼布楚条约》时，“条约文本中凡与‘俄国’对称，一律用‘中国’表述，以表明清朝拥有正统主权”。参看杨念群：《“天命”如何转移：清朝“大一统”观的形成与实践》，第9~10页。

式的条约关系模式。这种新型关系模式的主体，无所谓“华夷”。早先签订《尼布楚条约》的中俄双方，就不需要事先界定“华夷”身份，“中国”是一个入清以来被逐渐整合起来的新型共同体，俄国对于中国来说自然是“夷狄”，但俄国是作为国家，而不是作为一种文明的代表来签约（这也让人思考宋代“澶渊之盟”到底是两种什么性质的力量在谈判）。国家就这样慢慢取代了文明，成为中外关系中摆在明面上的代号，尽管彼此行为的背后仍然受到不同文明价值观的支配。徐中约在论述“中国进入国际大家庭”时认为，受“王者不治夷狄”（何休语）这一理念的影响，中国缺乏主动“治夷”的传统，因而在19世纪遭遇西方“夷人”的挑战时毫无防备。[①] 这个论述对于近代中国遭遇西人入侵的解释力是有限的，因为它无法对历史上多次发生的北方少数民族南下与近代的西力东渐做出根本性的区分。纷至沓来的西人并非仰慕天朝的道德与文化，也非为了建立一个替代性政权，争夺正统席位。相反，西人承认中国的主权。但是，承认主权是为了建立一种不平等、主客化、持久性的掠夺、宰治、瓜分机制。[②] 在这里，国际法不仅赋予了西人的侵略行径某种“合法性”，而且为列强们对东方社会的侵略制定了一种秩

---

① 参看徐中约著，屈文生译：《中国进入国际大家庭：1858—1880年间的外交》，商务印书馆2018年版，第17、22页。

② 汪晖说这是“以契约形式合法地剥夺边缘地区的资源和劳动力的合法条件”。汪晖：《现代中国思想的兴起》上卷第二部《帝国与国家》，第703页。

序或章法[①]。这是近代西力东渐相比于历史上多次北方少数民族南下的异样之处，也是“华夷之辨”无法解释的现象。在一个强调主权、“合法”控制的情境中，惯常于指责和宣泄的“华夷之辨”无法为国人的安全、利益提供实质性的帮助。

（二）盲点之二：天下秩序与帝国版图之差异

在解释历史上中国王朝的版图时，“华夷之辨”同样是无力的。儒家所设想的天下秩序不等于帝国：天下秩序是根据“华夷之辨”严格区分远近、内外的，最理想的天下秩序就是先秦的五服制或九服制所设想的“回”字形或同心圆格局；帝国的版图之内是“华夷”共存的（比如元与清），其朝贡国当中却有尊奉中国文化的国家（比如朝鲜、琉球、安南）。帝王虽然希望构建天下秩序，成为天下之主，但是其所建立的帝国，比天下秩序更为复杂。汪晖先生说：“文化同质性并不是形成统一国家的唯一条件，而文化的异质性也不是必然分离为不同政治实体的历史前提。”[②] 这种情形与帝国统治者的身份有关。以“夷狄”身份入主“中国”，主导天下秩序的帝国统治者，把建立大

---

① 刘禾：“领土割让背后有个大前提，欧洲人必须承认对方有一定限度的主权，倘若完全不承认亚洲国家有主权，那么就可能给征服者带来麻烦，因为亚洲国家会丧失把自己的领土割让给欧洲人的公共资格。一旦失去这个公共资格，则立刻引发严重的后果，后果之一就是欧洲列强之间对海外领土和领海的争夺变得愈加激烈、愈加残酷、愈加无章可循。”（刘禾：《国际法的思想谱系：从文野之分到全球统治》，氏著《世界秩序与文明等级：全球史研究的新路径》，生活·读书·新知三联书店2016年版，第68页。）格劳秀斯对于亚洲各国主权的强调，正是出于协调列强在亚洲的土地和海洋争端。参看刘禾同文同书，第69~74页。

② 汪晖：《现代中国思想的兴起》上卷第一部《理与物》，第81页。

一统帝国视为比根据文化同一性建立“准民族国家”更为重要的事情。统治者的身份之合法性，不仅在于他处于“天下之中”，是天下秩序的核心，还在于他是“华夷”共尊的对象，能够分身成为多种文化的代言人。在这种意义上，帝国的结构、版图不是朝着天下秩序的理想来塑造：天下秩序要在多元的前提下强调“华夷”一体，帝国则需要在一体的前提下允许错落多元。

帝国统治者构造这种看似错乱的认同结构，并非出于随意。那些分享着中国文化的朝贡国没有被纳入帝国的版图，也非帝国力量不及的缘故。帝国版图不是帝国武力的极限之处。根据欧立德（Mark C. Elliott）的说法，与成吉思汗把全世界——也就是经验层面的“天下”视为自己的统治范围不同，乾隆帝对于自己统治范围的有限性是心中有数的。①“清帝国”统治者的开战与停战应该有其自觉性、主动性，而不是漫无目的地征服，杀到自己还剩一口气，被迫收兵。我们感兴趣的，是清统治者自觉、主动开战与停战的根据。

武力征服的视角并不能深入地解释上述现象。以“夷狄”身份入主“中国”的清朝统治者，在“南—北”线上对于自身文明性的打造，必须回应、破除汉人士大夫的“华夷之辨”；在“东—西”线上对于其他族群的纳入、统治，则无须回避自己的

① 欧立德：“乾隆承认其他国家的独立存在，这一点与成吉思汗之类的征服者的信念颇为不同……成吉思汗将全世界都视为其统治范围，他确信，虽然某些国家尚未并入其帝国，但它们终将并入。”欧立德著，青石译：《乾隆帝》，社会科学文献出版社 2014 年版，第 182 页。

身份问题。朝鲜、琉球、安南的朝贡国身份不是在清代确立的，而是时间不等地早于清代。这些学习、尊奉中国文化的国家对于清朝帝王的认同，不同于蒙古、西藏对于清帝的大汗认同，也不同于对“中国”之君的文化认同，而是一种对于竭力塑造自身正统性、文明性的新王朝的认同。他们在文化意义上认同“中国”这个符号，在政治意义上畏惧“中国”新君主的势力。在上述几个国家的心目中，新的君主与“中国”始终是二元化的。“清帝国”统治者的做法是，把上述国家对自己的政治归顺与对“中国”的抽象认同混同起来。所以，如果仅仅用“华夷之辨”的视角来看清朝统治者的帝国建设，我们就会奇怪于朝鲜、琉球、安南这些“儒家文化圈”或“汉字文化圈”内的国家对于“清帝国”的域外认同，也会遗漏掉这种域外认同背后的心理。“清帝国”对于其藩部的统治，也不是“以华统夷”这样的族群主从关系，而是借鉴中国古代天下观念而打造的居中而治、“守在四夷”天下一家的理想事业。① 但是，由于“清帝国”统治者身份的特殊性，天下秩序的构建就多了一层考虑，最终完成的帝国版图及其治理集团、治理方式，就与早先儒家的天下理想颇具出入。因为，先秦儒家虽然阐述了华夏与“夷狄”身份的开放性特征，

① 李怀印先生指出清朝在17世纪90年代发动的一系列征讨活动，乃出于防御的考虑，“来自大漠以西的准噶尔蒙古部落东侵外蒙古、南下内蒙古，直接对京师构成了威胁”，消除了眼前的防御隐患，也就塑造了眼下的“清帝国”版图。如此，新疆、外蒙古、西藏被纳入清朝的治理体系，“只不过是这些征讨行动的副产品，而不是征讨本身原初的目标”。（参看李怀印：《现代中国的形成：1600—1949》，广西师范大学出版社2022年版，第21页。）这个说法把清朝置于一个非常被动的境地。我们不应忽略这样一个问题：清朝为什么在消除了防御隐患以后，要把这些地区纳入帝国版图？笔者的思考即沿着这个问题而展开。

但在规划天下秩序时，从未考虑过“夷狄”做天下之主。

论述至此，我们可以说，明清之际的士大夫宣扬基于地域、血统的“华夷之辨”，给清朝统治者出了一道难题。清统治者夺取明朝控制的两京十三省，以儒学为意识形态，通过科举考试任用汉人士子，都不足以证明其正统性与文明性。因为明清之际的“华夷之辨”利用地域、血统这类先天的、客观的、不可更易的要素，直接剥夺了“夷狄”进于“中国”的资格。“夷狄”已无法通过对礼乐文明的接受来获得儒家士大夫的认可。对于清朝统治者来说，当务之急是回击、否定“华夷之辨”的标准——地域和血统，继而从中国古代天下观念中寻找一种具有阐释性、灵活性的判断标准，这就是德行和天命。这两项标准，被认为是源自于天。而天下之人同处一片天下，就为清朝帝王构建天下秩序提供了不言自明的依据。但是，他们还需要开展对自身文明性的论证，也就是确立入主“中国”的资格。因为，只有明确了自己入主“中国”的资格，才能获得居中而治天下的天下之主的资格。在这里，神圣性与文明性两个范畴的意义逐渐清晰：第一，构建天下秩序，需要天的神圣性支持；第二，治理天下，维系天下秩序，需要先入主“中国”，获得文明性。不过，“中国”的范围发生了巨大变化，它已经由中原地区扩大到周边区域。①“中国”是

① 郭成康：“清初皇帝使用‘中国’一词时沿袭了努尔哈赤和皇太极的‘中国’概念，也可以说沿袭了古代传统‘中国’的概念，是指古代汉族王朝治下的以中原内地为主的地区……然而，毕竟物换星移，时代变迁，清初‘中国’概念的外延已有了很大推展，一是漠南蒙古，一是满洲发祥地广袤的东北地区，都已视为‘中国’版图了。”郭成康：《清朝皇帝的中国观》，《清史研究》2005 年第 4 期。

一个被周边“儒家文化圈”/“汉字文化圈”内的国家所认同乃至尊奉的文化符号，清统治者却有一个不被认可的身份——“夷狄”。由于文化之外的因素，“儒家文化圈”/“汉字文化圈”内的国家不得不把文化认同与政治臣服在表面上合二为一，在观念上保持二元。天下秩序包括了帝国对其版图内的统治（包括直接统治和间接统治）和帝国周边国家的政治/文化认同。虽然此前的中国历史上也出现过类似的天下秩序（比如西汉），但是清朝统治者毕竟以“夷狄”身份入主“中国”，他们最终建立起包括帝国和周边国家乃至更远的朝贡国、互市国在内的天下秩序①，在很大程度上是在回应明清之际的“华夷之辨”。或者说，明清之际的“华夷之辨”驱使清朝统治者努力证明自己身份的无比尊贵与其事业的无上伟大。②

---

① 参看 John King Fairbank, *The Chinese Order: Traditional China's Foreign Relations*, P. 2.

② 有学者认为，雍正颁布《大义觉迷录》，最终克服了清朝所面临的“华夷”问题。（参看大谷敏夫：《清代的政治与政治思想史》，森正夫等编：《明清时代史的基本问题》，商务印书馆 2013 年版，第 295 页。）笔者以为，雍正的《大义觉迷录》还只是限于对“华夷”概念的辨析，也即对“华夷”标准的重新界定，虽然他也以清朝的大一统事业为树立正统性的理由，但是清代大一统事业的最终完成，对“华夷之辨”的最终克服，是在乾隆时代。可以说，雍正、乾隆父子分别从理念和行动上回应了汉人士大夫的“华夷之辨”。

第五章　明末清初传教士在华遭遇的观念动因

——论天下观的应激性

中国人自认为主宰整个世界，在才华和学识方面，没有其他国家能与他们相提并论。当他们的读书人听到我谈论承袭我们信仰与哲学的道理时，无不惊讶地说："这个外国人怎么知道的比我们还多呢?"

——利玛窦《致吉洛拉莫·科斯塔神父》①

关于明末清初的传教士来华，从事明清史、中外关系史、思想史等研究的学者已经做了广泛而深入的考察。大致来说，这些考察集中于对历史事实的重构，包括传教士在华活动轨迹，与文人官员的交往，对西洋新物件、新知识的引入和介绍，对官方事务的参与，以及排教者的激烈反应等。一个来自遥远、陌生地域的群体，不无优越感地试图把他们对"天"的理解带到中国，甚至通过科学的方法把中国与世界的位置、大小关系

① 编号28，利玛窦著，文铮译，梅欧金校：《利玛窦书信集》，商务印书馆2018年版，第152页。

直观地绘制出来。看上去，传教士的种种行为在冲击、瓦解着中国人的天下观念。但这个过程举步维艰。传教事业的顺利开展必须服从天下观念的某些内在要求，否则传教士无法在中国立足。传教士对中国社会的观察及表现出的无奈，是我们考察中国天下观的“异域之眼”，而某些中国皇帝、士人对于传教士的不满、反感，则是中国天下观在“恶劣处境”下的反应，体现了天下观念的应激性。弗朗西斯·培根（Francis Bacon）说：“正如在生活事务方面，人的性情以及内心和情感的隐秘活动尚且是当他遇到麻烦时比在平时较易发现，同样，在自然方面，它的秘密就更加是在方术的扰动下比在其自流状态下较易暴露。”① 对于天下观念来说，它的机理、特征也需要通过一种“麻烦”和“扰动”来被逼出，进而被考察。这也意味着，我们要关注的是那些对传教士带有抵触情绪的人物之言行。笔者并不否认其时徐光启、李之藻等这样的开放型人物热情拥抱西学、皈依天主教的事实。但那种顽强抵制、反抗的行为更加引人深思：为什么要抵制、反抗？如何抵制、反抗？抵制、反抗与接受、顺从的界限是什么？诱发这些问题的观念之力量非一而生，笔者不避偏颇，试述此题，希望通过一种长时段的考察，把天下观念顽固的一面揭示出来。

---

① 弗朗西斯·培根著，许宝骙译：《新工具》，商务印书馆1984年版，第78页。

第一节 传教士来华对天下观念的三重冲击

传教士来华对于国人天下观念的冲击，主要体现在视觉、知识内容和个别“敏感词”上，可谓由外而内、由粗而精。

一、新地图的冲击——兼论“以自我为中心”的不可消除

利玛窦带来的新地图，被拒斥者指为“无可按验”，“直欺人以其目之所不能见，足之所不能至”①。新地图给国人的冲击，主要在于中国的位置不在“天下之中”，中国面积在地图上所占的比例比想象中要低。② 此外，一些“新国家”的出现也让人觉得不可思议，比如“大西洋国”就让个别中国士人查遍《山海经》《搜神记》《咸宾录》《西域志》《太平广记》而不见。③

---

① 魏濬：《利说荒唐惑世》，夏瑰琦编：《圣朝破邪集》，建道神学院 1996 年版，第 183 页。

② 魏濬：“中国于全图之中，居稍偏西，而近于北……中国当居正中，而图置稍西，全属无谓。……焉得谓中国如此蕞尔，而居于图之近北，其肆谈无忌若此。”（魏濬：《利说荒唐惑世》，《圣朝破邪集》，第 183～184 页。）魏濬紧接着把邹衍也指责了一番，因为邹衍提出的“大九州说”导致“中国”在“天下”所占的比例不合魏濬之意。利玛窦也说：“我印制了一幅世界地图（《山海舆地全图》），还用他们（中国人）的文字作了标识。然而我很难让大家信服地图上并未出现重大的错误。因为他们看到地图上中国的面积还不到世界的千分之一，这与他们相信的和他们的宇宙描述的大相径庭。他们的书上说中国最少最少也占世界的四分之三。”［利玛窦：《致罗马耶稣会法比奥·德·法比神父》（编号 18），《利玛窦书信集》，第 83 页。］

③ 参阅许大受：《圣朝佐辟·辟诳世》，《圣朝破邪集》，第 194 页。

位置、比例与国家数量诚然有一定关系（如果世界上只有一个国家，那就无所谓位置；占多大比例则需要建立在先行知晓天下/世界总面积的基础上），但是中国士人的注意力过于放在“中国”之直观上的“大”与“中国”之视觉上的“中”上。有种说法认为，直到晚明，中国人才意识到天下万国林立。① 这并不准确。晚明之前，中国人已经确知了不少国家，那个“大西洋国”是因为其陌生性，因为对中国人来说前所未闻，而引起质疑，这和国家数量是两回事。

一个国家的人在想象、理解世界时，把自己置于中心，进而以东西南北指示各国，这并不一定就是夜郎自大。中国人面对利玛窦地图时的不解，关乎如何理解地图的意义，如何绘制地图。具体来说，地图是一个体现远近、文野等级秩序的文本，还是一个体现地球概貌的文本？绘制者应该基于自己的文化传统、价值倾向由内而外地扩展对于世界的理解，还是排除偏见、以“无我”的姿态对世界进行“写实”？地图的两种不同意义和两种不同的绘制方式，与其说是反映了中西两种人群的不同观念，不如说是人类认知世界的两个不同阶段。进一步说，这两个不同阶段的分际在于理解止于何处。事实上，中西双方但凡观看、理解世界，就不能不“以自我为中心”。地球的形状恰

① 周振鹤：“直到晚明，世界意识才在一部分知识分子中出现，这些人才猛然明白中国不过是世界万国之一，天下原来是万国林立，而不是中国一国独尊。这种世界意识的产生只缘于他们看到了耶稣会士利玛窦所绘制的世界地图。”周振鹤：《从天下观到世界观的第一步——读〈利玛窦世界地图研究〉》，《中国测绘》2005年第4期。

恰满足了人类这种习惯，并使其不会出错。同样是“西方”，在今日国人所见的世界地图上，欧洲被画在亚洲西部，美洲却被画在亚洲东部，但这并没有错，世界地图上的“亚洲中心”与科学意义上的亚洲在东、美洲在西没有冲突。“欧洲中心”“美洲中心”同样可行。原因即在于地球是圆（球形）的，中心是相对的——“地既圆形，则无处非中。所谓东西南北之分，不过就人所居立名，初无定准。”① 这在今日已是常识，但常识是当时两种文明、观念碰撞的结果。至于出现“大东洋、小东洋都要处于中国之西”的情形，也不能说是“笑话”②，因为这只是地图中心的问题，不同的中心会把在事实上相邻的海陆分割到地图的左右两端，“东 X”“西 X”所指代的海或陆本身没有变化。地图不能完全等于地球。这同样是常识。如果像以前国人以为的那样——“大地是方（平）的”，那就一定存在一个中心，世界地图就只能有一种画法。笛卡尔的“我思故我在”虽然意在给出一个绝对的、不可还原的主体，但这个主体只要在思考，他就必须把思维的结构从“自我”这个点扩展开来，以自我为中心地去理解总是处于“四周”的事物，给自己的思考提供空间。所以，以自我为中心不是狂妄，而是思考、理解之需。问题的关键在于，在以自我为中心观察、理解世界之后，是否有一个“消解自我”的阶段。这个阶段要求人放弃文化传统造就的喜好，克服人我观念、文野观念，以数学为基础，使

---

① 艾儒略著，谢方校释：《职方外纪校释》，中华书局 1996 年版，第 27 页。

② 参看洪煨莲（洪业）：《考利玛窦的世界地图》，《禹贡》（半月刊）第 5 卷（1936 年）第 3、4 合期，第 33 页。

用不带感情色彩的符号，用标记而不是定性，把世界上最稳定的部分作为一个永恒的、像“1+1=2”那样的真理颁布出来。地图就是一个被抽象的世界，地图上留下的事物能否被继续抽象，取决于数学意义上的比例尺，而不是文明/野蛮、性善/性恶这些价值判断。即便世界上空无一人，地图的样貌也不受影响。地图的意义恰恰在于它的“非人化”、客观性。对古代中国人来说，地图虽也不无科技价值，但其意义更在于体现这个世界和人的生存、情感、(人文) 价值的关系，人能够从地图上反观自己活在一个什么样的世界、活得如何。针对明末清初一些中国人对中国在新地图上的比例、位置之不满，后来陈观胜指出：“可见当时一部份［分］看地图的人，还没有理会得地图的意义和它的用处。因为这个缘故，一部份［分］的文人学士没有利用地图所介绍的地理智识去作深一层的学问研究。”①

利玛窦把国人对新地图的困惑、不满归为“不懂舆地测量”②，其实未中要害。国人之所以不能接受中国只占世界一隅的地图画法，不是不具备地理学知识，而是观念在位置上高于知识，却又容纳不了知识。观念不可被证伪。有的人坚信自己是对的，一条道走到黑。知识的正误却可通过试验而变得清晰可见。你可以不接受正确的知识，但你无法否定、推翻它。观

① 陈观胜：《利玛窦对中国地理学之贡献及其影响》，《禹贡》（半月刊）第5卷（1936年）第3、4合期，第69页。案，陈观胜还指出，士大夫“恶斥”地图的原因还在于利玛窦借机宣扬教义、表彰天主，在地图旁印上耶稣会图章，其宗教意味让人难以接受。同文同刊，第70页。

② 利玛窦：《致罗马耶稣会总会长阿夸维瓦神父》（编号50），《利玛窦书信集》，第319页。

念通过生活交往和传统的延续，尤其是价值偏好，来塑造人的生存样式，知识则通过思维的集中和对“物”之机理的深入探究获得普遍性（这就要求研究者放弃立场），影响人的生存条件。一般来说，当新知识不断增加，观念又容纳、解释不了知识时，人们对知识的惊叹、对教授者的尊重和信任就悄然改变了观念。观念总得把知识包裹起来。①

二、“天学”知识消解了天的神圣性

传教士的来华，也被一些士大夫纳入“华夷之辨”的框架来看待。利玛窦准确地感受到“长期以来，中国人总觉得其他国家不但不能与他们的国家比肩，永远也赶不上他们，外国人都要服从他们，而且外国人在智慧与知识方面也要比他们逊色得多”②。中国人所理解的野蛮，地理位置是先决条件，主要体现则是生活方式、伦理道德，有无知识并不重要。《礼记·王制》：“中国戎夷五方之民，皆有性也，不可推移。东方曰夷，被发文身，有不火食者矣。南方曰蛮，雕题交趾，有不火食者矣。西方曰戎，被发衣皮，有不粒食者矣。北方曰狄，衣羽毛穴居，有不粒食者矣。中国、夷、蛮、戎、狄，皆有安居、和味、宜服、利用、备器。五方之民，言语不通，嗜欲不同。”但

① 利玛窦说：“我们讲授的这些东西都是中国人闻所未闻的，因此在数学方面，中国人对我们极为信服。这样，在这些领域大家都信任我们，因此比以往更加尊重我们。而更重要的是，自古以来，在中国从未听说过远道而来的外国人可以充满信心地传授各种科学的。”利玛窦：《致罗马耶稣会总会长阿夸维瓦神父》（编号50），《利玛窦书信集》，第322页。

② 利玛窦：《致无名氏神父》（编号27），《利玛窦书信集》，第142页。

传教士理解的野蛮，一是指是否懂得天主教义，二是是否具有科学知识。他们反而认为中国人野蛮落后。利玛窦这样描述他与不懂天主教义的中国人的接触：“这些蛮夷之人住在一片与天主相隔万里的土地上，身处他们中间，我甚至时常感到自豪，因为天主和圣母的家也迁入了这个世界中。当我给他们讲述这些以及天主在我们西方创造的奇迹时，他们无不目瞪口呆。”① “这些人实在应受到怜悯而不是指责，他们在愚昧无知的黑暗中陷得越深，人们就越应该真诚地祈祷他们的得救。”② “一旦这种新知识被少数人所知道，它就很快地进入知识阶层的学术领域。由此可以想见欧洲的声誉是怎样在提高的，他们又是如何缓慢地把它和野蛮分开来的，并且将来不好意思把它称作野蛮。”③ 知识之所以参与对文明/野蛮的界定，是因为西人发现，在中国人这里，有无知识、运用知识时的缜密性如何，与人的世界观有关，这一世界观首先是关于人对天的理解。天的神圣性表现之一就是天降祸福以示天意。那么天意和知识有何关系呢？西人发现，中国人知识的盲区被中国人认为正是天意的所在，知识上的错误可以拿天意来解释，如钦天监的工作人员“如果计算错了，他们就说所发生的一切完全符合他们的计算并把历误归罪于陨星，称之为皇天对地球上将要发生某些事件的

① 利玛窦：《致罗马耶稣会吉洛拉莫·科斯塔神父》（编号36），《利玛窦书信集》，第210页。

② 利玛窦、金尼阁著，何高济、王遵仲、李申译，何兆武校：《利玛窦中国札记》，中华书局1983年版，第91页。

③ 利玛窦、金尼阁：《利玛窦中国札记》，第349页。

预警，他们捏造这些来掩盖自己的错误”①。用“捏造”表述上述人员的行为是否合适？他们是明知故犯吗？恐怕未必。既然观念高于知识，价值高于科学，那么知识活动、科学工作就理应彰显某种价值，强化某种观念。从价值上说，在西人看来知识上的错误，反而让中国人觉得再次接近了真理。问题的关键就在于，真理到底是什么。

我们从激烈拒斥天主教的礼部官员那里看到，他们对于西方“天学”的不满，就在于这些“夷狄之学”违背儒学价值、“暗伤王化”。在中国，天象有统一性、秩序性，天体的运行是人间帝王为政之参照，“从来治历，必本于言天，言天者必有定体……天体之运有恒，而七政运行于天，有迟有速，有顺有逆，犹人君之有政事也，则未闻有七政而可各自为一天者”②。不同的历法规定了不同的生活方式。历法的变动将引起一种综合了观念、政治、生产等多重要素的社会系统的整体性变动。令士大夫不能接受的是，西洋“天学”竟然指出日、月、金、木、水、火、土星各有运行轨道、速度，“举天体而欲决裂之”③。这些知识与国人长期以来对天的价值阐述产生了严重冲突。对天体、天象的全新解读，把一个经由政治权力与文化传统合力打造的“价值天学”置于“非科学”的窘境。通过仪器看到的天，比经典叙述、人云亦云的价值之天更为新奇精妙，富有冲击力。但是，对天的精密观测每进一分，其神圣意义就减少一

① 利玛窦、金尼阁：《利玛窦中国札记》，第352页。

② 沈漼：《参远夷疏》，《圣朝破邪集》，第58、60页。

③ 《拿获邪党后告示》，《圣朝破邪集》，第117页。

分。抛却传教士的宗教意图不论，科学知识面前理应人人平等。人们通过观天以满足对于“天下”之外的知识兴趣，本无可厚非，但是在王朝律令中，严格限制人们对天的了解、研究、探讨，因为这是“私家告天”①。拒斥西洋“天学”的士大夫，并不觉得自己是在拒斥作为学术的科学，他们并不把西学的研究对象——天作学术对象观，而是视为“学术+价值”的综合体，认为学术、价值二者不可分割。在士大夫看来，观天察地的自然科学不能剥离掉天和地所具有的价值意涵，学术只是抓住了天地呈现给人的某些表象，更深一层的是领会这些表象的内涵、本质。所以有人评价西洋历法说：“吾谓西历善矣，然以为测候精详可也，以为深知法意未可也。”② 在这种意义上，试图以科学开辟传教之路的利玛窦等人，虽然用心良苦地希望人们由知识而信仰，但一些中国士人在思维方式、观念结构上对学术与价值的整体性理解，已经从源头处否定了西洋科学的合法性。中国士人觉得西洋科学不讲价值，而不讲价值恰恰是一套最可怕的价值，因为它是价值的反面，对一切价值都有消解作用。纵使利玛窦等人表现得很科学，甚至被称为数学家，他们的“纯科学”也有颠覆价值之危险。因而，有人以“夷狄之学”称谓其时的西洋“天学”，再提“华夷之辨”。在这些人看来，此时的远夷不像历史上的“夷狄”那样犯边骚乱，而是通过输入知识，“妄干天道”，蛊惑民心，败坏风俗，变乱“尧舜以来

---

① 《拿获邪党后告示》，《圣朝破邪集》，第117页。

② 王锡阐：《晓庵新法·自序》，中华书局1985年版，第1页。

中国相传纲维统纪”①。孟子的“吾闻用夏变夷者，未闻变于夷者也”（《孟子·滕文公上》）被后世一些儒者坚定尊信，杜绝“夷狄猾夏”，以至于对西洋科学不屑一顾。

中国古人曾相信天圆地方，但是有些学者已经表达了某种地为圆形的观点，比如《庄子·天下》提及惠施的“历物十事”之“南方无穷而有穷”、张衡《浑天仪图注》曰“浑天如鸡子”。元代来华的波斯人札马鲁丁，也曾带来一种叫作“苦来亦阿儿子”的器物，即地球仪（亦名地理志），它“需要使用者掌握与之相关的数学知识和计算方法，如欧几里德几何学、平面三角学、球面三角学等”②。不过，对于宇宙格局的猜想、论证乃至精密观测、计算都不能替代人们在日常生活中的直接观感。人们立足于地，举头望天，感受到的是天地相对，人处其间。天—地、乾—坤，是为性格之异、刚柔之殊、尊卑之序，体现不出数学上的大小差别。这一方面使得天地形性在同构的意义上成为人们理应效法的准则，只有遵循天地之道才是君子③；另一方面造成“在中国的传统观念中，地与‘天’的尺度是同数量级的”，也就是在天体运算过程中，地球的大小是不

① 沈漼：《参远夷疏》，《圣朝破邪集》，第61页。

② 刘增丽编著：《古代外国人在中国》，中原出版传媒集团中原农民出版社2008年版，第132、129～130页。

③ 刘宗周《大学杂绎》：“天圆地方，规矩之至也。人心一天地也，其体动而圆，故资始不穷，有天道焉。其用静而方，故赋形有定，有地道焉。君子之学，圆效天，方法地也。其独知之地，不可得而睹闻矣，效天者也。由不睹而之于无所不睹，由不闻而之于无所不闻，地道之善承天也。”黄宗羲：《明儒学案》卷六二《蕺山学案》收录，第1591～1592页。

能忽略的，这个观念也导致人们没有或者缺乏“地与‘天’相比非常之小”的认识。当代天文学史研究者指出，西方的“地圆说”必须确定地比天小很多，忽略地球大小，将地球作为一个点，只有如此，“许多方位天文学中的基本概念方能成立”。有无“地与‘天’相比非常之小”这种认识，正是中西“地圆说”之差别，也是中国古代天文学能否“进展为现代天文学”的关键所在。①“天下”观念内容之等级性、圈层性、普遍性特征，都隐然以天之下为平面，甚至是规则的平面。徐光启指出前人的浑天说“即天为圆体无疑也。夫天为圆体，地能为平体”②，此与国人之天下观念不无关系。于此可见，天下观使国人难以理解、接受科学、知识意义上的“天学”。这种困难，既有价值、情绪上的原因，也有思维方式的原因。

三、天无二日：西洋之“大”与天主之“天”的刺目

参与排教的沈漼曾说“夫普天之下，薄海内外，惟皇上为覆载炤临之主，是以国号曰‘大明’，何彼夷亦曰‘大西’？且既称归化，岂可为两大之辞以相抗乎？”③“两大”就是天有二日，这是“天下之主”所不能容忍的。后来雍正帝言及国人信教之事，非常在意皇帝权势之大小，担心国家凝聚力式微（参

---

① 分别参阅江晓原、钮卫星：《天文西学东渐集》，上海书店出版社2001年版，第324、367、98~100页。

② 徐光启：《题万国二圜图序》，王重民辑校：《徐光启集》上册，中华书局1963年版，第63~64页。

③ 沈漼：《参远夷疏》，《圣朝破邪集》，第59页。

看下文），归根结底是担心失去“大”的地位。这里要指出，对于传教士所谓的“大西”之“大”，中国士人未免反应过度。据一种当时人的叙述，“佛自西来，作佛像；利氏自大西来，亦作耶稣像”，这里的“西”与“大西”，应是根据距离中国的远近而言，而不是叙述者所理解的“以大西抑西，以耶稣抑佛”①。

晚明士人还对“天主”之名所表现出的高高在上心怀不满：“三代之隆也，临诸侯曰天王，君天下曰天子，本朝稽古定制，每诏诰之下，皆曰奉天，而彼夷诡称天主，若将驾轶其上者然，使愚民眩惑，何所适从？”② “天主”凌驾于中国君民共奉的“天”之上，信仰天主就得越过“天”，那么，第一，以往中国依据于天而产生的律令制度、思想学说均有失效之虞；第二，对照中西年表，如果“天主生于汉哀帝时”，那么“汉以前无天主，而汉以后始有天主”。此外，这个“天主”的身份是“夷狄”，并且是获罪而死，“是以西洋罪死之鬼为天主也”③。这显然不能被一个尊天、畏天的古老民族所接受，“焉有罪胡而可名天主者乎？”④ 汉哀帝以前的诸种天论应做何解释？这涉及如何面对一个长时段的思想史现象的问题，属于思想之辨。士大夫无论如何不能接受汉哀帝以前的中国社会是一个没有天的神圣

① 蒋德璟：《破邪集序》，《圣朝破邪集》，第140页。

② 沈漼：《参远夷疏》，《圣朝破邪集》，第59页。

③ 《万历四十五年二月 日署郎中主事吴尔成移南京都察院咨》，《圣朝破邪集》，第79页。

④ 《拿获邪党后告示》，《圣朝破邪集》，第117页。

性参与的社会。如果以为中西不属于同一个“天下”，那么中国传统天下观念催生的各种范畴、叙述、制度等都将变得毫无意义。总之，一个西洋“天主”的出现导致了“天有二日”，且二日相争。在坚信天无二日的人看来，“天有二日”的后果必然是“天无二日”，也即你死我活，不可共存。

中国的畏天、敬天表现为在“天命之谓性”(《礼记·中庸》)的基础上“尽心知性”“存心养性”(参看《孟子·尽心上》)、“参赞化育”(《礼记·中庸》)。在很大程度上，对上天的敬畏在于人世间的修齐治平，在于顺天时而活动。这就有别于把天作为对象而终其一生渴求上天对自己“原罪”的宽恕。中国士人觉得天主教在“欺天”，也即预设了天人之间的某种对立①，人终生是在为自己赎罪，“自己”就是与家人的断绝，人总是活在一种天人张力中做给天看。人生的圆满也就以舍弃家人为条件。这是儒家不能接受的。并且，在这种缺少世间伦理结构、只有个人与天相对的天人结构中，人无法通过“尽心知性而知天”来把天时、天意转化为人的自觉行动，天时、天意也就无法在人的具体活动中得到诠释，人只能默认、接受一种作为律法的生存指令，人要向上“照着做”，而不是根据“天

① 圆悟和尚评论天主教：“……执天主为天主，佛为佛，众生为众生，遂成迷倒，故有人我彼此是非之相，此乃彼之病根。”(圆悟：《辨天初说》，《圣朝破邪集》，第335页。)从学理上看，其说甚是。附带说，佛教徒是一个抵制天主教的庞大而有力的群体，这是因为利玛窦采取“合儒斥佛”的传教策略触犯了佛门，引起僧人的极度反感。关于利玛窦的“合儒斥佛”策略，参看孙尚扬：《利玛窦对佛教的批判及其对耶稣会在华传教活动的影响》，《世界宗教研究》1998年第4期。

性”在世间遭遇、实现各种可能性。这样，自我发动就得不到许可，人就会预先根据某种外力而选择性地行动，选择的根据就是作为神意的“运会”——“剥复循环，各有定数，运会未变，必有担当，运会将变，非人所为。不知君子急天下也如其家，譬如父母有疾，虽灼知其必不可为，宁忍不投以药石而坐听其亡，此情理所不忍者也。”① 如果只有个人与天的上下相对，天时、天意就缺少一个在地平面上的展示空间，视民如伤、万物一体的“天下观念”就无法形成。所以，佛教徒也对天主教“以万物不能为一体，又以自执天主不与万物为一体，亦以万物不可与天主为一体”② 的思想极为不满。

中国的“天”因为其非对象化而没有面孔，它存在于人的生活中，是“天下”人生活的一个重要构成维度。当然这种生活也日渐成为一种对现成价值规范的遵守、继承，长此以往，就不加反思、考察自己的生活，以为生活本应如是，人没有意识、没有理由向天讨问“我为什么这么做”。西方之天的高度人格化一下子使许多中国人反思、在意天的“长相”。注意天，就得把目光聚焦在“天主”身上。西方的“天主”长什么样，中国人也没有见过，但是正如我们在前文指出的，每个民族都有一种习惯，那就是把自己的神想象成自己同类的模样，不同的人们总是按照自己的形象描绘至高无上的神，“埃塞俄比亚人说他们的神皮肤是黑的，鼻子是扁的；特拉基人说他们的神是蓝

① 王忠信：《十二深慨》，《圣朝破邪集》，第 298 页。

② 费隐通容：《原道辟邪说·揭邪见迷万物不能为一体》，《圣朝破邪集》，第 385 页。

眼睛、红头发的。”[1] 如此类推，他人的神就是“他们的”模样，所以中国士人把“天主”的模样想象成“碧眼高鼻”[2]。这个时候，“以貌取神”就派上用场了——长着一副西人面孔的“天主”，怎么能做中国人的神呢？

第二节　西教入华难题及原因

不少人觉得，明末清初传教士来华，激起的是儒耶比较的思想课题。这种观点已经具备一定的高度，那就是从中西知识的不同上升为宗教、文明的差异。在这种观点的引导下，笔者将指出天主教在中国遇到的两大具体难题。但是在揭示、回答这两大难题出现之原因时，笔者并不愿停留在思想文化的比较层面，而是希望从人的生存现象出发，揭举、分析上述难题背后的一般性原理，以期把这种一般性原理作为天下观念长期不被国人反思的深层原因之一。

一、难题之一：把“天上”纳入“天下”，把知识作为兴趣

利玛窦认为中国无宗教，只有混乱的迷信[3]，这是因为他看

---

① 《克塞诺芬尼著作残篇》，北京大学哲学系外国哲学史教研室编译：《西方哲学原著选读》上卷，第 29 页。

② 林启陆：《诛夷论略》，《圣朝破邪集》，第 283 页。

③ “……中国的确不存在真正的宗教，他们的那一点点迷信是那样的混乱，连他们的僧侣们也无法做出清晰的解释……我们的神父们以前总想进入这片土地，帮助他们认识天主，摆脱这悲哀的现状。但这里大门紧闭，一切的努力都是徒劳。”利玛窦：《致澳门蒋·巴蒂斯塔·罗曼》（编号 9），《利玛窦书信集》，第 40 页。

到中国的文人不信灵魂不死。相应的，利玛窦虽然没有直说，但是我们可以补全：中国的民众把儒释道三教糅合起来，在其具体的生存中信仰一个令西人说不清的对象。或者说，民众始终未曾信仰一个具体的对象，而是总在强弱不等的信仰状态中渴求生存的安宁。祖先、佛祖、玉皇、先师乃至上天，都可以为民众带来心灵上的安顿、生存上的安宁，他们构成了民众生存世界中必不可少的维度，而不只是生存世界中可有可无的一部分。清晰的信仰只能作为生存世界的一部分，模糊而“混乱”的信仰才构成了国人生存世界的底色。具体来说，这种“混乱”反而带来了生存上的诸多可能性，文人可以非常禅意地活着，但仍然可以以士大夫的身份治国平天下；民众可以做居士，但仍坚守孝悌之道，事亲持家；皇帝总想长生不死，却也有着强烈的儒家正统观念。用另一只眼看，这些“混乱”意味着宗教、文明间的和谐、互构（虽然在各宗教、文明相遇初期不可避免地出现了不和谐），意味着它们与民众生存的有机结合。一套理论完备却模式单一的信仰体系，必须以对象化的形式构成对民众生存处境的截断，这不仅需要民众乃至所有国人在观念上的“幡然醒悟”，还需要在现实中划清界限、制造藩篱，曾经非对象化的生存世界就要触目，并且还要破碎。我们看到，利玛窦对于中国人宗教信仰情形的粗糙理解，导致了他在采取传教策略时，把佛教作为一个边界清晰的宗教而排斥之。实际上，佞佛的士大夫（儒+佛）不在少数。利玛窦试图靠近儒家、排斥佛教，这就容易引起僧人和佞佛士大夫的合力攻击。① 于其传教而言，颇为不利。就像

① 参阅孙尚扬：《利玛窦对佛教的批判及其对耶稣会在华传教活动的影响》，《世界宗教研究》1998 年第 4 期。

佛教来华必须通过“格义”而逐渐立足一样，利玛窦试图向中国人传播的“真理”，也必须和中国人的观念世界、生存世界结合起来。①

（一）“天上”是“天下”的一部分

“天—下”是神圣之下。中国人对天的敬畏，表现为在“天”之名下的一套世俗规范的不容触犯。这种敬畏之心与被人重复、默许的天降祸福的观念有关。人无法逃出天的视野，“获罪于天，无所祷也”（《论语·八佾》），天降祸福，不容商量。人们求福去祸，是为了在现世生活得很好。人并没有渴求有朝一日去“天上”与神同游，俯视“天下”，就像利玛窦看到北京城里的大臣、宦官、有钱的学生都在“竭尽全力”地研究延年益寿、长生不死之术一样，他们也都想“使他们的现状永不休止”②。国人对于彼岸的漠不关心与他们致力于经营作为此岸之天下的现世精神，使得耶稣会士奇怪于中国人“尽其所能地享乐”③。这也让耶稣会士觉得，“他们（引者案，中国人）的教义并不是以真理和坚实的教义作为基础，明确指出他们的错

---

① 所以耶稣会士用中文出版《天主实录》时，就必须“在一些中国文人的帮助下……以中国其他主要教派的话语模式”对原著进行改动。参看利玛窦：《致罗马耶稣会总会长阿夸维瓦神父》（编号10），《利玛窦书信集》，第42页。

② 利玛窦、金尼阁：《利玛窦中国札记》，第98页。

③ “这里几乎所有人，尤其是那些大人物都不相信今世之外还有另一个世界，他们把今生当作天堂，所以他们非常沉迷于酒宴、戏剧、歌舞、弦乐以及天性给予他们的陋习，以他们那不逊于任何一个民族的天赋，尽其所能地享乐。”利玛窦：《致锡耶纳耶稣会富里伽蒂神父》（编号13），《利玛窦书信集》，第58页。

误从而说服他们简直轻而易举”①。我们再次指出，说这话的利玛窦并没有真正懂得中国人的生存方式。如果“真理和坚实的教义”是正确无误的，那么这是在什么意义上而言的？是通过科学考察而得出的一个知识层面的定论，还是通过毕生的精神投入而誓死捍卫的现成理念？这个理念从何而来？如果它是上帝告诉人类的真理，那么，这个“上帝”是谁的“上帝”？人类又包括哪些人？对于生存来说，何为正确？或许，“正确”这个词就不能适用于人们绝大多数情况下那种非反思性的日常生活。人们在日常生活中在意的，与其说是“正确”与否，不如说“能否活得更好”。“更好”说明还有调整、改变的空间，还有新的可能性，“正确”则是板上钉钉，人虽然遵守、符合了“上帝”的意志，自己却并不一定心甘情愿。大多数情况下，人们是在“正确”的前提下努力活得“更好”，当然也活得“更累”，“从心所欲不逾矩”（《论语·为政》）并不容易做到。利玛窦的论述，必须基于一个条件，那就是所有人必须生来无条件地信仰“上帝”。

其实，在上述利玛窦的论述中，也透露出了：中国人这种似乎有问题的信仰、生活方式其实是包含着接受新文明、新思想、新宗教的可能的。但一种文明、思想、宗教能否被国人接受，还是要回到一开始所说的“天上/天下”“彼岸/此岸”的问题。如果一种文明、思想、宗教可以消除人们在现世的困顿，使他们在天下活得更好，那么国人也并不对之熟视无睹。就利玛窦带来的天主教而言，一旦它可以满足民众的生存需求，消

① 利玛窦：《致澳门孟三德神父》（编号25），《利玛窦书信集》，第134页。

除他们当下的恐惧、无助，开启人们安全而丰富的生存处境，国人会对之表现出“异乎寻常的热情”，纷纷“主动要求领洗”①，焚毁先前的偶像和书籍，跪倒在耶稣会士面前，“连连磕头”②，希望尽早入教。

应当看到，上述国人对新文明、思想、宗教的拥抱，与西人的精神理路有微妙而重大的不同。在国人看来，即便存在着彼岸，美好的彼岸不过是对美好的现世生活的延续，“天上—天下”“彼岸—此岸”不是两组对立的范畴，不是通过克服一方而实现、到达另一方，而是作为一个连续性的生存境遇使现世的美好生活一直存在。这和西人“今生今世并非我们的故乡……死后的世界才是我们真正的故乡”，“天堂、享受真福的生命和地狱在这个世界上是不存在的”③ 这类观念截然不同。在那些接受了天主教的中国人的观念世界中，来世问题是现世问题的一部分，来世中的救赎、好报都是为了在现世活得心安。人们要从来世那里预支现世的安全感。在西人看来非常严肃的救赎问题，在中国人的“天下”中就显得分量不够。所以，利玛窦说中国人“根本没有灵魂救赎的思想，即使有，也很淡薄，

① 利玛窦：《致那不勒斯耶稣会路多维科·马赛里神父》（编号 12），《利玛窦书信集》，第 53 页。

② 利玛窦：《致锡耶纳耶稣会富里伽蒂神父》（编号 13），《利玛窦书信集》，第 60 页。

③ 利玛窦：《致罗马耶稣会吉洛拉莫·科斯塔神父》（编号 48），《利玛窦书信集》，第 295、296 页。

都认为这是现世中一件微不足道的小事"①。然而，若想使天主教获得国人的青睐，西人就得首先放弃非此即彼的二元对立思维方式。这是新事物必须做出的让步。另外，传教士借着中国的礼仪来传教②，并不能仅仅理解为价值认同，还要看到，以中国人熟悉的方式暗地里传播新的思想，首先会给国人一种安全感，至少不会使人觉得突兀。这样，"诸侯用夷礼，则夷之；进于中国，则中国之"③ 这段话，也就还可以这样理解："夷" 代表着凶恶、动乱、不安全，"中国" 则代表着 "自己的"、安全的，如果 "夷狄" 中国化了，大家就具有生存上的一体感。

（二）由本性而超性？——论知识在传教过程中的作用不必高估

这一部分属于附带讨论，但对于本节来说很有必要。因为它涉及知识在国人生存处境中的作用和分量，进而可以回答 "观念何以和知识相脱节" 的问题。以下讨论，不求面面俱到，只举隅而观其中之眉目。

传教士带来的自鸣钟、三棱镜、地球仪等精美、新奇物件，诚然很有吸引力，会对传教有所帮助，但这种由物件所产生的吸

---

① 利玛窦：《致罗马耶稣会吉洛拉莫·科斯塔神父》（编号 33），《利玛窦书信集》，第 198 页。

② "现在我们开始使用所有那些不违背我们教义和我们教士身份的礼仪。就像中国人一样，这一举动使我们备受敬仰，他们不但不再像从前那样回避我们，反而在我们寓所中久久不愿离去。"［利玛窦：《致玛切拉塔大教堂安东尼奥·玛利亚·利奇神父》（附录 2），《利玛窦书信集》，第 349 页。案，引文中着重号为引用者所加。］可见，传教士对中国礼仪的采用是有限的。

③ 马其昶：《韩昌黎文集校注·原道》，第 17 页。

引力是暂时的、不稳定的以及层级化的，也即它们一般是在知识的层面引起人们的好奇①，而在给人以生存上的安全感方面，其作用并不明显。徐宗泽先生说：“利玛窦在中国开教，天主上智所用的方法，是学问，使利公用天文地理算术等等科学，兴起华人研究之心，使华人由本性的学问上，得获超性的学问。”② 对学问的兴趣，由知识而哲理，需要一个长期的过程，这个转进或许较多地发生于知识阶层身上。甚至，知识能否转化为道德，已是古希腊哲学就抛出的问题，答案并不绝对肯定。传教士能否给以验证？那些后来入教的文人，是否真的把知识转化为道德了？抑或中国人对新物件、新知识产生兴趣乃至迷狂只是传教士灌输教理的绝好时机？民众多通过被直接触动而信教。对他们绕弯过多，会适得其反。

柏理安（Liam Matthew Brockey）指出了“耶稣会士得体的举止、庄重的仪态使人们对他们肃然起敬”，耶稣会士们“言谈举止间透漏出权力的威慑力”，“当涉及超自然的东西时，他们往往使用神秘而富有玄机的话语进行描述”。③ 人们常说第一印

---

① 徐宗泽先生说：“利子（利玛窦）始到肇庆，不急于传教，不盲然劝人崇奉天主，惟将从欧西所带来之各种奇巧物品，如自鸣钟、天文仪器、地理图、三棱镜、洋装书籍等等，陈列满室，任人参观而已。肇庆人士为好奇心所驱使，群相来观，其中有官绅来学，不惮问道者。”徐宗泽：《中国天主教传教史概论》，商务印书馆 2015 年版，第 122 页。

② 徐宗泽：《中国天主教传教史概论》，第 223 页。

③ 柏理安著，毛瑞方译：《东方之旅：1579—1724 耶稣会传教团在中国》，江苏人民出版社 2015 年版，第 99 页。案，“言谈举止间透漏出权力的威慑力”一句，原文作“they spoke the tongue of political power”，中译本译为“言谈举止间透漏出权利的威慑力”，显然有误。参 Liam Matthew Brockey, *Journey to the East: the Jesuit Mission to China*, 1579—1724, Harvard University Press, 2007, P. 95 .

象很关键，观感很重要，这里不只是强调其准确性，而且强调第一印象、观感在此后对“我”眼中的对方之行为性质的塑造、构成作用。给人以何种第一印象，甚至是彼此相处时思考问题、作出决断的依据。耶稣会士出现在中国民众面前时，双方首先不是两个辩论的对手，而是两个面对面的互为陌生者的群体，他们在尝试着把陌生的对方纳入自己的生存结构、理解结构中。耶稣会士会从信仰角度入手，对中国民众产生一种观感，做出一种评价；中国民众会基于长久的生存经验、习惯、认知、取向而对这群陌生人产生“好坏”与否、“厉害”与否的判断。柏理安所谓的“神秘而富有玄机”是一种“直接的模糊”（笔者语），人能感受其冲击力，却难以在理智上把它说清楚，越是如此，人们的敬畏之心就越强，同时也越相信，对它的信仰、敬畏能够换取它对人的保护。但前提是，这类新宗教不要有太强的颠覆性，不要和民众以往的观念存在过于尖锐的冲突，不要给民众的生活带来过大的震荡。事实上，这才是传教士们煞费苦心去思考的问题。“超自然能力和保护他们（引者案，民众）免于困境的能力”① 集中体现于宗教仪式中。宗教仪式是天主教向中国民众最正式的展示，是两种生存样式、文明类型最隆重、严肃的照面。因此，“神秘而富有玄机”不等于我们上文所说的绕弯过多的讲理，因为前者不要求理解，只要求参与、信仰。效果如何，无需久等。真正的宗教传播，等不及知识的熏陶，因为传教者深知等待遥遥无期。

---

① 柏理安：《东方之旅：1579—1724 耶稣会传教团在中国》，第 315 页。

认为利玛窦精心设计了一套由知识而哲理、由本性而超性的传教策略，未尝不是后人的条理化、理想化推断，也即当时的宣教未必这样循序渐进、有机深入。按柏理安所述，利玛窦等人吸引、转化中国文人的策略，“就是向他们展示一堆欧洲的道德、科学和宗教教义的大杂烩”，具体来说，就是在向文人们展示那些新奇物件时，顺便“讲述西方的故事”，最重要的是，“利玛窦的演说无一例外地以天主教收尾”①。如此看来，新物件、新知识只是起到一种中和、障眼作用，使传教色彩不那么明显。面对传教士的这种“障眼法”，国人其实把知识与宗教分得很清，知识与宗教并未产生哲学意义上的化合反应。②

二、难题之二：皇权阻遏“变天”

（一）“变天”的前提：进入体制化的流程

中国人的“天下”观念中内含着一个作为政治载体的国家来协调、处理天下事务，天下有一个中心（中国），有一个主人

① 柏理安：《东方之旅：1579—1724 耶稣会传教团在中国》，第 46 页。

② 民众如此，文人亦然。何俊先生以徐光启为个案，指出：“在徐光启理解西方科学的过程中，科技并非如传教士所希望的那样，是作为引人入教的梯航，而始终是‘制世利用之大法’。从这样的认识出发，徐光启得以明确地把被传教士混为一谈的基督教信仰与科学理论区分开来。”（何俊：《西学与晚明思想的裂变》，上海人民出版社 2013 年版，第 136 页。）文人二元化地对待科学与天主教，与宋明儒学的演变理路有深刻的关系，这是对儒学内涵和功能的重新规定。就精英世界与民众世界的一致表现而言，传教士试图由知识而宗教地感化国人，是一厢情愿。

(中国的皇帝)。治天下或者平天下的人一定要有治国的经验，治天下必须纳入国家层面的内治与外交（即便是不平等外交）方略中。内治协调的是君民关系，外交协调的是“华夷”关系，这两种关系都具有层级性，君权/皇权在上，民众/“夷狄”在下。这种层级划分，既是为了确保天下内部作为一家一姓之朝廷的国家的稳定性，也是为了守住作为天下之中心的“中国”的文明性。

泛爱民众、泽及四夷的“王者”，曾被设想为德才兼备的人。这种身份在现实中的体现，曾被认为是通贯天地人的“天子”，后来则演变为秉持儒家仁义价值理念的士大夫。无论是天子，还是士大夫，都具备“体制内”的身份，这是他们的教化活动得以顺利开展的外在条件。“达则兼济天下”(《孟子·尽心上》)这个说法表明，治天下与空有天下情怀的不同在于，前者需要外在条件。这个外在条件，首先是在朝，也即身在体制。这种通过体制实现理想抱负的进路，可以随时地反观到个人价值得到了多大程度的实现。时至今日，仍有不少人觉得成功的人生就是进入体制，因为在一套被推广的、合法化的程序内，个人的所作所为具有不容置疑的正当性，人生的价值就应该这样“正当”地实现。体制之外的人，其行为就不免被认为夹杂着一些私心、私意，其个别性特征就意味着不具有完全的正当性——这终究是一种对普遍主义的依赖。并且，体制内的人更容易调动、使用更好的资源，这是平治天下、实现人生价值的物质保证。地方官员通过体制内的途径被国家（朝廷）任命于此，对民众生活施加影响，意味着合法、正确，民众对官员就高度信赖，多以仰视的姿态畏惧其威严，渴求其亲切与恩惠，生怕官员一不高兴就做出不利于自己（民众）生存安定之事。这样看来，民众对体制中人的推崇，是对安全的渴求。上述心理、观念贻害甚深，有待深入批判。传教士对这些中国人习以为常之事困惑不解。利玛窦看到，官吏们“办事毫不容情，百姓都惧怕他们的权力和威严……他们每座城市的执政官在衙门中的派头都要超过我们的教宗。”① 官吏是与民众生活发生直接关系的人，官吏有何种态度、行为，这种态度、行为会对民众生存处境产生何种影响，是官民关系的主要内容。也即，大多数情况下，是官对民施加影响，关系双方的地位极不对等。另外，官员的头顶还有皇帝，君民关系主要通过官民关系来实现。“天下”一旦被体制化，就变成了一张以处理上下关系为主要事务的严密、森然的权力之网，民众和“天”就不容易随便相通。

（二）皇帝到底担心什么？

“君—臣—民”“上—下”的社会政治结构，使得传教士们一方面要苦口婆心地向民众宣教，与文人辩论，向官员示好，另一方面还必须设法打动皇帝，获得自由传教的最高许可。没有皇帝允许，民众就不敢公开地、大规模地信仰天主。没有皇权这个最高级别的支持，传教士就只能轮番地讨好那些走马灯一般的地方

---

① 利玛窦：《致锡耶纳耶稣会富里伽蒂神父》（编号 13），《利玛窦书信集》，第 58 页。

官员。[①] 传教士所希望皇权给予的传教自由，同时包含了民众的信教自由。解除了皇权的限制，传教士就对日后的效果百倍自信。[②] 传教士对觐见皇帝的渴求，间接地揭示了：生存在天下的中国人虽然敬天、畏天，但是其天下观念并非稳固不变，一旦有一种关于天的新的学说可以满足其生存需要，人们会拥入其怀抱。这不是抛弃天下观念，而是改变了"天"的内涵。正如学者早就注意到的，为了把"上帝"的观念推广给中国人，利玛窦"煞费苦心地选用了中国古代的'天'的概念，使'事天''奉天'的'天学'看来好像并不是一种外国人所强加之于中国的外来宗教，而是某种中国原来就有的东西。"[③] 具体来说，就是把中国诗书中的"天""上帝"等概念解释为天主教的天主。[④]"吾国天主，

---

① "由于明朝政府为防治政治腐败，不断地把官员从一个职位调到另一个职位，传教士们无法长久地依靠当地某一个官员朋友。因此，利玛窦不得不前往中国的政治中心，尝试寻求更大的政治保护力量。"（柏理安：《东方之旅：1579—1724耶稣会传教团在中国》，第40页。）案，除了笔者业已提到的皇帝、官员之允许、支持功能，柏理安还指出了皇帝、官员对于传教士的另一作用——保护（"通过直接向皇帝请愿，尽可能得到最高层政治保护力量，如果失败了，再从政府机构最高级别的重要官员那里寻求保护。"参看上引柏理安书，第41页。）这一作用不容忽视。它意味着传教事业所面对的阻遏是交叉性的，也即还有皇帝之外的阻遏，而作为阻遏力量之一的皇帝，又可以帮助消除其他的阻遏力量。

② "现在我们所希望的是能设法觐见皇帝，得到皇帝的恩惠，同时拥有皇帝颁发的自由传教的许可。一旦得到了许可，我敢向您保证，在短时间内便会有数百万的人归信天主……"利玛窦：《致罗马耶稣会朱里奥·富里伽蒂神父》（编号30），《利玛窦书信集》，第183页。

③ 利玛窦、金尼阁：《利玛窦中国札记》"中译者序言"，第23页。

④ 参阅孙尚扬：《从利玛窦对儒学的批判看儒耶之别》，《哲学研究》1991年第9期。

即华言上帝……历观古书，而知上帝与天主，特异以名也。”① 但是，中国的皇帝还自命“天下之主”。“变天”不只是在中国传教的问题，而且是“天下”易主的问题。敬畏一个改变了含义的“上帝”或“神”，也就取消了中国意义上的“天”的价值，那么“天子”（利玛窦解释为“神子”②）“天下之主”的地位、意义何在，就毋庸多言了。举个例子，对于星象的观测与解释，就是洞察、转述“天意”，这一活动被皇权牢牢垄断③，“禁止除以世袭入选者之外的任何人从事这项科学研究”，利玛窦观察得不错：“禁止的原因是害怕懂得了星象的人，便能够破坏帝国的秩序或者是寻求这样做的机会。”④ 天是什么，天在说什么，要有一个权威的版本，决不可众说纷纭。

在西方，有绝对资格代表天、阐释天的，是教会。中国人一旦信西教，就会终止皇权对于天意的垄断，形成政教（世

---

① 朱维铮主编，邓志峰、张完芳、刘文楠、姜鹏编校：《利玛窦中文著译集·天主实义》，复旦大学出版社2001年版，第21页。

② 利玛窦意识到了“天”之于皇帝的意义何在，他说：“即使现在，他们（中国人）也和远古时代一样，称他们的皇帝为天子，即上天的儿子，因为他们奉天为至高无上者，所以天子和神子是一个意思。”利玛窦、金尼阁：《利玛窦中国札记》，第46页。

③ 明朝初年尤甚，至弘治朝有所松弛，利玛窦来华时仍然看到这一情形，并记载下来。明人沈德符谓：“国初，学天文有厉禁。习历者遣戍，造历者殊死。至孝宗弛其禁。且命征山林隐逸能通历学者以备其选。”（沈德符：《万历野获编》卷二〇《历法》，中华书局1959年版，第524～525页。）于此可见，所谓松弛，虽然表现为朝廷允许民间有通历者，但朝廷依然想把通历者纳入体制内部，为皇权所驱使、利用。

④ 利玛窦、金尼阁：《利玛窦中国札记》，第33页。

俗—神圣）二元化世界，这个世界的基本表现是“治世者摄一国之政，教化者统万国之权”①。没有比雍正皇帝的下面这段话更能够表达皇帝之担忧的了：“尔等欲我中国人民尽为教友，此为尔教之所要求，朕亦知之。但试思一旦如此，则我等为如何之人？岂不成为尔等皇帝之百姓乎？”案，“尔等皇帝”即教皇。雍正帝之所担心者，即皇权被教权所盖过，这样一来，国家之间的疆土界限也流于无用，“中国”不存，皇权不在，国民凝聚力尽失，“中国”的国家安全就无从谈起了——“教友惟认识尔等，一旦边境有事，百姓惟尔等之命是从。虽现在不必顾虑及此，然苟千万战艘来我海岸，则祸患大矣……朕唯一之本分，是为国家而治事。”② 一方面，“天下之主”首先是“中国”皇帝，如果国将不国，则无以天下；另一方面，如果“变天”，“天下”之“中国”也岌岌可危。

艾儒略说（逻辑化的）西方哲学产生于“西土古贤观天地间变化多奇”③。中国的典籍中也说：“古者包牺氏之王天下也，仰则观象于天，俯则观法于地，观鸟兽之文与地之宜，近取诸

---

① 张广湉：《辟邪摘要略议》，《圣朝破邪集》，第276页。

② 原文来自法文版《耶稣会士中国书简集》，中译本将雍正帝的这段话译为白话文，参看《耶稣会传教士冯秉正神父致本会某神父的信》（1724年10月16日于北京）杜赫德编，郑德弟译：《耶稣会士中国书简集：中国回忆录》第二卷，大象出版社2005年版，第338~339页。笔者所引文言文系徐宗泽《中国天主教传教史概论》所录，参看徐宗泽：《中国天主教传教史概论》，第175~176页。引用时标点有改动。

③ 艾儒略：《西学凡》，中国国家（数字）图书馆“中华古籍资源库”，第18~19页，在线阅读：http://read.nlc.cn/OutOpenBook/OpenObjectBook?aid=892&bid=161352.0。

身，远取诸物，于是始作八卦，以通神明之德，以类万物之情。”（《周易·系辞下》）问题的关键不在于是否观天、观地、观“之间”，而在于把所观的对象当作什么，如何去“观”，为何去“观”：是在科学的意义上求其奥秘，合乎逻辑，还是在神圣、伦理的意义上遵其秩序，造福于民。

西方之天也并非只是科学意义上的太空，传教士们之所以能够把中国之“天”与西方之“天”接引在一起，正在于二者都具有神圣性格，因而，西方也存在着两种“天”。但是传教士要推广其说，不可一味求同，而是终究要把“异”凸显出来，输入过来。能体现中西之异的，便是科学与否，或者说西方科学之“天”与中国神圣、伦理之“天”的比对。

事实上，中国的皇帝并不拒绝科学意义上的“天”（崇祯、康熙对于西方“天学”的引进之功不可不提），基于这样的“天”而产生、发展的精密“天学”，反而能够满足中国皇权对于神圣之天的观测、阐释和应用。儒家所言之天，可以说是一种神圣化的自然。孔子曾曰：“天何言哉？四时行焉，百物生焉，天何言哉？”（《论语·阳货》）这里就把自然的运作视为“天意”的驱动，但天的神圣性尚不明显。黄宗羲后来说：“盖冥冥之中，实有以主之者。不然，四时将颠倒错乱，人民、禽兽、草木，亦浑淆而不可分擘矣。”① 本可以通过科学研究的“自然现象”，在这里成为“天意”的显现。天的主宰性昭然可见。根据一种后来出现的概括，“圣人观天察地以利民，授民时

① 黄宗羲：《破邪论·上帝》，《黄宗羲全集》第一册，第195页。引用时标点有改动。

矣，而亦示人以感应之机。天人无二理，神人无二情也”①。天地人的一体化，最直接地体现于人按照四时而生活劳作，政令根据“天时”来下达。这种现象在《礼记·月令》中有明确的记载。“天时”虽不能说是纯科学的，但是对“天时”的把握也必须通过经验观察而实现。当代学者指出，天子根据时令而下达政令时，并无伦理、政治上的价值色彩。② 笔者觉得，在早期或是如此，但后来的发展中应会不断出现伦理与政治叠加的现象。不带价值判断，这一点与“科学精神”并无二致。但是久而久之，自然之天会被时间（传统、历史）构造为一种神圣之物。天的神圣性不只是思想家们通过学说建构的，而更多的是，人们一直照着天生活，活得好坏，毕竟和天相关。不违“天时”“天意”，方可“好好地活着”。并且，一种根据天而确立起来的生活方式，就上升为民族性和文明性的传统。这个现象，是皇权改变不了的。只要皇帝还想做“天下之主”，就不得不尊天，“夫莫尊于天，故有天下者得而祭之”③。皇帝所担忧的，是神圣之天被替换所带来的“天下共主”之名分荡然无存。

（三）“天下”无法被权力所“封顶”

皇权为国人的天下观上了一把“保险锁”。利玛窦看到，皇权的深入管控使社会井然有序，他认为这就是中国人“不太重

---

① 刘沅著，谭继和、祁和晖笺解：《十三经恒解·拾余四种·恒言·天地类》，巴蜀书社2016年版，第30页。

② 参看池田知久著，田人隆译：《中国古代的天人相关论》，沟口雄三、小岛毅主编：《中国的思维世界》，第59页。

③ 黄宗羲：《破邪论·上帝》，《黄宗羲全集》第一册，第194页。

视灵魂和来世问题”① 的原因。这一观察失之笼统，混淆了国人的主动与被动。混乱的社会秩序主要指“人祸”，这并不是“重视灵魂和来世问题”的唯一动因，个人的贫富、生老病死以及“天灾”，同样对于人们寻求信仰以安顿人生起着重要推动作用，尤其是当波及范围极广的“天灾”严重危及人的生存时，以“天”的面目出现的西方之“神”所给予民众的“仁爱”②，就很容易使人在不知不觉中信仰了或者更为坚定地信仰他人的“天”。如学者所言，传教士们及其士大夫信徒的确是“徒将其精力过多地放在与社会秩序的纠缠之上……忽视了向教外慕道者与信徒提供意义系统这一关系到天主教是否能扎根于人心并获得内在生命力的根本大事”③。利玛窦多次提到国人向他虔诚下跪，渴望救赎，说明国人安于活在天下，却并不拒绝与天下之外如天上的沟通。这一现象不是明清之际才出现的，我们遍观前人的诗文，就可以发现“天人之际”并不是一道越不过的墙。倏忽一瞬，人便可自天下而天上，由现实而传说，自经验而哲思，又自传说而历史，最终由哲思而当下。兹举两例：一是屈原的《天问》由对天地未分、阴阳参合的终极追问，到对

---

① 利玛窦：《致罗马耶稣会吉洛拉莫·科斯塔神父》（编号 33），《利玛窦书信集》，第 197 页。

② 利玛窦也提到：“今年（1605 年），这座城中北京疫病流行，这是一种能够传染的瘟疫，我们正好趁这个机会向教友们展示天主教的仁爱，尽我们的一切可能去帮助那些患病的人。”利玛窦：《致罗马耶稣会总会长阿夸维瓦神父》（编号 44），《利玛窦书信集》，第 252 页。

③ 孙尚扬：《略论明末士大夫天主教徒对其信仰的本土化诠释》，《北京行政学院学报》2006 年第 4 期。

尧舜禹和夏商周历史的思考，便是一个从“天上”到人间的变动过程。二是中国文人喜欢对月而思，他们对于“天上”“天外”的想象，常常引发自己对于“天下”的思考。皇权总不至于连人对着月亮想什么都要控制。宋人辛弃疾《木兰花慢》：“可怜今夕月，向何处、去悠悠？是别有人间，那边才见，光影东头？是天外，空汗漫，但长风浩浩送中秋？飞镜无根谁系？姮娥不嫁谁留？谓经海底问无由，恍惚使人愁。怕万里长鲸，纵横触破，玉殿琼楼。虾蟆故堪浴水，问云何玉兔解沉浮？若道都齐无恙，云何渐渐如钩？”后世学者评论辛弃疾这首词“竟澈悟地圆之理”，“直悟月轮绕地之理，与科学家密合，可谓神悟”①，但是这些评判只能说是出自后人的立场和经验。辛氏对月赋词，或有求真知之心，但是辛氏一开始就指出，该词之作，是为“送月”。“送”是“送”其至另一个世界，而另一个世界又是不可测知的。他对于万里长鲸触破玉殿琼楼的担忧，是在世之人的担忧，而不是科学家在谜底未揭之前的困惑，也做不到仙人对于万物生灭的洞悉与超脱。只要人还在世，他的思绪即便超出人间，其生命的意义（兴奋、恐惧、迷茫）却总会像辛氏“飞镜无根谁系”所拟构的那样，被人间所“系”。

试图以皇权管控民众全部的精神生活并不现实，儒家的“未知生，焉知死”（《论语·先进》）固然使人重视现世，但是现世之中也会出现生死之际、边缘时刻，“天下”与“天上”并没有截然分明的界限，人生存于其中的“天下”不断生成着

① 分见于梁启勋：《词学》；王国维：《人间词话》。引自朱德才、薛祥生、邓红梅编著：《辛弃疾词新释辑评》下册，中国书店2006年版，第1037页。

神圣与世俗。神圣与世俗的生成，是一种能够满足人的生存需求，给人以生存安顿的思想、宗教、学说对人的生存世界的参与和开启，人也必须在现世中理解来世，就像人总是通过活着来理解死亡。皇帝自命“天子”“天下之主”，却于民众精神世界严加看管，把自己打造成了神圣者，而尽可能把民众世界世俗化。皇权之所为，就是试图给天下“封顶”，遏止天民相通。

任何一种思想观念要想融入人们的具体生活，为人所日用而不知，仅仅凭借权力或者说搭载权力的便车是不够的，它还必须对民众生活、生命中的困顿和希望给出合情合理的回应。我们看到，当皇权岌岌可危时，皇室成员也转而寻求耶稣之助，“仰求天主慈炤我大明，保佑国家，立际升平，俾我圣天子，乃大明拾捌代帝、太祖第拾贰世孙，主臣钦崇天主耶稣，则我中华全福也”①，“代求天

① 《司礼太监庞天寿上罗马教宗因诺曾爵书》，转引自方豪：《中国天主教史人物传》，宗教文化出版社 2007 年版，第 203 页。案，该信作者庞天寿曾屡屡进言南明永历朝的两宫太后与正宫皇后，使其“习闻其说，深为悦服”（参阅方著第 202 页），澳门耶稣会士希望新入教者上书罗马教宗和耶稣会会长，而庞氏便是澳门耶稣会士所考虑之人。根据黄一农先生的考察，“随着局势的恶化，永历帝于四年正月撤离肇庆，暂迁至广西梧州。眼看倾颓在即的王太后和庞天寿遂决定私遣耶稣会士卜弥格使欧……在卜弥格所携去的信中均有意地将尚未被册立为东宫的慈炫称作皇太子，期盼能获得教宗、耶稣会总会长以及其他天主教国家的同情与帮忙。”（黄一农：《两头蛇：明末清初的第一代天主教徒》，上海古籍出版社 2015 年版，第 382 页。）庞氏虽为宦官，但他的声音在某种意义上代表了新入教的皇室成员之意愿。不过庞氏后来对永历王朝的态度发生了变化，甚至想“逼帝禅位”，兹不赘言。参上引黄一农书，第 382 页。

主保佑我国中兴太平”①。皇权能否彻底抑制宗教？皇权为何要向宗教低头？宗教在皇权那里到底意味着什么？天下生民究竟归从于谁？归从于上天？皇权？抑或自己？这些问题不宜被抽象地讨论，而是需要结合一种由皇帝、民众、传教士三方构造起来的态势，观察“天”在变与不变之间的摇摆。

三、安全感：中西遭遇情境下的国人生存需求

一个国家、一种文明拒绝新的群体或新的文明的进入，不能只是简单地理解为对某种价值理念的拒斥。拒绝者在做出拒绝的行为时，其实较少地排列、反思“我”与“他”所秉持的理念是什么。只是一味地维护自己的某种价值理念是没有意义的，维护者必须对这种价值理念的意义给以经验化的说明。那种学理化的思考、指斥，多发生在文人身上。② 更多的人，往往是出于一种对陌生人物、事物的不确定性而产生恐惧感，进而

---

① 《王太后致谕罗马教宗因诺曾爵书》，转引自方豪：《中国天主教史人物传》，第206页。案，该信作者南明永历朝王太后还请求“圣父向天主前，怜我等罪人，去世之时，赐罪罚全赦”。同书同页。该信与上注《司礼太监庞天寿上罗马教宗因诺曾爵书》又分见于徐宗泽：《中国天主教传教史概论》，第141、140页。两处文字、标点略有不同，于文意无影响。另，永历帝的皇子出生后患重病，亦入教求护。

② 比如利玛窦也提到江西省的一些读书人状告传教士，“为我们罗列了许多罪名，其中最大、最严重的是教授违背他们教派原则的天主教义”。利玛窦：《致罗马耶稣会吉洛拉莫·科斯塔神父》（编号48），《利玛窦书信集》，第292页。

拒绝新的人与事。对他者之思想的鄙薄，是在议论、宣泄中形成的体系化、条理化的事后明见，这与其说是拒绝外来人物、事物的原因，不如说是对原因的学理化解释。我们需抓住的，应该是那种“第一反应”，因为“第一反应”才是被强大的观念牢牢控制的抛头露面者。利玛窦这些晚明传教士来华时，“曾多次被怀疑是间谍”①。中国的皇帝也相信“来华神父是些为非作歹之人，曾在某省偷盗，后削去头发，以神父的身份潜入外省，擅自出资修建教堂，并在教堂中杀害登门造访者，他们那里与其说是寺院，不如说是匪窟”②。皇帝的这番话应不至于空穴来风，即便是夸大了传教士的劣迹，但至少说明，两种文明、群体在照面之时发生冲突，进而引起一方的防范，是在所难免的。彼此陌生的二者照面时，冲突、抵牾之处往往要被放大，相异之处要比二者的一致之处更引人注目（这和平心静气地进行学术化的文本格义是不同的）。皇帝担心传教士捣乱，民众同样如此。面对一批容貌、行为“奇怪”的陌生人，民众会下意识地去判断这些人是“好”是“坏”。“在中国人看来，所有的外国人都很可怕，他们认为所有的外国人都会侵占他们的领土，所以只允许极少的外国人入境。”③ 这是中国人“许多世代以来对外国根深蒂固的恐

---

① 利玛窦：《致罗马耶稣会法比奥·德·法比神父》（编号18），《利玛窦书信集》，第83页。

② 利玛窦：《致罗马耶稣会总会长阿夸维瓦神父》（编号11），《利玛窦书信集》，第48页。

③ 利玛窦：《致罗马耶稣会朱里奥·富里伽蒂神父》（编号30），《利玛窦书信集》，第183页。

惧和不信任”①。不只是对于外国人来华，对于其时中国人出境，人们同样充满担忧，家人如同“送死”②。在人们的观念世界中，“中”“外”二者，不光指称国家之内外，而且意味着生存之安危。排斥西学者的论述中虽充斥着华夏文化优越论和道统意识，但其竭力防范、抵制西学，归根到底在于希望“国家太平万年，无复意外之虞”③。

关于中国人对于外国人来华的恐惧不安，可以举一个具体的事例来揭示恐惧基于什么：利玛窦等人曾被南昌的一些保长告状，江西的布政使则告诉保长们，这些外国人“都是好人，虽是外国人，但已在广东省居住了二十年，没有过任何劣迹”④。“好”就是行为正当，一直没有劣迹。于民众而言，学问的广博深邃、理想的远大、价值上的崇高，都和“好”没有必然联系。

从身份的角度来说，在一个“君—民（包括臣）”二元化社会中，一种异域文明要想顺利地传播、扎根，首先不能触动“君—民”这一身份结构，进而还需要给予每一个群体安全感。就作为当政者的皇帝而言，他担心的是新事物的加入引起秩序

---

① 利玛窦、金尼阁：《利玛窦中国札记》，第62页。

② “当有必要派人出国时，即使给予适当的证书和委任状，也很难找到愿意接受这项任务的人。当这位使节出发时，他全家都痛哭惜别，就好像他是去送死无疑一样。”利玛窦、金尼阁：《利玛窦中国札记》，第62页。

③ 沈㴶：《参远夷疏》，《圣朝破邪集》，第62页。

④ 利玛窦：《致罗马耶稣会朱里奥·富里伽蒂神父》（编号30），《利玛窦书信集》，第183页。

的混乱，进而失去他的至尊地位；就民众来说，则担心人财两空。①

因而，一种外来文明需要考虑两件事，一是是否尊重了皇权（只有得到皇帝的允许，接受皇权的支配，才能够合法地传播）；二是是否对民众的生存处境构成冲击，或者说能否满足民众当下生存处境的需要（这不是简单的实用主义，而是把民众在既定观念支配下的生存处境接引到一个更安全、更理想的状态）。中国人的天下观与国人对于天主教的态度，以及耶稣会士对国人的观察，可以构成一个相互解释的论述系统。这个论述系统包含着对以上所述皇权与民众生存拒绝或接受天主教之原因的揭示。在皇权时代，对“天”的理解、诠释，进而发生的天下观念的有限更新，必须获得政治权力的认可。这也意味着一种新的宗教信仰、一种新的天下观念，需要从皇权那里获得其合法性，需要成为作为意识形态的“天理”的一个部分，进而推出一种标准化、普遍化叙述，而民众安于其中的生活世界，

---

① 正如利玛窦所看到的，“百姓们还不了解我们的意图，都惧怕我们”。[利玛窦：《致锡耶纳耶稣会富里伽蒂神父》（编号 13），《利玛窦书信集》，第 59 页。] 又，“他们从不愿与外国人有什么联系，因为百姓很害怕外国人，而皇帝尤甚，好像外国人会推翻他祖先创立的基业，以武力谋取他的国家一样。他还怕有人会篡夺他的皇位以取而代之，以至于每次我们有一大群教友集会时，都被视为在中国最值得怀疑的一种情况”。[利玛窦：《致罗马耶稣会吉洛拉莫·科斯塔神父》（编号 36），《利玛窦书信集》，第 211 页。] 利玛窦还提到，在 1607 年 10 月 11 日，有八名“异教徒”状告传教士，“说我们备下宽敞的寓所，企图聚集武装分子在中国作乱”。[利玛窦：《致罗马耶稣会总会长阿夸维瓦神父》（编号 47），《利玛窦书信集》，第 289 页。] 这样的论述还有很多，另参看利玛窦《致中国副教省负责人巴范济神父》（编号 53）中的三处论述。(《利玛窦书信集》，第 331、333、334 页。)

同样早已渗入了“天理”。国人的天下观念虽受到了络绎来华的传教士及其思想之冲击，但通过权力、理论、生活世界的顽强抵制，很快恢复为一个稳定的存在结构。“天崩地解”可以用来形容冲击力之大，但并不意味着“天下”由此而彻底翻新。

明末清初的传教士来华，不应仅仅被视为儒耶相遇，也不仅仅是西方的基督教与中国皇权的碰撞，而是应视为两种生存形态、生活方式的接触、碰撞、融合。生存形态、生活方式中不只是抽象的价值理念，还有历史留下的习惯，权力的渗透程度，以及天灾人祸的突然出现。这些“天下”内部的种种要素交汇、构成为某种体现其文明形态的历史场景。两种历史场景也即两种“天下”样式。它们的相遇，激发的是生活于天下的不同人群对于天的不同思考及争论。要把在观念中以自我为中心的价值化的天下转化为中西共居的、客观的“同一个世界”，就需要人们对“天”进行重新理解、阐释。这种理解、阐释，不一定是被对方所迫，也有可能是自身的生存境域内部发生了突变，需要另一种“天”来救场、重构。“两种天下”与“一个世界”之间，充满了复杂缠绕的问题，也开启着任重而道远的事业。王国维曾说，明末传入中国的西洋数学、历学及基督教“皆形下之学，与我国思想上无丝毫之关系也”①。似不尽然。王氏此论，是着眼于中西学术、思想的化合反应而言。在这方面，明末清初的西学来华，的确未见显著的效果。但问题也正在于此。中西学术、思想之间的这种不相交汇，不是因为

① 王国维：《论近年之学术界》，《王国维全集》第一卷《静安文集》，浙江教育出版社 2009 年版，第 122 页。

西学乃形而下学，而恰恰是传来的西学带有隐藏不掉的形而上学性格，一下子逼使国人反思自己的形而上学，并整理自己的形而上学观念。如果西学是王国维所说的形而下学，反倒更有利于国人接受它，国人从上至下就完全不必担心它对中国的价值、秩序构成威胁，尽可以将其工具化，把它当作为我所用的“器”。事实上，西学也有道器未分的特点，虽然国人浅尝其器而远离其道，但这恰好表明，在其时的国人看来，西学非形而下者之“器”，而是一种在形而上层面与中国之“道”完全悖逆的旁门左道。所以，西学只有被纳入“天理”之中，承认“西学中源”，才能平安无事地存在于东方世界。

第六章　边缘状态下的天下观念

通过对儒学天下观念的考察梳理，我们可以发现，天下有两个叙述维度。第一个维度是从政治角度而言的“主政者（君+官）—天下人”维度，其核心理念可概之为“天下为公”。这个维度强调的是仁政，属于一种正义体系。“天下人”是一个均质化的表述。在身份上，官员有时属于相对于“一君”而言的“万民”，有时则和君主共同构成主政者群体，在“主政者——天下人”维度中起着沟通君主与普通民众的作用。仅仅从“主政者——天下人”这个表述中看不出士农工商的差别，看不到人群的“先进”与“落后”，“高贵”与“低贱”。在这个维度中，主政者的为政理念及其行动、效果，也即君（官）民关系，是被重点关注的对象。该维度体现为一种垂直结构，且表现出一种对于狭隘权力和利益观念的强烈批判性特征。[①] 第二个维度是从文明角度而言的“中国—夷狄”维度，其可概之为“华夷

① 王斑所谓“天下”所具有的“对狭隘利益和统治结构进行批判的潜力”，主要体现在这个维度上。参看 *Chinese Visions of World Order*：*Tianxia*，*Culture*，*and World Politics*，Introduction，edited by Ban Wang，Durham and London：Duke University Press，2017，P. 5.

之辨”（也称“夷夏之辨”），它属于一种秩序体系。这个维度的核心是礼乐文明，具体而言，一个族群是“中国”还是“夷狄”，就在于是否具备礼乐文明。但细察其说可以发现，族群的地域、血统比礼乐文明更具决定性，礼乐文明不过是对于地域、血统等先天性因素的有限“改进”。“华夷之辨”是相对于上述第一个维度而言的“中心—边缘”平面维度，它基于儒学的价值理念对天下的国家、族群进行价值判断。但是，由于礼乐文明的内核是仁义价值，所以我们可以说，“华夷之辨”同样是标举仁义以叙述天下。

根据上述两个维度，儒家心目中的天下太平就有两个构成要件：一是君民相安，二是“百蛮”朝贡。反之，天下大乱指的是以下两种情形：一是官逼民反，二是“夷狄”乱华。但无论是天下太平，还是天下大乱，都是经验性的事件，也即体现为两个群体（君—民、华—夷）之间的关系状况，是发生在“天下”内部的事件。正因为如此，天下太平、大乱的标准也是观察、评述王朝兴亡的标准。如此一来，顾炎武对天下（文明）与国家（政权）的界定，就包含着内在的矛盾，因为它忽视了天下与国家其实可以共用一套治乱、兴亡标准。晋室南渡、北方少数民族南下究竟是亡国，还是亡天下？宋元嬗代是亡国，还是亡天下？顾炎武的论述中隐含着：亡国未必亡天下，因为新的政权仍可能是“文明”的；亡天下也未必亡国，因为一个政权可以丢掉文明、走向“堕落”却稳若泰山。明清之际固然发生了政权更替、文明失落的事件，但这在中国历史上并不罕见。因而仅凭以上两条理由而专举这一时期以透视天下观念之全部内涵，就缺少足够的代表性和说服力。问题就在于，有没有一个对于“天下”本身，而不仅仅是“天下”内部各部分构成挑战的事件？这样一个事件，会逼使人们反思“天下”这个观念本身的适用性和柔韧度——“天下”是被默认的，还是被建构的？明清之际恰好出现了这样一个契机，那就是西方“天学”的冲击。所以，我们选择明清之际来观照“天下”，就不只是罗列大量的“批判君主专制”的言论和激烈的“华夷之辨”来为这个课题增重，也不仅仅是把冲击天下观念的“天学”入华事件揭举出来，因为以上任何一个方面都已被学者充分关注、讨论，并赋予其很深的思想史意义。我们在意的是，当上述三股力量——可以概述为“公私之辨”“华夷之辨”“（西洋）天学入华”合力冲击“天下”时，儒学的天下观念是否能够经得住这样一种内外夹击？具体来说，我们一方面要单独考察：公私之辨是否实现了“天下为天下人之天下”的长久期盼？“华夷之辨”是否就印证了明清易代是一个“亡天下”的事件？西洋“天学”入华是否使“天下”变成了西洋地图上的“世界”“万国”？另一方面，还要组合以上问题的答案，进而看（1）明清之际究竟应该在多大程度上被强调——我们虽然以强调明清之际为前提，但并不认为这是一个可以被无限阐发的时代；（2）处于这个“极端”条件下的“天下”，其使出的浑身解数，是否可以构成当代诸种“天下”学说所应考虑的界限，或努力突破的藩篱。

第一节　渐行渐远的“天下”

遭遇冲击的天下观念，不得不调整自己的形态。这具体表现为，以“中国”为中心的历史论述，逐渐演变为世界历史发展过程中的“中国”情形、“东方”现象。随之而生的历史研究课题，已不是四海一家、天下大同这样的整体性宏愿，而是以文明、意识形态为单位的“亚细亚生产方式”“东方专制主义”乃至再后来的“文明冲突论”。在论述“天下”观念淡出时，我们先不必急于清算外部世界带来的冲击，而是首先分析天下观念若沿其“内在理路”自行发展，会有何后果。我们将会看到，于内于外，天下观念都亟需更新换代。对内的不自知终被外部的粗暴所逼醒。

一、“天下”淡出

以公私为基本议题的天下观，奉行天下为公的理念。政权属公是天下为公的一个侧面，但由于政权是一家一姓之政权，所以这个侧面在古代并不是指通过所有人的参与来共治天下，而是指：（1）政权的运作要惠及民众；（2）通过官僚系统内部的分权来限制君主一人的无限权力。如此一来，心学在生存论上对于人人皆可治天下的阐发，也就得不到制度上的保障。“天下为天下人之天下”就主要通过产业均分和“寓封建于郡县”的形式来实现。

这种天下观仍然依赖君—民结构。通过公私之辨削弱、限制君主的专断权力，最终无法使专断现象远离民众的生活，反而距之更近。这是因为，“寓封建于郡县”虽然减少了处于权力顶层的君主对于基层事务的干预，但是基层事务并不因此而由民众自行处理，而是由熟悉当地习俗、人情的县令接手。这虽然可以在一定程度上释放地方的活力，但是一县之内如果纯依风俗人情处理各种纠纷，而缺少稳定、公正的制度保障，那么人人各得其私的初衷就难以真正实现，因为天下产业的分配将面临权势、声望、辈分等因素的干扰。并且，在公私之辨的语境中，提出基于风俗的家长制治理，会产生一种反噬机制。具体来说，基于风俗的家长制治理试图打造一种人情化、道德化的生活环境，而公私之辨对于民众之私、个人利益的强调和鼓励，则起着去人情化、去道德化的作用。虽然“天下为公”的理念内在地要求每个人合理地占有，而不是无限地占有，但是一种理念的落实总会受到各种习惯、观念的制约，以至于在结果上大打折扣。如果说县是一个道德、风俗共同体，那么当每个人获取属于自己的那一份产业时，是否还要谦让？彻底的均分是否可能？从别人那里“争”回属于自己的那份产业，是否会被贴上“不近人情”“斤斤计较”的标签？这里包含着思想观念上的公私之辨与制度设计上的“寓封建于郡县”以及生活经验三者之间的复杂矛盾。历史、现实中的种种事例表明，一种被强调的、合乎“道义”的价值理念，很容易被利益冲垮。正如我们前文提到的，在农民起义军攻占北京及随后满人入主中原的过程中，不少人考虑的还是家产和个人命运，而不是文明性的丧失。公私之辨强调个人利益，在一定程度上的确有助于实现“天下为公”“天下为天下人之天下”的宏愿，但是由于这个过程的实现主要诉诸物质上的分配，而不是政治活动的广泛参与，所以“天下为公”“天下为天下人之天下”的实现就同时意味着人们从共同体中的退却，人只要得到了属于自己的那一份，就无需再操心公共事务——“天下”消失了。个人意识的增强、共同体观念的淡薄，会增加公共领域中人和人之间的摩擦，此时若用礼俗来调解，就很容易触动人的既得利益。从这里可以看出，以风俗为单位的一县之内，似乎还有一个共同的纽带（风俗），但是由于人们缺少共同的利益而只有各自的利益，也即价值和利益没有统一起来，这个风俗共同体就难以维系。民众之私不能作为共同体的纽带，因为个人之私与“共同体”概念所包含的超出个人的要求之间，存在着无法消除的张力。倘若在公私之辨中夹带着一种形塑共同体的方案，那就说明，这种公私之辨不是以个人为着眼点，而是以实现共同体或共同体首领的利益为目的。其中的共同体，就由首领个人的素质、地位来维系。这并不能很好地解决共同体内部人与人之间的关系。

“天下为公”对于民众无限私心的约束是一种“自明的他律”。一方面，它强调了每个人占有天下产业的合理性，另一方面又不能无限地占有而侵犯了他人的占有权。在逻辑上，循此理念一定不会出现不公正（天下≠一人或少数人；公≠不公）。问题在于，一种理念即便再公正，它也不会自动实现，而是需要落实，他律如何转化为人自觉的行动？靠刑罚威慑以禁止，或者靠道德教化以坚守，都不是根本之计。这里的关键就在于，如何把他人作为自己生存中不可缺少的一部分，与他人共同构成“我们”的生活本身，而不是为满足“我”的生活却把他人视为工具。对这个问题的回答，在王阳明的身体隐喻那里已到达尽头，此后的儒学基本上是在重复此前的身体隐喻。这种身体隐喻终究未脱其支配、宰治的意味。质言之，由公私之辨和“寓封建于郡县”联袂导致的共同体观念的式微，不仅包括地方与地方之间的隔膜，而且包括地方内部人与人之间在利益与伦理、情感、势力等方面的纠缠不清，仁义价值与人们的利益之心互不相让。其根本原因，不在方案，而在参与讨论者把“天下”物质化了，“天下为公”“天下为天下人之天下”就是把天下切分为若干个相对独立的单位——风俗共同体（郡县），把天下的产业分给每个单位，进而分给天下人。对于民众来说，分配一旦完成，“天下”就是一个毫无意义的语词；对于风俗共同体的首领来说，他也无需具备天下观念，只需要兢兢业业守土一方。

有一种说法认为，中国的民间总是存在着和体制对抗的倾向，甚至民间对于反抗的热衷，要大于对反抗方式、反抗结果的思考。① 民众仇官应该是有条件的，除非官府使民众无法生存下去，否则民众不会主动去过那种居无宁日的生活。“民间”虽然是一个在概念上相对于“官方”/“体制”而独立的范畴，但是实际上，民间常常希望得到官方、体制的承认，或者已经

---

① 甘阳：“中国的‘民间’百姓几乎根本就不相信社会与国家（所谓民间与官府）之间可能建立一种良性的互动关系，因此中国的‘民间’不但历史地不知道如何去型塑这种互动关系，而且一旦有了机会也只是一‘反’了之，‘反’个痛快为止。至于如何个‘反’法才能根本改变这种畸形关系，形成积极性的、建设性的格局，则思者稀也。”甘阳：《“民间社会”概念批判》，张静主编：《国家与社会》，浙江人民出版社 1998 年版，第 34 页。

或多或少地被官方、体制支配着了。即便出现了造反，造反者也要么会把造反的结果体制化，要么像宋江那样希望被“招安”。[1] 体制是一个认同、保护、稳定的机制。通常情况下，民间不是在寻求与体制的对立，而是希望被纳入体制的覆盖面，获得一种安定的、不受干扰的自由。这种自由既是相对于官方的自由，也是官方弱控制下的自由，即从官方那里争取来的自由，可以称为次级自由。民众的这种生存状态，间接地给国家深入社会提供了入口，国家可以通过任命熟悉当地风俗习惯的人主政一方，由此获得国家在风俗习惯中的间接存在，但是国家不是存在于民众的“自我意识”和“他的知识和活动中”，因为只要国家不采取干扰民生的动作，民众就在其安居乐业中忘记了国家；“政治情绪”（也即“爱国心”[2]）也不会把人们的“自我意识”贯穿于国家之中，因为“政治情绪”在这里是作为地方事务之主要构成部分的伦理观念，地方事务依靠县令这位身兼政治长官、风俗代言人、伦理权威等多重身份的人来协调处理。可以说，明清之际的“公私之辨”和“寓封建于郡县”所合力构想的情形，与黑格尔对“国家”与“单个人”关

---

① 参看季卫东：《批判者的千虑与一失》，张静主编：《国家与社会》，第 39 页。

② 按照黑格尔的说法，政治情绪是人们对于国家的“信任”，而这种情绪是以国家把人当作“个人”来看待为前提的——“我的实体性的和特殊的利益包含和保存在把我当做单个的人来对待的他物（这里就是国家）的利益和目的中”。参看黑格尔著，范扬、张企泰译：《法哲学原理》，商务印书馆 1961 年版（2021 年重印本），第 303 页。

系的阐述①，存在着这样一种差异：中国的“社会”不是一个和“国家”相对立的范畴，而是一个国家通过行政命令指认风俗代言人和伦理权威——县令而建立起来的均质化的“天下”（天下=复数的郡县），以风俗为单位的郡县使民众眼中看不到整全的“天下”，民众无法通过意向活动去认同“天下”，但是民众就生存于一个由国家力量不时主导的“天下”内部。这样看来，明清之际的“公私之辨”和“寓封建于郡县”，并不能真正地实现“天下为天下人之天下”，并不能完全限制乃至剥夺君主对天下的掌控，而是把以君主为核心的国家消融于民众生存于其中的“天下”之中，“君—民”张力通过被隐藏而看似化解了。由于“天下”这个高于“国”的范畴的存在，“国家”成不了“客观精神”，而只能是把自己与“天下”相结合，成为人们“日用而不知”的无所不在者。

另外，按照一位学者对于儒家选举制度的分析，如果民众只是考虑自己的利益和愿望，而没有一种超越性的追求，他们就“只会认可能够给他们带来眼前利益的官员”，而这种官员并不符合儒家的仁政理念，因而“平民百姓这个群体在选拔官员这件事上只占比较轻微的份量”。那么遴选官员的事交给谁呢？这位学者指出，由于君子是一个“追求天命的群体”，“君子的意愿是在更广范围、更高层次、更深水平上表达了民心”，他们

---

① 黑格尔：“国家直接存在于风俗习惯中，而间接存在于单个人的自我意识和他的知识和活动中。同样，单个人的自我意识由于它具有政治情绪而在国家中，即在它自己的实质中，在它自己活动的目的和成果中，获得了自己的实体性的自由。”黑格尔：《法哲学原理》，第288页。案，着重号为原文所有。

才是“辨认并选拔官员的主体”。进而，就最高级别的“官员”——天子的选拔来说，虽然也有一个推举的程序，但最终还是由前一任天子来决定的（《孟子·万章上》对此有直接表述）。因为天子有做天子的经验，知晓“做天子所需要的各种能力和资质”，还能“思前虑后”，能把握古人、今人、后人的“共同福祉”。这里的问题不是选择什么样的人来治天下，而是由谁来选择、决定治天下的人。推举制遵循一个“推荐—同意/否决”的机制，但这只能保证一种形式上的公正，因为同意/否决的权力根本不在天下人手中。如果说天子的同意或否决最终要根据天命，那么天命究竟是什么？如果天命就是民心，那么一种“思前虑后”“面面俱到”、包含了前人与后人之“心思意念”的民心观，就应该总是否定着天下人的当下诉求吗？虽然上述学者的分析把天下人的当下诉求作为民心的一个构成部分，但是在据之而开展的官员（包括天子）遴选活动中，当下诉求却是一个被否定的对象（这里隐含着对当下、眼前的经验化判定，认为当下思维区别于一种带有长远考虑的连续性思维），过去—现在—将来之间的断裂和张力被夸大了。① 结合我们所关心的民治天下问题，我们可以说，如果民众分得了一份天下的产业，却也永无参与治天下的机会了，那么这种“公私之辨”就应该被谨慎地强调，而不能简单地被认为是“启蒙思潮”了。

① 参看谢文郁：《选举制与推举制——现代西方与儒家仁政的政治领袖产生机制之比较》，《文史哲》2019 年第 6 期。

二、亡天下，保国家

由于“亡天下”被认为是风俗沦丧，文明不再，而“中国”被认为是礼乐文明的担当者，所以从逻辑上说，“亡天下”和“亡中国”是同一回事。问题在于，即便“夷狄乱华”之后，新建立的政权也在努力打造其“中国”性。这表明，历史上多次出现的“夷狄乱华”只是改变了“中国”在政治上的代言人，“中国”这个符号的精神内涵没有太大变化，“中国”的现实情形与它的内涵之间发生了暂时性脱节。明清鼎革是一个“中国”代言人发生变化的过程，由于新朝需要一定的时间接手、消化前朝的文教制度，这个过程中就会出现一个文明失落的空档期。一旦这个空档期结束，就会有人出来粉饰天下太平。从明清鼎革时的“亡天下”到清康雍乾的“太平盛世”，大致包括一个君民逐渐相安、版图型塑即将完成、帝国秩序走向稳定的过程。清王朝虽然也在消除周边的隐患，但没有文化意义上的“夷狄乱华”的担忧，所以我们把清朝统治者与周边族群的关系理解为一个建构帝国政治秩序的过程，而不是一个王者教化“夷狄”的过程。经历了明清鼎革的“天下”，其横向维度不是一个从中心到边缘、文明性递减的结构，而是一个囊括了多种文明的帝国秩序。

不容否认，地方在其发展过程中，与总体性的帝国模式存在一些不同的生长动力。但是地方发展的独特性不宜被夸大，因为这种独特性，与其说是对帝国总体性压抑的挣脱，不如说是今日学者对于一种以帝国为叙事单位的同质化思维、普遍性话语的质疑。各具特色的地方怎样才算属于同一个帝国？仅仅用“帝国治理的多元化”也仍然无法回答上述问题。因为帝国但凡容许多元，就总已经说明多元是属于帝国的多元了。仅仅着眼于央地关系，以行政化的视角讨论帝国内部发展的研究趋向，并不能解释为什么在中西相遇之时，人们要对“中国”的制度、文化特性展开总体性的反思和批判，而不是对某个地方的发展模式予以检讨。

明清易代不是把天下帝国化，而是把一个文化和信仰多元、政治认同一致的权力体，装在天下秩序之中。天下秩序，包括王朝所统治的地区和册封—朝贡国。我们后面将指出，清代天下秩序与西方意义上的帝国相当不同，而动辄说天下即帝国更是大而无当之论。清朝统治者对作为中心的权力体（中央+满洲+藩部+土司）——姑且称之为帝国内部宗教、文化多样性的允许，与明朝天下秩序中对于册封—朝贡国宗教、文化多样性的允许也是不同的。简言之，明朝天下秩序中嵌套的中心国家（十五省）是一个以儒学为意识形态的国家，而清朝天下秩序中所嵌套的中心国（中央+满洲+藩部+土司）是一个儒学只占其中一部分的国家。另外，清朝对于天下秩序的构建，突破了儒学天下观念中通过文明、道德来感化周边族群的自动进程，以通过战争、权力塑造帝国版图和秩序的人为建构取而代之。否则，无论清朝统治者怎样笃信儒学，最多能够获得汉人士大夫的拥护，但不会得到藩部、土司的臣服。遑论信奉儒学的朝鲜对它的不认同，以及日本对于“中国”之名号的占有。以上种种，皆与清朝统治者的身份有关。按照先秦儒学对于天下和国家的界定，通过武力建立起来的只能是国，而不是天下。这其中，使用何种手段、奉行何种理念都至关重要。清朝统治者则颠倒了这一机制，他们虽然也在意神圣性、文明性，但在获得所谓神圣性、文明性之后，便通过国的价值理念来构建天下秩序。

明清之际天下观念遭遇的挑战，不是一种在当时看来更“高级”的文明对礼乐文明的扫荡，所以它未能使士大夫反思儒学的不足之处。相反，士大夫是通过儒学的标准俯视一种“落后”的文明，以为这种“落后”文明占领了礼乐文明的覆盖区。所以士大夫的痛苦不是来自“事事不如人”的自卑，而是一种被自己所鄙夷者征服的不甘与耻感。这种不甘和耻感，反而进一步强化了他们对于儒学的自信。继而目睹清军入关之后的种种吸收汉文化的举措，士大夫对于儒学的自信更是有增无减。为何晚清以来，中国遭遇西洋人入侵，国人会提出“师夷长技以制夷”的方案，开始怀疑自身呢？这其中的关键在于，清军入关之后建立的是一个大一统政权，近代以来西方列强入华，不是以建立政权为目的，而是在于对东方资源的掠夺，在于“以契约形式合法地剥夺边缘地区的资源和劳动力”①。前者需要通过对自身正统性的建构赢得“旧中国”地盘上的士大夫的支持，即内部的认同；后者则通过国际法建立起形式上平等的国家关系，从外部获得他国的承认②，但不必获得认同。所以后者并不产生增强士大夫对儒学之自信的条件。

---

① 汪晖：《现代中国思想的兴起》上卷第二部《帝国与国家》，第703页。

② 黑格尔非常强调作为他者的外国对于国家主权的重要性（当然他也并不否认不应干涉他国内政这条原则）：“一个国家对其他国家来说是拥有主权和独立的。它有权首先和绝对地对其他国家成为一种主权国家，即获得其他国家的承认。……（承认）是以其他国家的观点和意志为依据的。”黑格尔：《法哲学原理》，第393页。着重号为原文所有。

承认和认同分别偏向于认知（理智）和情感。在清朝所构建的天下秩序内部，承认和认同则是两个既并列又合一的范畴，这是因为，清王朝时而被认为是“中国”的代名词，时而游离于“中国”之外。具体来说，清统治者除了要获得汉人士大夫的内部认同，还面临着：有的朝贡国可以承认清代中国的天下中心地位，但内心未必认同，他们只为利益而来；有的朝贡国则（被迫）把承认和认同合一——不过，在重构历史、表达当下情感的过程中，他们对前朝仍念念不忘（比如朝鲜对明朝的眷恋。朝鲜认同的是一个抽象的“中国”和被历史记忆编织起来的具体的明朝，但并不认同具体的清代中国）。这就不能用现代的理性化外交知识来解释，也非“贸易”可以涵盖。① 当然，还要指出，天下秩序内部的大一统国家，其认同与承认的标准也是多元的，比如在文化上，清统治者对中原的治理以儒学为纽带，对满人则依靠其原生的血统同一性，对西北和北方地区的统治依靠清朝皇帝的文殊菩萨转世身份。在这之外的册封—朝贡国，其文化、宗教就更为复杂了。天下秩序内部的国家、族群，既有相对的政治独立性，也保留着自己的精神文化信仰，却在礼仪、形式上臣服同一个对象。种种现象皆非现代国际关系学、国际政治学知识可以解释②，也非文化—政治同一性原则

① 亦可参看高明士：《“朝贡”不是“贸易”，“天下”不是“国际”》，澎湃新闻：https：//baijiahao. baidu. com/s？id=1585382547623457590&wfr=spider&for=pc。

② 康灿雄（David，C. K.）却提出“学界目前最需要的就是从国际规则和国际理念的视角理解和分析朝贡体系”。康灿雄著，陈昌煦译：《西方之前的东亚：朝贡贸易五百年》，社会科学文献出版社 2016 年版，第 20 页。

可以解释。儒家的天下观念催生了现实中的册封—朝贡体系，即天下秩序，但是这一秩序内部并不是清一色的儒学认同者，儒学在现实中建构了一个大于自身，却能够始终对之给以解释的跨族群、文化、语言的秩序体系。作为“汉法”的儒学，既是一套地方性的政治规范、意识形态，又可以为帝国的多元、开放型治理和天下秩序内部的互动提供理论依据。就此而言，它又具有超越性格。如前所述，这种超越性格必须隐藏、融汇于帝国的差异性结构和天下秩序的开放性姿态中：儒学不仅必须使自身这套理论系统与其他族群的宗教文化在帝国内部并行不悖，共同服务于帝国的统一事业，还要使自己有能力解说帝国所含括的所有文化、族群，更要有能力论证万国朝贡是一种人类甘心为之的太平景象。

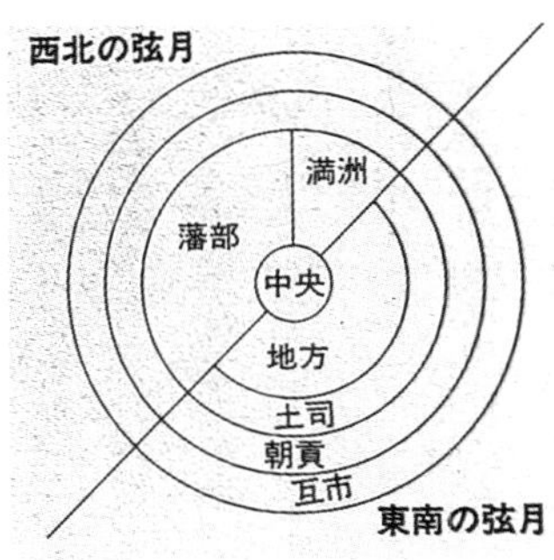

图 3　清王朝天下秩序结构图①

［呈现为东南与西北两个方向上的弦月状（Mark Mancall 提出），分别由礼部和理藩院负责］

① 茂木敏夫：《変容する近代东アジアの国际秩序》，山川出版社 1997 年版，第 17 页。

近代以来的国族建构，是在清代中国的既有结构中进行的跨文化融通与整合，而不是以汉族的儒学来整合不同的族群。国族建构的过程，反而（被迫）剥离掉了处于清代中国外围但信奉儒学的某些册封—朝贡国，比如朝鲜、安南、琉球。就此而言，明朝士大夫所认为的“亡天下”，于日后在“保国”过程中对于各个族群的凝聚与整合来说，至少无负面作用。具体来说，清王朝天下秩序的崩解，使得“中国”的存在价值无法通过居“天下之中”而“协和万邦”、册封他国、接受朝贡来体现，“中国”的文明性得不到承认。这时的“中国”最为直观地表现为中央政府实际掌握的版图大小。这块版图涵盖了不同的族群、文化、信仰。可以说，清王朝所主导的天下秩序的开放性，边缘上的过渡性、模糊性，决定了救亡图存者在面对列强侵略，通过建省进而凝聚为国家以自保时，不是根据单一的文化标准划定自救的范围，而是根据王朝治理的方式、范围来塑造国家认同，“中国文化”就不再是狭义的儒家文化，而是超越族群差异的共同体文化。从天下观念到现代国家观念的转变，首先是对“中国文化”的重新界定。认同、分享儒家文化者，可以接受“中国”册封，向“中国”朝贡，但不必成为“中国”的一部分。也正因为如此，接受“中国”册封、向“中国”朝贡、信奉儒学的朝鲜和安南始终能够以“国家”的形态来存在。这样，儒学在近代以来的“保国”运动中所扮演的角色，所发挥的作用，就应被重新审视、评估。

三、由（西洋）“天学”来华想到普遍主义问题①

对于天下观念来说，西洋“天学”带来的冲击是根本性的。如果说宋代“中国”意识的凸显是由于儒学“天下一家”的理想在现实中难以实现而不得不退而求其次，那么明清之际的西洋“天学”则明确告知国人，所谓“天下”之“天”，非中国之“天”。这样，长期以来根据中国之“天”的神圣性而产生的对人类社会的期待及提出的相应方案，将毫无价值。这里挑战的，是天下观念中的普遍主义思维。

普遍主义遵循的是演绎逻辑，是一种在输出自己的价值理念时惯常使用的思维方式。他人若向自己推广某种号称普遍性的价值，常被视为图谋不轨，居心叵测。② 我们甚至看到，对于同样一种价值，人们自己可以乐此不疲地向他人推广，但当他人主动去认可、实践这种价值时，自己又会感到不安，“好像有人在觊觎自己的东西”。笔者觉得，个中缘由，主要不是“觉得别人不配享受自己的东西”③，而是在于，有时候，推广这种行为本身比推广什么价值更让人敏感。因为推广代表了权力。面

① 笔者在撰写该部分之前，阅读了陈嘉映主编的《普遍性种种》（华夏出版社 2011 年版）一书。是书收入了多位学者从不同视角、立场对于普遍主义、普遍性问题的讨论。笔者在该部分的思路和观点，受书中陈嘉映先生的论述影响较多。由于不是文字引用的问题，有必要在该部分开始前特别说明。

② 可以参看一部对“普世价值”论展开清算的文集——中国社会科学院编：《中国社会科学院“普世价值”论批判文选》，中国社会科学出版社 2016 年版。

③ 刘军宁：《共和·民主·宪政——自由主义思想研究》，上海三联书店 1998 年版，第 241 页。

对他人的普遍主义诉求，人们常常采取特殊主义的应对策略，以表明他人的价值理念不适用于此。但特殊主义只是回避了问题，并没有对问题的制造者予以有说服力的回应。特殊性表述离不开普遍性的理解和表达。一个常见的例子是，面对西方民族国家叙事对于中国不合乎其“规范”的指责，学人常声称中国是一个“文明国家”。但“文明国家”是否就完全和“民族国家”撇清了关系？这里撇清关系的，是“文明”和“民族”这两个界定“国家”的不同标准之间的关系，而对于“国家”这个概念，或者说对于一个未经澄清的“元概念”国家，是持任何一种立场者都无法回避的。可见，特殊主义只是一种（被动）应激策略，在特殊主义下，会产生无法一体化的“自我—他者”思维，最典型的产物就是“国”。国与国之间存在着难以化约的界限，正因为如此，今日提倡“天下体系”者希望改变当前的国际格局。

天下观念和一般采取守势的价值观念不同，它具有巨大的涵括性，任何新事物都是天下之内的新事物，它们无法在“天”之外得到合理的解释。所以，国人常通过“古已有之”或“礼失而求诸野”的心态来消化新事物。明乎此，我们也就不奇怪在西洋“天学”入华之后，在中国本土出现了一股论证“西学中源”的热潮。有学者出于善意，在批评西方通过演绎逻辑向非西方社会推广其价值理念时，指出儒家思想是“缺乏演绎逻辑”① 的，然而当我们把视野投向中西交流时就会发现，中西交

① 黄宗智：《国家与社会的二元合一：中国历史回顾与前瞻》，广西师范大学出版社 2022 年版，第 57 页。

流并不是一种（西方）普遍主义和（中国）特殊主义的相遇，而是两种普遍主义的相遇。谁是普遍的，谁是特殊的，不会有最终的答案，但是学者可以通过调查研究而发现哪种事物在世界上的影响力更大，存在范围更广。由此而得出的“更普遍”之类的结论，不等于思想观念上对于自己的价值理念坚信不疑的那种百分百的普遍主义。简言之，社会科学对于普遍、特殊的界定，是根据比重而得出的一个比较的结果，思想观念上的普遍、特殊与比重无关，普遍是绝对的“一”，它的反面是“〇”，而不是“〇”和“一”之间的其他任何百分比。一种新事物的出现，要么放在“一”中被理解，要么就是一个悖逆“天理”的异端——“〇”。悖逆“天理”是“天理”的反面，同样可以通过“天理”来批评，而不是说“天理”在新事物面前束手无策。所以，只要“天”的含义不变，任何新事物都可以被理解、转化。“天下”的丰富多样性就基于“天”的内涵的稳定性和价值的普遍性。上述在“一”和“〇”之间非此即彼的思维方式，还可以揭明：即使具有天下观念的人占总人数的绝大部分，并被纳入天下秩序，那剩余的一小部分不具有或不认同天下观念的人，仍可以构成一股不可忽视的威胁性力量，甚至能够摧毁这个秩序。所以，真正的天下秩序一定是关于所有人（“一”）的秩序，天下的安全、和谐一定是所有人的安全和所有人之间的和谐。

明清之际对于天下观念之所以重要，不在于这个时期的天下理想比以往任何时候都更有可能实现，而在于，天下观念既保持了它对于中国之“天”的内涵的维护，又成功地通过和心学的结合，把一种威胁性力量转化为属于自身义理的东西。西学也的确被明末清初的一些人所接受，这种现象曾被学者归因于晚明心学走至穷途末路而实学渐兴，“传教士宣扬的以科学为手段的天学必然受到儒生们的欢迎”①。笔者并不完全赞同这种看法。与其把西学与心学对立起来，视西学为对心学的纠偏、克服，不如说心学内含的非现成化精神接受、容纳了西学，使得西学的传入并未受到一部分儒家士人的激烈反抗。至少，心学没有对西学的传入产生较大阻力。② 心学不仅要求自作主宰，而且包含着一种主宰天下的倾向，但这种主宰不是基于道德、文明优越感的宰治，而是一种以仁爱为本源的万物一体之纳入性行为。万物一体之物，也包括人。爱是比爱者与被爱者双方更为源本的东西，所以，爱生成的身份差别使得心学无法后天地克服、修正身份差别中包含的这种源本的主宰性。但是，相对于理学，心学自一开始就包含了对“华夷之辨”的消解，“东海西海，心同理同”“共进乎仁”使得天下人在可能性上享有平等地

---

① 张西平：《跟随利玛窦到中国》，五洲传播出版社 2006 年版，第 137 页。另参看黄一农先生的论述，黄一农指出，“不少东林中人对西学和西教颇感兴趣”，其中一方面的原因在于，东林党人与天主教徒“同对提倡虚无的佛教以及空谈心性的王学末流不满，且都重视开物成务、经世致用之学”。参阅黄一农：《两头蛇：明末清初的第一代天主教徒》，第 127 页。

② 葛兆光：“当时，支持人们接受新知的一种普遍主义观念，实际上来自陆王之学，即所谓‘东海西海，心同理同’，这种说法本来是对自己拥有普遍性真理的自信，可是，这时却无意中瓦解了古代中国对真理的独占，给引进新知打开了大门。”葛兆光：《中国思想史》第二卷《七世纪至十九世纪中国的知识、思想与信仰》，第 315 页。

位，也即人人皆有成为仁者的可能。并且，由于“理”综合了人伦物理，把事实与价值统合在一起，那么东西之间的“理”即便在相遇时不尽相同，扞格冲突，人们还是相信殊途同归、百虑一致，并因此而努力倡导、推动中西之学“交相发明，交相裨益”①。明清之际并不乏拥抱西学者。传教士来华，同样借中国之思想学说扎根立足，故深得一些中国文人之赞赏。冯应京曾谓：“益信东海西海、此心此理同也。”② 自觉地参与到中国文化（具体来说是儒家纲常礼教）的讨论中，以儒释耶，在中国文人看来就是心同理同之体现。这样的叙述，对于西学的进入是有利的。

思想观念上的普遍主义毕竟是一种极其主观化的诉求。人人标举自以为是的普遍价值，就会造成互不相让的相对主义。天下观念中的普遍主义，在面对西洋的科学技术时，固然体现出了其积极的一面，然而，在输出自己的价值理念时，却未必能够让一些非天下主义传统的文明、国家、族群翘首企盼、甘心接受。中国对西学的接受，是以“天不变”为原则的，也即中国只保留着对于“器”而不是“道”的开放。一种源自古老中国文明的天下主义，要想成为全人类的价值，同样会对他人的“道”构成威胁。今日学者建构的“天下体系”诚然不无善意的初衷，但其遭遇的质疑、抵制

---

① 程百二：《方舆胜略·外夷》卷一《山海舆地全图总序》引冯应京语，《四库禁毁书丛刊》史部第 21 册，北京出版社 1997 年版，第 365 页下栏。

② 冯应京：《刻〈交友论〉序》，朱维铮主编，邓志峰、张完芳、刘文楠、姜鹏编校：《利玛窦中文著译集》，第 116 页。

也有目共睹。当代学者建构“天下体系”，是为了改变国与国之间只有利益的纠葛，缺乏某种普遍的、共享的价值之现状。我们不能把问题的解决诉诸寻找、揭举各大文明中出现的某种（些）意旨相若的“重叠共识”①，因为即便能够找到一些看似共同的价值，它们在不同文明中所占的比重、分量也是不同的。“失之毫厘，差之千里”，只要所占的比重、分量不同，各个文明中的人们在行为处事中所表现出的差异就足以引发彼此的战争。甚至可以反问：如果人类真的存在共同的价值，那为何还会出现今日这般的不如人意？究竟是人类没有共同的价值，还是说那些在字面意思上相似的价值不足以使人类步调一致、同心同德地生存？我们至少可以说，有共同的价值也仍然无补于人类社会的争斗不安。事情的关键不在于何为共同的价值，而是在于，他人如何理解推广普遍价值这一行为，也即，相比于何种价值具有普遍性，人们更在意的是对普遍性的倡导是由谁发起的。进一步说，一种在一定范围内被认为是普遍性的理念并非自为地“普遍”，而是经过了习俗的熏染、权力的推行才被这个范围内的人接受。所以，生存于不同共同体中的人，虽然未必同等地推崇、奉行同一种价值，他们各自推崇、奉行的价值却遵循着大致相同的产生和存在机制，这个机制根植于人们对于

① 许纪霖：《家国天下：现代中国的个人、国家与世界认同》，上海人民出版社 2016 年版，第 443 页。

传统的依赖和对权威的敬畏①，一旦有人试图把一种新的价值推广到这个共同体，就容易被共同体成员认为是破坏传统、亵渎权威，就会遭到激烈抵制。国与国之间的互为他者思维，便是基于上述内部整合机制而形成的稳定认知模式，一种被“外国人”推崇、奉行的理念就不容易获得在国内的合法性。这直接导致了实体间的不可通约性，即各自普遍主义（“道”）间的互不认同。一种试图对人类社会进行全覆盖的“高于国家体系的世界普遍秩序”②同样是实体化的，这种实体如果不依靠意识形态的普遍化而建立，那又依靠何种

---

① 小约瑟夫·奈（Nye，J.）认为一个秩序井然的国内社会作为一个共同体而存在，“因此产生了共有的效忠对象、正义标准以及合法权威的观念”，在国际政治中，上述共同体的多元化就使得各个共同体内的人们很难拥有一个更大的共同体（“全球共同体”）观念，“人们对正义和合法性问题经常具有不同的认识”，但是奈相信，国际社会中是存在道义的：“道义在国际关系中确实起作用，尽管这种作用与道义在国内政治中的地位不可同日而语。”（参看奈著，张小明译：《理解国际冲突：理论与历史》，上海人民出版社2002年版，第5、30页。）需指出，所谓“效忠对象”，在不同的国家中有不同的指涉，这也是判定一种政体是否为一个现代意义上的政体之关键维度。另外，对于国家共同体的形塑来说，奈忽略了历史文化传统这个维度。至于“道义”，我们由此想到了国家交往，也进而思考中国儒家所说的“心同理同”，也即国际社会并非“一切人对一切人的战争”那样残酷，人类可以共同打造一个造福于所有人的世界。

② 赵汀阳：《天下的当代性：世界秩序的实践与想象》，第266页。

普遍化的东西呢?①

第二节　合力：从“天下”到“人类社会”

经历了公私之辨、“华夷之辨”和西洋“天学”的轮番洗礼，“天下”已经找不到一个统一的含义。在民众那里，“天下”是什么无关紧要。民众的共同体意识，最多需要一个熟悉本土风俗的世袭长官来维系。“天下一家”靠什么来实现?我们甚至发现，儒学“天下一家”的理想不是针对每一个天下人而言的理想，而是针对掌握了权力的治天下者而言的理想。所以

① 黑格尔明确指出，处于众多国家之上，把各国联系起来的“绝对（最高）裁判官”是“绝对精神”，而不是“相对”的、“局限”的“国家联盟”。因为：(1) 国家联盟的参与者们是分别作为个体而参与的，“而个体性本质上是含有否定性的”；(2) 国家联盟以享有主权的特殊意志为依据，“带有偶然性”。（参看黑格尔：《法哲学原理》，第295~296、385~388、394~395、397~398页。）据(1)可见，国家联盟内部仍然具有敌我关系；据(2)可见，国家联盟的协调机制在很大程度上是缺少原则的。另外，国家联盟之所以被视为有限，还因为国家联盟是少数几个国家通过寻找共识、自下而上地建立起来的，只要参与者没有足够多，那么这种“共识”就只能是一部分人的共识。这个道理在近代西方列强对东方社会的入侵中得到了印证：由有限的西方国家达成的共识被称为“国际法”，“国际法”拆解了东方社会的政治、社会结构，却没有把“国际法”中关于贸易平等、外交平等之类的原则贯彻于包括中国在内的东方社会。（参看 Rune Svarverud, *International Law as World Order in Late Imperial China——Translation, Reception and Discourse*, 1847-1911, Brill, 2007, P. 10.）因此，“国际法”就是处理若干个西方国家之间关系的法，也是西方宰割东方的法。我们也并不认为将西方国家的理念、原则普遍化就一定可以造福于东方社会。

我们并不奇怪，提倡“王道天下”的学者把“为政以德”作为王道政治的基础，在这其中，“同情”起着关键作用。显然，“同情”就是治天下者对于天下人的同情。“王道”若要实现，需要两个条件：第一，基于“王道”的政治制度需要和为政者的心性完好地接合起来，为政者不能只凭一股悲天悯人的同情心来施政，因为这样的治天下不仅很难顾及所有的天下人，而且即便当它通过具体的制度设计形成了一个“公天下”的分配机制时，也会使人们陷入对于物的满足而忘记了自己的天下人身份。所以，第二，“王道”不是在“君—民”关系的框架内考虑政治的稳定，而是要考虑天下人内部的团结、和谐，也即需要从天下人角度考虑一种基本的认同机制。明清之际的独特性在于，以国家统治为前提、以“君—民”关系为主轴的纵向的“天下”遭遇了国家之外的力量的侵袭。这时我们发现，国家统治在凝聚民心方面的力量微乎其微。亡国的原因，不只是制度的衰颓，也不只是民心的溃散，亡国还和国所嵌套于其中的天下观念有关，因为天下观念并没有把它的两个维度很好地统一、衔接起来。质言之，亡国和亡天下并非二事，亡国是因为国并没有在天下中找到一个合适的位置，没有确立一个适当的角色，仅仅把基于同情心的民享作为凝聚人心的方案，忽略了民众在参与治理的过程中对于天下事务的担当，国的私家性(不容“外人”插手①) 加上“家天下”的历史前提，使得民众

① 比如朱棣夺建文帝位，对方孝孺说：“此朕家事。”(《明史》卷一四一《方孝孺传》，第4019页。) 从治天下的角度来说，君主易位与否理应听取天下人的意见，绝不是皇帝的“家事”。后世对于“公天下”的设想终未脱离“家天下”的窠臼。

对于国事的隔膜、淡漠终究蔓延为对于天下事务的充耳不闻。

在清朝统治者那里，天下秩序以大一统帝国为核心，但是这也消除了长久以来儒学天下观念中的基本诉求——普遍主义。帝国内部的文化多元化，来自于一种征服力量所带有的“普世性冲动”，这种冲动“不加区别地吞没高度发达的民族文化所在的幅员辽阔、人口众多的地区”①，但是从文化的角度来看，帝国最终的结构不是实现了普世性，而是容许多元化。也就是说，清帝国的“普世性冲动”走向了自己的反面。然而我们必须指出，所谓“不加区别”，只是表象，清统治者对于各族群间的文化差异心知肚明。统治者最终想要的，是政治认同。我们可以说，帝国的“普世性冲动”是为了获得政治上的广泛认同，儒学天下观念追求的则是文化上的认同和情感上的和谐。这样，以大一统帝国为核心的天下秩序，是不是对儒学天下观念的背离呢？

如果天下人没有了同在一片天之下的共同体意识，如果儒学理想中的“天下”成为一套经由权力打造的帝国秩序体系，那么即便士大夫努力捍卫了中国之“天”的内涵，“天下”的字面意思保持不变，又有何意义？不要忘记，“天下”是要有一个“天子”在场的，早期的天下叙事是通过禹、契、弃这些夏商周三代开国君主的祖先的神奇降生而建立起的神话系统才得以成立的。② 后世对于“天下”的期待，只能说是希望恢复夏

① 埃里克·沃格林：《秩序与历史》卷四《天下时代》，第405页。

② 沃格林：“……舜的这三位大臣（禹、契、弃），他们是黄帝的后人……他们是正宗的上天之子，因为他们的母亲都是处女，奇迹般地怀上他们；因此，最终来讲，三代是上天本身的后人。”埃里克·沃格林：《秩序与历史》卷四《天下时代》，第377页。

商周那个时代的精神价值。对于这种精神价值到底是什么，学者所揭举的或有不同，有人举仁爱，有人倡和谐，有人辨“华夷”，还有人通过托古而宣扬三代以前的“大同”。这其中自有相通之处，更关键的是，夏商周的神话色彩使这段历史成为一个被后人不断挖掘、阐释的精神“文本”。这个“文本”之所以可能，首先在于王权设置了一个天上和天下不可随意交通、联络的政治—文化秩序。在这一秩序中，只有少数人（王和经他授权的官方代表）可以通天、论天。这一政治—文化秩序，虽然把王权装扮得神圣高贵，但也压制了民间超越性思想观念的发展，人们逐渐安于在熙熙攘攘的天下中为利而来，为利而往。“天子”神圣了，“天下”却世俗了。就此而言，从“天下”到“人类社会”的概念之变，首先不是神圣性的退却，而是垄断神圣者的消亡。

国的出现不一定是对于天下精神的背离，因为被学者（赵汀阳）视为最理想的天下体系的周天下，正是通过天子与诸侯国的血缘、伦理秩序结构而形成的政治认同模式和精神共享模式。儒学对于国的暴力、霸道性的揭举，是针对国与国之间残杀、争斗这样一个祸起萧墙的情境而言的，这个情境是天下的崩坏，而经此道路重塑天下也绝不可能。质言之，一个天下、多个国家的格局是毫无问题的，关键在于多个国家之间是否有认同的对象，彼此是否和谐相处，再造“天下”不是取消国家，不只是寄希望于单个的人与人之间如何相处，而是也包括国与国之间是否和平。这样，“天下人”就是指“国民”，而“国民”就是士农工商的社会身份。“天下”需要在具体的社会运行中获得它的底盘和生机，而不只是在权力、文明的结构中成为被想象的世界。

第三节　“明清之际”以后，“天下”何去何从？

明清之际以后的天下秩序，是儒家天下观念的畸形儿。经历了公私之辨、“华夷之辨”和西洋“天学”冲击的儒家天下观，在大拆大卸而又重组之后，被帝国的政治权力得心应手地挥霍着。帝王享受着万国来朝的荣耀，万国分享着“天朝”丰厚的回赐，以致当来自西方的入侵力量叩开国门时，“天朝”君臣竟以为那不过是一些顽劣未化的朝贡者。只有在经历了一败再败之后，天下秩序的崩溃才连带着把儒家天下观念也带到了历史的前台，被要求洗心革面，升级改造。

一、从未湮灭，只是暗藏

梁启超曾痛苦地指出国人没有国家思想：“一曰知有天下而不知有国家，二曰知有一己而不知有国家。”① 梁启超之所以这么说，是因为当时的中国在面对“世界万国”的国际局面时显得格格不入。梁启超所说的“国家”，不是中国古代“家—国—天下”序列中的“国家”，而是西方意义上的民族国家。其时的民众，理应放弃一个悠久的天下观念，接受一个西方意义上的“现代国家”观念。先秦儒家阐述的“天下—国家”张力在于王—霸、文—武，天下与国家之区别在于奉行何种价值理念；

① 梁启超：《新民说》，商务印书馆2016年版，第60页。

近代以来如梁启超指出的“天下—国家”张力，虽也存在着价值理念的对立，但更直接地表现为传统与现代的区别，落后与先进的差距。其时的走向现代，首先是拥抱西方，融入“世界万国”的潮流。不过，其时的“世界万国”是强力竞争的产物，在《威斯特伐利亚条约》所确立的世界秩序中，国际法“几乎不存在对武力运用的限制”①，包括欧洲之外的万国人民也尚不具备共同的价值理念。国际法本身就是一个建立在国家差异性基础上的，处理国家间不同意志的规则，各国间不可通约的自主性（特殊意志）使得国际法难以体现为实然的形态（即难以被各国共同遵守、履行），各国是可以凌驾于彼此订立的约定之上的。② 相比之下，儒家试图凭借仁义道德实现“天下一家”的理想，不是一种竞争语境下的强国政治哲学。如果中国被动地进入了这样一个强调排他性、竞争性的国际格局③，面对着多股力量的汹涌来袭，那么一度想象“天下一家”的国人要立刻完成从天下观念到国家观念的转变，当然殊非易事。关

① 来自英国学者戴维·赫尔德（David Held）等人的概括，引文见李强：《全球化、主权国家与世界政治秩序》，《战略与管理》2001 年第 2 期。

② 黑格尔：“国际法是从独立国家间的关系中产生出来的，因此国际法中自在自为的东西保存着应然的形式，因为它的现实性是以享有主权的各个不同意志为依据的。……国与国之间的关系是独立主体间的关系，它们彼此订约，但同时凌驾于这些约定之上。”黑格尔：《法哲学原理》，第 392～393 页。着重号为原文所有。

③ 小约瑟夫·奈指出了国际法“以相互竞争的法律体系为基础，而且也不具有普遍的强制力。没有国际警察去执行国际法”。奈著，张小明译：《理解国际冲突：理论与历史》，第 5 页。

键就在于，天下观念能否容纳、解释现代国家主权。康灿雄的一段论述，使我们在细化天下观念与现代国家主权观念之间关系的同时，意识到了天下观念亟须调整的部分。康氏说：“欧洲的威斯特伐利亚体系强调的是国家间形式上的平等和均势政治，却充满持续不断的冲突与战争；东亚朝贡体系主张形式上的不平等和明确的等级制度，却塑造了长达数个世纪的稳定与和平。”① 其中的原因，并不只是有一个超级大国协调、维持着它周边国家之间的关系。还有一点至关重要，那就是由中心国家建立起来的秩序体系，可以使参与者从中获益而参与者之间很少产生竞争。这其中的代价就是，处于等级顶端的中心国，将花费巨大的物力财力，满足各国需要。这种秩序体系虽然可以为该区域带来几个世纪的稳定，但是其寿命不可能长久。现代国家主权观念当然不能允许存在一个等级化的国际社会，国际社会却需要稳定、和平。如果说《威斯特伐利亚条约》把冲突与战争合法化了，那么一种不存在宗主国与藩属国之分，保证各国拥有主权的天下观念，能贡献什么呢？② 对这个问题的回答，要以对自我身份的重新界定和认识为基础。奠定这个基础的过程，就是带着天下观念建构民族国家的进程。

---

① 康灿雄：《西方之前的东亚：朝贡贸易五百年》，第3页。

② 可以发现，面对中国学者提出的“天下体系”学说，国外学者为之惊恐的就是这个体系的等级化、霸权化，也就是对其他国家之主权的压抑。参看 William A. Callahan，“Chinese Visions of World Order：Post-hegemonic or a New Hegemony?” *International Studies Review*，2008（10），PP. 749-761.

一百多年过去，“天下”在人们的精神世界中再度凸显，成为一个跨学科、跨国家、跨文明的有争议性的论题并不奇怪，因为，它根本就未曾湮灭，只是在举世建构民族国家的时代环境中，作为不合时宜之物而被要求“更新”“升级”，它通过乔装打扮而把自己隐藏起来了。“天下”是否完成了时代所要求的更新换代，可以见仁见智，但不容否认的是，一百多年来的中国现代化进程，仍然是在天下观念的内在逻辑中展开的。[①] 然而，一个来自西方的标准——民族国家叙事不时地被用来衡量、评点今日的中国。当西方学者强调“从民族国家拯救历史”[②] 时，中国学者也在做着“从文明国家拯救中国历史”的努力，“中国是文明国家”的说法成为区隔东西方历史叙事方式的坚决理由。[③] 在学术表达上，“民族主义”（nationalism）、“民族国家”（nation state）、“主权对等”（sovereign equality）等西方概念被拒绝用来解析历史上的中国，“中华世界秩序原理”“东方国际秩序原理”“东方国际

① 中国还为此提出了“和平共处五项原则”，其中的“平等互惠”就是一个在承认现有国际法的前提下追求合作共赢而不是对抗压制的原则。

② 参看杜赞奇著，王宪明等译：《从民族国家拯救历史：民族主义话语与中国现代史研究》，社会科学文献出版社 2003 年版。

③ 参看甘阳：《从“民族—国家”走向“文明—国家”》，《书城》2004 年第 2 期；孙向晨：《民族国家、文明国家与天下意识》，《探索与争鸣》2014 年第 9 期。不独中国学者，除了前述白鲁恂，近来英国人马丁·雅克也在强调中国不是民族国家，而是文明国家。参看马丁·雅克著，张莉、刘曲译：《当中国统治世界：中国的崛起和西方世界的衰落》，中信出版社 2010 年版，第 161～165 页。

法”则是一套为传统中国乃至东方历史文化价值量身打造的称谓。① 以上现象皆表明，人们习惯于从天下观念出发来理解、界定现代中国。这种理解不只是抽象地捍卫一个以中国为中心的天下秩序，还包括历史地看待“中国”的形成。一位美国学者（何罗娜）对这种现象表示不解，她指出，“中国”这个词是晚近才建构起来的，古代中国的文献中虽然也有“中国”的字眼，但是明清两代把自己的控制范围称为“大明”和“大清”，而不是“中国”。② 质言之，在她看来，一个号称民族国家的“中国”并不符合中国的历史实际，或者说，作为民族国家的“中国”是没有历史根源的。这种判断仍然是质疑中国作为民族国家的合法性。诚然，前现代的“中国”常常是一个和“夷狄”相对应的概念，而不只是一个和“外国”相对应的概念③，“中国”和“夷狄”共同构成了中央王朝所主导的“天下”。只有当“天下”成为“国际”，“夷狄”成为具体的“国家”时，在

① 参看张启雄：《超越—熔合与扩大下的“中华世界秩序原理”》，载王元周主编：《中华秩序的理想、事实与想象》，江苏人民出版社 2017 年版，第 1~25 页。

② Laura Hostetler, “ Qing Connections to the Early Modern World: Ethnography and Cartography in Eighteenth-Century China ”, *Modern Asian Studies* 34, 2000 (3), Cambridge University Press, 2000, P. 659.

③ 章太炎论“中国”之名时说：“印度、日本之言中国者，举土中以对边郡；汉土之言中国者，举领域以对异邦……”章太炎认为“中国”与“中华”是不同的，“中国云者，以中外别地域之远近也。中华云者，以华夷别文化之高下也。即此以言，则中华之名词，不仅非一地域之国名，亦且非一血统之种名，乃为一文化之族名。”（章太炎著，徐复点校：《中华民国解》，《章太炎全集·太炎文录初编》，上海人民出版社 2014 年版，第 257、258 页。）在历史上，“中国”也带有文化色彩，并非如章太炎所说的纯以“领域”界定自身。

观念世界作为“天下”之中心的“中国”才成为王朝的代名词。① 但是这位学者通过对断代史的观察而把“中国”的历史化形成过程割裂了，她没有看到传统的“中国”可以容纳那些

---

① 比如清王朝和沙俄之间签订《尼布楚条约》时，清王朝是以“中国”的身份出现的，除了前引杨念群《“天命”如何转移：清朝“大一统”观念的形成与实践》（第 9~10 页）中的论述，王柯也引张羽新的研究说：“清王朝从那时起就已经具有了关于领土、边境和主权的意识。”（王柯：《从“天下”国家到民族国家：历史中国的认知与实践》，第 184 页；张羽新：《清代前期各民族统一观念的历史特征》，《清史研究》1996 年第 2 期。）但人们的领土、边境意识并非要等到清朝才出现，朱元璋就已经多次就明朝与高丽的边境问题指出“高丽旧以鸭绿江为界，今饰辞铁岭，诈伪昭然”，此后又令礼部谕告朝鲜“不启边衅”。（分见于《明史》卷三二〇《朝鲜传》，第 8282、8283 页。）另据葛兆光的研究，宋代是一个“中国”意识凸显的时代。（参看葛兆光：《“中国”意识在宋代的凸显——关于近世民族主义思想的一个远源》，氏著《宅兹中国：重建有关“中国”的历史论述》，第 41~65 页。）在实际层面，如前所述，宋朝还开展了一系列勘界活动，旨在形塑一个纯粹的“中国”共同体。（参看谭凯：《肇造区夏：宋代中国与东亚国际秩序的建立》第三章《政权间的共同边界》，第 116~154 页。）即便如此，（1）这个“中国”还是没有脱离“天下”的语境，明清王朝仍自居“天下秩序”之中心，宋朝即便身处四邻的虎视眈眈之中，也仍然努力打造“四夷”朝贡的表象；（2）民族主义也不会以一种恒定意识形态的形式，把“中国”定位为一个与各国平等但是对立的“民族国家”，只要国力具备，可以重构天下秩序，民族主义反而表现出开放性、涵括性的一面（比如接受认同礼乐文明的“夷狄”，但民族本身不可撼动）。赵鼎新认为，虽然宋朝及此后的族群意识和国家能力日益发展，但如果没有西方的民族主义，在东亚的传统文化和政治秩序中是很难发展出民族主义这样的意识形态的，因为“民族主义不但是现代产物，而且还是西方文化下的产物”。（赵鼎新：《帝国政治和主导性意识形态——民族运动的起源、发展和未来》，《二十一世纪》2021 年 12 月号。）西方的民族主义通过对民族的界定而把“民族”封闭化，据此而建构的民族国家，当然也是独立的、有排他性的共同体。

接受礼乐文明的“夷狄”（不管坚持激进“华夷之辨”的士大夫们是否承认），也可以通过放弃礼乐文明而使自己转变为“夷狄”。也即，她忽视了“中国”的构成性。即便“中国”不叫“中国”，而是沿着“大明”“大清”的称呼继续使用其他的称呼，它是否就可以名正言顺地自称民族国家？使用何种称谓并不是最重要的，一种称谓的转变是在何种条件下开启的，才是值得思考的问题。不过，这位学者所不满的历史国家、文明国家的叙事，反映的恰恰是中国人在民族国家叙事和天下观念之间的紧张感、撕裂感。毕竟，国人是承认“国家”的。质言之，相比于各个国家、各类文明具有特色的发展历程，概念的使用是个次要的问题。某个概念是由谁提出的？它出现的背景是什么？它在多大程度上可以涵盖、表述所有的事相？上述问题应被首先而慎重地考虑。一个可以完美概括不同国家、文明发展历程和特色的概念，一定是一个大而无当的空泛语词。与其追求一个皆大欢喜的概念，不如片面而深刻地直击问题的要害。共用一个概念是为了表述、交流的方便，但是若以概念含义为不可撼动之准绳，循名而责实，就常常对现实失望。

中国一百多年来的国家建构，是一个顺应、融入世界潮流的选择，国人为之付出的艰辛昭彰不朽，但与之密切相关的天下观念久久挥之不去也未必就使国人进退维谷。一个国家、文明传统中绵延持久的世界认知、涉外理念，有时也是今日现代化征程中克服艰险的资源。当学者根据历史上那些充满血与火的事例而指出天下观念的危险性，或者指出古代所谓“天下”只是一种想象时，我们也无必要对此讳莫如深。但一提“天下”是否就容易导致某种危险的后果呢？也并不尽然。不过，一种思想的当代阐发应该以史为鉴，如果用一种思想去号召、动员大家如何去做，那就不应该罔顾历史上的经验、教训。

二、一种前现代国际关系构想：论“天下”与“民族国家”“帝国”的不对等

天下观念不只是中国在西力东进时亮出的一张与之对冲的底牌。有学者指出，使用“天下”这个概念称呼古代中国，是为了与西方意义上的民族国家叙述划清界限，强调一种中国特殊论，然而天下的观念非中国所独有，世界各大文明也有类似的表述（笔者同意这个说法），并且“天下”概念不能等同于作为一个特定政治体的“中国”，这个概念“包含了特定的理想和价值”。① 近代学人阐说“天下”，固然有一个西方民族国家观念东至的背景，但是“天下”并不是一个与民族国家相平行、对应的东方样式的政治体，中国古代的任何一个王朝都没有实现过对于“天下”的全面掌控，即便通过帝国的力量构建起来的“天下秩序”，也仍然属于一个在地域上有限的“天下”。世界上不止有“万国”，还有多个“天下”。“天下”在现实层面的复数形式表明，它是受一套地方性政治文化观念的驱动而建立起来的秩序体系——虽然这种地方性的观念总希望成为世界的，也即希望只有一个“天下”。以王朝为政治形态的“中国”总是内在于“天下”，中国的天下观念在现实世界中体现为一套

---

① 汪晖：《如何诠释“中国”及其“现代”？》，《现代中国思想的兴起》“重印本前言”，第15页。

以中国王朝为中心的“天下秩序”，也即“中国+四夷”的秩序结构。在这个秩序结构中，一方面，帝王有着清晰的国家观念，在王朝的册封—朝贡活动中明确地意识到自我与他者之间的界限，并为此开展了关于土地、商贸等领域的中外交涉活动；另一方面，士大夫在性情、观念、制度上对于“华夷之辨”的论述，使得“中国”成为一个文明准入制的共同体，与“华夷之辨”相配套的内外观念把“中国”置于“天下”这个复杂、多元的政治、文明结构中，即便理想中的王者通过教化实现了天下太平，“中国”获得了“四夷”的认同，“华夷”之别的观念仍然没有完全消除。“夷狄”奉行华夏之礼乐文明而成为“中国”，在一定程度上说明了“中国”的开放性，但这不能够取消“中国”与“夷狄”各自的身份记忆及二者长期共存这个事实。“天下”所呈现的，与其说是一种与西方民族国家相平行、对应的东方型政治实体，不如说是一套超越民族国家叙事的东方国家关系构想。这种构想不只是对一个单一政治体的形塑（因为这里不止有“天下”，而且早就有“中国”了），还包括各个政治体之间开展交往的理念与方式。历史中国就是在天下秩序中被界定的，并不断地随着“华夷”、内外观念的严格或松弛而形成的动态政治/文化主体。所以，“天下”被重提，不是简单地回应西方意义上的政治体范畴（比如帝国、民族国家），而是一种旨在回应各类复杂政治体相遇、碰撞之混乱局势的构想，这个构想不只是定义“中国”，更是理解世界，思考国际关系。①

① 虽然“天下”不是现代意义上的“国际”，但天下观念包含着对于前现代国与国之间交往、关系的思考。

只有这个“新世界”被充分理解，“中国”才有它的主体性可言，否则，她将浑浑噩噩地在一种极不平等的国际关系中接受异己者的践踏。这也表明，从观念的层面要比从现实的层面理解“天下”更为根本、必要。

中国确实在一开始难以接受天下秩序被万国秩序所替代的现实，不能从现实层面的万国林立中自然地产生出现代国家外交观念。但是我们不能就此认为中国缺少甚至不具备一种世界观念。问题反而是，中国长期以来通过“天下”来理解世界，长期以一种整体主义的思维理解世界上的不同人群与文化，过于通过“同”来消化、吸收异己者，以至于当异己者的独特性以强力姿态反过来强调自身，并试图改变中国的普遍化价值理念时，中国不仅是异己者眼中的异己者，而且是不合时宜的异己者，是一个必须被转化、改造的异己者。这种互为异己者的理解结构，通过武力的加速剂而把中国的天下观念转化为现代意义上的国际观念。

“从帝国到民族国家”的历史叙述模式一度非常流行。但这种叙述所带来的后果，不只是对历史的扭曲，还在于，在欧洲国家之外据此开展的国家建构活动，把历史上各族群间长期互动形成的复杂宗教、文化、语言关系予以重新划分，由此而引发的利益纠葛、同胞反目、地区动荡，都不利于一个和谐、安定的世界秩序的形成。这种叙述也忽略了天下秩序对于不同族群、文化的含括，以及天下秩序内部彼此间通过互动而形成的深层次的历史和文化联系。因而，李怀印先生指出了“从帝国到民族国家”这一单线的、目的论的西方化叙述的侵略、扩张背景。所谓的民族国家和帝国之间，并非绝对异质。西方的民族国家恰恰是通过西方意义上的帝国行径（武力征服）而建立起来的。①

“天下秩序”这种政治文化现象与欧洲殖民者通过远洋殖民而建立的宗主国—殖民地关系是完全不同的。② 这种不同不仅在于地理上的整合难度（这与控制范围究竟是在连续性的陆地还是在海外有关），更在于“中心—边缘”的关系是靠什么来维系的（政治的？经济的？文化的？还是某种综合性要素？）。

西方话语对于东方社会的叙述，已为许多学者所批判，因为前现代的中国不能被视为一个西方意义上的帝国。近代以来的国家建设究竟是以明代中国为范本，还是以清代的多元化、大一统国家为框架，其开展途径和历史后果是极为不同的。站在今天来看中国“从天下到国家”的历史转变，清王朝的政治统合力为今日“多元一体”的国家结构提供了地基，但是我们不能含混地把近代以来的国家建设归为一个摆脱“天下”、重塑“国家”的进程。关键在于，列文森所说的“从天下到国家”，这个“天下”指的是什么。我们可以

---

① 参看李怀印：《现代中国的形成：1600—1949》，广西师范大学出版社 2022 年版，第 1~4 页。“这些所谓民族国家，不过是另一种形式的帝国而已。”同书，第 387 页。

② 迈克尔·阿达斯（Michael Adas）指出，在清帝国与欧洲的殖民模式之间，比陆—海对比（案，指控制范围）更为关键的区别在于，清帝国的满汉核心地区与周边地区之间存在着更深层的历史和文化关联。Michael Adas，“ Imperialism and Colonialism in Comparative Perspective ”, *The International History Review*, 1998（6）, P. 384. 但是，笔者并不认为清王朝构建天下秩序是一项殖民事业。

说它是“天下秩序”，但不能说“天下”就是传统“中国”，因为“天下”并不是一个和“国家”在同等层面上的范畴。无论是对中国古代的“国家”而言，还是对近代以来的“民族国家”而言，“天下”都具有超越性。它的超越性体现在它从一开始就具有为了人类生存而“协和万邦”但不是干涉内政的总体性视野。如前所述，理想的“天下”并不是对“国家”的消除，更不是通过吞并各国而建立起的庞大权力体，而是对各国共同且更“好”存在的积极推动。列文森虽然也指出，“在早期，‘国’是一个权力体，与此相比较，‘天下’则是一个价值体”，但他认为天下的价值是绝对的，它甚至要求人们以奴性的方式崇敬其价值。① 列氏之所以这样认为，是因为他把“天下”等同于“帝国”。列氏理解的“帝国天下”只是一个披着价值外衣的权力体，即伪装之“国”。列文森这么说，并非出于偏见或理解有误，而是因为他选择的“天下”是历史上那些真实存在的、以“中国”为中心的“天下秩序”，而儒学在观念世界中期待的“天下”，并未进入他的视野。今日对“天下”持戒备态度者和列文森并无二致，他们都看到了作为“天下秩序”之中心的“中国（王朝）”带给其他国家的压力。对此，我们无需回避和美化，但也应看到，在中国历史上作为“天下秩序”的册封—朝贡体系，并不只是中国对其他国家威逼利诱的单边外交，而是包含着各国对自身的

① 参看列文森：《儒教中国及其现代命运》，第 84 页。

利益考量和相当程度上的主动参与。①

三、一种共同存在的情境：作为天下人交往共同体的天下

天下观念的整体性体现为：国人把眼中的异己者作为天下的一部分，即便人与人之间、国与国之间充满差异，整体性也是应然的。人们或许认为，只有当全球人共同遭遇同一种威胁（比如气候变化、疾病侵袭甚至科幻作品中的外星人侵占）时，全球才是一个被默认为整体且理应整体化的共同体，那种出于差异而彼此异己者化的交往前见，才会让步于“我们”的整体化考虑，但是从最近人类遭遇的一次“共同灾难”来看，人类在共同的威胁面前仍然避免不了彼此猜忌和相互诋毁，人类的

① 比如，王贞平先生曾以唐代为中心指出，亚洲各国虽然通过被册封和参与朝贡的形式与中国开展官方交往，但他们是为了得到中国的承认，获得军事上的支持，建立以自我为中心的权力中心，即小帝国。（参看王贞平：《“权力中心论”与“多元开放网络”——古代亚洲国际格局新论》，《南国学术》2014年第3期。）笔者也看到张学锋通过对东亚各国与东晋南朝册封关系的考察而指出，东亚各国与中国王朝之间存在着相互利用的关系——东亚各国需要得到中国认可，提高威信，向外发展；东晋南朝则希望通过册封体制来彰显自身的正统性。（参看张学锋：《四至五世纪东亚世界的形成与东晋南朝——以中国史料为中心》，中国魏晋南北朝史学会、武汉大学中国三至九世纪研究所编：《魏晋南北朝史研究：回顾与探索——中国魏晋南北朝史学会第九届年会论文集》，湖北教育出版社2009年版，第261～275页，尤其是第273页。）檀上宽把日本的足利义满与明王朝的朝贡关系称为“互相依赖”的关系：足利义满除了考虑经济利益，明朝视其为“日本国王”也使他更加无所顾忌地以日本国王自居；而永乐帝也希望通过册封—朝贡体系证明自己的“圣王”形象，制造“永乐盛世”。（参看檀上宽著，王晓峰译：《永乐帝：华夷秩序的完成》，社会科学文献出版社2015年版，第202～206页。）其他朝代也程度不等地存在着这种实用主义的册封—朝贡关系。

矛盾反而有可能加剧。小约瑟夫·奈（Nye，J.）指出了道义在国际关系中起作用。① 但是道义若发挥作用，就不能建立在国家的绝对理性化基础上，而是在国际交往中遵循一种类似于人际交往的情理机制。如果人与人只靠理性交往，必然会发生无法化解的冲突，同样，如果仅仅以计算思维处理国际关系，把自己的主体性绝对化，那么国际冲突就永远无法消除，人类就永无安宁之日。

天下观念在世界各大文明早期的文学、宗教经典中广泛存在，它对于应对现代社会的种种困境、危险仍具价值。历史上以中国为中心的“天下秩序”被破坏了，但时至今日，国人的天下观念仍挥之不去。重提“天下”者诚然各有诉求，天下观念却是一种深入到民族性格中的理解世界的框架或者惯性。天下观念的可能性不只是“天下体系”“天下秩序”，还有“天下为天下人之天下”。“天下为天下人之天下”是一个从全人类高度对于共同存在的号召，对共同体意识的唤起。“天下为天下人之天下”所期待的，不是权力者对于天下人的管制，而是天下人自身对于自我与包括他人在内的世界之关系的重新理解。在这个意义上，天下观念非但不是纵容集权，不是鼓动帝国事业，反而要求掌权力者释放权力，使每个天下人在积极参与处理天下事务的过程中“共进乎仁”，是谓“天下归仁”。就此而言，一个仁义的天下不是通过推广一套现成的价值观念来达到人类价值的一元化，而是期待基于人之为人的本质而充分实现每个人的可能性。这样一种天下，并不消除人类社会在思维方式、

① 奈：《理解国际冲突：理论与历史》，第30页。

价值观念、风俗、制度上的差异，也并不预先设置一套现成的“世界制度”以试图把天下人悉数纳入其中。这个问题曾被儒家深入地讨论过。汉儒关于“以礼为治”与“以德化民”两套治天下方案的争论，分歧正在于：治天下是以现成的制度来约束天下人，还是在一个通过王者的德行感化天下人、实现天下人道德可能性的教化过程完成之后再制礼作乐。①

那理想的天下究竟是如何形塑起来的呢？虽然儒学中的理学一系所坚信的“天理”的普遍性经常在现实世界的“华夷”对峙、列国冲突中展露窘相，但是儒学中的心学一系自觉地把人类社会的理想形态从现成规范、道理的普遍性转向基于人心的可沟通、可理解性。心学中的“东海西海，心同理同”观念，其生命力在于，它并不强调人类有某个现成的普遍之理，而是先指出“心同”。“心”在心学中并非一个理性范畴，而是一种可以生成情感和理性甚至相信（比如相信对方……）的、蕴含着可能性的时机化范畴。国际社会要安定、和谐，不是依靠某个国家推广某种现成的、自以为普遍的价值来实现，而是在彼此的交往中进入一种共在的情境，通过彼此之心的相通来构成一个交往共同体。这个交往共同体的意思是，它是所有人之间的交往，而不只是国家代言人之间的交往，因为国家代言人本质上不是“人”，而是“国家”。所有人之间的交往，一方面合乎“天下为天下之天下”的原则，另一方面可使天下充分具体化，从而不只是各国或其他各共同体代表之间的交

---

① 参看陈苏镇：《〈春秋〉与“汉道”：两汉政治与政治文化研究》第二章《“以礼为治”和“以德化民”——汉儒的两种政治学说》，第133~206页。

往，世界也就不再简单地表现为文化或意识形态等理念之争。

对于一个理想的“天下”来说，不必谈“差异性”而色变。差异所带来的问题，不依靠彼此重叠的那一部分来化解，因为重叠的部分是被差异所构成的，也即相同的那一部分是无法离开差异性而被抽象化、观念化、独立化的，同与异必须在具体的交往、接触中被参与者亲自感受到。差异性和同一性是相互构成的。同一性不是指完全一致，而是说差异者共属一体，“唯当我们思考区分之际，我们才能说同一。在区分的实现（Austrag）中，同一的聚集着的本质才显露出来”①。这种一体不是靠辩证的思维来实现，而是依靠差异者在一种面对面的接触中，通过一种共同的处境，生成参与交往的差异者的新的身份。交往者希望的是这个共同处境更好。对于一种更好的共同处境的积极推动，首先应该是处境中人前彼此化的思维方式，而不是敌我思维、斗争心理。这也区别于一种“化敌为友”② 的对象化思维，因为后者是建立在敌我关系的基础上的。

---

① 语出海德格尔《“……人诗意地栖居……”》一文。海德格尔认为，同一不等于千篇一律的相同，差异者之间的“同一”不是进入一个“单调统一体”中。这意思是，同并不单方面地统辖、要求着异，而是同异相互构成。笔者在正文中所说的“同一”，便是在海德格尔的意义上而言的。（参看《海德格尔选集》，孙周兴选编，上海三联书店 1996 年版，第 469 页。）中国古代思想中也有“和而不同”（《论语 · 子路》）、“和实生物，同则不继”（《国语 · 郑语》）的观念。

② 赵汀阳认为：“中国政治理论所假定的任务是寻找‘化敌为友’的方法而不是获得‘区分敌友’的知识。”（赵汀阳：《天下体系：世界制度哲学导论》，第 87 页。）“化敌为友”仍需首先在敌我关系的框架内进行敌我识别工作，进而有针对性地去“化”。我们要思考的是，是否存在一种前敌我化的、源本的人类关系。

四、一种最大的观念：天下无须消除各色共同体

无论是从“天下”的原初诉求——协和万邦来看，还是从当代学者建构“天下体系”学说时对于国与国之间的排他性思维的批判来看，“天下”这个人类共同体都并非要消除其内部的“中间型”共同体或者次级共同体（比如家、国以及基于其他纽带而形成的各类共同体），而是希望人们超出“中间型”共同体或者次级共同体的视野，具备一种更大的共同体观念或眼界①，所以赵汀阳很强调老子的“以天下观天下”思维，这个思维区别于目前国际社会的“以国观天下”思维。虽然天下观念是一种中国式的世界观，但是重提“天下”所面向的是天下人，而非中国人。有学者指出今日某种天下学说“与其说是对威斯特伐利亚民族国家体系的批判”，不如说是一种巩固“中国国家认同”的“意识形态工具”。② 按其所说，天下观念反而加固了某

---

① 赵汀阳：“中国政治哲学从最大的眼界出发，从天下的规模去理解政治问题，而西方政治哲学（以现代政治哲学为准）则由最小眼界开始，以最小政治实体的权利为基础，这样的哲学只能解释如何维护个人权利和国家利益，却不能解释世界的政治制度和治理，不能解释如何维护人类价值和世界利益。”见赵汀阳：《天下体系：世界制度哲学导论》，第16页。

② Chishen Chang and Kuang-Hsing Chen, “ Tracking Tianxia：On Intellectual Self-Positioning ”, in *Chinese Visions of World Order*：*Tianxia* ，*Culture*，*and World Politics*, edited by Ban Wang, P. 284. 印度学者桑迪普·瓦斯莱克则批评了某些学者对赵汀阳的意识形态动机论揣测，认为这种判断是没有根据的：“无根据地为赵教授的工作添加某种‘动机’，或者仅仅因为他就职的机构是中国社会科学院，就认定他是在为中国的主宰地位做某种战略宣传，显然很难说是公平的做法。”桑迪普·瓦斯莱克：《我们时代的大问题：从民族国家到全球共同体》，收入赵汀阳：《天下体系：世界制度哲学导论》之“附录”，第112页。

种“中间型”共同体或者次级共同体观念，也即国家观念。循此论述，天下观念将加剧国与国之间的对立关系。这个结论无疑是令人惊讶的。细加推敲可以发现，出此论述的学者把天下观念所面向的对象（天下人）与被天下学说所“吸引”者（部分人，主要是中国人）混同起来了。这种混同是对于初衷与结果的混同。天下观念是否“危险”，很大程度上在于人们是否出现了上述混同行为。①

有一种比较流行的共同体观念认为，共同体成员之间的彼此认同需要通过憎恨甚至仇恨共同体之外的人来实现（值得注意的是，这里不是通过防御、抵抗入侵者来增强共同体成员的

① 当下中国的若干天下学说之所以引起一些国内外学者的戒备或反对，还有一点原因不容忽视，即这些学说的倡导者们多是以中国人的身份向世界推行某种在中国传统中发展较为成熟的资源（这区别于其他民族、文明中那些与中国天下观类似，但处于边缘位置或未加充分阐发的世界观），强调这种“最好”的方案是中国人的创造。这会使人一望而知其学说的民族主义色彩。相比而言，一位生于内地，长于香港，学于海外，日后往来于多地的文化人陈冠中，一方面认为中国的天下观念在当今世界“很有潜力”，另一方面强调不能贬低“西方思想中的同类想法”，比如西方的世界主义思想、全球治理观念等。［陈冠中：《盛世中国及其他（访谈）》，https：//www.kuaihz.com/tid23/tid78_67342.html。］姑且不论中西之间这些“同类想法”所存在的根本差异，仅就这种以现实问题为导向，淡化思想、方案之民族主义色彩的态度而言，它无疑更受人欢迎。

情感和凝聚力，而是主动去“恨”，甚至是发动对外战争）。[①] 问题在于，如果不是已经有一个依稀可见的共同体，如果没有一种凝聚“我们”的原初要素，到底是哪些人应该一致地去憎恨、仇恨“外人”？在憎恨、仇恨“外人”之前，难道不是已经有了一种不靠“外人”就能自足的共同体基础吗？共同体成员之间的凝聚固然来自于一种“爱”，但“爱”不必通过“恨”来凸显：“爱”可以有差等地向共同体之外递减，并且按照儒家的说法，以仁义治天下的“王者”，对离自己最远的人也可以有“爱”——“王者爱及四夷”[②]。天下这个人类共同体，无须通过恨他人来形塑，反而是通过对一部分人的爱而形成对所有人之爱的根基。所以，“天下一家”之理想的实现，是以天下内部的某类“小型”共同体的良性存在为基础的。

---

① 除了前文提到的迈克尔·迪布丁《死亡环礁湖》中“除非我们憎恨非我族类，我们便不可能爱我族类”的说法，还有在部落、语言群体、民族—国家中，“人们联合起来，将他们所有的憎恨和攻击性指向外面的他者，并因此在他们自己内部和他们之间非常和平”，“有选择必有排斥；有爱必有恨；有一个我们就必定也有一个他们，包括某些人的阵线必定总是排斥其他人”，“只通过分裂来统一，只通过让人们的攻击性指向外面的被视为恶魔的他者使他们互认同胞、团结起来”。（分见于唐·库比特著，王志成、思竹译：《上帝之后：宗教的未来》，宗教文化出版社2002年版，第149、149、150页。）黑格尔甚至提到了战争：“由于战争的结果，不但人民加强起来，而且本身争吵不休的各民族，通过对外战争也获得了内部安宁。”（黑格尔：《法哲学原理》，第388页。）另外，我们耳熟能详的“敌人的敌人就是我们的朋友”同样遵循此道。

② 董仲舒《春秋繁露·仁义法》：“王者爱及四夷，霸者爱及诸侯，安者爱及封内，危者爱及旁侧，亡者爱及独身。独身者，虽立天子诸侯之位，一夫之人耳，无臣民之用矣。”苏舆：《春秋繁露义证·仁义法》，第246~247页。

余论：无“家”可归的“天下”是否可能？

虽然从概念、逻辑上来说，在“家—国—天下”的传统意义结构中加入并凸显现代意义上的“身（自我）”这一范畴，然后取消家、国这些束缚个人自由发展的共同体范畴，最后形成“身—天下”直接相通的原子化社会是可能的，但是对于一个已然被抛于世、被社会历史文化所界定的具体的人来说，他（她）无法消除自己身上的历史性和特殊性——前见来完全冷静、客观地理解他（她）的周遭世界——天下。在理解天下之前，人就总已经处于形形色色的共同体之中了。一种世界主义的观点认为，世界是一个由个人组成的社会。如果把这一观点绝对化，以为个人与世界之间没有（不应该有）任何共同体①，那么在“世界政府”“世界制度”建立起来之前，世界就可能

① 除了前引傅斯年的论述，这里再举陈独秀的一段话，以便更清晰地看到他们废除个人与世界之间的共同体，到底基于什么：“……律以今日文明社会之组织，宗法制度之恶果，盖有四焉：一曰损坏个人独立自尊之人格；一曰窒碍个人意思之自由；一曰剥夺个人法律上平等之权利（如尊长卑幼同罪异罚之类）；一曰养成依赖性，戕贼个人之生产力。”陈独秀：《东西民族根本思想之差异》，《陈独秀文章选编》，生活·读书·新知三联书店1984年版，第98页。

是霍布斯意义上的“自然状态”。在这里，人们似乎获得了前所未有的自由，但也遭遇了前所未有的天下大乱。[①] 另外，既然人们已经冲破了各类共同体的束缚，他们也就不会再热衷于建立“世界政府”、制定“世界制度”了。不妨说，第一，人类的自由从共同体那里解放出来，但马上被无处不在的他人所威胁。第二，在理论上，个人主义不等于利己主义。从个人主义出发，也完全可以选择利他，个人主义者可以具备天下的眼光和胸怀，利己主义则一定不会选择利他。但是从个人主义到利己主义，只有一步之遥，那就是利益的刺激。人生而具有求利之心，在有限的利益面前，人很容易视他人为工具，罔顾他人之人格，试图赢得利益竞争。在一个人人都是利己主义者的世界中，人们的眼光、胸怀不是共同体的，更不是天下的，而是封闭的、个人的。第三，不管人们是否愿意，在一个摆脱了各类共同体束缚的原子化、平均化的社会中，人们仍然需要通过某种组织、集团的形式来活动。一个人的自由发展，不在于他（她）挣脱了多少个共同体的束缚，因为人终究还是挣脱不了“天下”这个最大的共同体，这就是“无所逃于天地之间”。倘若如此，人岂不是永无自由之日？细绎世界主义者对于家、国共同体的反抗可以发现，他们反对的共同体，是一种未经人的同意，而把人纳入其中的共同体。比如，人生来就是某个家庭中的一分子，生来就具有国民身份（虽然这个身份在古代社会并不突出，反

① 奈说：“世界主义者把注意力放在由个人组成的社会中，给我们提供了一个关于人类共同体的、颇有深度的看法，但是这种思路有可能导致极大的混乱。”奈：《理解国际冲突：理论与历史》，第 42~43 页。

而在近代异乎寻常地凸显出来）。家、国与那种凭个人志趣、意愿、利欲而主动组合、加入其中的团体是不同的。所以对人来说，家和国是一种被套在身上的枷锁。人无法自己决定其在家、国共同体中的身份，无法对这类共同体的准入机制和关系模式予以改变，因而需要基于共同理想，通过运动、口号来组合成各色社团（共同体），激发整个社会的反共同体意识。事实证明，这样的行为无法取得成功。人处于天下这个最大的共同体中，难道不是被抛入其中的吗？所以，关键在于，人如何更好地基于一种原生的共同体身份和价值来理解“天下”，进而发生“视域融合”。

所谓原生的共同体身份，是指人自出生伊始就置于其中、无法摆脱且独一无二的先天性身份，它有别于后天基于利益、志向，通过协议、誓言整合起来的均质化的团体成员身份。就目前的世界来看，因利益或文化认同而移民，通过颁布施行新的《国籍法》，使国家认同与血统、文化、语言脱钩，已动摇甚至取消了如20世纪初的战时民族主义、国家主义之无可置疑的合法性。所以，今日追求自由的个人主义，反而可以接受国家的存在——只要国家能够给予人自由生存、选择的机会和空间。现代的核心家庭包括了夫妇关系和血缘关系。夫妇关系可以通过法律宣告解除，血缘关系却不能靠“宣告”就能结束，所以家的非契约性的一面，就使其难以被某些激进的自由主义者容忍。我们甚至可以说，无论是试图通过极权来整合世界，建立帝国式的天下秩序者，还是强调由自由个体组成一个多元世界者，其所面对的最大障碍，不是威斯特伐利亚体系确立的国家，而是无法通过权力、意愿、法律来消除的代际家庭。这里似乎有这样一种困境：“有夫妇然后有父子”（《周易·序卦》），“君子之道，造端乎夫妇”（《礼记·中庸》），夫妇关系发生在血缘关系之前，也即契约性似乎走在了先天性之前，使得先天性不再“先天”。所以一种试图通过观察、分析社会历史发展的阶段、趋势、现状来否定家庭之未来存在的学说，就很容易被阐述个人主义、世界主义的学者视为理论依据，坚信人类的家庭终将消亡。笔者所阐述的家庭机制，不仅不是指在一个封闭的家庭空间中存在的先夫—妇、后父/母—子女的线性关系，也不是一种顺流而下的父/母—子女关系，而是首先指每个人自降生起就无法斩断的生存之根、人性之根，也即我们强调从每个人开始，向上追溯，探寻每个人的今日之“我”是如何生成的，尤其是关键的第一步是怎样的。结为夫妇却未必生育子女的人，同样具备此生存之根、人性之根。关于这一问题，滕尼斯说：“唯有血缘的亲近和混血，才能以最直接的方式表现出统一，因而才能以最直接的方式表现出人的共同意志的可能性：首先是空间的接近，最后——对于人来说——也是精神上的亲近。因此，所有默认一致的根子都必须在这种等级的划分（引者案，空间距离和精神距离）中去寻找。”血缘本身不是形塑共同体的决定性、根本性和持久性的条件，因为有血缘关系的人倘若彼此之间并不知道这层关系，没有共同生活的存在境遇，也不可能自然地产生向心力。滕尼斯这里所说的关键，应是有血缘关系的人存在“空间的接近”，进而产生“和睦或家庭精神”，即

“诚挚的结合和团结”。[①] 在滕尼斯看来，夫妻共同体虽然是“最强有力的”三种共同体之一（案，其他两种分别是母子共同体和兄弟姐妹共同体），但还够不上最源本的共同体。结合我们上面的论述，最源本的共同体不是对现成的血缘关系和地缘/空间关系的拼凑，而是一个生成血缘关系和地缘/空间关系的场所，这个能够先于、超越生物意义上的血缘关系和空间意义上的地缘关系的场所就是原生家庭。家庭逐渐走向消亡的理论，着眼的则是社会发展、变动产生的效果，而不是人性中的稳定、统一机制。只要还有人类存在，那么他/她一定是来自于某个家。质言之，不是由人组合成家，而是由家生成了人——家也是身（个人）的（现代意义上的）本体。身与家的这层关系，与传统中国哲学在次序上界定的“身—家”先后关系是不同的。身在家前，家却是身的基础，这是从存在论意义上而言的；身在家前，明言“家之本在身”（《孟子·离娄上》）则是从物理意义上的组合论而言的，也即由每个成员组合成了家庭共同体，修身方可齐家。这种物理意义上的共同体，与社会层面的契约共同体差别无几。

所以，除了在正面上论述每个人都生存于其中的（代际）家庭可以成为天下之基础，我们还需要逐一分析两类反家庭式的共同体机制，思考家以外的集团或共同体所凭借的纽带到底具有多强的韧性。

基于利益整合起来的共同体，以实现共同利益为目标，但

---

① 斐迪南·滕尼斯著，林荣远译：《共同体与社会——纯粹社会学的基本概念》，商务印书馆1999年版，第73、74页。

这种共同体容易因其内部物质资源的有限而引发成员之间的争夺、仇恨，并且一旦成员发现存在着一个更能够满足其利益需求的共同体，就会义无反顾地“喜新厌旧”。美国学者巴博纳斯引以为傲的“美式天下”，其背后正潜藏着这个利益共同体内部成员随时“叛变”的危险。也正因为如此，“美式天下”必须对其他可能实现的“X式天下”采取遏制措施。

基于共同志向或者不可撼动的神圣理念而整合起来的共同体，同样暗含着危险性，并且这种共同体会暴露为对人性的强制改造和对其初衷的背叛。人们可以从宗教的角度赋予每一个降临人世的人“某神之子”的身份，但是宗教的排他性特征使宗教总已经看到现实世界中存在着与其价值理念不相符合的人与事。这决定了一个宗教的对手绝不仅仅是“另一个宗教”这么简单。宗教把可能动摇人们对某神之忠诚的其他一切认同对象视为应当压制乃至铲除、消灭的对手。①《旧约·创世纪》中的亚伯拉罕以子献祭事件是神用人最根本、最致命的亲子关系进行的“终极试验”②。另外，玄奘在《大唐西域记》中记载的古印度关于“烈士”的故事，唐代《玄怪录》中的杜子春的故

---

① 赵汀阳对宗教有类似的批评：“宗教的真正危害并不在于无神论所批判的虚妄性上（幻想是无所谓的），而在于它理解世界的分裂性方式，它把世界划分为神圣的和异端的，而这种分裂性的理解是几乎所有无法调和或解决的冲突和战争、迫害和征服的思想根源。”见赵汀阳：《天下体系：世界制度哲学导论》，第33页。

② 张祥龙：《家与孝：从中西间视野看》第一部分第1章《“亚伯拉罕以子献祭”中的“亲亲”位置》，生活·读书·新知三联书店2017年版，第7页。《新约·马太福音》第10章也说：“人的仇敌就是自己家里的人。爱父母过于爱我的，不配作我的门徒；爱儿女过于爱我的，不配作我的门徒。”

事，《酉阳杂俎》记载的道士顾玄绩的朋友的故事，都表明人可以忍受各种精神上的恐吓，肉体上的痛苦，也可以抵制金钱、女色的利诱，但终究不能接受亲人被杀的情形，难过亲情一关，以至于宗教修行事业前功尽弃。① 尤其是在某些强调绝对忠诚的宗教看来，亲情是影响人们对神虔诚的一个最大障碍。如果一种宗教宣称爱所有人，而这种爱人又是以消除合乎人性之爱为条件，以排斥、打击异己为手段，那么它是不是有违自己的初衷呢？亲情不是对“另一个宗教”的感情，因为亲情不必去压制对亲人之外的人的感情。同理视之，亨廷顿把世界范围内的冲突归为“文明的冲突”，这种归结只看到了文明间的竞争、排他性关系，而忽略了一种实体化的文明也完全可以把文明内部、外部的其他非文明的、非实体化的现象视为挑战。这个世界上的冲突从来都是错乱交织的。一旦把矛盾、冲突归为 A、B 或者更多对等的、实体化的对象之间的冲突，忽略从其他层面衍生出的冲突因素，就永远无法通过对不同实体的化约或调和来实现天下大同。

论述至此，我们可以说，天下共同体仍然需要在“家—国—天下”的意义结构中来理解。出于对人的自由、主体性的强调，“家—国—天下”的意义结构中还应当有“身”的位置，也即重塑“身—家—国—天下”这样一个更为完整的结构。“身”历来不是个人的。男性的辫发、女性的缠足，都不只关乎

---

① 以上提到的故事均参看王邦维：《奇人奇地奇书：玄奘与〈大唐西域记〉》之《一个梦的穿越：烈士故事与唐代传奇》，中国大百科全书出版社 2021 年版，第 233~249 页。

个人身体的美丑，而是与现代国家的构建紧密相关。是否剪发关乎政权认同，是否缠足则关乎对父权主义的传统礼教之态度。所以，当年变法人士所谓的“强男之头”和“弱女之足”，是近代“身体国民化”过程中的两个重要位置。① 笔者并不主张“家”“国”“天下”自上而下、无死角地管控、束缚个人之“身”，但从“身”出发，作为个人的“身”无法越过“家”和“国”而直接在“天下”中生成人生的价值和意义。因为那种在众多均质化的天下人中获得的快乐和满足，会在其逐渐地消退过程中使人感到无聊、烦闷、孤独。这时的人，如果无“家”可归，心无可系，自己的身份就会出现断裂、空档。这就需要某个共同体为人的身份的统一性和独立性奠基。

在“身—家—国—天下”的结构中，家是身的先天性寓所，也是身的永久归宿。家对于天下的基础地位，不在于人们单线地、同维度地把家庭亲情扩展到天下人身上。而是说，亲情为天下人之间的感情提供了可能和动力。亲情是天下人之间感情的本体（ontology），而不是本源（source）。把感情量化，比较对家人和对天下人的感情之多少，已偏离此道。

家是国、天下这些更大共同体的情感基础，但不是国和天下的缩小、隐喻和模拟。那种试图通过辨析子女对父亲的情感特征，“分割”其中一部分，以达到“移孝作忠”之目的的论

① 参看坂元ひろ子：《中国民族主义の神话——人种·身体·ジェンダー》，岩波书店 2004 年版，第 149~155 页。

调[①]，已罔顾了家和国之间的层级关系，肤浅地认为国是家的扩大。学者所指出的儒家“孝本论”存在着“使儒家思想成为为‘家天下’专制主义辩护的意识形态”[②]之危险，针对的便是理解家国时的同层级、线性化、数量化思维。像柏拉图那样，把一种共同体伦理寄希望于人在观念上的“当作”，通过拆散“小家”、掩盖原生的亲缘关系，“制造”一个泛亲情化的国家，使人们自欺欺人、将错就错地把国家当成“大家”的做法[③]，非但不能使国家共同体内的成员情谊更浓，反而使人们在重新认识“亲人”、把国人“当作亲人”的过程中失去了对最源本的亲情之真切感受。在分封制下，从家到国，再到天下，是可以通过王族与异姓之国的联姻，即“以婚媾、甥舅之谊通之”[④]

---

① 《孝经·士》：“资于事父以事母，而爱同；资于事父以事君，而敬同。故母取其爱，而君取其敬，兼之者父也。故以孝事君则忠，以敬事长则顺。”

② 曾振宇：《论先秦儒家思想中的“孝本论”与“仁本论”》，《哲学研究》2019 年第 11 期。

③ 柏拉图指出，无论是统治者、军队，还是所有人民，都被地球所孕育和抚养，因而“他们（统治者，军队，民众）一定要把他们出生的土地看作母亲、看作保姆，念念不忘，卫国保乡，御侮抗敌，团结一致，有如亲生兄弟一家人似的”。这样的忠诚并不根于人性，而是基于对真理的认知。并且，“看作”一词颇可玩味。对象化的“看作”有多大的持久性力量？随着柏拉图论述的开展，我们可以发现，人对于财富的欲望一直挑战着人对真理、原则的坚守。对此，柏拉图最终不得不强调制定法律。而法律与人情的关系，则是一个沉重课题。柏拉图还畅想护卫者“一定会把他所碰到的任何人看作是和他有关系的，是他的兄弟、姐妹，或者父亲、母亲，或他的儿子、女儿，或他的祖父、祖母、孙子、孙女。”护卫者之所以在国家内有如此广泛的“亲缘”关系，乃基于妇女和儿童的公有化。引文分见于柏拉图著，郭斌和、张竹明译：《理想国》，商务印书馆 1986 年版，第 130~131、201 页。

④ 王国维：《殷周制度论》，《王国维全集》第八卷，第 316 页。

而逐步实现的，但这个天下只能说是王公贵族的天下，“天下一家”只是“家天下”意义上的政治稳定。当没有分封制这个制度条件，“家天下”不再作为一个理所当然的前提，“天下是天下人之天下”时，“天下一家”就需要基于人皆有之的仁爱之心，通过具体的交往来实现。交往需要承认彼此价值观的差异，我们所看到（经验到）的世界也是四分五裂的，但在交往中，人们有一个共同的存在前提，那就是同处一片天下。质言之，“天下”是一个思想前提、生存世界①，而不是一个思考对象、行动目标。受到经验世界的分裂之触动而推广某种“普遍”的价值，或者通过武力征服而试图整合天下以实现一体化，是对生存世界与理念世界、经验世界的浑淆，是对生存世界的对象化。人一直在天下内部参与构成着天下的新形态，天下并非一个靠共同利益或价值来形塑的“想象的共同体”②，它当然也就无需被一部分人去改造、操控。“天下一家”是一个美好的期待，但它并不需要“家长”“共主”。

---

① 赵汀阳说天下是一个“公共空间”（赵汀阳：《天下体系：世界制度哲学导论》，第52页），但这是一个对经验世界的表述。笔者所说的“生存世界”是超出理念世界与经验世界的、前反思的领域。

② 说见本尼迪克特·安德森著，吴叡人译：《想象的共同体：民族主义的起源与散布》，上海人民出版社2016年版。“想象的共同体”实际上只是一部分人的共同体，因为它是在“内—外”框架中形塑起来的。参看福谷彬：《想像の共同体としての中華帝国 ：儒教思想の展開の観点から》，《2013年度京都大学南京大学社会学人類学若手ワークショップ報告論文集 ：〈京都エラスムス計画〉から生まれたもの》，京都大学アジア研究教育ユニット2014年版，第9~13页，尤其是第12页。笔者并不认为中国古代的天下观念中不包含内外观。内外观是否明显，要看其时的国力如何。

综上所述，天下共同体以家共同体为基础，人是一个被抛于家的存在者，这个家不只是经验层面上的成员集聚，也不是理念层面上各种伦理规范的总和，而是能够为人们反思、制定其他共同体规则和选择其他共同体提供根据的、前反思的意义源头，任何一个共同体成员都首先是、已经是、必然是家这个原生、基础共同体的成员。回到这一意义源头，所谓性别不平等、个体身份缺少统一性等问题才有从根本上得到解决的可能，天下才有可能真正成为天下人之天下。

参考文献

基本文献

1. 阮元校刻：《十三经注疏》，中华书局1980年版影印本。

2. 李学勤主编：《十三经注疏》，北京大学出版社1999年版。

3. 黎翔凤撰，梁运华整理：《管子校注》，中华书局2004年版。

4. 荆门市博物馆编：《郭店楚墓竹简》，文物出版社1998年版。

5. 高亨著，华钟彦校：《老子注译》，河南人民出版社1980年版。

6. 高亨：《商君书注译》，中华书局1974年版。

7. 郭庆藩著，王孝鱼点校：《庄子集释》，中华书局2013年版。

8. 王先谦：《荀子集解》，中华书局2012年版。

9. 何建章：《战国策注释》，中华书局1990年版。

10. 司马迁：《史记》，中华书局1959年版。

11. 班固著，颜师古注：《汉书》，中华书局1962年版。

12. 范晔撰，李贤等注：《后汉书》，中华书局1965年版。

13. 陈寿撰，裴松之注：《三国志》，中华书局1982年版。

14. 房玄龄等：《晋书》，中华书局2000年版。

15. 萧子显：《南齐书》，中华书局2017年版。

16. 刘昫等：《旧唐书》，中华书局1975年版。

17. 张廷玉等：《明史》，中华书局1974年版。

18. 《明实录》，“中研院”历史语言研究所校印本，1962年版。

19. 吕不韦编，许维遹集释，梁运华整理：《吕氏春秋集释》，中华书局2009年版。

20. 陆贾撰，王利器整理：《新语校注》，中华书局1986年版。

21. 桓宽撰，王利器校注：《盐铁论校注》，中华书局1992年版。

22. 董仲舒著，苏舆撰：《春秋繁露义证》，中华书局1992年版。

23. 黄晖撰，刘盼遂集解：《论衡校释》，中华书局1990年版。

24. 何晏集解，皇侃疏：《论语集解义疏》，商务印书馆1937年版。

25. 楼宇烈：《王弼集校释》，中华书局1980年版。

26. 僧祐著，李小荣校笺：《弘明集校笺》，上海古籍出版社2013年版。

27. 顾绍柏：《谢灵运集校注》，中州古籍出版社1987年版。

28. 范祥雍：《洛阳伽蓝记校注》，上海古籍出版社1978年版。

29. 马其昶：《韩昌黎文集校注》，上海古籍出版社1986年版。

30. 张彦远著，周晓薇校点：《历代名画记》，辽宁教育出版社2001年版。

31. 欧阳询等编，汪绍楹校：《艺文类聚》，上海古籍出版社1985年版。

32. 曾枣庄、刘琳主编：《全宋文》，上海辞书出版社2006年版。

33. 石介著，陈植锷点校：《徂徕石先生文集》，中华书局1984年版。

34. 苏轼：《苏轼文集》，中华书局1986年版。

35. 司马光著，胡三省音注：《资治通鉴》，中华书局1956年版。

36. 程颢、程颐著，王孝鱼点校：《二程集》，中华书局1981年版。

37. 胡安国著，钱伟强点校：《春秋胡氏传》，浙江古籍出版社2010年版。

38. 朱德才、薛祥生、邓红梅编著：《辛弃疾词新释辑评》，中国书店2006年版。

39. 黎靖德编，王星贤点校：《朱子语类》，中华书局1986年版。

40. 朱熹：《四书章句集注》，中华书局2012年版。

41. 陆九渊著，钟哲点校：《陆九渊集》，中华书局 1980 年版。

42. 赵汝愚编，北京大学中国中古史研究中心校点整理：《宋朝诸臣奏议》，上海古籍出版社 1999 年版。

43. 吕祖谦编，齐治平点校：《宋文鉴》，中华书局 1992 年版。

44. 许衡著，毛瑞方等校点：《许衡集》，吉林文史出版社 2010 年版。

45. 郝经：《陵川集》，景印《文渊阁四库全书》本第 1192 册，台湾商务印书馆。

46. 马端临：《文献通考》，中华书局 2011 年版。

47. 丘濬著，金良年整理：《大学衍义补》，上海书店出版社 2012 年版。

48. 郑鹤声、郑一钧编：《郑和下西洋资料汇编》（增编本），海洋出版社 2005 年版。

49. 严从简著，余思黎点校：《殊域周咨录》，中华书局 1993 年版。

50. 陈荣捷：《王阳明传习录详注集评》，台湾学生书局 1983 年版。

51. 王守仁撰，吴光等编校：《王阳明全集》，上海古籍出版社 2014 年版。

52. 李敖主编：《何心隐集》，天津古籍出版社 2016 年版。

53. 李贽著，阎海文点校：《初潭集　道古录》，商务印书馆 2020 年版。

54. 朱维铮主编，邓志峰、张完芳、刘文楠、姜鹏编校：

《利玛窦中文著译集》，复旦大学出版社 2001 年版。

55. 夏瑰琦编：《圣朝破邪集》，建道神学院 1996 年版。

56. ［意］艾儒略著，谢方校释：《职方外纪校释》，中华书局 1996 年版。

57. 徐光启著，王重民辑校：《徐光启集》，中华书局 1963 年版。

58. 沈德符：《万历野获编》，中华书局 1959 年版。

59. 王锡阐：《晓庵新法》，中华书局 1985 年版。

60. 吕坤著，王国轩、王秀梅整理：《吕坤全集》，中华书局 2008 年版。

61. 王夫之著，王伯祥校点：《黄书》，中华书局 1956 年版。

62. 王夫之：《尚书引义》，中华书局 1976 年版。

63. 王夫之：《读通鉴论》，中华书局 1975 年版。

64. 顾炎武著，黄汝成集释，栾保群、吕宗力校点：《日知录集释》，花山文艺出版社 1990 年版。

65. 顾炎武：《顾亭林诗文集》，中华书局 1983 年版。

66. 黄宗羲：《黄宗羲全集》第一册，浙江古籍出版社 1985 年版；第二十一册，浙江古籍出版社 2012 年版。

67. 黄宗羲著，沈芝盈点校：《明儒学案》，中华书局 2008 年版。

68. 黄宗羲辑：《明文海》，清涵芬楼抄本。

69. 陆世仪：《思辨录辑要》，《正谊堂全书》本。

70. 唐甄：《潜书》，中华书局 1963 年版。

71. 冯梦龙辑：《甲申纪闻》，国家图书馆出版社 2018 年版。

72. 吕留良：《吕晚村先生文集》，中华书局 2015 年版。

73. 吴晗辑：《朝鲜李朝实录中的中国史料》，中华书局1980年版。

74. 谈迁著，张宗祥点校：《国榷》，中华书局1958年版。

75. 赵翼著，王树民校证：《廿二史劄记校证》，中华书局1984年版。

76. 雍正：《大义觉迷录》，清雍正内府刻本。

77. 永瑢等撰：《四库全书总目》，中华书局1965年版。

78.《四库禁毁书丛刊》史部第21册，北京出版社1997年版。

79.《清实录》，中华书局1985年版。

80. 清乾隆朝官纂，吴丰培整理：《西域同文志》，中央民族学院出版社1984年版。

81. 戴逸、李文海主编：《清通鉴》，山西人民出版社2000年版。

82. 刘沅，谭继和、祁和晖笺解：《十三经恒解（笺解本）》，巴蜀书社2016年版。

83. 皮锡瑞著，吴仰湘点校：《经学通论》，中华书局2018年版。

84. 章太炎著，徐复点校：《章太炎全集》，上海人民出版社2014年版。

85. 梁启超：《梁启超全集》第一集，中国人民大学出版社2018年版。

86. 王国维：《王国维全集》，浙江教育出版社2009年版。

87. 陈独秀：《陈独秀文章选编》，生活·读书·新知三联书店1984年版。

88. 饶宗颐：《中国史学上之正统论》，中华书局 2015 年版。

89. 中国科学院哲学研究所中国哲学史组、北京大学哲学系中国哲学史教研室编：《中国哲学史资料简编 · 两汉—隋唐》，中华书局 1963 年版。

90. 北京大学《儒藏》编纂与研究中心编：《儒藏（精华编）》第 258 册，北京大学出版社 2017 年版。

91. 北京大学哲学系外国哲学史教研室编译：《西方哲学原著选读》，商务印书馆 1981 年版。

92. 魏常海主编：《韩国哲学思想资料选辑》，国际文化出版公司 2000 年版。

中文论著

一、著作

1. 梁漱溟：《中国文化要义》，上海人民出版社 2005 年版。

2. 梁启超：《新民说》，辽宁人民出版社 1994 年版。

3. 梁启超：《中国近三百年学术史》，北京联合出版公司 2013 年版。

4. 钱穆：《中国文化史导论》，商务印书馆 1994 年版。

5. 钱穆：《国学概论》，商务印书馆 1997 年版。

6. 钱穆：《国史大纲》，商务印书馆 1996 年版。

7. 邢义田：《天下一家：皇帝、官僚与社会》，中华书局 2011 年版。

8. 邢义田主编：《中国文化源与流》，黄山书社 2011 年版。

9. 甘怀真主编：《东亚历史上的天下与中国概念》，台湾大学出版中心 2009 年版。

10. 金观涛、刘青峰：《观念史研究：中国现代重要政治术语的形成》，法律出版社 2010 年版。

11. 高明士：《天下秩序与文化圈的探索——以东亚古代的政治与教育为中心》，上海古籍出版社 2008 年版。

12. 王柯：《从"天下"国家到民族国家：历史中国的认知与实践》，上海人民出版社 2020 年版。

13. 梁治平：《为政：古代中国的致治理念》，生活·读书·新知三联书店 2020 年版。

14. 傅乐成：《汉唐史论集》，联经出版事业股份有限公司 1976 年版。

15. 汪晖：《现代中国思想的兴起》，生活·读书·新知三联书店 2015 年版。

16. 赵汀阳：《天下体系：世界制度哲学导论》，中国人民大学出版社 2011 年版。

17. 赵汀阳：《天下的当代性：世界秩序的实践与想象》，中信出版社 2016 年版。

18. 赵汀阳：《坏世界研究：作为第一哲学的政治哲学》，中国人民大学出版社 2009 年版。

19. 干春松：《重回王道——儒家与世界秩序》，华东师范大学出版社 2012 年版。

20. 干春松：《王道政治与天下主义：干春松学术论集》，孔学堂书局 2017 年版。

21. 许纪霖：《家国天下：现代中国的个人、国家与世界认同》，上海人民出版社 2016 年版。

22. 陈赟：《天下或天地之间：政治思想的古典视域》，上海书店出版社 2007 年版。

23. 孙向晨：《论家：个体与亲亲》，华东师范大学出版社 2019 年版。

24. 费孝通：《费孝通文集》，群言出版社 1999 年版。

25. 费孝通：《乡土中国》，人民出版社 2015 年版。

26. 葛兆光：《历史中国的内与外——有关“中国”与“周边”概念的再澄清》，香港中文大学出版社 2017 年版。

27. 葛兆光：《宅兹中国：重建有关“中国”的历史论述》，中华书局 2011 年版。

28. 葛兆光：《中国思想史》，复旦大学出版社 2013 年版。

29. 黄玉顺：《生活儒学与现代性问题》，四川人民出版社 2019 年版。

30. 欧阳哲生主编：《傅斯年全集》，湖南教育出版社 2000 年版。

31. 吴稼祥：《公天下：中国历代治理之得失》，贵州人民出版社 2020 年版。

32. 侯外庐主编：《中国思想通史》，人民出版社 2011 年版。

33. 侯外庐等：《宋明理学史》，人民出版社 1997 年版。

34. 萧萐父、许苏民：《明清启蒙学术流变》，人民出版社 2013 年版。

35. 萧萐父：《吹沙集》，巴蜀书社 1999 年版。

36. 葛荣晋主编：《中国实学思想史》，首都师范大学出版社 1994 年版。

37. 许倬云：《我者与他者：中国历史上的内外分际》，生活·读书·新知三联书店 2010 年版。

38. 陈梦家：《殷虚（墟）卜辞综述》，中华书局 1988 年版。

39. 李零：《我们的中国》之《思想地图——中国地理的大视野》，生活·读书·新知三联书店 2016 年版。

40. 刘庆柱：《不断裂的文明史：对中国国家认同的五千年版考古学解读》，四川人民出版社 2020 年版。

41. 李济著，张光直、李光谟编：《李济考古学论文选集》，文物出版社 1990 年版。

42. 李济：《中国民族的形成——一次人类学的探索》，上海人民出版社 2008 年版。

43. 江晓原：《天学真原》，译林出版社 2011 年版。

44. 江晓原、钮卫星：《天文西学东渐集》，上海书店出版社 2001 年版。

45. 陈苏镇：《两汉魏晋南北朝史探幽》，北京大学出版社 2013 年版。

46. 陈苏镇：《〈春秋〉与“汉道”：两汉政治与政治文化研究》，中华书局 2011 年版。

47. 萧公权：《中国政治思想史》，商务印书馆 2011 年版。

48. 杨向奎：《大一统与儒家思想》，北京出版社 2011 年版。

49. 阎步克：《士大夫政治演生史稿》，北京大学出版社 2015 年版。

50. 阎步克：《波峰与波谷：秦汉魏晋南北朝的政治文明》，

北京大学出版社 2017 年版。

51. 陈寅恪：《金明馆丛稿二编》，生活 · 读书 · 新知三联书店 2001 年版。

52. 姜广辉主编：《中国经学思想史》，中国社会科学出版社 2003 年版。

53. 林义正：《春秋公羊传伦理思维与特质》，台湾大学出版中心 2003 年版。

54. 李焯然：《中心与边缘：东亚文明的互动与传播》，广西师范大学出版社 2015 年版。

55. 李焯然：《丘濬评传》，南京大学出版社 2005 年版。

56. 徐复观：《两汉思想史》，华东师范大学出版社 2001 年版。

57. 李云泉：《朝贡制度史论——中国古代对外关系体制研究》，新华出版社 2004 年版。

58. 周一良：《魏晋南北朝史札记》，中华书局 1985 年版。

59. 周一良：《魏晋南北朝史论集续编》，北京大学出版社 1991 年版。

60. 田余庆：《东晋门阀政治》，北京大学出版社 2012 年版。

61. 楼宇烈、张西平主编：《中外哲学交流史》，湖南教育出版社 1998 年版。

62. 张维华主编：《中国古代对外关系史》，高等教育出版社 1993 年版。

63. 白寿彝：《白寿彝文集》第 3 卷《民族宗教论集》，河南大学出版社 2008 年版。

64. 陈学霖：《宋史论集》，东大图书公司 1993 年版。

65. 罗新：《有所不为的反叛者：批判、怀疑与想象力》，上海三联书店2019年版。

66.《东方早报·上海书评》编辑部编：《殊方未远：古代中国的疆域、民族与认同》，中华书局2016年版。

67. 黄枝连：《天朝礼治体系研究》上卷《亚洲的华夏秩序——中国与亚洲国家关系形态论》，中国人民大学出版社1992年版。

68. 黄枝连：《天朝礼治体系研究》中卷《东亚的礼义世界——中国封建王朝与朝鲜半岛关系形态论》，中国人民大学出版社1994年版。

69. 黄枝连：《天朝礼治体系研究》下卷《朝鲜的儒化情境构造——朝鲜王朝与满清王朝的关系形态论》，中国人民大学出版社1995年版。

70. 赵妍杰：《家庭革命：清末民初读书人的憧憬》，社会科学文献出版社2020年版。

71. 汤一介：《汤一介集》第五卷《在儒学中寻找智慧》，中国人民大学出版社2014年版。

72. 王汎森：《权力的毛细管作用：清代的思想、学术与心态》（修订版），北京大学出版社2015年版。

73. 杜正胜：《编户齐民——传统政治社会结构之形成》，联经出版事业股份有限公司1990年版。

74. 秦晖、金雁：《田园诗与狂想曲：关中模式与前近代社会的再认识》，语文出版社2010年版。

75. 顾诚：《南明史》，光明日报出版社2011年版。

76. 赵世瑜：《小历史与大历史：区域社会史的理念、方法与实践》，北京大学出版社 2017 年版。

77. 黄进兴：《优入圣域：权力、信仰与正当性》，陕西师范大学出版社 1998 年版。

78. 刘禾主编：《世界秩序与文明等级：全球史研究的新路径》，生活· 读书·新知三联书店 2016 年版。

79. 李怀印：《现代中国的形成：1600—1949》，广西师范大学出版社 2022 年版。

80. 杨念群：《“天命”如何转移：清朝“大一统”观的形成与实践》，上海人民出版社 2022 年版。

81. 刘增丽编著：《古代外国人在中国》，中原出版传媒集团中原农民出版社 2008 年版。

82. 徐宗泽：《中国天主教传教史概论》，商务印书馆 2015 年版。

83. 何俊：《西学与晚明思想的裂变》，上海人民出版社 2013 年版。

84. 方豪：《中国天主教史人物传》，宗教文化出版社 2007 年版。

85. 黄一农：《两头蛇：明末清初的第一代天主教徒》，上海古籍出版社 2015 年版。

86. 中国社会科学院编：《中国社会科学院“普世价值”论批判文选》，中国社会科学出版社 2016 年版。

87. 陈嘉映主编：《普遍性种种》，华夏出版社 2011 年版。

88. 刘军宁：《共和 · 民主 · 宪政——自由主义思想研究》，上海三联书店 1998 年版。

89. 黄宗智：《国家与社会的二元合一：中国历史回顾与前

瞻》，广西师范大学出版社 2022 年版。

90. 张西平：《跟随利玛窦到中国》，五洲传播出版社 2006 年版。

91. 张祥龙：《家与孝：从中西间视野看》，生活·读书·新知三联书店 2017 年版。

92. 王邦维：《奇人奇地奇书：玄奘与〈大唐西域记〉》，中国大百科全书出版社 2021 年版。

二、论文

1. 罗志田：《先秦的五服制与古代的天下中国观》，载《学人》第 10 辑，江苏文艺出版社 1996 年版。

2. 罗志田：《夷夏之辨的开放与封闭》，《中国文化》1996 年第 2 期（总第 14 期）。

3. 葛兆光：《“天下”“中国”与“四夷”——作为思想史文献的古代中国的世界地图》，载王元化主编：《学术集林》第 16 卷，上海远东出版社 1999 年版。

4. 吕文利：《中国古代的“天下”表达与边界实践》，《西南民族大学学报》2020 年第 7 期。

5. 甘怀真：《天下概念成立的再探索》，收入《北京大学中国古文献研究中心集刊》第 9 辑，北京大学出版社 2010 年版。

6. 甘怀真：《从天下国家的观点论中国中古的朝代》，载《中国中古史研究：中国中古史青年学者联谊会会刊》第 2 卷，中华书局 2011 年版。

7. 李扬帆：《“天下”观念考》，《国际政治研究》2002 年第 1 期。

8. 李扬帆：《“中华帝国”的概念及其世界秩序：被误读的天下秩序》，《国际政治研究》2015 年第 5 期。

9. 尚会鹏：《“伦人”与“天下”——解读以朝贡体系为核心的古代东亚国际秩序》，《国际政治研究》2009 年第 2 期。

10. 王庆新：《春秋华夏天下秩序的启示》，《国际政治科学》2011 年第 1 期。

11. 盛洪：《从民族主义到天下主义》，《战略与管理》1996 年第 1 期。

12. 盛洪：《天下文明——论儒家的国际政治原则》，《文史哲》2013 年第 5 期。

13. 郭沂：《天下主义：世界秩序重建的儒家方案》，《人民论坛·学术前沿》2013 年第 6 期。

14. 任剑涛：《“天下”：三重蕴含、语言载体与重建路径》，《文史哲》2018 年第 1 期。

15. 刘浦江：《南北朝的历史遗产与隋唐时代的正统论》，《文史》2013 年第 2 辑。

16. 刘浦江：《元明革命的民族主义想象》，《中国史研究》2014 年第 3 期。

17. 黄丽生：《儒家“天下”思想的内涵及其当代意义》，载黄俊杰编：《传统中华文化与现代价值的激荡》，社会科学文献出版社 2002 年版。

18. 赵汀阳：《天下究竟是什么？——兼回应塞尔瓦托·巴博纳斯的“美式天下”》，《西南民族大学学报》2018 年第 1 期。

19.《天下体系与未来世界秩序　第一单元　自由讨论》

《天下体系与未来世界秩序　第二单元　自由讨论》，《探索与争鸣》2016 年第 5 期。

20. 邝云峰：《美国的朝贡体系》，《国际政治科学》2013 年第 4 期。

21. 甘阳：《从“民族—国家”走向“文明—国家”》，《书城》2004 年第 2 期。

22. 白彤东：《谁之天下？——对赵汀阳天下体系的评估》，《社会科学家》2018 年第 12 期。

23. 梁治平：《想像“天下”：当代中国的意识形态建构》，《思想》第 36 期，联经出版事业股份有限公司 2018 年版。

24. 李晶：《夷夏观的转变与天下观的再造——从思想史看明清更替对“中国观”的影响》，《思想战线》2018 年第 1 期。

25. 李鸿宾：《〈徙戎论〉的命运与“天下一家”的格局》，《河北学刊》2005 年第 3 期。

26. 孙向晨：《民族国家、文明国家与天下意识》，《探索与争鸣》2014 年第 9 期。

27. 郑文惠：《观念史研究的文化视域》，《史学月刊》2012 年第 9 期。

28. 朱彦民：《甲骨文所见天下“四方”观念》，《殷都学刊》2022 年第 1 期。

29. 胡厚宣：《殷卜辞中的上帝和王帝（下）》，《历史研究》1959 年第 10 期。

30. 宋镇豪：《商代的王畿、四土与四至》，《南方文物》1994 年第 1 期。

31. 严文明：《中国史前文化的统一性与多样性》，《文物》

1987 年第 3 期。

32. 赵辉：《以中原为中心的历史趋势的形成》，《文物》2000 年第 1 期。

33. 赵辉：《中国的史前基础——再论以中原为中心的历史趋势》，《文物》2006 年第 8 期。

34. 王邦维：《“洛州无影”与“天下之中”》，《四川大学学报》2005 年第 4 期。

35. 王邦维：《“都广之野”“建木”以及“日中无影”》，《中华文化论坛》2009 年 11 月增刊。

36. 葛剑雄：《“天下为公”何以成了“天下为我”》，《同舟共进》2007 年第 9 期。

37. 葛剑雄：《中国实行过九州制吗》，《北京日报》2013 年 4 月 8 日，第 20 版。

38. 黄俊杰：《东亚近世儒者对“公”“私”领域分际的思考：从孟子与桃应的对话出发》，收入黄俊杰、江宜桦主编：《公私领域新探：东亚与西方的观点之比较》，华东师范大学出版社 2008 年版。

39. 黄玉顺：《“贤能政治”将走向何方？——与贝淡宁教授商榷》，《文史哲》2017 年第 5 期。

40. 容庚：《秦始皇刻石考》，《燕京学报》第 17 期（1935 年）。

41. ［以色列］尤锐（Yuri Pines）：《从〈商君书·徕民〉看商鞅学派的思想变迁——兼论战国晚期秦国人口及军事变化》，《江淮论坛》2021 年第 6 期。

42. 曾振宇：《先秦儒家天论不存在从“宗教之天”向“哲

学之天”过渡的哲学进程》，《东岳论丛》2009年第1期。

43. 曾振宇：《民心即天命：董仲舒政治哲学的内在逻辑与人文关怀》，《哲学与文化》2017年第12期。

44. 曾振宇：《论先秦儒家思想中的“孝本论”与“仁本论”》，《哲学研究》2019年第11期。

45. 俞可平：《论帝国的兴衰》，《山西大学学报》2022年第1期。

46. 时殷弘：《文明帝国主义的中国版本——司马相如〈难蜀父老〉及其他》，《文化纵横》2011年第4期。

47. 强世功：《“天下一家”vs. 世界帝国：“深度全球化”与全球治理的未来》，《东方学刊》2021年第4期。

48. 徐冲：《“禅让”与“起元”：魏晋南北朝的王朝更替与国史书写》，《历史研究》2010年第3期。

49. 楼劲：《魏晋以来的“禅让革命”及其思想背景》，《华东师范大学学报》2017年第3期。

50. 胡鸿：《郭钦“徙戎论”发覆》，《中华文史论丛》2016年第3期。

51. 陈嘉映：《相对主义：在可能有道理的地方设立一道墙》，《社会科学报》2019年7月4日，第006版。

52. 王素：《梁元帝〈职贡图〉新探——兼说滑及高昌国史的几个问题》，《文物》1992年第2期。

53. 韦兵：《完整的历史经验：天下的“夷狄之维”》，《学术月刊》2013年第6期。

54. 陈芳明：《宋代正统论的形成背景及其内容——从史学史的观点试探宋代史学之一》，载《宋史研究集》（第八辑），中华丛书编审委员会1976年版。

55. 张希清：《“以天下为己任”——范仲淹的为政之道》，收入陈苏镇主编：《中国古代政治文化研究》，北京大学出版社2009年版。

56. 邱伟云：《中国：观念类型之认同形成与重构现象》，《东亚观念史集刊》第1期（2011年11月号）。

57. 黄觉弘：《孙复〈春秋总论〉佚文及其他》，《山西师大学报》2009年第2期。

58. 钱穆：《读明初开国诸臣诗文集》，收入《钱宾四先生全集》第20册《中国学术思想史论丛（六）》，联经出版事业股份有限公司1998年版。

59. 万明：《明代外交观念的演进——明太祖诏令文书所见之天下国家观》，《古代文明》2010年第2期。

60. 伍跃：《外交的理念与外交的现实——以朱元璋对“不征国”朝鲜的政策为中心》，《明史研究》2010年号。

61. 王贞平：《“权力中心论”与“多元开放网络”——古代亚洲国际格局新论》，《南国学术》2014年第3期。

62. 陈尚胜：《朝贡制度与东亚地区传统国际秩序——以16—19世纪的明清王朝为中心》，《中国边疆史地研究》2015年第2期。

63. 韩东育：《关于东亚近世“华夷观”的非对称畸变》，《史学理论研究》2007年第3期。

64. 韩东育：《东亚世界的“落差”与“权力”——从“华夷秩序”到“条约体系”》，《经济社会史评论》2016年第2期。

65. 朱刚:《“亲亲”何以“为大”?——对“仁者,人也,亲亲为大”的一种现象学—生存论的阐释》,《中山大学学报》2017 年第 4 期。

66. 蔡祥元:《感通与同情——对恻隐本质的现象学再审视》,《哲学动态》2020 年第 4 期。

67. 许苏民:《论王夫之法律思想中的近代性因素》,收入许苏民、申屠炉明主编:《明清思想文化变迁》,南京大学出版社 2009 年版。

68. 李治亭:《历史的回答——也辨吴三桂降清问题》,《北方论丛》1988 年第 1 期。

69. 王冬芳:《剃发——清初民族征服政策失败的实例》,收入《第二届明清史国际学术讨论会论文集》,天津人民出版社 1993 年版。

70. 杨念群:《超越“汉化论”与“满洲特性论”:清史研究能否走出第三条道路?》,《中国人民大学学报》2011 年第 2 期。

71. 杨念群:《诠释“正统性”才是理解清朝历史的关键》,《读书》2015 年第 12 期。

72. 罗义俊:《“黄宗羲现象”与〈明夷待访录〉——兼政治遗民、文化遗民与夷夏之辨大义论略》,载《传统中国研究集刊》(第一辑),上海人民出版社 2006 年版。

73. 郭成康:《清朝皇帝的中国观》,《清史研究》2005 年第 4 期。

74. 周振鹤:《从天下观到世界观的第一步——读〈利玛窦世界地图研究〉》,《中国测绘》2005 年第 4 期。

75. 洪煨莲（洪业）:《考利玛窦的世界地图》;

76. 陈观胜:《利玛窦对中国地理学之贡献及其影响》;

——75、76 二文均载于《禹贡》（半月刊）第 5 卷（1936 年）第 3、4 合期。

77. 孙尚扬:《利玛窦对佛教的批判及其对耶稣会在华传教活动的影响》,《世界宗教研究》1998 年第 4 期。

78. 孙尚扬:《从利玛窦对儒学的批判看儒耶之别》,《哲学研究》1991 年第 9 期。

79. 孙尚扬:《略论明末士大夫天主教徒对其信仰的本土化诠释》,《北京行政学院学报》2006 年第 4 期。

80. 甘阳:《“民间社会”概念批判》;

81. 季卫东:《批判者的千虑与一失》;

——80、81 二文均收入张静主编:《国家与社会》, 浙江人民出版社 1998 年版。

82. 谢文郁:《选举制与推举制——现代西方与儒家仁政的政治领袖产生机制之比较》,《文史哲》2019 年第 6 期。

83. 李强:《全球化、主权国家与世界政治秩序》,《战略与管理》2001 年第 2 期。

84. 张启雄:《超越—熔合与扩大下的“中华世界秩序原理”》, 收入王元周主编:《中华秩序的理想、事实与想象》, 江苏人民出版社 2017 年版。

85. 张羽新:《清代前期各民族统一观念的历史特征》,《清史研究》1996 年第 2 期。

86. 赵鼎新:《帝国政治和主导性意识形态——民族运动的起源、发展和未来》,《二十一世纪》2021 年 12 月号。

87. 张学锋：《四至五世纪东亚世界的形成与东晋南朝——以中国史料为中心》，收入中国魏晋南北朝史学会、武汉大学中国三至九世纪研究所编：《魏晋南北朝史研究：回顾与探索——中国魏晋南北朝史学会第九届年会论文集》，湖北教育出版社2009年版。

88. 叶高树：《“参汉酌金”：清朝统治中国成功原因的再思考》，《台湾师大历史学报》2006年12月（第36期）。

译著和译文

1. ［美］约瑟夫·列文森（Joseph R. Levenson）著，郑大华、任菁译：《儒教中国及其现代命运》，中国社会科学出版社2000年版。

2. ［日］石桥崇雄著，宋军译：《“满洲”（manju）王朝论——清朝国家论序说》；

3. ［日］大谷敏夫著，宋军译：《清代的政治与政治思想史》；

——2、3二文均收入［日］森正夫等编：《明清时代史的基本问题》，商务印书馆2013年版。

4. ［日］安部健夫：《中国人的天下观念——政治思想史试论》，宋文杰译，载于周伟洲主编：《西北民族论丛》第十五辑，社会科学文献出版社2017年版。

5. ［日］渡边信一郎著，徐冲译：《中国古代的王权与天下秩序：从日中比较史的角度出发》，中华书局2008年版。

6. ［美］埃里克·沃格林（Eric Voegelin）著，叶颖译：《秩序与历史》卷四《天下时代》，译林出版社 2018 年版。

7. ［法］雷吉斯·德布雷（Régis Debray）、赵汀阳著，张万申译：《两面之词——关于革命问题的通信》，中信出版社 2014 年版。

8. 赵汀阳、H. 费格、S. 戈斯帕、L. 缪勒等著，王惠民译，赵汀阳校：《柏林论辩：天下制度的存在论论证及疑问》，《世界哲学》2020 年第 3 期。

9. ［韩］白永瑞：《思想东亚：朝鲜半岛视角的历史与实践》，生活·读书·新知三联书店 2011 年版。

10. ［日］岛田虔次著，甘万萍译：《中国近代思维的挫折》，江苏人民出版社 2005 年版。

11. ［日］沟口雄三著，索介然、龚颖译：《中国前近代思想的演变》，中华书局 1997 年版。

12. ［日］沟口雄三著，郑静译，孙歌校：《中国的公与私·公私》，生活·读书·新知三联书店 2011 年版。

13. ［日］沟口雄三著，龚颖译：《中国前近代思想的屈折与展开》，生活·读书·新知三联书店 2011 年版。

14. ［日］沟口雄三：《中国的历史脉动》，生活·读书·新知三联书店 2014 年版。

15. ［德］阿克塞尔·霍耐特（Axel Honneth）著，刘心舟译：《承认：一部欧洲观念史》，上海人民出版社 2021 年版。

16. ［英］以赛亚·伯林（Isaiah Berlin）著，［英］亨利·哈代（Henry Hardy）编，胡自信、魏钊凌译：《观念的力量》，译林出版社 2019 年版。

17. ［日］夫马进著，伍跃、凌鹏译：《朝鲜燕行使与朝鲜通信使》，商务印书馆2020年版。

18. ［美］费正清（John King Fairbank）著，杜继东译：《中国的世界秩序：传统中国的对外关系》，中国社会科学出版社2010年版。

19. ［加拿大］贝淡宁（Daniel A. Bell）著，吴万伟、宋冰译：《贤能政治》，中信出版社2016年版。

20. ［美］本杰明·史华兹（Benjamin L. Schwartz）著，程钢译：《古代中国的思想世界》，江苏人民出版社2008年版。

21. ［日］内藤湖南、［日］冈崎文夫著，李雨桃、熊心梅、曹京柱译：《京都中国史》，岳麓书社2022年版。

22. ［日］佐藤将之：《荀子的"天下"观与"后周鲁时代"的秦国》，《科学·经济·社会》2021年第2期。

23. ［美］塞缪尔·亨廷顿（Samuel Phillips Huntington）著，周琪等译：《文明的冲突与世界秩序的重建》，新华出版社2009年版。

24. ［美］杰克·斯奈德（Jack Snyder）著，于铁军译：《帝国的迷思：国内政治与对外扩张》，北京大学出版社2007年版。

25. ［德］康德著，何兆武译：《历史理性批判文集》，商务印书馆1990年版。

26. ［日］川本芳昭著，余晓潮译：《中华的崩溃与扩大：魏晋南北朝》，广西师范大学出版社2014年版。

27. 刘禾著，杨立华等译：《帝国的话语政治：从近代中西冲突看现代世界秩序的形成》，生活·读书·新知三联书店，

2009 年版。

28. ［日］小岛毅著，伍跃译：《宋代人的历史意识——朱子学勃兴的背景》；

29. ［日］岩井茂树著，伍跃译：《明代中国的礼制霸权主义与东亚的国际秩序》；

——28、29 二文均收入《日本中国史研究年版刊（2006 年度）》，上海古籍出版社 2008 年版。

30. ［瑞士］谭凯（Nicolas Tackett）著，殷守甫译：《肇造区夏：宋代中国与东亚国际秩序的建立》，社会科学文献出版社 2020 年版。

31. ［意］利玛窦著，文铮译，［意］梅欧金（Eugenio Menegon）校：《利玛窦书信集》，商务印书馆 2018 年版。

32. ［日］西嶋定生著，高明士译：《东亚世界的形成》，收入刘俊文主编：《日本学者研究中国史论著选译》第 2 卷，中华书局 1993 年版。

33. ［日］本田成之著，孙俍工译：《中国经学史》，中华书局 1935 年版。

34. ［日］滨下武志著，朱荫贵、欧阳菲译：《近代中国的国际契机：朝贡贸易体系与近代亚洲经济圈》，中国社会科学出版社 1999 年版。

35. ［德］海德格尔著，陈嘉映、王庆节译：《存在与时间》，生活·读书·新知三联书店 2012 年版。

36. ［德］海德格尔著，孙周兴选编：《海德格尔选集》，上海三联书店 1996 年版。

37. ［德］马克斯·舍勒（Max Scheler）著，刘小枫选编：

《舍勒选集》，上海三联书店 1999 年版。

38. ［英］米勒（David Miller）、［英］波格丹诺（Vernon Bogdanor）主编，邓正来译：《布莱克维尔政治学百科全书》，中国政法大学出版社 2002 年版。

39. ［日］尾形勇著，张鹤泉译：《中国古代的“家”与国家》，中华书局 2010 年版。

40. ［德］巴多·法斯本德（Bardo Fassbender）、［德］安妮·彼得斯（Anne Peters）主编，李明倩、刘俊、王伟臣译：《牛津国际法史手册》，上海三联书店 2020 年版。

41. 林文孝著，王炜译，龚颖校：《力与公正——关于吕坤的全体生存构想》；

42. ［日］池田知久著，田人隆译：《中国古代的天人相关论》；

——41、42 二文均收入［日］沟口雄三、［日］小岛毅主编：《中国的思维世界》，江苏人民出版社 2006 年版。

43. ［德］马克斯·韦伯（Max Weber）著，康乐、简惠美译：《中国的宗教；宗教与世界》，广西师范大学出版社 2004 年版。

44. ［美］魏斐德（Frederic Evans Wakeman）著，陈苏镇等译：《洪业——清朝开国史》，江苏人民出版社 1995 年版。

45. ［美］柯娇燕（Pamela Kyle Crossley）著，牛贯杰译，董建中校：《中国皇权的多维性》；

46. ［美］米华健（James A. Millward）著，刘文鹏译：《新清帝国史》；

——45、46 二文均收入刘凤云、刘文鹏编：《清朝的国家认同——“新清史”研究与争鸣》，中国人民大学出版社 2010 年版。

47. ［美］米华健（James A. Millward）：《清的形成、蒙古的遗产及现代早期欧亚大陆中部的“历史的终结”》，收入［美］司徒琳（Lynn A. Struve）主编：《世界时间与东亚时间中的明清变迁》下卷《世界历史时间中清的形成》，生活·读书·新知三联书店 2009 年版。

48. ［美］欧立德（Mark C. Elliott）著，青石译：《乾隆帝》，社会科学文献出版社 2014 年版。

49. 徐中约著，屈文生译：《中国进入国际大家庭：1858—1880 年间的外交》，商务印书馆 2018 年版。

50. ［英］弗朗西斯·培根（Francis Bacon）著，许宝骙译：《新工具》，商务印书馆 1984 年版。

51. ［意］利玛窦、［法］金尼阁著，何高济、王遵仲、李申译，何兆武校：《利玛窦中国札记》，中华书局 1983 年版。

52. ［美］柏理安（Liam Matthew Brockey）著，毛瑞方译：《东方之旅：1579—1724 耶稣会传教团在中国》，江苏人民出版社 2015 年版。

53. ［法］杜赫德编，郑德弟译：《耶稣会士中国书简集：中国回忆录》第二卷，大象出版社 2005 年版。

54. ［德］黑格尔著，范扬、张企泰译：《法哲学原理》，商务印书馆 1961 年版。

55. ［美］小约瑟夫·奈（Nye，J.）著，张小明译：《理解国际冲突：理论与历史》，上海人民出版社 2002 年版。

56. ［美］杜赞奇（Prasenjit Duara）著，王宪明等译：《从

民族国家拯救历史：民族主义话语与中国现代史研究》，社会科学文献出版社 2003 年版。

57. ［英］马丁·雅克（Martin Jacques）著，张莉、刘曲译：《当中国统治世界：中国的崛起和西方世界的衰落》，中信出版社 2010 年版。

58. ［日］檀上宽著，王晓峰译：《永乐帝：华夷秩序的完成》，社会科学文献出版社 2015 年版。

59. ［印度］桑迪普·瓦斯莱克：《我们时代的大问题：从民族国家到全球共同体》，收入赵汀阳：《天下体系：世界制度哲学导论》之“附录”，中国人民大学出版社 2011 年版。

60. ［英］唐·库比特（Don Cupitt）著，王志成、思竹译：《上帝之后：宗教的未来》，宗教文化出版社 2002 年版。

61. ［美］本尼迪克特·安德森著，吴叡人译：《想象的共同体：民族主义的起源与散布》，上海人民出版社 2016 年版。

62. ［古希腊］柏拉图著，郭斌和、张竹明译：《理想国》，商务印书馆 1986 年版。

63. ［美］康灿雄（David，C. K.）著，陈昌煦译：《西方之前的东亚：朝贡贸易五百年版》，社会科学文献出版社 2016 年版。

64. ［美］魏特夫（Karl A. Wittfogel）著，苏国良、江志宏译：《中国辽代社会史（907—1125 年）综述》，收入《征服王朝论文集》，稻乡出版社 2002 年版。

65. ［德］斐迪南·滕尼斯（Ferdinand Tonnies）著，林荣远译：《共同体与社会——纯粹社会学的基本概念》，商务印书馆 1999 年版。

外文文献

1. Ban Wang, *Chinese Visions of World Order: Tianxia, Culture, and World Politics*, Duke University Press, 2017.

2. William A. Callahan, “Chinese Visions of World Order: Post-hegemonic or a New Hegemony?” *International Studies Review*, 2008 (10).

3. Salvatore Babones, *American Tianxia: Chinese Money, American Power, and the End of History*, Policy Press, 2017.

4. Lucian W. Pye, *The Spirit of Chinese Politics: A Psycho-cultural Study of the Authority Crisis in Political Development*, Harvard University Press, 1992.

5. John King Fairbank, *The Chinese Order: Traditional China's Foreign Relations*, Harvard University Press, 1968.

6. John King Fairbank and S. Y. Teng, “On the Ch'ing Tributary System”, *Harvard Journal of Asiatic Studies*, 1941 (2).

7. Morris Rossabi, *China among Equals: The Middle Kingdom and Its Neighbors, 10th - 14th Centuries*, University of California Press, 1983.

8. Liam Matthew Brockey, *Journey to the East: the Jesuit Mission to China*, 1579—1724, Harvard University Press, 2007.

9. Rune Svarverud, *International Law as World Order in Late Imperial China——Translation, Reception and Discourse*, 1847—

1911, Brill, 2007.

10. Laura Hostetler, "Qing Connections to the Early Modern World: Ethnography and Cartography in Eighteenth-Century China", *Modern Asian Studies* 34, 2000 (3), Cambridge University Press, 2000.

11. Michael Adas, "Imperialism and Colonialism in Comparative Perspective", *The International History Review*, 1998 (6).

12. 甘怀真:《东アジア世界の冊封体制と儒教》, 收入吾妻重二主编:《国际シンポジウム　东アジア世界と儒教》, 东方书店 2005 年版。

13. 茂木敏夫:《变容する近代东アジアの国际秩序》, 山川出版社 1997 年版。

14. 坂元ひろ子:《中国民族主义の神话——人种・身体・ジェンダー》, 岩波书店 2004 年版。

15. 福谷彬:《想像の共同体としての中華帝国: 儒教思想の展開の観点から》, 收入《2013 年度京都大学南京大学社会学人類学若手ワークショップ報告論文集:〈京都エラスムス計画〉から生まれたもの》, 京都大学アジア研究教育ユニット 2014 年版。

网站

1.《七个问题——梁治平: 中国法政思想中的"大观念"》, https: //mp. weixin. qq. com/s/UV98-btC01GLwmDVUe_ SRw。

2. 高明士:《"朝贡"不是"贸易","天下"不是"国际"》,

澎湃新闻：https：//baijiahao. baidu. com/s？id=1585382547623457590&wfr=spider&for=pc。

3.《（国务院）新闻办就中华文明起源与早期发展综合研究成果有关情况举行发布会》，中华人民共和国中央人民政府网站：http://www. gov. cn/xinwen/2018-05/28/content_ 5294241. htm#2。

4. 张籍：《永嘉行》，“古诗句网”：https：//www. gushiju. net/ju/231243。

5. 释道宣：《大唐内典录》，国家图书馆影印，在线阅读：http：//read. nlc. cn/OutOpenBook/OpenObjectBook？aid =892&bid =197958. 0。

6.《朝鲜王朝实录》数据库：sillok. history. go. kr/id/waa_ 000084。

7.［意］艾儒略：《西学凡》，中国国家（数字）图书馆“中华古籍资源库”，在线阅读：http：//read. nlc. cn/OutOpenBook/OpenObjectBook？ aid=892&bid=161352. 0。

8. 陈冠中：《盛世中国及其他（访谈）》，https：//www. kuaihz. com/tid23/tid78_ 67342. html。

后 记

本书是在我的博士学位论文基础上修订而成的。论文的准备工作，开始于2020年的五六月间，但知道“天下”这个学术、思想论题，则是在读本科的时候，只不过那时候的阅读浮皮潦草，不求甚解，因而并没有体会到这个题目的深意。我的导师曾振宇老师给我提供了三个可以考虑的选题。我从兴趣出发，权衡再三，最终选择了“天下”。但由于“天下”这个题目已被深耕细耨，自己也不想只蹈前人之说，所以在很长一段时间内，我都在思考究竟做一种什么样的研究。我虽然也有对“天下”作观念史考察的自觉，但也有意避免简单地罗列文献。从一开始，我就在摸索而行，处于一种想法很多但搭不起框架的状态。大概到了写第六章时，才渐有柳暗花明之感。在读书的过程中，我随手记下一些思考。为应对毕业要求，又把一些思考整理成文，投出若干篇，跌跌撞撞，涉险过关。还有几篇介于随笔和论文之间的文字，不伦不类，处境尴尬，但也无必要一定发表，我甚至担心它们日后成为使我心生悔恨的少作。

本书的导论和第一章，篇幅稍长，在一部旨在把重心放在“明清之际”的文稿中，显得较为扎眼夺目、详略失序。我本想忍痛删去，直奔主题，但后来觉得，这两部分与“明清之际”并非毫无干系。“明清之际”虽新见迭出，但毕竟要到历史和经典中寻根。所以，只有在前面的章节中把一些由来已久的话题交代清楚，后面的写作才不至于枝蔓丛生，让人不知所云。另外，本书所讨论的一些问题，多来自当代学人之间的对话，所以我不能有意地隐去他们的学说。

读博期间，曾振宇老师在生活、学习上给我很多关照。拙著收入“观念史研究丛书”，也是曾老师的意思。对于老师的谆谆教诲和提携扶助之力，我在此深表感谢。还有许多师友对我语多鼓励和指点，我在写作过程中常常思考他们提出的问题和建议。山东大学的李富强和齐鲁书社的刘强二位老师，为拙著出版劳心费神，在此一并致谢。

说得越多，意思越少。做得越多，留下的尾巴也越长。我现在觉得，该书虽通过一篇“余论”宣告完成，但尚待解决的问题依然很多，尤其是学者的相关讨论至今层出不穷，使得我的一些想法很难“跟上时代的步伐”。并且，内行的读者一望即知，我对有的文献仅作浅尝辄止的引述，议论多于叙说。我暂时不求面面俱到，只求在历史叙述上没有硬伤，尽可能得乎要领，在阐发和讨论上诉诸说理，守住下限。到目前为止，我只能说，这些文字代表了过去三四年我的一些比较个人化的思考。但我也明白，一项成功的研究，不能自说自话，而是要敢于用明白流畅的语言来表达，也要勇于挤掉那些充斥其间的水分。所以，我还会继续修订、完善它。

作者

2023 年 2 月 13 日　写于山东大学中心校区

2024 年 8 月 26 日　修订于山东大学威海校区